LE 36

Du même auteur

1993, mode d'emploi
Ramsay, 1990

Les Postiches. Un gang des années 80
Fayard, 2004

Brigade anti-criminalité
avec Sébastien Bennardo
Flammarion, 2013

Guy Georges. La traque
Fayard, septembre 2010
et Pocket, mars 2013

PATRICIA TOURANCHEAU

LE 36

Histoires de poulets, d'indics et de tueurs en série

ÉDITIONS DU SEUIL
25, bd Romain-Rolland, Paris XIVᵉ

ISBN 978-2-02-135653-3

www.seuil.com

INTRODUCTION

Plongée quai des Orfèvres

Par un dimanche de l'automne 1990, je franchis pour la première fois le porche du 36 et j'attaque, le cœur battant, la traversée de la cour pavée, puis l'ascension de l'escalier mythique. Ces locaux de la PJ parisienne, je ne les connais qu'à travers de vieux films des années 1950, *Quai des Orfèvres* de Clouzot et *Identité judiciaire* de Bromberger, et les romans de Simenon. Cette fois-ci, ce n'est plus en spectatrice ou lectrice que j'aborde ce bâtiment à la tour pointue, qui s'étend le long de la Seine, mais en journaliste. Missionnée par *Libération* pour m'occuper de la police, des crimes et des bandits, la provinciale que je suis n'a aucun contact à Paris. Je débarque avec un seul nom en poche fourni par un flic de la PJ de Lyon, où je faisais déjà pour *Libé* « la tournée » – comme on dit chez les faits-diversiers – à l'hôtel de police, surnommé Fort Apache. Mon nouveau Fort Apache, c'est le 36 quai des Orfèvres !

Cet unique poulet qui m'a été recommandé s'appelle Frédéric Péchenard. Il est le numéro 3 de la Crim', chef de la section antiterroriste. De permanence dominicale, il m'a invitée à passer le voir au 36. Je grimpe donc les marches de lino délavé, un peu impressionnée. Au deuxième étage, je cherche en vain « le bocal » enfumé vu au cinéma où les faits-diversiers et les témoins attendaient les inspecteurs à rouflaquettes et les commissaires à moustache, la pipe au bec. Mais un sas de sécurité et l'antichambre qui dessert les bureaux de la direction du 36 ont remplacé le bocal. À cet endroit-là, la pièce attribuée aux journalistes, qui, jusqu'à la fin des années 1980, exerçaient à demeure, a également disparu. Au troisième étage, un panneau lumineux au néon bleuté, comme dans les magasins ou les gares, anachronique en ce lieu, annonce : « Brigade criminelle ».

Costume bleu assorti à ses yeux, franche poignée de main et regard direct, le commissaire me reçoit dans son bureau, collé au 315 de Jules Maigret. Ce fils de bourgeois et lecteur du *Figaro* s'avoue un brin étonné que la presse de gauche s'intéresse à la police, autrement que pour dénoncer les bavures ou les ripoux, et s'inquiète du *modus operandi* de nos relations. Je le rassure, jure de ne pas trahir son nom, de ne pas lui attribuer des propos tenus off et lui lance tout à trac : « Vous me dites tout et je fais le tri. » Il s'en souvient encore. Dès ce premier rendez-vous, Péchenard saisit mon intérêt pour la PJ et joue le jeu. Il m'ouvre les portes du 36, me guide dans ce labyrinthe de couloirs, de mansardes et d'escaliers dérobés, pour une visite magique. Il m'entraîne, à travers un local où sèchent des vêtements ensanglantés de victimes, sur les toits vert-de-gris du 36, avec vue imprenable sur le Palais de justice et Notre-Dame de Paris. Il déverrouille même une pièce secrète au troisième étage, le « musée des horreurs », où la brigade des stupéfiants et du proxénétisme, alors réunis en une seule et même brigade, entasse les objets saisis dans les maisons closes et les fumeries d'opium, et où exceptionnellement la Crim' expose l'album photos du Japonais cannibale Sagawa.

Ce réduit borgne deviendra la salle des scellés des Stups, où se produira un casse mémorable, commis de l'intérieur, avec la disparition de 52 kilos de cocaïne – une des histoires de ce livre. Je visiterai pour Les Jours, en 2016, avec la commissaire Martine Monteil, la première femme à avoir dirigé le Quai, au jargon très fleuri, et que je fréquente depuis vingt-six ans, le nouveau « musée de la Mondaine », déménagé au 3 rue de Lutèce, avec la brigade de répression du proxénétisme, dans une ancienne cellule de garde à vue au dernier étage.

Au fil des affaires et des faits divers, des remises du prix du Quai des Orfèvres, des vœux des syndicats et des pots de brigades, j'ai rencontré des ribambelles de poulets du 36, huiles de la direction ou ripeurs de base, patrons ou chauffeurs, commissaires ou officiers, les « obscurs et sans gloire », selon leur expression, anonymes, dont les identités n'apparaissent que sur les procès-verbaux. Ils ont compris ma passion pour les dessous de leurs investigations et pour leurs histoires, les grandes comme les petites. Ils ont accepté – avec méfiance au début – de me les dévoiler lors de rendez-vous discrets au fond de bistrots parisiens, tel Le Galway en face du 36, ou de restaurants du quartier : à La Cochonnaille ou au Soleil d'Or à Saint-Michel, chez le Grec Costa rue Saint-André-des-Arts, aux Deux Palais à côté de la BRB, la brigade de répression du banditisme, Chez Paul place Dauphine ou à La Robe et le Palais, et même parfois au Rat mort – qui porte bien son nom –, la cantine de la préfecture de police. J'ai imposé la présence du calepin sur la table pour tout noter, y compris leurs confidences et le règlement de l'addition aux frais du journal. J'ai retracé leurs belles enquêtes, mais aussi leurs faux pas. La majorité des policiers l'ont compris.

Au bout de huit ans de vaines demandes de reportage à l'intérieur d'une brigade, le patron du 36, Patrick Riou, m'a autorisée à passer douze jours, en juin 1999, à la Crim', alors dirigée par Martine Monteil et son adjoint Loïc Garnier, pour une immersion inédite aux côtés des « seigneurs ». Réticents, méfiants, voire cassants, les officiers – lieutenants, capitaines ou commandants ayant déjà perdu leur beau titre d'inspecteurs – m'ont parfois traitée comme en garde à vue, avant de comprendre la loyauté de ma démarche. Ainsi, le groupe d'Alain Vasquez a fini par m'adopter et me montrer les ficelles et les aléas de ce métier confronté à la mort.

Son bras droit, « monsieur Édouard », trésorier de l'amicale de la Crim', me remettra, à la fin, la médaille en bronze de la brigade.

Seize ans plus tard, après les attentats de *Charlie* en janvier 2015, lors de ma soirée d'adieux à *Libération*, où les poulets se sont mélangés aux braqueurs, avocats et magistrats, monsieur Édouard m'offrira une bouteille de champagne étiquetée « Cuvée spéciale. Brigade criminelle 36 Quai des Orfèvres. Paris » que je conserve comme une relique. J'ai en revanche échoué à identifier le fournisseur de la BRB en mignonnettes de pastis, épais et jaune comme du flan, soi-disant déjà mélangé à de l'eau… Pire que les « 112 » – double 51 – à la Gainsbourg, hôte émérite du 36 en son temps, ce breuvage a provoqué chez moi un trou noir lors d'une soirée d'anniversaire des « Rubis » – indicatif radio de la BRB – dans une boîte de nuit parisienne.

Les liens tissés avec les Rubis de la BRB, les Cristal de la Crim', les Topaze de l'Antigang, les Saphir des Stups et les Diamants de la Mondaine ont traversé un quart de siècle, émaillé d'innovations techniques, juridiques et scientifiques. Je les ai entendus râler à l'apparition du téléphone mobile – « les écoutes, c'est fini, on ne pourra plus brancher les suspects » –, avant de comprendre les possibilités de géolocalisation et d'exploitation des facdet (facturations détaillées). Je les ai supportés lorsqu'ils pestaient contre la présence de l'avocat en garde à vue et l'enregistrement des interrogatoires, avant qu'ils s'en accommodent. J'ai assisté à la métamorphose de leur travail avec l'informatique et l'internet. Je les ai vus éblouis par l'avènement de l'empreinte génétique qui a révolutionné les enquêtes.

J'ai également suivi ces évolutions avec le chef de l'identité judiciaire, Richard Marlet, dont le pot de départ à la retraite ouvre mes « Chroniques du 36 », concoctées pour Les Jours. Ce nouveau site, fondé début 2016 par des journalistes qui, comme moi, ont quitté *Libération*, traite l'actualité en séries, fouillant les sujets de manière obsessionnelle. Voilà qui me parle. Les Jours m'ont sollicitée pour creuser une « obsession » : celle d'un lieu emblématique et de personnages récurrents, à la façon d'un feuilleton. Le monde des poulets s'est imposé, évidemment.

Le 36 quai des Orfèvres devait déménager fin 2017 dans des bâtiments neufs au nord-est de Paris. Je voulais profiter de ce moment symbolique, qui marque la fin d'une époque, pour m'emparer de son Histoire, avec un grand H, mais également d'histoires méconnues ou actuelles, ou encore de récents soubresauts, racontés sur le vif. Ainsi ont démarré les « Chroniques du 36 » sur Les Jours. C'est une autre façon de montrer l'état de la police judiciaire, les travers de certains, les compétences des autres, les arrangements qui ne sont plus tolérés aujourd'hui, les micmacs de policiers de renom, à l'instar du commissaire Neyret de Lyon, dont la chute a secoué toute la PJ, mais aussi les transformations du métier et les enquêtes du moment. J'ai repris toute la matière accumulée dans mes carnets de notes, renoué avec mes anciens contacts, et j'en ai découvert de nouveaux. J'ai revu tous les ex-grands flics de droite reconvertis dans le privé, comme Jean-Louis Fiamenghi, dit « Boucle d'or », parti chez Veolia, ou Christian Flaesch, l'ex-directeur du 36, embauché par le groupe Accor, et puis Frédéric Péchenard, devenu sarkoziste, lancé dans la politique, élu pour Les Républicains. J'ai exploré le monde des cabarets, des bars à filles et des maquerelles avec de vieux briscards de la Mondaine, et le commissaire… Mégret qui chapeaute actuellement la brigade de répression du proxénétisme. La plupart de ces poulets, qui témoignent pour Les Jours d'un siècle de PJ, m'ont également prêté leurs photos prises au 36, des documents d'archives parfois inédits.

Enfin, j'ai souhaité revenir sur l'assassinat, en 1986, d'une petite fille, Cécile Bloch, dont j'entendais parler de façon feutrée à la brigade criminelle depuis mes débuts et dont le nom figurait sur plusieurs carnets de notes. Jamais, je n'avais pris le temps de m'occuper de ce dossier mastodonte. Je savais pourtant que l'ADN du tueur de la fillette avait relié ce meurtre à d'autres viols de gamines, et à un double homicide d'adultes dans le Marais, traité par l'ex-commandant Alain Vasquez. C'est lui qui m'a appris le nom du chef de groupe qui a enquêté à l'origine sur l'affaire Bloch : Bernard Pasqualini, le tombeur du gang des Postiches ! J'ignorais son rôle dans ce dossier, alors que je connaissais bien cet ex-inspecteur divisionnaire pour l'avoir longuement interviewé sur ces braqueurs des années 1980. C'est ainsi que je suis partie sur les traces de ce criminel, dit « le Grêlé », lequel hante encore, trente ans plus tard, les nuits de ces policiers qui l'ont cherché en vain. J'ai longuement écouté le frère de Cécile Bloch, biologiste, qui avait réclamé des expertises génétiques dix ans avant leur apparition en France. Je me suis rendu compte également qu'un petit groupe, chapeauté par l'officier Christian L., continue à enquêter sur ce *cold case*, preuve de l'opiniâtreté intemporelle des seigneurs de la Crim'. Alors, j'ai voulu réhabiliter le feuilleton policier pour raconter, en douze épisodes, l'affaire non classée du Grêlé. En faire un polar non-fiction.

Reconstituer les trente années de traque de ce tueur en série, creuser les histoires de la Rouquine ou de Madame Claude – maquerelles et indicatrices hors pair de la Mondaine –, retracer les filatures et les surveillances de l'équipe de braqueurs de Redoine Faïd par la BRB, suivre en profondeur ce passage des poulets à l'ancienne à la PJ moderne, des crimes de droit commun aux attentats jihadistes, revisiter les lieux avant le déménagement au 36 rue du Bastion aux Batignolles, m'habite depuis un an. Déjà ébranlé par ce changement, le 36 a bien failli sauter le 1er décembre, cible parmi d'autres d'islamistes radicaux.

Deux semaines plus tôt, le 15 novembre 2016, lors de la 70e remise du prix du Quai des Orfèvres, j'ai vu deux hommes âgés se soutenir comme deux vieux complices, le second appuyé sur sa canne et sur le bras du premier, pour fendre la foule, à petits pas, dans la salle Bertillon, noire de monde : Alain Delon et Jean-Paul Belmondo. Ayant incarné tant de poulets au cinéma, les deux stars sont des parrains de ce trophée professionnel pour roman policier. C'est Delon qui a parlé, pour lui, mais aussi au nom de Bébel, émettant des regrets : « Tout fout le camp, même le 36 quai des Orfèvres qui est là depuis cent trois ans et qui doit déménager. Eh bien, Jean-Paul et moi, nous en sommes malades ! »

À Paris, le 29 décembre 2016

PREMIÈRE PARTIE

Le poulet à l'ancienne

1
Le commissaire Marlet s'en va

Vendredi 11 mars à l'heure du déjeuner. Des costumes bleus ou noirs, des impers mastic et des manteaux de tweed s'engouffrent sous le porche du 36 quai des Orfèvres. Des commissaires. D'autres dévalent les marches de l'escalier A, traversent la cour pavée puis débouchent dans celle du dépôt, vers le quai de l'Horloge. On fête le départ à la retraite d'un collègue : Richard Marlet*[1], une figure de la PJ parisienne[2]. « Personnalité pittoresque et humour décalé », soulignera bientôt dans son discours le sous-directeur Denis Collas. Tous se pressent autour de cet ancien de l'IJ (l'identité judiciaire) qui fit passer la police technique et scientifique de la loupe au crimescope[3], et la documentation criminelle du microfilm au numérique.

Dans le hall d'entrée de l'IJ, le buste de son illustre prédécesseur, Alphonse Bertillon*, père de la police technique, trône à côté de ses appareils photo, ses outils et ses toises. Richard Marlet accueille là, un à un, ses 250 invités, policiers ou experts, puis les guide vers l'ancienne chapelle attenante, dédiée à son mentor, la salle Bertillon. Elle sert aux réceptions officielles, mais aussi

1. La notice biographique des personnages dont le nom est suivi d'un astérisque à la première occurrence figure en annexe, p. 355.

2. PJ : police judiciaire. Une table des sigles et la définition des différents services du 36 figurent en annexe, p. 383.

3. Une espèce de projecteur surpuissant qui permet d'identifier des traces (de sang, de sperme, d'ADN), des fibres, des résidus.

aux auditions multiples de témoins, lorsque des événements, tels que les attentats du 13 novembre 2015, l'exigent.

Ils sont tous venus, même l'historien de la PJ, désormais à la police des polices, Charles Diaz*. L'ancien numéro 2 de la Crim', devenu chef de l'unité de coordination de la lutte antiterroriste, Loïc Garnier, est là aussi, de même que les patrons de toutes les brigades du 36, ou encore Vianney Dyèvre, l'ex-adjoint de Richard Marlet, fils d'amiral passé à la protection des mineurs, ainsi que le sous-directeur des affaires financières Gilles Aubry, qui préside l'amicale du 36 mais n'a plus le cœur à organiser des festivités depuis les attentats. Sont aussi venus une photographe de l'IJ habituée à « prendre des gens qui ne bougent pas » sur les scènes de crime, Noël, l'appariteur du 36, au look détonnant avec son catogan, et le commissaire Guy Parent, cheveux longs, cravate de cuir et santiags. Une foultitude de petites mains de l'IJ sont de la fête, qui appellent Marlet « patron », ainsi que des employées des archives qui saisissent les procédures, tristes du départ du chef, galant avec les dames, opérationnel au travail et capable de blaguer en alexandrins. La fin d'une époque pour Richard Marlet, comme pour le 36 qui va quitter la Seine pour le XVIIe arrondissement de Paris.

Sur le carton d'invitation, Richard Marlet a apposé sa photographie anthropométrique de profil prise le 13 novembre 1980, le jour de son arrivée à la PJ de Paris comme inspecteur stagiaire. Avec ses cheveux longs et ses rouflaquettes, ce jeune homme en veston, chemise blanche et cravate, ressemble plus à un étudiant de la Sorbonne qu'à un poulet du 36. S'il est là, c'est parce que son frère aîné, Gérard, cador de la brigade antigang, l'a poussé à entrer dans la police. Alors, Richard a mis de côté sa guitare Stratocaster, sa licence de lettres classiques et sa maîtrise d'archéologie étrusque pour apprendre le droit et passer le concours. Sans vocation, par atavisme familial.

Un père gardien de la paix, un frangin dans l'Antigang

Après son père, devenu gardien de la paix en 1937, et son frangin, inspecteur en 1964, Richard se retrouve donc à son tour assis sur la chaise de Bertillon au dépôt de la préfecture de police (la PP) de Paris. Dans une grande salle réservée à « la signalisation » : le flic débutant posait de face et de profil devant « un ancien qui actionnait la roue pour faire pivoter la chaise en bois et changer d'angle », détaille le commissaire Marlet pour Les Jours. Puis le nouveau appuyait l'un après l'autre ses dix doigts sur un tampon encreur pour relever ses empreintes digitales. Comme les suspects et les détenus, les policiers admis à la PP donnaient leurs « paluches » et leur portrait pour la fiche anthropométrique. Ce rituel-là est désormais abandonné.

En vis-à-vis, sur l'invitation *vintage* de sa « Tournée d'Adieux au 36 quai des Orfèvres », Richard Marlet a ajouté un cliché pris de face le dernier jour de sa vie de commissaire à la PP, le 29 février 2016, avec l'ardoise noire qui fixe depuis des lustres nom, prénom et date de naissance : « 05/05/1955 ». Sans poser dans le siège historique, car « la chaise fonctionne encore mais on ne l'utilise plus, on demande aux suspects de se mettre debout, de se tourner, et cela donne des photos de médiocre qualité », déplore le savant commissaire à la professeur Tournesol[4]. La tradition de « signaliser » les fonctionnaires s'est perdue dans les années 1990, à son grand regret : « C'était pourtant bien pratique. Car si un policier laissait des traces papillaires sur une scène de crime, on le retrouvait. »

Face à ce parterre de collègues, Richard Marlet oublie la timidité extrême qui l'a empêché, durant toute sa scolarité, de présenter des exposés. Après le discours fort élogieux du directeur de la

4. Les citations de ce chapitre et du suivant sont issues d'entretiens avec l'auteur ou de notes prises sur le vif.

PJ, Marlet embrasse Christian Sainte* qui lui remet la médaille du 36 gravée à son nom. Puis il déroule lui-même les étapes de sa carrière en commentant des photos projetées sur écran géant : « Là, en 1963, entre mon père gardien de la paix et mon parrain maître-chien, le petit garçon avec un petit chapeau déjà, c'est moi. » Allusion à son éternel feutre noir. Avec son inséparable pipe et son imperméable foncé, la silhouette de Marlet sous les arcades du 36 se confond avec celle du commissaire Maigret*.

Les images défilent, celles de son frère avec ses potes de l'Antigang dans les années 1970 le rendent tout chose. Depuis le décès de leur père d'un cancer en 1972, le charismatique Gérard protégeait son petit frangin de douze ans de moins que lui : « Il va décider de mon destin à ma place », racontait récemment Richard Marlet aux Jours dans son bureau du 36, encombré de reliques de Bertillon et de Doyle, et donnant sur la place Dauphine. Gérard le pousse à intégrer l'école des inspecteurs, puis le fait affecter à l'état-major de la PJ pour qu'il révise le concours de commissaire. Ce n'est pourtant pas grâce au droit mais aux lettres que Richard le décroche en 1982. Avec un sujet en or pour cet érudit : « On dit qu'*Œdipe roi*, de Sophocle, est une grande tragédie policière, racontez l'histoire. » Également bien inspiré à l'oral, grâce à Miou-Miou dans *La Femme flic* dont elle incarne le rôle dans le film d'Yves Boisset, le candidat expose sa vision de l'emploi des femmes dans la police. Mais son problème, c'est qu'il reste le frère de. Pourtant, Richard et Gérard ne se ressemblent pas. C'est l'intello et le casse-cou, l'introverti et la grande gueule, le dépressif et l'optimiste, « le crépusculaire et le solaire », dit joliment le cadet qui s'est escrimé à sortir de l'ombre : « Il a fallu que je me fasse un prénom dans la police. »

Débarqué à la 2e brigade territoriale de PJ dans le XVIIIe arrondissement de Paris, commandée par un patron à l'ancienne, le jeune commissaire Marlet est « impressionné par l'extrême violence du Vieux », conforme au panneau fixé sur la porte du groupe « voie publique » : « Toi qui pénètres ici abandonne tout espoir » : *L'Enfer*, de Dante. Chef adjoint du commissariat de PJ de Clignancourt où Marlet porte le nœud papillon – sur la photo montrée salle Bertillon –, il est confronté à sa première scène de crime le 9 octobre 1984 : une grand-mère de 89 ans, victime du tueur en série Thierry Paulin. « C'est ballot, mais si on avait eu un fichier des empreintes digitales, on aurait pu sauver une quinzaine de vieilles dames », explique-t-il trente-deux ans plus tard.

En 1986, son frère se tue dans un accident de la route. Tout seul désormais, Richard reste effacé, renfermé, en proie au doute sur ses capacités de policier. Au point de refuser des postes prestigieux au 36 – chef de section à la brigade criminelle ou commissaire aux Stups –, « tellement je n'avais pas confiance en moi ». « Or, les brigades du 36, c'est l'excellence. » Du coup, Richard Marlet se cantonne aux commissariats de PJ de quartier, du Palais-Royal à la rue du Faubourg-Montmartre. Jusqu'à l'été 1995, où ce passionné des mystères de la civilisation étrusque et des énigmes de Sherlock Holmes accepte de diriger l'IJ. C'est alors un service archaïque et moribond, où se mêlent « de bons techniciens travailleurs et quelques biturins [poivrots][5] et feignants dont les autres services ne voulaient plus et qui ne savaient même pas prélever des traces papillaires sur un adhésif ».

Le jour même de son installation à l'IJ, une bonbonne de gaz piégée est découverte dans une sanisette du XVe arrondissement. Ce même été, le 25 juillet, une explosion dans le RER B à Saint-Michel a fait 8 morts et 117 blessés, et les attentats du Groupe islamiste armé (GIA) s'enchaînent. Les connaissances du commissaire Marlet en la matière se limitent aux romans policiers de Patricia Cornwell, dont la légiste, Kay Scarpetta,

5. Un glossaire du jargon ou de l'argot policier figure en fin d'ouvrage, p. 379.

utilise, avant les autopsies, un mystérieux « LumaLight » pour révéler les traces laissées sur les scènes de crime. Est-ce que ça existe ? se demande Richard Marlet qui vérifie : « Oui, ça s'appelle un "PolyLight". Le patron du 36 m'a donné des sous pour acheter cet illuminateur, puis un crimescope transportable. » Il se fait également offrir le *Traité de criminalistique* d'Edmond Locard[6] et joue les apprentis sorciers avec un aide technicien de laboratoire : « Il se piquait le doigt sur la paillasse pour tester avec son sang les recettes de Locard. » Marlet se procure du Leucomalachite green, un produit chimique utilisé jadis pour faire apparaître en vert les traces de sang lessivées à grande eau. Avant de se rendre compte que le fameux produit peut casser les molécules d'ADN et réagir aussi à des détergents utilisés pour nettoyer les baignoires. *Exit* le Leucomalachite green. Il déniche le Bluestar dans la revue de criminalistique de l'école de Lausanne et en achète au Canada.

Richard Marlet part se former à Scotland Yard, envoie ses techniciens passer un brevet d'IJ, achète des tenues blanches de protection pour ces civils équipés d'une simple paire de gants en latex, se documente sans cesse sur les sciences forensiques, monte une section « exploitation de vidéo » et professionnalise la dactylotechnie – les méthodes de relevé d'empreinte. Il modernise la « révélation des traces au cyanoacrylate[7] sur des supports lisses » qui, à son arrivée, dit-il, se pratiquait « dans un petit aquarium, troué pour passer un fer à souder qui va chauffer la colle dans

6. En 1910, ce professeur de médecine légale a monté à Lyon le premier laboratoire de police scientifique. Son *Traité de criminalistique*, en sept volumes, publié en 1931, développe le « principe de l'échange » : « Tout auteur d'un crime laisse sur les lieux de son forfait des traces de son passage et emporte avec lui des éléments de ce milieu. » De là découlent les analyses de cheveux, de poussières, de terre, de fibres, de projectiles et d'explosifs.

7. La fumigation, ou vapeur de colle cyanoacrylate, provoque une réaction chimique sur les corps gras contenus dans la sueur et révèle en blanc les traces papillaires laissées par des personnes.

une coupelle du bricolage ». Il monte aussi la police technique de proximité sur soixante-dix sites à Paris, acquiert un véhicule spécial d'intervention de la police technique et scientifique, une cabine à cyanoacrylate, et met sur pied l'unité d'identification des victimes de catastrophe qui se rendra en Thaïlande après le tsunami, en 2004. En une décennie, de 1995 à 2005, Marlet a fait basculer la police de Maigret dans le siècle des *Experts*.

« Le Bertillon des temps modernes »

Des meurtriers en série Guy Georges et Mamadou Traoré (« le tueur aux mains nues »), à l'accident mortel de Lady Di sous le pont de l'Alma, en passant par la tuerie du conseil municipal de Nanterre commise par Richard Durn, le commissaire Marlet a su, dit-il, débrider les « traces pertinentes qui deviennent des indices ». Il a écrit *Les Experts, mode d'emploi* puis *Profession, chien policier*[8]. « Le Bertillon des temps modernes », selon les mots du préfet de police qui l'a décoré de la Légion d'honneur, a quitté l'IJ en 2005 pour s'occuper des archives et de la documentation criminelle. Mais il enseigne toujours la criminalistique à la fac.

Lors de son pot de départ, facétieux et décalé, le commissaire Marlet termine le diaporama projeté dans la salle Bertillon par un détonnant *Je ne regrette rien*, Piaf en version punk par Les Garçons Bouchers, qui laisse pantois quelques pontes de la PJ. « Je suis fier de connaître un véritable prototype de la PJ, pas une pièce de série », lui glisse le chef d'état-major du 36, Thierry Huguet. Trois techniciennes de l'IJ, chapeautées de noir, tirent sur des bouffardes pour imiter le « patron ». Sur le fraisier rouge, évidemment, une pipe en pâte d'amande pour évoquer celle que Richard Marlet fume sur le pas de la porte de l'IJ, pas peu fier de laisser des traces de son passage sur les lieux de son forfait.

8. Les références des ouvrages cités sont regroupées en fin d'ouvrage, p. 387.

2
L'adieu à la Seine

« Il s'engagea sous la voûte de la PJ où régnait un courant d'air, fonça vers l'escalier et alors, tout de suite, en retrouvant l'odeur comme *sui generis* de la maison, la lumière glauque des lampes encore allumées, il fut triste à l'idée que, dans si peu de temps, il ne viendrait plus ici chaque matin[1]. » À l'instar du commissaire Jules Maigret, les enquêteurs attachés au 36 quai des Orfèvres, à ses 148 marches de lino sans âge, son éclairage au néon blafard, ses murs jaunis à la peinture écaillée, ses plafonds sillonnés de câbles électriques, ses bureaux mansardés minuscules, le quitteront la mort dans l'âme à l'automne 2017.

Haut lieu du crime depuis le XVIIe siècle, ce bâtiment à la tour pointue qui s'étire le long de la Seine était prédestiné à accueillir les chasseurs de meurtriers et de bandits. Ne fut-il pas le théâtre du double assassinat des époux Tardieu en 1665[2] ?

À l'origine, un marché aux volailles occupait cet endroit au cœur de l'île de la Cité, d'où les sobriquets de « poulets », « poulards », « perdreaux » ou « maison poulaga » attribués à ses locataires. Mais

1. Georges Simenon, *L'Amie de madame Maigret*, Presses de la Cité, 1950.

2. C'est au cœur du Quai des Orfèvres, dans son logement de fonction, que l'un des plus hauts magistrats de France, le lieutenant criminel de Paris, Jacques Tardieu, vicieux et radin au point d'inspirer *L'Avare* de Molière, fut trucidé avec sa femme par deux petits malfrats. Cette affaire suscita une telle émotion que Louis XIV chargea Colbert de remettre de l'ordre dans la police parisienne. Deux siècles plus tard, la sûreté, l'ancêtre de la PJ, se réfugiera dans ces murs après l'incendie, en 1871 par la Commune de Paris, de ses locaux rue de Jérusalem et la destruction de ses archives.

l'antre de la PJ de Paris, depuis sa naissance en 1913, à l'époque de la « brigade spéciale », de la « volante » ou du « service des garnis[3] », sise 36 quai des Orfèvres, a été décrété voilà quelques années chef-d'œuvre en péril, trop vétuste et insalubre, étouffant l'été, glacial l'hiver, sans ascenseur ni issue de secours, inadapté aux normes de sécurité incendie, inaccessible aux handicapés, impossible à rénover, bref, indigne d'une police du XXIe siècle.

« 36 rue du Bastion, ça sonne bien, ça a de la gueule »

C'est donc dans une construction ultramoderne et bunkerisée de huit étages, sur la ZAC des Batignolles, à une demi-heure – sans gyrophare – du Quai, que 1 700 limiers de la PJ, aujourd'hui éparpillés sur plusieurs sites[4], aménageront à côté de la nouvelle cité judiciaire.

Derrière des façades lisses en verre sablé, dont la couleur change au gré des saisons et de la luminosité, et que l'on ne peut ni escalader ni briser, les policiers partageront un pôle de garde à vue pour soixante procédures simultanées, des salles de visioconférences, quatre sous-sols de parking, stands de tir et équipements sportifs. Il s'agit d'un nouveau « 36 ». Si les poulets ont réussi à sauver leur numéro mythique, la « voie du Bastion », comme s'appelait cette friche de la SNCF, a été rebaptisée par la mairie de Paris du nom du violoncelliste russe Mstislav Rostropovitch puis rétablie dans son appelation d'origine. Même le commissaire mélomane Richard Marlet, l'un des artisans du déménagement, se dit que « 36 rue du Bastion, ça sonne bien, ça a de la gueule ».

À l'entrée du vieux 36, désormais gardé, le vent qui s'engouffre sous le porche est toujours aussi glacial, les pavés de la cour

3. Le service des garnis surveillait les registres et les fiches des clients des 26 000 meublés et hôtels du département de la Seine. Voir également « Les services » en fin d'ouvrage, p. 383.

4. Une description du 36 et de ses différents services figure en fin d'ouvrage, p. 383.

un peu plus patinés, la porte à gauche surmontée de la même pancarte « Direction de la police judiciaire, escalier A » et, au bout d'une volée de marches, le placard où « Cécile est morte[5] » se niche encore sous l'escalier du palier. Au milieu des seaux et des balais, le commissaire de Simenon découvrit un jour, estomaqué, le cadavre de la bonne : « Maigret qui avait chaud, soudain, passa son mouchoir sur son visage et enfouit sa pipe tout allumée dans sa poche. » Comment « avouer au public qu'un crime avait été commis dans les locaux de la police judiciaire, plus exactement dans cette sorte de boyau qui le reliait au Palais de justice » ? Cette porte aux vitres dépolies communique toujours avec les couloirs du tribunal.

Un étage et demi plus haut, un sas de sécurité bloque l'accès aux visiteurs non accrédités ou non badgés. Une fois franchi ce point de contrôle, l'antichambre de la direction s'étale sur l'aile droite avec, tout au fond, le bureau d'angle du patron Christian Sainte qui donne sur le pont Neuf et la place Dauphine.

Au troisième, au bout de 105 marches de cet escalier « raide comme la justice », selon les mots de Maigret, un panneau lumineux et une médaille en bronze annoncent « Brigade criminelle ». Les membres de la Crim' s'entassent dans des bureaux « riquiqui » jusqu'au cinquième étage. Seuls les six policiers du groupe B ont la chance de loger dans l'ancien appartement des concierges du palais, avec cuisine et comptoir, parquet élimé et cheminées fêlées.

Lorsqu'il était procédurier[6] à la Crim', « Pitt », aussi tenace qu'un pitbull, « habitait » dans un réduit sous les toits et servait à ses « clients » un « verre d'eau de source » tirée d'un robinet caché dans un placard, l'une des « trois fontaines de la Crim' ». Selon la légende du service, cette eau intarissable et miraculeuse provient de la Bièvre. Or, cet affluent de la Seine, pollué par

5. Titre d'un roman de Georges Simenon (Gallimard, 1942).

6. Le procédurier effectue les constatations sur les scènes de crime et met en forme les procès-verbaux du dossier pour les magistrats.

les tanneries, a été transformé en égout à Paris, puis obstrué en 1912. Sosie du commissaire de légende avec son imper mastic, sa bouffarde culottée, ses affiches de Tardi et de Maigret, le commandant Pitt est descendu d'un étage lorsqu'il est monté en grade en 2011, pour devenir chef d'un groupe de droit commun.

Au quatrième, un filet antisuicide a été tendu au-dessus d'une mezzanine depuis que la meneuse d'Action directe, Nathalie Ménigon, a essayé, en 1984, d'enjamber la rambarde pour se jeter dans le vide. Il fut un temps où, les soirs de pots, ce filet servait de trampoline. Autour, des collections de képis, casquettes, insignes et médailles sont exposées dans des vitrines. Au bout, un escalier dérobé et abrupt mène au « local de séchage » – qui pue la mort. Au milieu de kits de prélèvements et de gants en latex, des vêtements ensanglantés pendent à des patères, des bustes attendent qu'on les leur enfile pour vérifier les traces de perforation et des mannequins en bakélite gisent dans un recoin, en attente des reconstitutions de crimes. Un petit escabeau permet de déboucher sur les toits pentus et vert-de-gris du 36 qui surplombent l'île de la Cité. C'est là que les poulets viennent s'en mettre plein la vue, les soirs de déprime, griller une cigarette ou boire un verre.

Les armoires métalliques qui jalonnent les couloirs et bureaux de la brigade criminelle renferment des mètres cubes de dossiers. Ici, on trouve des cadavres plein les placards. Mais jamais on n'avait connu autant de victimes à la Crim', qui enquête « sans désemparer », selon l'expression policière consacrée, que lors des attentats jihadistes de l'année 2015, de *Charlie Hebdo* au Bataclan.

Dans les entrailles du 36 repose la mémoire du crime

Les dossiers les plus froids sont partis aux archives officielles de la préfecture de police, comme ceux de Violette Nozière, la parricide empoisonneuse, ou du Dr Petiot qui a brûlé des dizaines de juifs dans son four pendant la guerre. Les anciens, qui remontent aux années 1960, sont descendus dans la cave du 36. Dans les souterrains ayant échappé aux crues de la Seine de 1910, les boîtes d'archives, aux noms évocateurs de victimes ou d'auteurs, écrits en majuscules, sont alignées en rangs serrés sur les rayonnages métalliques : « EMPAIN », le baron kidnappé en 1979 ; « MESRINE », le bandit des années 1970 ; « PAULIN », meurtrier de vieilles dames ; « CARLOS » et « ACTION DIRECTE », terroristes des années 1980 ; « GUY GEORGES », tueur en série des années 1990 ; « LADY DIANA », princesse morte en 1997 dans un accident sous le pont de l'Alma ; « RICHARD DURN », le tueur du conseil municipal de Nanterre en 2002, ou encore « ILAN HALIMI », enlevé et torturé à mort par le « gang des barbares » en 2006. Dans les entrailles du 36 repose la mémoire du crime. Amenée à déménager elle aussi.

Dans une aile du bâtiment qui donne sur la cour du dépôt où les gardés à vue attendent d'être présentés à la justice, les policiers de l'Antigang se tassent dans des bureaux biscornus, entre le troisième et le quatrième étage. En cas d'alerte, ces flics dévolus aux interventions risquées dégringolent les marches d'un vieil escalier en colimaçon, tandis que les armes, explosifs, munitions sont chargés dans un palan. Une curiosité du 36. Il s'agit d'une vulgaire caisse en bois capable de supporter 250 kilos, actionnée par une poulie électrique, qui descend le matériel dans la cour du dépôt où stationne le camion d'assaut noir de la BRI, la brigade de recherche et d'intervention, côté quai de l'Horloge.

Maintenant que ces troupes d'intervention vont passer de 70 à 120 bonshommes, « là-bas » – entendez aux Batignolles –, « il n'y a pas assez de places prévues ». Et « ici, avec l'aide de la brigade fluviale, en cinq minutes, on est à la tour Eiffel ». Malgré ce palan d'un autre temps, les hommes de la BRI font de la résistance et vont rester au 36, mais en bas, dans la cour pavée du dépôt.

3
Boucle d'or avait un gros pétard

Dans les salons Ricard, à côté de la place de l'Étoile à Paris, crâne rasé, costume noir, le préfet Jean-Louis Fiamenghi*, personnage du 36 issu de l'Antigang, arrose la sortie de ses mémoires, *Dans le secret de l'action.*

Ce soir du 17 février 2016, verre d'anisette à la main, une ribambelle de grands flics de droite – pour la plupart virés par la gauche de retour au pouvoir en 2012 – encerclent leur copain « Fiam », reconverti dans le privé à la tête de la sûreté de Veolia, ex-Générale des eaux. Aux premières loges, ses vieux copains des années 1970 au Quai des Orfèvres, tel Ange Mancini, parti de rien comme lui, devenu patron du Raid avant lui, et qui a fini préfet coordonnateur du renseignement à l'Élysée. Il passe aujourd'hui sa retraite chez Bolloré comme conseiller Afrique. Il y a aussi son coéquipier de la BRI, « Jo » Querry, avec sa gouaille et ses grosses lunettes, chef de la sécurité du groupe Casino. On le reconnaît sur les photos projetées sur le mur, à côté de Fiamenghi en 1979 : il pose avec ses collègues de l'Antigang dans les égouts de la Société générale de la rue des Saints-Pères à Paris, où ils ont coincé un gang de braqueurs. L'ex-commissaire Danielle Thiéry, l'une des premières femmes divisionnaires de la PJ, romancière de polars réalistes, vient embrasser Fiam, avec Christophe Baroche, psychologue au Raid, qui soufflait les réponses aux négociateurs[1].

1. Danielle Thiéry et Christophe Baroche ont coécrit *Le Souffleur*, qui porte sur le métier de psychologue au sein de la cellule négociation du Raid.

D'autres invités, de la génération suivante, rappliquent au pot, comme l'actuel directeur de la PJ de Paris, Christian Sainte, ou Christian Flaesch*, son prédécesseur évincé fin 2013 et qui chapeaute aujourd'hui la sécurité du groupe Accor. L'ancien patron de la BRB, de la Crim', de la financière, du Quai des Orfèvres, puis de toute la police, Frédéric Péchenard*, dit « la pêche », trinque également avec son ami Fiamenghi, qu'il a eu sous ses ordres. Hissé au poste suprême de directeur général de la police nationale en 2007 par son copain de jeunesse Nicolas Sarkozy, lorsque celui-ci est devenu président de la République, la Pêche s'est lancé à fond dans la politique. Il est désormais conseiller de Paris et directeur général des Républicains, mais jargonne encore comme les poulets, discute avec le sénateur Pierre Charon, puis s'éclipse assez vite : « J'ai un parti à faire tourner moi, les gars. »

Il laisse à son hôte son poulain, Amaury de Hauteclocque. Haute stature et physique avantageux, ce descendant de la noblesse militaire (son grand-oncle, le fameux maréchal Leclerc, a libéré Paris en 1944 avec la 2e DB) a choisi la police nationale, a grandi au sein des brigades du 36, a succédé à Fiam au Raid, puis a été éjecté au bout de six ans dans un placard doré de la police nationale, un « cimetière des éléphants ».

Le bel Amaury, qui sirote un pastis bien jaune, lâche, fataliste, « Ils m'ont mis à la retraite à 46 ans, je travaille dans les assurances », au groupe mutualiste Covéa. Il se souvient du temps où, à la 5e division de police judiciaire de Paris, « on se faisait livrer des caisses de Ricard », la consommation était « digne d'une bonne brasserie parisienne ». À son tour, Jean-Louis Fiamenghi « remercie la maison Ricard, des amis de toujours ». Celle-ci accueille gracieusement en ses salons pots de flics et vœux de la BRI, mais pas seulement, nuance le tenancier : « C'est historique. On entretient le contact avec tous ceux qui véhiculent la marque. »

Fils de militaire corse, adjudant-chef au Maroc, Fiam, le héros de la soirée, a été élevé à la dure dans un pensionnat de 11 à 17 ans, puis a tout plaqué au printemps 1968 pour devenir « reporter de guerre, cameraman ». Finalement, « ça ne s'est pas fait », racontera-t-il un peu plus tard aux Jours dans son bureau chez Veolia. Derrière lui, une immense photo encadrée le montre à son apogée en 2005 : patron du Raid, tenue commando, bras croisés, mine fière, avec ses hommes casqués et cagoulés en arrière-plan.

Il débarque au 36 comme dans un moulin

C'est de ses douze années de jeunesse passées au 36 que Fiam adore parler, plus que de toutes les autres, sans cachotteries. Avec ses modestes études de droit et sa gueule à la Belmondo dans *À bout de souffle*, le surnommé « Bébel » entre en 1972 « par hasard » à la préfecture de police de Paris qui, « confrontée à des départs massifs à la retraite, recrute à tour de bras des enquêteurs contractuels », écrit-il dans ses mémoires[2]. Sans concours ni examen, le voilà recruté sur titre et convoqué au Quai des Orfèvres, « la légende, le must des flics, comme dans les films ».

Impressionné, le provincial débarque au 36 comme dans un moulin, le 16 juin 1972. Suivant le rituel, Fiamenghi se fait tirer le portrait de face et de profil sur la chaise de Bertillon, donne ses empreintes digitales et ressort avec une médaille « police », une paire de menottes, un plan de Paris appelé « bitumar », un calibre 7,65 mm de marque Unic, un étui d'épaule et une « clé d'avertisseur » pour ouvrir les bornes installées aux carrefours qui commandent les feux de circulation et permettent de téléphoner à la PP. Une antiquité. Avec cet attirail de flic, « de quoi se

2. Les citations de ce chapitre sont issues, pour la majorité, d'un entretien avec l'auteur, et dans une moindre part du livre de Jean-Louis Fiamenghi, *Dans le secret de l'action* (Éditions Mareuil, 2016).

prendre pour Eliot Ness », et sans aucune formation, le perdreau rejoint la section « contraintes par corps » de la brigade de voie publique[3]. Il doit récupérer les amendes auprès des mauvais payeurs, travestis, prostituées, gens du voyage et commerçants, qui ont été verbalisés par « les bourgeois », les flics en civil des commissariats : « Ou tu paies, ou c'est la prison. »

Ça ne dure pas longtemps, même pas six mois. Car ses aptitudes à pister les voleurs apparaissent déjà. Afin de percevoir son premier salaire, Bébel ouvre un compte à la Société générale des Buttes-Chaumont et se retrouve au beau milieu d'un hold-up, le canon d'un Colt 45 sur la tempe. Le jeune poulet dévisage les trois braqueurs, les observe, les « détronche », puis livre leur signalement détaillé à ses collègues de l'Antigang qui l'adouberont plus tard.

Son chef était un souteneur

En attendant, son taulier de la BRB cherche des « volontaires pour des surveillances nocturnes sur un fou qui met le feu à des Méhari dans Paris », car pas mal de policiers ont refusé. « Au 36, les flics avaient du caractère et savaient dire non », nous explique Fiam, naturellement partant pour planquer et essayer d'attraper l'incendiaire. Le novice est affecté dans le groupe « flag' de nuit » de C., réputé « meilleur flic de la BRB en termes d'arrestations, de tuyaux et de manipulation d'indics, sans vie de famille, 22 heures sur 24 sur le bitume avec ses petits jeunes ».

Mais une nuit de garde, cet inspecteur C. qu'il admire l'entraîne gare de l'Est pour régler un conflit entre deux proxénètes qui se disputent une fille et sauver celui qui le renseigne. Soi-disant… Car Fiam finit par comprendre que la prostituée tapine en réalité pour C. Scandalisé, Bébel préfère croire à une histoire de cœur entre le poulet et la pute. Las, sa petite enquête lui permet de

3. La brigade de voie publique, la VP, devient en 1973 la BRB.

découvrir que son chef « presque vénéré » est un vrai souteneur, un véritable ripou. Il ressent ce « mensonge comme une trahison » et veut lui mettre son « poing dans la gueule », selon ses mots aux Jours. Mais des anciens l'en dissuadent et lui apprennent qu'ici la plupart des flics honnêtes marchent dans les clous et se tiennent à distance des ripoux, mais ne les dénoncent jamais.

Alors Fiamenghi se tait et rejoint le groupe « tire » de François Abjean, « la terreur des pickpockets », un inspecteur « de l'école du saute-dessus, sans l'aide d'une arme ». Le jeunot apprend les lois de la rue, collé aux basques des voleurs à la tire qu'il repère sur les marchés ou dans le métro. « Des anguilles, des véloces, c'est un travail dur, très physique, tu les arrêtes au corps », me confie-t-il. On lui inculque aussi l'art de les retourner, en 24 heures de garde à vue, pour s'en servir comme indics, parfois à coups de bottin ou de régime sec : « Si on voulait ne pas leur donner à boire ou à manger, personne ne nous le reprochait. »

Des bagarres de cow-boys

À l'époque, les policiers œuvrent « main dans la main avec les juges ». « On atténuait la responsabilité de petits voyous ou, s'ils allaient en prison, on les aidait à cantiner, on mettait un billet de notre poche », en échange de tuyaux ultérieurs pour coincer des plus gros : « C'est donnant-donnant. » Quant aux braqueurs chevronnés comme « les perceurs de coffres yougoslaves, des durs qui nous insultaient, on les secouait, car si on les dérouille pas, c'est eux qui te mettent des coups de boule ». Dans ces bagarres de cow-boys, Jean-Louis Fiamenghi a « la main plus que lourde », avoue-t-il aux Jours.

Aspiré à la BRI comme inspecteur fin 1974 sous l'*alias* « Boucle d'or », Fiam, qui a laissé pousser ses cheveux, porte un blouson de cuir et un jeans pattes d'eph, travaille sous les ordres du numéro 2, le célèbre commissaire Robert Broussard*, surnommé « le Bubar », le barbu en verlan, qui doit rajeunir la brigade anticommando. Cette aventure-là, faite d'interminables planques, d'arrestations musclées et d'assauts lors de prises d'otages, reste la préférée de Boucle d'or. On voit sa tignasse rousse et son calibre au poing sur une photo floue prise le 26 février 1975. Il est face à la Société centrale de banque, avenue de la République à Paris, où les futurs gangsters des Postiches se sont retranchés avec des otages, après un braquage ayant mal tourné, une première en France.

Vient ensuite la mode des enlèvements contre rançons qui s'enchaînent, « un tous les deux mois de 1975 à 1984 », d'après ses calculs, avec autant de fusillades, d'interpellations et parfois des morts, la camarde toujours menaçante. Ainsi, l'opération de la BRI à l'ambassade d'Irak pour déloger deux preneurs d'otages qui se revendiquent de l'Organisation de libération de la Palestine (OLP) paraît se dénouer tranquillement ce 31 juillet 1978, avec la reddition du tandem de kidnappeurs. Les deux Palestiniens sortent, ceinturés et encadrés par les policiers, lorsque soudain, des membres du service de sécurité irakien ouvrent le feu sur le groupe et tirent dans le tas, sans discernement, pour régler eux-mêmes leurs comptes avec l'OLP : victime collatérale, l'inspecteur divisionnaire Jacques Capela de la BRI « vient d'être tué lâchement, bêtement assassiné », selon les mots de Fiamenghi, qui refusera comme ses collègues « d'escorter les trois gorilles irakiens » à l'aéroport d'Orly pour s'envoler impunément vers Bagdad, explique Jean-Louis Fiamenghi dans son livre. « Le GIGN s'en chargera. » Au 36, une salle de crise a été baptisée Jacques Capela et les photos de cet événement, comme des autres interventions de l'Antigang, sont encore accrochées dans le couloir de la BRI.

Un banquier séquestré dans la cave à charbon

Sur un tuyau du chef de groupe Gérard Marlet, frère aîné de Richard, Boucle d'or et ses coéquipiers se mettent à surveiller les frères Tortosa, qui mijotent un sale coup. Mais un commissaire concurrent de Robert Broussard, alors patron de la BRI, balance à leurs complices : « Vous avez l'équipe du Barbu sur les talons », nous révèle Fiamenghi. Éternelle guerre des polices… Les Tortosa se méfient mais continuent à préparer quelque chose dans un pavillon du Plessis-Robinson, à l'été 1977 : « Ça dure des semaines, on connaît tous leurs points de chute, on les voit en bleus de travail avec des traces de plâtre », poursuit-il. « L'hypothèse de l'enlèvement se confirme. » Sans savoir qui sera kidnappé ni quand… Les inspecteurs retardent leurs vacances ou les annulent. Puis, le 9 août, les bandits au grand complet se rejoignent dans le bois de Boulogne. Les hommes de Broussard sont disséminés en filature derrière la dizaine de voyous. Mais deux inspecteurs assistent, impuissants, au kidnapping par deux hommes en survêtement d'un passant qui promène son labrador, gazé à la lacrymo et vite enfourné dans une Estafette blanche. L'opération « Totor » est déclenchée. À bord d'une voiture suiveuse, Fiamenghi le boxeur atteint lui aussi la planque du Plessis-Robinson et colle « une droite bien appuyée » à François Tortosa qui veut s'éclipser, lui laissant « un cocard du plus bel indigo » sous l'œil droit : « Tant pis pour la photo de l'identité judiciaire ! » écrit-il. Séquestré dans la cave à charbon, pieds et poings enchaînés, une cagoule sur la tête, l'otage en costume est détaché. C'est le banquier Bernard Mallet, qui restera lié à ses sauveurs de la brigade antigang et assistera même, quelques années plus tard, à l'enterrement de Gérard Marlet.

« La nuit, personne ne nous résistait »

À la « maison », ce soir du 9 août 1977, on arrose la libération du banquier Mallet, alcool et nanas à tous les étages de la BRI, dans un de « ces pots d'enfer du 36 », pour décompresser après des heures et des semaines dehors. « Ces troisièmes mi-temps après les interventions nous servaient de cellules psychologiques, d'exutoires nécessaires », répète aux Jours le flic – qui n'était pas le dernier à « défourailler » en fin de soirée avec pour cible la Sainte-Chapelle ou la statue équestre d'Henri IV. Jean-Louis Fiamenghi avoue qu'il a également tiré des coups de feu en l'air dans la rue, à l'angle du Pot-de-fer et de Mouffetard, pour fêter la naissance de son premier fils, comme dans le film *Viva Zapata !* À la patrouille qui a déboulé, le cador de la BRI a lancé « on est de l'Antigang » et les bleus ont dégagé : « La nuit, personne ne nous résistait. »

Il se souvient, dans un autre registre, du pot de départ de l'illustre commissaire Roger Le Taillanter, en 1979. Il reconnaît sans gêne qu'une baignoire remplie de champagne et de « filles » avait été montée dans un bureau de la BRI. C'était quelques semaines avant de tuer Jacques Mesrine d'une balle de 9 mm de pistolet-mitrailleur Uzi dans la tête.

4
Boucle d'or a tué Mesrine

L'inspecteur Boucle d'or de l'Antigang se trouvait à bord de la camionnette bâchée, le 2 novembre 1979, parmi les quatre policiers qui ont tué Jacques Mesrine, « l'ennemi public n° 1 » de la police, au volant de sa BMW, porte de Clignancourt. Désormais préfet à la retraite, parti dans le privé, Jean-Louis Fiamenghi a décidé de se délier du secret entretenu depuis trente-six ans – « pire que l'omertà à la mode corse » –, sur l'identité des tireurs et donne sa version de l'histoire aux Jours, dans son bureau de chef de la sûreté de Veolia.

Sa première rencontre avec « le Grand[1] » remonte au 29 septembre 1973. Il est enquêteur de base à la brigade de répression du banditisme depuis un an, vient d'arrêter en flag' les petits casseurs d'un marchand de télévisions rue du Faubourg-Saint-Antoine, et les conduit au dépôt dans une cour du Quai des Orfèvres. Il croise un collègue de la première brigade territoriale de PJ qui lui apprend la garde à vue d'un certain Jacques Mesrine dans ses locaux du XVIIe arrondissement.

Mesrine et Broussard entrent dans la légende du 36

La veille, le bandit renommé et le célèbre commissaire Broussard ont signé avec panache une reddition-arrestation qui

1. Le surnom donné à Mesrine par des complices et des policiers. Condamné à vingt ans de réclusion criminelle en mai 1977, il deviendra l'icône de la lutte contre les Quartiers de haute sécurité (QHS) puis, selon ses plans, s'évadera de la maison d'arrêt de la Santé le 8 mai 1978 avec « le Petit », François Besse.

les fait entrer tous les deux dans la légende du 36. Localisé par Robert Broussard, collier de barbe et physique de rugbyman, dans un appartement rue Vergniaud, dans le XIIIe arrondissement, pour une série de vols à main armée, Jacques Mesrine refuse de sortir « les mains sur la tête » et parlemente plus d'une heure avec son adversaire, qui joue sur la fibre militaire – « On est tous les deux de la classe 36, on aurait pu être ensemble en Algérie » –, puis accepte de glisser sous la porte sa carte d'identité qui revient avec la mention : « C'est bien toi. » De part et d'autre de la porte, les deux pointures se mesurent, ainsi que Broussard l'a raconté dans ses mémoires, intitulés *Commissaire Broussard* :

Mesrine : Hé, Broussard, on dit que t'es un dur de dur ?

Broussard : T'es pas mal non plus dans ton genre.

Mesrine : Tu sais que ça m'emmerde de me rendre.

Broussard : Je m'en doute.

Mesrine : J'aimerais vérifier que tu es aussi gonflé qu'on le dit. T'es capable de te présenter seul, sans arme ni gilet pare-balles ?

Broussard : Quand tu veux ! Et toi, t'es capable de sortir sans arme ?

Mesrine : Je suis tout aussi courageux que toi ! Je voudrais que tu gagnes cette arrestation en prenant un risque personnel.

Broussard : D'accord, tu as ma parole. Et toi, quelles garanties tu me donnes ?

Mesrine : Ma parole. On va voir celui qui va se dégonfler.

Broussard : Il n'y en aura aucun.

Et voilà le commissaire Broussard, seul, le blouson de cuir dézippé, les bras écartés face à la porte qui s'ouvre sur le Grand, cigare de nabab au bec, torse bombé, poignets tendus pour les menottes, « théâtral, mesrinien », selon les mots du chef de l'Antigang. Les deux hommes se serrent d'abord la main : « Chapeau Broussard, tu trouves pas que c'est une arrestation qui a de la gueule ? » Et le bandit de faire péter le champagne pour arroser ça. Dans son livre *L'Instinct de mort*, « l'ennemi public », qui se définit ainsi, salue « le geste gratuit » de Broussard qui « prenait un risque énorme : sa vie contre la parole d'un tueur ».

Emmené dans les locaux de la première BT (brigade territoriale), le Grand ne comprend pas pourquoi on ne lui fait pas les honneurs du Quai des Orfèvres. Il réclame son tombeur : « Salut beau crâne[2] ! » dit Broussard. « Salut beau flic », rétorque Mesrine. Ce soir-là, le commissaire est reparti au 36 fêter cette belle prise, et « beau crâne » s'ennuie seul au fond de sa « cage ».

« Mesrine aurait pu faire des merveilles dans le commerce »

Insomniaque après les poussées d'adrénaline des interpellations, et très curieux aussi, le jeune poulet de la BRB Fiamenghi débarque en pleine nuit à la première BT pour voir « à quoi ressemble la gloire du grand banditisme, le mythe, la terreur, la grande gueule qui nargue les argousins[3] », écrit-il dans ses mémoires. Sous la lumière blafarde de l'unique ampoule du couloir, le bleu de la PJ s'approche du grillage de la cellule et scrute en vain la pénombre. Tout à coup, une grosse voix retentit : « Tu viens frimer ma gueule ? » Le flic sursaute et recule instinctivement. Puis le Grand apparaît, tout fripé avec sa moustache et sa barbe de trois jours. Le flic se sent un peu gauche de se trouver là comme au zoo et reste bouche bée, impressionné. Il n'ose pas lui dire qu'en « dehors du saute-dessus, quand la paix est signée, j'aime bien parler avec l'ennemi ». Mais c'est Mesrine qui rompt le silence : « T'as une cigarette ? » Fiam farfouille dans sa poche, sort un paquet de Gauloises sans filtre et lui en allume une qu'il lui tend à travers les barreaux. Enfermé, Mesrine se montre « énervé » d'avoir été coincé par Broussard pendant sa cavale. « C'est la loi du genre, les policiers

2. En argot policier, un beau crâne est une belle prise, un gros voyou.

3. Les citations de cette partie sont tirées des livres de Robert Broussard, *Commissaire Broussard. Mémoires* (Stock, 2005), et de Jean-Louis Fiamenghi, *Dans le secret de l'action* (*op. cit.*), ainsi que d'entretiens avec l'auteur.

sont là pour courir après les voyous et les arrêter », répond le flic. Le Grand ricane et réclame une autre clope. Et puis, sous les volutes de Gauloises, dans le recoin sombre de sa geôle, le voilà qui se met à détailler la recette du gigot de sept heures, le choix de l'agneau, du bon morceau, la façon de le découper et de le cuisiner, au point de faire saliver le perdreau tombé sous le charme : « Il était capable d'embobiner le premier venu. Il aurait pu faire des merveilles dans le commerce. » Les deux se quittent sur cette discussion culinaire improbable et se retrouveront six ans plus tard, en pleine guerre.

Entre-temps, Jacques Mesrine a été jugé aux assises en mai 1977, a jeté dans la salle une clé de menottes achetée à un maton, et a lancé en plein procès : « Je vais tout faire pour m'évader et si Broussard se trouve une nouvelle fois devant moi, ce sera un combat d'hommes qui se passera dans la rue, sur le pavé, et le premier qui tirera aura raison ! » rapporte Robert Broussard dans son livre. Debout dans le box, l'accusé plein d'assurance interpelle le commissaire : « Nous sommes d'accord, Broussard ? » « D'accord, Mesrine. » Il s'évade l'année suivante avec le Petit François Besse, fait les 400 coups et s'étale dans la presse[4]. Ulcéré par l'impuissance de ses services et la guerre des polices, entre la BRI et l'OCRB, le ministre de l'Intérieur

4. Le tandem braque une armurerie à Paris, le casino à Deauville, artille la police, prend en otage une famille, avant de se séparer. Car le Petit braqueur refuse de participer à des actions politiques concoctées par le Grand provocateur. Avec un autre complice, en novembre 1978, Mesrine tente de kidnapper, à son domicile, le président de la cour d'assises Charles Petit qui l'a jugé, mais, à défaut, il se rabat sur sa fille, puis se heurte à des policiers et s'échappe. C'est un fiasco pour le Grand, dont l'acolyte, Nounours, est arrêté, et aussi pour la brigade antigang, censée surveiller ce complice possible de Mesrine passage Albert (XVIIIe). Et puis ça continue, les interviews fleuves de Mesrine dans *Paris Match* et *Libération*, la séquestration en juin 1979 du roi de l'immobilier Lelièvre, libéré contre rançon, et l'enlèvement en septembre du journaliste de *Minute* Jacques Tillier, torturé dans une grotte.

Christian Bonnet les somme de mettre le paquet pour attraper Mesrine et de monter une cellule dédiée.

« On le surveille H24, on ne le lâche pas d'une semelle »

Jean-Louis Fiamenghi, Boucle d'or, est coopté, tout comme Christian Lambert*, dit « le Panda », dans ce groupe « spécial Mesrine » par Robert Broussard qui leur donne un ordre : « Vous sortez de la BRI et ne rendez compte qu'à moi. » Ils sont neuf de l'Antigang et de l'OCRB, dont une femme – Jacquie – à traquer le Grand, comme le détaille Fiam dans son livre : « On bosse en permanence et en secret sur toutes les pistes, on vérifie les tuyaux les plus farfelus. » Car les gens croient reconnaître « l'ennemi public n° 1 » sous tel ou tel déguisement aux quatre coins du pays : « Pendant des jours et des nuits, nous vivons avec Mesrine, nous pensons Mesrine. Il devient notre obsession quotidienne », écrit Fiamenghi, qui trouve maintenant dangereux ce voyou « à l'ego surdimensionné ».

Il faut des semaines de traque avant de tirer le bon fil avec la compagne de Charlie Bauer, dernier complice du Grand. Pour localiser cette institutrice, Renée G., les « chasseurs » ont l'idée de demander à la mutuelle d'assurance auto des enseignants si elle en possède une. Bingo, c'est une R14 ! Au bureau des PV de la préfecture de police, on leur indique que cette voiture est souvent verbalisée dans le IXe arrondissement, autour de l'église de la Trinité : « On tourne dans le quartier et Christian Lambert finit par la localiser. » Ainsi, le groupe spécial suit la femme et découvre la planque de Charlie Bauer : « On le surveille H24, on ne le lâche pas d'une semelle. On se relaie dans un atelier situé en face, qu'on a réquisitionné et équipé de rideaux, car un soum [un véhicule de surveillance] garé dans la rue aurait été trop voyant », raconte Boucle d'or. Et ça finit par payer. La filoche de Bauer et de Renée les conduit jusqu'à un appartement au 35 rue Belliard dans le XVIIIe. « Ça sent bon, c'est le quartier de prédilection du Grand », jubile Boucle d'or. Pas manqué, le couple ressort une heure plus tard avec un homme de haute stature. Un inspecteur de l'Antigang qui l'a déjà arrêté le reconnaît à coup sûr : c'est Jacques Mesrine. Trop tard pour l'interpeller.

En planque dans un soum

Le lendemain, 31 octobre 1979, la filature du trio, bientôt rejoint par Sylvia Jeanjacquot, la compagne de Mesrine, mène à un magasin de meubles, mais la nuit est déjà tombée et la rue animée. « Pas question de leur sauter dessus au milieu de la foule, les deux truands sont trop chauds », écrit Jean-Louis Fiamenghi. Grâce au téléphone de Bauer placé sur écoute, « on apprend que Mesrine a décidé de passer la nuit dans une boîte à Pigalle ». Dans la nuit du 1er au 2 novembre, Boucle d'or planque dans un soum garé rue Belliard, avec le commissaire Broussard, « à cinq ou six là-dedans », à retenir parfois sa respiration et à pisser dans des bouteilles : « On attend. On dit que la patience a beaucoup plus de pouvoir que la force, je m'accroche à cette idée », lit-on sous sa plume. Alors, Boucle d'or ignore la trotteuse de sa montre qui paraît le narguer et pense à sa femme qui se trouve à l'hôpital pour une opération bénigne. Quand soudain, à 3 heures du matin, le Grand débouche d'un pas pressé dans la rue et s'engouffre sous le porche de son immeuble, « trop rapidement pour qu'on puisse l'interpeller ». Encore raté. Les flics de l'Antigang partent se reposer à tour de rôle, le soum reste en place.

Boucle d'or change de poste le matin. Le voilà, avec trois autres inspecteurs de la BRI, à l'arrière d'un camion bâché piloté par Christian Lambert, qui a pour mission de couvrir l'équipe à pied, chargée de sauter sur Mesrine et de le neutraliser. Car le bandit ne possède *a priori* pas de voiture. En prenant la fourgonnette au garage Macdonald – du nom du boulevard où il se situe – de la préfecture de police, l'équipage de choc pose pour une photographie qui deviendra compromettante et restera au coffre jusqu'à sa publication cette année par Fiamenghi, lequel raconte la suite aux Jours.

Contre toute attente, Mesrine sort de sa planque avec des valises, monte à bord d'une BMW, sa compagne à côté sur le siège passager, et pose à ses pieds son inséparable sacoche d'armes et de grenades. Quarante flics de la BRI et de l'OCRB sont mobilisés pour la filature du siècle. Dans le camion stationné rue du Montcenis, les cinq inspecteurs suivent la scène par radio et apprennent que le véhicule de Jo Querry et Gérard Marlet colle au train de la BMW. Au volant du véhicule dont la bâche est relevée, Lambert improvise, tandis qu'à l'arrière, Fiamenghi et ses trois collègues sont assis par terre, cachés « derrière la ridelle », leurs « armes posées en travers des genoux », sans casques, en veste pare-balles. Jusqu'à l'incroyable signe de la main de Mesrine, décontracté, « comme s'il partait en vacances ou en week-end », pour laisser poliment la priorité au camion bâché qui débouche sur sa droite, boulevard d'Ornano. Le flic Lambert le remercie d'un hochement de tête. « Jamais on n'aurait pris le risque de lui couper la route ni imaginé un tel scénario. Du coup, sa BMW est prise en sandwich entre la voiture de la BRI qui le file et notre camionnette avec quatre hommes armés à l'arrière », nous répète l'inspecteur. Alors Fiamenghi actionne la culasse de son pistolet-mitrailleur Uzi réglé pour « tirer au coup par coup, pas en rafale » et ses coéquipiers arment leurs fusils Ruger, « prêts à intervenir » : « Je suis totalement concentré, seul avec moi-même, l'esprit vide, comme à chaque fois avant de passer à l'action. Je vais devoir me fier à mon modeste cerveau pour analyser la situation à la vitesse de l'éclair et à mes gestes réflexes appris à l'entraînement. »

À 15 h 15, Mesrine est tué par l'Antigang

Soudain, l'ordre du commissaire Broussard retentit dans les oreillettes : « Allez les enfants, faut y aller, intervention, intervention, intervention ! » Aussitôt debout, comme les trois autres, face à la BMW de Mesrine, l'inspecteur Fiamenghi tient son « PM à bout de bras, en position de tir instinctif ». Il s'entend hurler : « Police, bouge pas ! » Il aperçoit Mesrine qui jette un coup d'œil dans son rétroviseur et voit sûrement, derrière, des policiers de l'Antigang s'avancer pliés en deux. Alors, Fiamenghi avise le geste du Grand qui « se baisse, se penche en avant d'un coup sec », stoppé dans son élan par sa ceinture de sécurité : « Pour moi, Mesrine va se saisir de sa sacoche et brandir une arme. Ce sera lui ou moi, j'engage le feu. Mes collègues ont vu la même scène, ont eu la même vision, qui nous a obligés à tirer. » Il se souvient de la tête de Mesrine « violemment projetée vers l'arrière » et des impacts de balles qui étoilent le pare-brise de la BMW, dont dix-huit ont atteint le corps. Il est 15 h 15 ce vendredi 2 novembre 1979 : Jacques Mesrine a été tué par l'Antigang. À ses pieds, un calibre 11,43 mm avec une balle engagée dans le canon et deux grenades dégoupillées dont les cuillères sont retenues par des élastiques.

Le commissaire Broussard repousse *manu militari* les tireurs qui viennent d'adosser Sylvia Jeanjacquot, gravement blessée, contre un arbre. « Les enfants, repartez, remontez dans le camion. » Comme si « nous avions mené une opération militaire alors que nous avons agi dans le cadre de la loi », commente aujourd'hui Fiamenghi. L'escamotage du camion bâché et de son commando, sans même une saisie des armes, alimentera la polémique pendant des années. Pour l'instant, la porte de Clignancourt devient noire de monde et les policiers explosent de joie. À commencer par le patron de l'Antigang qui pose, tout sourire, à côté de la dépouille de Mesrine pour des photos publiées dans un numéro spécial de *Paris Match*. Le commissaire Richard Marlet a conservé le cliché de son frère Gérard de la BRI qui, sur les lieux à ce moment-là, tient Broussard par le cou, hilares tous les deux. Il rappelle que cette photo a inspiré le morceau du groupe Trust, *Instinct de mort* : « Sois fier de ta police, elle a exécuté. [...] Tu les as vus se marrer tous nos grands justiciers. Telle une meute de clébards qu'on jette à la curée. »

Pendant ce temps, l'équipage du camion dépose le chien blessé de Sylvia Jeanjacquot dans une pharmacie gare Saint-Lazare, prend un café dans le premier bar venu, reconduit le véhicule au garage de la PP, puis rentre « à la maison ». Du Quai des Orfèvres, Boucle d'or appelle son épouse à l'hosto pour la rassurer. Puis, pour rigoler, José G. entreprend de monter sa moto 350 Honda dans l'escalier monumental du 36. « On l'a tous poussée et portée » jusqu'au bureau mansardé du groupe de la BRI, au dernier étage, tapissé d'images d'opérations. Une photo montre la grosse cylindrée qui trône au milieu des inspecteurs en chemise ou cuir, le verre à la main. La main sur le cœur, Boucle d'or jure que c'est « juste pour décompresser, pour évacuer le trop-plein d'adrénaline après l'intervention » : « On ne boit pas à la mort de Mesrine, on est soulagés... »

« J'ai tué Mesrine, j'ai fait mon job, mais je ne l'ai pas assassiné »

L'inspecteur Fiamenghi nous confie qu'en descendant du bureau ce soir-là, il se sent « un peu gêné » de croiser dans l'escalier Sabrina, la fille aînée de l'ex- « ennemi public », qui portera plainte pour « l'assassinat » de son père. Il n'en tire pas gloriole car « la mort d'un homme, fût-il une crapule, n'est jamais satisfaisante », mais ne comprend pas la polémique qui enfle : « J'ai tué Mesrine, j'ai fait mon job, mais je ne l'ai pas assassiné, ce n'est pas une exécution programmée », m'assure-t-il. Il prend l'accusation « pour une injure » et rappelle que le Grand avait lui-même fixé les règles du jeu et expliqué à l'avance dans une cassette sa fin inéluctable sous les balles policières[5].

En tout cas, le soir même de la mort de Mesrine, le commissaire Broussard exige de ses hommes de l'Antigang de garder le secret sur l'identité des tireurs du camion bâché. C'est un ordre du ministre de l'Intérieur Christian Bonnet, du directeur central de la PJ Maurice Bouvier et du patron du 36 Jean Ducrey, sur « cette opération de grand banditisme traitée presque comme une affaire d'État », révèle Jean-Louis Fiamenghi aux Jours : « Dans un premier temps, c'était pour nous rendre service, pour nous protéger mais, du coup, on nous a pris pour un commando clandestin des forces spéciales. C'est comme si on avait été effacés de la photo, le camion bâché a été gommé, comme sur la photo truquée par Staline où les personnages disparaissent au fur et à mesure qu'ils sont tués[6]. » Alors que trois policiers de la camionnette se réfugient encore dans l'anonymat et que d'autres se vantent d'en avoir été, on sent chez Fiamenghi comme un regret d'avoir dû le cacher si longtemps.

Après la fusillade, les juges se sont succédé à l'instruction de la plainte pour assassinat de Mesrine et ont cherché à identifier

5. Dans une cassette posthume que Jacques Mesrine avait enregistrée pour Sylvia Jeanjacquot, sur la musique du film *Midnight Express*, le Grand raconte : « Je suis déjà mort, tombé sous les balles des policiers. Mais ma fin était inévitable. [...] Que les flics m'aient assassiné ou pas, c'est possible. En réalité, la question ne se pose pas. Face à un type comme moi, il n'y a pas de cadeau à faire. Je n'en ferai pas non plus de mon côté. [...] Je suis mort les armes à la main, même si je n'ai pas eu le temps de m'en servir. Même si les policiers m'ont tué avant de mettre ma main sur mon revolver, il faut te dire une chose, si j'avais eu le temps, je m'en serais servi. [...] Ce qu'il y a de terrible, c'est que certains vont faire de moi un héros et il n'y a pas de héros dans la criminalité. Il n'y a que des hommes qui sont marginaux et qui n'acceptent pas les lois. »

6. Référence à une photo, prise en 1920 à Moscou, de Lénine faisant un discours aux unités de l'Armée rouge, sur une estrade de bois gardée par Trotski et Kamenev. Après la mort de Lénine, Staline devient maître de l'URSS en 1922 ; pour asseoir sa domination absolue, il doit effacer le souvenir du rôle politique joué par Trotski et Kamenev. Il ressort pour sa propagande un cliché truqué sur lequel les deux révolutionnaires ont disparu, remplacés par cinq marches en bois.

les tueurs. « Finalement, l'anonymat nous arrangeait », me dit Fiamenghi, qui quitte l'Antigang en 1984 à la naissance de son deuxième fils et devient commissaire en 1994. Sorte de bouclier pour ses hommes, le patron de la BRI Robert Broussard, qui endosse le mauvais rôle et la pleine responsabilité de l'opération, est enfin entendu comme témoin, fin 1996, par le sixième juge, puis en 2000 par la neuvième, Hélène Sottet. L'audition au Palais de justice, « à côté de mon 36 », dit-il dans ses mémoires, dure six heures durant lesquelles Broussard détaille « l'état de légitime défense » de ses policiers, mais achoppe à la fin « sur un point plus délicat » : « La juge me demande les noms des tireurs et du chauffeur du camion. Je les connais bien sûr, mais il est hors de question de répondre. »

Pressenti en 2001 pour diriger le Raid, le divisionnaire Fiamenghi me confie redouter que cette affaire ne ressorte et nuise à sa carrière. Même chose avant sa nomination comme préfet de la République en 2010 : « Comme les gens continuent à croire qu'on a abattu Mesrine, ça ferait tache » de savoir qu'il a appuyé sur la détente. Pareil pour le conducteur de la camionnette Christian Lambert, qui a fait depuis une ascension fulgurante. Jean-Louis Fiamenghi a d'autant plus la trouille de sortir de la clandestinité qu'il a « déjà un profil atypique dans le corps des commissaires et des préfets », juste « un manouche, un solitaire ». Mais le secret d'État est bien verrouillé : « Impensable aujourd'hui qu'une institution, *a fortiori* la police, puisse opposer un tel silence aux magistrats », écrit-il.

En 2004, Fiamenghi se présente au juge

L'omertà perdure jusqu'à ce jour de 2004 où le directeur de la PJ l'avertit qu'un énième juge réclame, par commission rogatoire, l'audition de « l'un des tireurs qui répond au nom de Flamand Guy »... Malgré la confusion sur son identité, Fiamenghi décide de sortir de l'anonymat et de se présenter au magistrat, me dit-il,

« pour mettre un terme à cette instruction qui n'en finit plus ». À l'instar de ses collègues du camion bâché, l'ex-inspecteur raconte alors les circonstances de ses coups de feu sur Jacques Mesrine et apprend par le rapport d'autopsie qu'une balle de 9 mm de son pistolet-mitrailleur Uzi dans la tête de beau crâne l'a tué sur le coup. Le dossier a été clôturé par un non-lieu en raison de l'état de légitime défense des policiers, fin 2004, et l'action judiciaire définitivement éteinte en 2006.

Trente-six ans après la mort de l'ennemi public, qui n'a « pas hanté ses nuits mais ne l'a pas quitté », le préfet au crâne rasé a perdu ses boucles d'or, mais il n'oubliera jamais ce soir de 1973 où, au fond d'une cellule, sous des volutes de Gauloise, le Grand lui avait raconté la recette du gigot de sept heures.

5
Notre-Dame-des-Poulets

Même les poulets les plus hostiles aux baveux, les avocats, l'appellent au secours en cas de dérapage incontrôlé, de coups de feu intempestifs, de soucis d'alcoolémie ou d'arrangements avec des indics. En garde à vue chez les bœuf-carottes, l'IGPN, les « policiers dans la tourmente », comme elle dit, la contactent sur son 06 et Anne-Laure Compoint* débarque pour les sauver. Seulement, l'avocate exige de « tout savoir » de leurs turpitudes : « Je suis calibrée pour gagner et, si je perds, je veux limiter la casse. Si une affaire foire parce que le mec ne m'a pas tout dit, c'est insupportable. Je veux connaître tous les dessous de l'histoire. – Question de confiance », dit-elle. Son profil de battante, sa franchise et sa plastique de poupée Barbie les rassurent.

Me Compoint les ramasse d'abord à la petite cuillère. Après quarante-huit heures dans la « cage » de la police des polices, ils « ne font plus trop les beaux », souvent « effondrés, exténués, sales », effrayés par cette dégringolade inopinée au bout « de tant d'années de métier, de passion, récompensées souvent par de bonnes notes et d'excellents résultats », dit-elle aux Jours dans son modeste cabinet du XIVe arrondissement de Paris où les dossiers sont impeccablement rangés sur des étagères Ikea. À 37 ans, l'avocate représente les intérêts de divers policiers, du sous-fifre à l'ancien directeur Bernard Petit[1], inquiétés dans

1. Le directeur du 36 a été arrêté et mis en examen au début de l'année 2015 pour des fuites dans une enquête. Il est depuis à la retraite.

des affaires de « dérapage professionnel » ou de « dérive personnelle », selon ses mots. Car elle déteste le terme « ripoux », trop connoté « corruption ». Ce qui, à ses yeux, concerne « une infime minorité de fonctionnaires ».

Ainsi, dans le dossier du vol des 52 kilos de coke[2] imputé à « John »*, brigadier des Stups qui aurait raflé la chnouf au cœur du 36 à la fin du mois de juillet 2014, Me Compoint a épaulé « Pibo », ancien serrurier accusé un temps d'avoir permis au voleur supposé d'ouvrir la salle des scellés. Jusqu'au jour où les bœuf-carottes ont découvert dans le mobile de John la combinaison secrète pour accéder au coffre d'un chef où on rangeait la clé, sésame de la porte blindée. L'avocate ne veut pas discuter d'éléments du dossier, même s'ils sont déjà connus. Elle s'est battue avec succès pour faire réintégrer son « témoin assisté » Pibo à… la brigade des stups.

Elle connaît la mentalité des poulets… et même le tir

À son tour attrapé à la fin du mois de janvier 2015, « Ballon », gardien de la paix à la BAC du XIXe arrondissement, qui rêvait d'entrer dans le saint des saints du 36, fait appel à Me Compoint. Son surnom apparaît sur des feuilles de comptes codées par John en face d'une somme d'argent et d'une quantité de drogue, sans preuves qu'il ait touché l'une ou l'autre. Sur écoutes, John lui promettait de l'aider à entrer « à la brigade des stups, car ça palpe », selon le dossier. Après sa mise en examen et avant de comparaître devant le juge des libertés et de la détention, ce flic de base est tellement au fond du trou que l'avocate doit le laisser seul, avec un gendarme : « Il était dans un tel état de désespoir

2. « John le Gitan », ex-brigadier des stups, doit être jugé par le tribunal correctionnel de Paris du 7 au 16 mars 2017 pour le vol des 52 kilos de cocaïne, avec neuf autres prévenus dont sa femme, son frère, un copain flicard, et même l'escroc des stars Christophe Rocancourt. En outre, son collègue de bureau le Tatoué et son pote Ballon du commissariat du XIXe arrondissement ont été blanchis par un non-lieu. Voir chapitre 14.

humain qu'il allait me gangrener. » Je lui ai dit : « Je ne peux pas vous tenir la main. Parce que j'ai besoin d'être une tueuse, de me concentrer sur le dossier. » Avant de « plaider les tripes sur le bureau, dans les larmes, les siennes et les miennes » et d'éviter *in extremis* la prison à Ballon, qui s'en sort libre avec un placement sous contrôle judiciaire.

Fille d'une peintre italienne et d'un père musicien, l'ancienne ballerine – qui chausse encore ses pointes – connaît par cœur la mentalité des poulets, les risques du métier, les travers, le jargon et même le tir. Elle en a appris beaucoup grâce à un ami de jeunesse, fils d'un superflic d'action qui l'a fait tourner dans les véhicules de police, entendre des écoutes de voyous et voir « comment ça fonctionnait de l'intérieur ». Au contact de cette famille, Anne-Laure Compoint a compris l'intensité de ce métier : « Ce n'est pas un job que tu laisses sur ton paillasson en rentrant, mais un état constant, une passion, surtout en police judiciaire où les mecs pensent PJ H24 et se coltinent la lie de la société. »

Devenue avocate sans vocation particulière, Me Compoint atterrit « par hasard », dit-elle, en février 2002 au cabinet de Me Michelle Launay, conseil officiel de la préfecture de police de Paris. La novice y traite à la chaîne les procédures pour outrages et rébellion que les flics multiplient contre les interpellés : « À l'époque, les magistrats ne sont pas dans la défiance par rapport aux policiers et les suivent. Je défendais les gentils. Maintenant, les juges les voient plutôt comme des méchants et ont tendance à les assassiner », me répète-t-elle. Recrutée par le très en vue pénaliste Thierry Herzog, Me Compoint découvre les juges financiers et, pour clients, des hommes politiques ou des businessmen mouillés dans les affaires Tiberi, Angolagate, Clearstream, frégates de Taïwan… Mais elle préfère monter son cabinet, en 2006, avec cinq autres filles. Anne-Laure Compoint revient alors à sa vieille habitude des poulets. Durant ces années chez Herzog, elle a eu l'occasion de découvrir le 36, la maison de ses futurs clients. Elle se souvient, pour Les Jours, que Frédéric Péchenard lui a fait visiter les toits du 36 « par un très beau temps ». « J'étais impressionnée, car c'est le cœur de la cité, avec d'un côté le Palais de justice, de l'autre la police judiciaire. J'avais la chance de voir l'envers du décor, que les avocats d'habitude ne voient pas, même lorsqu'ils défendent ces policiers. »

Le premier flic du 36 qui l'a appelée à la rescousse, c'est le commissaire Éric Francelet, alors chef adjoint de la BRI. À cinq heures du matin, le 21 novembre 2004, en Seine-Saint-Denis, lors d'une course-poursuite derrière le Renault Espace de braqueurs qui ont tenté d'attaquer un centre-fort lyonnais – un lieu de dépôt d'argent ultrasécurisé –, musique techno à fond à bord du véhicule de service, Éric Francelet – main droite sur le volant, main gauche sur le flingue – a tiré par la vitre de multiples coups de feu, et le commandant de la BRI qui l'accompagnait tout autant. Le « voyou à l'ancienne » qui traçait devant a pris une balle dans le dos et une de ses dents a sauté. Grièvement blessé, il a passé trois mois à l'hôpital. Au 36, le commissaire Francelet est aussitôt placardisé comme conseiller de la direction et le commandant de la BRI rétrogradé à la base, dans une division de PJ.

« La hiérarchie ouvre toujours le parapluie, c'est une donnée à prendre en compte dès le départ. Ils veulent des résultats, mais pas de remous », m'explique-t-elle. C'est pourtant le braqueur blessé qui va écoper d'un refus d'obtempérer aux sommations des deux cow-boys de l'Antigang. Grabuge en interne. Face à la gravité des faits, un juge de Bobigny entend les mettre en examen. « Non seulement ce sont des menteurs, mais aussi de vrais dangers publics », assène-t-il alors à Me Compoint. Il lui explique qu'il connaît « un commissaire sanctionné pour une baffe à un gardé à vue ». Du tac au tac, elle lui cite par cœur le rapport balistique de nature à les dédouaner, car l'expert n'exclut « pas des tirs en état de légitime défense ». Le témoignage d'un autre policier de la BRI accrédite cette hypothèse. Le jeune magistrat renoncera à mettre en examen les deux tireurs. Me Compoint a ensuite passé des journées entières dans le bureau du juge de Bobigny, pour le convaincre de prononcer un non-lieu, ce qu'il fit quatre ans plus tard, en 2008. Et pour négocier en parallèle un accord financier avec l'avocat du braqueur estropié.

« On ne pourra pas dire que c'est à cause de la longueur de mes guiboles ou de mes cheveux blonds », lance l'avocate au physique de bimbo, juchée sur des talons aiguilles, pour couper court aux persiflages de certaines consœurs. C'est plutôt, selon elle, son « travail de l'ombre » qui a payé, car la fusillade est restée confidentielle : « Il ne faut surtout pas faire de bruit. Attirer la lumière médiatique dans un tel dossier constitue un obstacle et pousse les juges à plus de sévérité. » Mais le handicap dans ces affaires de PJ, « c'est de garder une part d'indépendance, car ces grands poulets connaissent les magistrats et ont du mal à laisser les mains libres à leur avocat. Je leur explique : quoi qu'ils en pensent, à un moment, ils auront des comptes à rendre aux juges ».

Les liaisons dangereuses entre policiers des Stups et indicateurs de police reviennent dans plusieurs de ses dossiers. En septembre 2009, le chef de groupe de la brigade des stups Arnaud M. est informé par un collègue de la sûreté des Hauts-de-Seine que son tonton clignote [il apparaît dans une enquête] et qu'il peut le décrocher – le tirer d'affaire en échange de tuyaux. Mais sur des écoutes, le tonton dit à un trafiquant : « Arnaud m'a dit que…[3] » comme s'il avait été averti. Et il cherche des tuyaux : « File-moi des noms sur la cocaïne jaune et sur les nourrices. »

3. Les éléments et citations de ce chapitre sont tirés pour l'essentiel d'un entretien de Me Compoint avec l'auteur le 31 mars 2016, et d'audiences publiques au tribunal de Nanterre.

Du coup, le flic de la sûreté du 92, autobaptisé « Sky », comme Luke Skywalker, le héros de *Star Wars*, balance son collègue du 36 après avoir démantelé son réseau de trafiquants. Interrogé par les bœuf-carottes, puis « traité comme un voyou » par le juge, le commandant Arnaud M. se retrouve mis en examen et placé sous contrôle judiciaire. L'avocate fait appel et, devant la chambre d'instruction de Versailles, le commandant, « cette boule de testostérone, limite misogyne, s'effondre en larmes pendant la plaidoirie », tandis que Me Compoint vante ses qualités de poulet et assure avec force que « ce n'est pas un ripou », mais seulement un « bon flic » qui manipule des indics pour faire tomber des filières de drogue, inlassablement. Tout juste a-t-il « tenu des propos maladroits à son tonton, et trop vite ». Anne-Laure Compoint ira jusqu'à faire stopper, grâce à une astuce de procédure, le premier procès à Nanterre en 2010, ce qui entraînera la libération de tous les trafiquants. Qu'à cela ne tienne ! Devant le même tribunal, en 2011, elle fait citer comme témoin le fameux Sky, le prend en flagrant délit de mensonges sous le sceau du serment et démontre une « guerre des services ancienne » entre ce policier de la sûreté du 92 et son commandant de la brigade des stups. Arnaud M. a été condamné à la modique peine de 5 000 euros d'amende avec sursis et obtiendra la non-inscription de l'affaire au casier judiciaire.

« L'institution judiciaire n'aime pas les superflics »

Ces petits arrangements entre flics et indics, qui « peuvent apparaître comme malhonnêtes » pour des juges ou des bœufs – ces « flics qui n'ont jamais arrêté personne » –, ne sont plus tolérés, au grand dam de Me Compoint pour qui ils paraissent « indispensables » à la pratique policière pour démanteler des réseaux. La « méconnaissance de ces réalités » la sidère. Et la voici qui parle comme les poulets et épouse leur cause pour expliquer aux magistrats et aux enquêteurs de l'IGPN le travail de la PJ sur le terrain, persuadée que « la fin justifie parfois les moyens ».

Ainsi, le commandant Gilles Guillotin, chef adjoint de la PJ de Grenoble, a reçu plusieurs coups de fil de son supérieur, Michel Neyret*, alors numéro 2 de la PJ de Lyon, pour intercepter de la drogue avant sa destruction, afin de payer un indic, en plus des 15 000 euros de rémunération officielle. Il a fini par dire oui mais ne « l'a pas fait », selon Anne-Laure Compoint qui peste contre le changement de mœurs de la justice et de la police. « Avant, ça se réglait en famille et on laissait les électrons libres ramener de belles affaires, mais ce n'est plus du tout le concept. L'institution judiciaire n'aime pas les superflics. » On sent comme une nostalgie chez Anne-Laure Compoint pour ce qu'elle appelle « la PJ flamboyante », à travers sa tendresse pour Guillotin, « ce poulet à l'ancienne avec sa vieille BMW et sa nana coiffeuse qui met des bigoudis toute la journée ». À force de tractations avec la hiérarchie de la PJ, son protégé a pu partir à la retraite normalement. Mais Me Compoint n'a pas pu lui éviter une comparution au tribunal à Paris au côté du commissaire Neyret, auquel elle trouve aussi des excuses[4]. Les cadeaux et voyages que le numéro 2 de la PJ de Lyon a acceptés d'« amigos », comme il appelait ses indics tendance escrocs et trafiquants, ne sont, au regard de l'avocate, « pas grand-chose sur autant d'années d'exercice et de belles affaires ». Elle a décroché la relaxe du commandant Guillotin mais, le parquet ayant fait appel, son client doit à nouveau être jugé.

4. Le procès du commissaire Neyret s'est tenu au tribunal correctionnel de Paris, du 2 au 24 mai 2016.

6
Le briscard et les braqueurs

À la barre, crâne dégarni sur une bouille ronde à moustache, accent rocailleux du Sud-Ouest avec les *rrrrrr* roulant comme des pétarades, Jean-François Maugard, 58 ans, s'exprime dans le langage fleuri typique des vieux poulets. Le 8 mars 2016, il est venu témoigner au procès des bandits de Creil, accusés d'un projet d'attaque de fourgon et d'une fusillade qui a coûté la vie à une policière municipale, Aurélie Fouquet. Les condamnations sont tombées dans la nuit du 13 au 14 avril 2016[1].

Ce chef de groupe « vols à main armée », VMA, à la BRB, présente à la cour d'assises de Paris ses trois années d'enquête « en liaison étroite avec la brigade criminelle », chargée des scènes de tirs : « Nous, BRB, on a fait le cheminement des auteurs avant et après. » À ses yeux, le cerveau de l'équipe se nomme Redoine Faïd, 43 ans – « LE bandit de Creil », insiste-t-il –, qui a recruté dans son quartier et en prison : « On l'appelait "le Doc"[2] », comme Steve McQueen dans *Guet-apens*.

1. La cour d'assises de Paris a condamné Redoine Faïd à dix-huit années de réclusion criminelle et Malek Khider à quinze pour tentative de vol à main armée et association de malfaiteurs, en état de récidive. Accusés du meurtre de la policière municipale, Daouda Baba a écopé de vingt ans et Olivier Tracoulat, jugé en son absence car probablement mort et enterré, de trente ans. Acquitté de l'homicide d'Aurélie Fouquet, Rabia Hideur a pris dix ans pour association de malfaiteurs. Et Jean-Claude Bisel un an pour « soustraction d'un criminel à l'arrestation et aux recherches ». Le cas de Fayçal Faïd, détenu en Algérie, a été disjoint. Certains, à commencer par Redoine Faïd, ont fait appel de ce verdict.

2. Sauf mention contraire, toutes les citations de ce chapitre sont tirées de notes prises lors de l'audience du 8 mars 2016.

En tenue du dimanche pour sa déposition, costume noir et souliers cirés, le commandant Maugard raconte à l'audience l'alerte donnée en fin de matinée le 20 mai 2010. En route pour le repas annuel de la brigade avant l'été, une tradition à la BRB (tout comme la fête du printemps, appelée « Le retour des hirondelles » [agents de police en pèlerine], le chef VMA reçoit un coup de fil de son patron : une policière municipale, Aurélie Fouquet, a été tuée à Villiers-sur-Marne par un commando ayant échappé à un contrôle à bord d'un Renault Master blanc. Adieu banquet, ripailles et anisettes, il rapplique au service avec ses gars.

« Les informations arrivent de manière hirsute »

Il tente de se renseigner mais ne parvient pas à joindre la brigade criminelle, « engagée sur plusieurs sites sur l'autoroute, car il y a eu des agressions de véhicules, *carjackings*, prises d'otages d'automobilistes », relate-t-il, une main accrochée à la barre, l'autre agitée. « On ne sait pas exactement ce qui se passe, les informations arrivent de manière hirsute. » Il finit par apprendre le numéro d'immatriculation du Renault Master impliqué dans la fusillade, et ça fait tilt dans son esprit. Cette plaque correspond à l'une des trois fourgonnettes volées et repérées deux nuits plus tôt dans le bois de Vincennes : « Ce type de véhicule est souvent utilisé en matière de banditisme ou de trafic de stups pour des *go fast* [voitures rapides qui remontent du cannabis marocain par l'Espagne jusqu'en France] », explique-t-il aux jurés. Il avait voulu les pastiller mais le service technique, en rupture de stock, ne lui avait fourni qu'une seule balise GPS. Le chef Maugard avait demandé à ses gars de la placer sous la camionnette la plus louche, un Renault Trafic « au logo de la société Air Climat » bricolé pour « regarder devant et derrière, comme un soum de police ». Il vérifie donc « la position de la balise » de ce Renault Trafic sûrement lié à l'utilitaire blanc du commando qui a défouraillé sur l'autoroute A4. Il constate alors que « depuis 10 h 15, ce véhicule est accroché sur la commune de Champigny-sur-Marne ».

Le soir même, à 23 heures, la BRB interpelle Malek Khider, l'utilisateur du Trafic Air Climat, garé devant chez lui dans le Val-de-Marne avec, à l'intérieur, le parfait attirail de l'attaquant de fourgon blindé : armes longues, grenades, gilet pare-balles, brassard de police, gants en latex, herse, etc. En garde à vue, cet ancien braqueur « reconnaît assez rapidement qu'il montait sur une affaire », un braquage de convoi de fonds de la Banque de France, lesté de huit ou dix millions d'euros, avant le week-end de Pentecôte, prévu à Bonneuil-sur-Marne. « Mais apprenant par téléphone que le véhicule de ses complices est chassé sur l'autoroute », Khider fait demi-tour et « rentre rapidement se constituer un alibi », témoigne à la barre le commandant avec une gestuelle prononcée de la main : « Il téléphone de chez lui à son employeur. Il va même jusqu'à porter de l'argent à sa banque ! » Il va déjeuner avec son fils dans une enseigne de restaurant rapide où il se met sous les caméras.

Le 22 mai, au fichier des empreintes génétiques qui analyse des traces de sang retrouvées dans le Renault Master du commando, « il y a un hit, ça matche, ce sang a parlé, c'est celui d'Olivier Tracoulat, originaire de Creil, que l'on ne connaissait pas ». Jean-François « Jeff » Maugard découvre dans les fichiers d'antécédents judiciaires que Tracoulat a été condamné à huit ans pour le hold-up d'une Caisse d'épargne en Ardèche. « On a une constante géographique, Creil. Alors on va s'intéresser à quelqu'un qu'on connaît bien, et déjà sur du fourgon blindé. Il s'appelle… » À la barre, Maugard ménage le suspens : « … Redoine Faïd. On l'avait arrêté en 1998. »

Attaque d'un fourgon façon *Heat*, masques de hockey inclus

Redoine Faïd était recherché pour l'attaque d'un fourgon le 3 juillet 1997 à la façon *Heat*, le film de Michael Mann, masques de hockey inclus. « Il a été libéré en 2009, on le sait dehors, poursuit le chef d'enquête à la barre. Il vit maritalement avec Zohra à Courbevoie et travaille dans une agence à Paris-République. » L'hypothèse du Doc comme dénominateur commun, ayant constitué son équipe à Creil et en prison, prend corps. En effet, expose Maugard au procès, « on apprend par l'administration pénitentiaire que Redoine Faïd a passé quatre cents jours de détention avec Khider à Saint-Maur, et six cents jours avec Tracoulat à Moulins-Yzeure ». Après sa libération en 2007, Olivier Tracoulat a acheté des parts dans une société tenue par Fayçal Faïd, frère aîné de Redoine… Tout converge.

La BRB cherche des preuves de l'implication de Redoine Faïd en tant que planificateur ou cerveau du plan contre une « tirelire » de la Banque de France. L'exploitation des données de la balise GPS de la camionnette de Khider va fournir, par ricochet, un indice majeur, rapporté à la cour d'assises par Maugard : « La veille des faits, le 19 mai à 9 h 40, le Trafic Air Climat est positionné dans une station Shell à La Courneuve. » Or, le visionnage de la vidéosurveillance de la station-service à cette heure-là montre un « véhicule Mégane qui arrive, un homme en survêtement en sort pour faire le plein : Redoine Faïd. Il va régler son essence, démarre, et deux autres véhicules, l'Air Climat et le Renault Trafic, s'engagent derrière la Mégane. On voit le même cortège, même configuration sur une autre vidéo à Roissy-en-France. » Pour l'officier Maugard, il s'agit du convoi de l'équipe de Faïd en train de repérer le trajet d'un fourgon, la veille du jour J où tout va foirer sur l'autoroute.

Faïd s'exhibe en ex-bandit sur les plateaux télé

Du coup, l'enquête de la BRB se resserre sur Creil et particulièrement sur le QG de la bande, Le Gavarnie. « On va brancher ce bar et surveiller un complice récurrent de la première heure de Redoine Faïd dans des séquestrations de gérants de sociétés informatiques, Jean-Claude Bisel. On l'a mis sur écoute mais il a une consommation réduite en téléphone », lâche devant la cour d'assises le chef Maugard en haussant les épaules, fataliste. Au beau milieu de l'enquête discrète, Redoine Faïd s'exhibe sur les plateaux de télévision pour la promotion de son livre, *Braqueur*, en ex-bandit reconverti dans le commercial, qui jure avoir enterré son passé. Jeff Maugard et ses gars des VMA se gondolent et rebaptisent leur suspect numéro 1 « l'Écrivain ».

Le 11 janvier 2011, la BRB déclenche le coup de filet. « Il manque deux personnes à l'appel, compte sur ses doigts le commandant au procès, Fayçal Faïd, parti en Algérie le lendemain des faits, et Redoine Faïd. Sa compagne Zohra dit qu'il a quitté le domicile suite à une énième dispute après un documentaire de Canal+ sur le banditisme où il apparaît. Zohra, qui avait déjà mal supporté le livre avec Jérôme Pierrat, en a marre de sa médiatisation. »

Au fil de sa déposition, le commandant raille les « talents de conteur sur des faits nébuleux » des gardés à vue et « les fantaisies dans les déclarations ». Questionné lui aussi, un médecin urgentiste de Creil révèle qu'il a été sollicité au Gavarnie par Jean-Claude Bisel, après la fusillade, pour « soigner un blessé par balles » – ce qu'il a refusé de faire, conseillant de l'emmener à l'hôpital. Interrogé à son tour, Bisel explique que « nocturnement, on l'a sollicité par un coup de sonnette de la part de Fayçal pour aller garder un blessé », relate Maugard à sa façon, moqueuse. Car Jean-Claude Bisel prétend n'avoir jamais vu auparavant Olivier Tracoulat, le blessé grave de la fusillade, qui gît là « dans un état comateux, un bandage à la main, de la matière cérébrale qui coule de son crâne ». Il n'empêche. « En bon samaritain, philanthrope, Bisel va rester dans un camion à garder quelqu'un qu'il ne connaît pas », ironise Jeff Maugard face aux jurés. Quant au jeunot de la bande, Daouda Baba, boxeur né en 1983 à Creil et connu de la police pour des *carjackings*, les enquêteurs le soupçonnent du meurtre de la policière et d'incendies de voitures. Mais ses brûlures n'auraient « rien à voir avec un retour de flammes », comme l'assure un témoin.

Une fois que les membres supposés de l'équipe sont au trou, l'enquête se poursuit, sur la trace des frères fugitifs, dans leur repaire Le Gavarnie, sur le plateau de Creil : « C'est un lieu légendaire. Il n'y a pas que Redoine Faïd comme bandit ici, mais c'est LE bandit de Creil. » Jeff Maugard apprend que Bisel a raconté au bar ses velléités de recommencer à braquer. Mais, à la barre, l'officier relativise : « On consomme pas mal d'alcool au Gavarnie et parfois Bisel fait un peu le merluchon. » En revanche, il partage l'avis d'un pote de cité de Fayçal Faïd : celui-ci « n'est pas un blédard », et son installation subite en Algérie « n'est pas normale ». Maugard ira donc lui-même en septembre 2012 en Algérie avec deux magistrates. Fayçal Faïd est arrêté, mais nie en bloc, malgré l'ADN retrouvé dans une cagoule. « Une abrasion sur son abdomen constatée par le médecin algérien n'est pas incompatible avec un tir ripé de munition, c'est boursouflé », détaille le policier. Fayçal lui a servi une autre explication qu'il expose d'un air désabusé : « En prison, il a voulu faire disparaître, pour des raisons religieuses, un tatouage avec des méthodes traditionnelles, du sel et de l'eau… »

Le 29 juin 2011, la cavale de Redoine Faïd s'achève dans un bistrot de la banlieue de Lille, les poches remplies de « liasses de billets provenant du braquage d'un fourgon de la société Loomis à Arras ». Transféré à la BRB, le Doc dément être l'organisateur du projet d'attaque d'un fourgon à Bonneuil-sur-Marne le 20 mars 2010. C'est de bonne guerre. Jeff Maugard connaît la musique par cœur. Le chef de groupe VMA ne s'attendait cependant pas à son évasion de la prison de Lille-Sequedin, à peine deux ans plus tard. « Et pas n'importe quelle évasion ! Charges millimétrées, chirurgicales je dirais, puisqu'on l'appelait le Doc », jeu de mots qui amuse Maugard, toujours fixé à la barre des témoins. « Faïd fait exploser six portes puis quatre portes, logistique parfaite, des gens l'attendent sur le parking. » Rebelote. Il faut de nouveau courir après le fugitif. Il sera attrapé six semaines plus tard dans un hôtel B&B à Pontault-Combault, en Seine-et-Marne. Fin de l'histoire.

« Ces jeunes regardent trop de cinéma et de séries télé »

Autant Jeff Maugard, vieux routier du banditisme, a du respect et même de l'admiration pour les « beaux mecs », comme les braqueurs de la banlieue sud et du gang des Postiches, tombés dans les années 1980, ou encore les professionnels de l'attaque de fourgons de la Dream Team qui ont chuté à Noël 2000, autant le profil de Redoine Faïd et de sa bande locale le laisse de marbre. Trop m'as-tu-vu, trop mégalo, le Doc se prend pour un héros de Hollywood. « Il transpose des scènes virtuelles dans la réalité. Pfff… », soupirait le commandant Maugard en 2013[3]. « Ces jeunes regardent trop de cinéma et de séries télé », ils ont le culte « de l'argent facile », la mentalité du « tout, tout de suite », franchissent trop vite les étapes du banditisme et ne maîtrisent plus rien sur les opérations. « Trop instinctifs, ça part en sucette au moindre grain de sable, avec prises d'otages et flingages »,

3. La hiérarchie actuelle de Jean-François Maugard n'a pas autorisé Les Jours à l'interviewer ni à le photographier. Mais le chef de groupe VMA ayant eu le droit de me parler pour *Libération* en 2013 à l'occasion des 100 ans de la police judiciaire parisienne, certains propos ou éléments sont tirés de cette conversation. Sa déposition aux assises de Paris est publique.

comme à Villiers-sur-Marne. Cette absence de maîtrise, ajoutée aux « kalachnikov et explosifs qui rentrent comme à Gravelotte dans les cités », fabrique un cocktail qui rend les nouveaux caïds extrêmement dangereux : « À l'époque de Francis le Belge de Marseille et de Tony Cossu, dit "l'Anguille", ce n'était pas facile déjà de trouver des calibres 11,43 mm, c'était pas le BHV comme aujourd'hui, avec kalachnikov et pentrite à tous les étages. » À l'en croire, les flics et les truands « se respectaient », du moins suivaient les mêmes « règles du jeu » et « discutaient » ensemble.

7
La chute du cow-boy

C'était ce qu'on appelle une belle affaire, une saisie record de drogue avec tous les ingrédients pour faire mousser la PJ. Ce 26 novembre 2010, 111 kilos de cocaïne et 105 000 euros en liquide sont découverts chez une princesse saoudienne à Neuilly-sur-Seine. Des trafiquants internationaux liés à une filière du Venezuela sont interpellés. Au bout de longues semaines de surveillance, la brigade des stups ouvre fièrement ses portes aux journalistes pour quelques clichés historiques de ces valises remplies de 48 pains de coke. Les sachets de poudre blanche sont exposés sous l'emblème de la brigade : un chevalier en armure et casque médiéval qui attaque un adversaire invisible de son glaive menaçant.

Le patron du 36, Christian Flaesch, vante alors « le travail considérable de la brigade des stupéfiants de Paris », dont les 25 policiers mobilisés ces derniers jours pour démanteler ce réseau « qui allait manifestement alimenter la capitale »[1]. À la revente au détail, la came représente 25 millions d'euros. Le directeur rappelle que la dernière prise de cet ordre réalisée par la PJ de Paris remonte à 2006, avec 200 kilos de cocaïne saisis dans un entrepôt de fret de Roissy.

1. « Saisie exceptionnelle de 110 kg de cocaïne à Neuilly, 4 arrestations », ladepeche.fr, 27 novembre 2010.

35 pains de cocaïne cachés dans le dressing

Christian Flaesch met hors de cause la richissime Saoudienne, car c'est à son insu que son intendant a stocké deux grosses valises, lestées chacune de 38 kilos, dans son appartement inoccupé, et caché 35 pains de cocaïne dans un coffre du dressing. « Il y a maintenant des fils à tirer », m'explique alors Christian Flaesch pour *Libération*, sur les « quatre personnes arrêtées et deux hommes en fuite ». L'organisateur suspecté, Gilles Tépié, Antillais de 38 ans, surnommé le Renoi, déjà condamné à sept ans de prison pour trafic de cocaïne, puis à quinze ans pour complicité d'assassinat d'un jeune boxeur thaï, a pris la poudre d'escampette à la vue des policiers en planque à Neuilly, tout comme le factotum de la princesse, Saïd Hussein. À compter du 30 septembre, les policiers continuent à enquêter sous l'autorité du juge spécialisé Patrick Gachon, redouté pour son intransigeance.

Pour rechercher les deux fugitifs, la brigade des stups branche des lignes tous azimuts et identifie un certain Yannick Dacheville, 31 ans. Il apparaît comme le financier des importations de coke de Caracas et le blanchisseur d'argent de la drogue, au point d'endosser – selon un voyou – le surnom de Mère Denis-la-lessiveuse. Les fichiers de police relient cet arnaqueur, né en Lorraine, à des escrocs impliqués dans la fraude à la taxe carbone[2], une fortune conséquente et des points de chute divers aux États-Unis, au Panama et aux Émirats arabes unis. L'une de ses lignes surveillées met en scène un mystérieux

2. C'est une gigantesque fraude qui s'est déroulée entre 2008 et 2009, autour des rachats et reventes de quotas de CO_2, sortes de « droits à polluer » pour les entreprises en cas de dépassement des normes environnementales. Des affairistes, pour la plupart franco-israéliens, ont monté des sociétés bidon à l'étranger, racheté hors taxe (toujours à l'étranger) des quantités astronomiques de gaz carbonique, puis les ont revendues en France sans reverser la TVA à l'État français, mais en la facturant. En tout, l'arnaque s'est montée à au moins… 1,7 milliard d'euros.

intermédiaire lyonnais, Gilles Bénichou, qui se démène pour renseigner Yannick Dacheville, apparemment planqué à Dubaï.

Michel Neyret, flic modèle

Au Quai des Orfèvres, dans les bureaux vétustes de la BS du troisième au cinquième étage, les officiers du groupe en charge de l'enquête décryptent non-stop des conversations de plus en plus intrigantes, comme cette phrase lâchée le 16 février à 17 h 58 par l'interlocuteur de Dacheville, à propos de l'un de ses contacts : « Moi, me refuser, c'est impossible. Je ne te dirai jamais pourquoi, mais moi, il ne peut rien me refuser, c'est mon secret, j'ai un joker. » Le journaliste du *Progrès de Lyon* Richard Schittly, révèle ce passage dans un livre fouillé, *Commissaire Neyret* : « Un joker ? Cette formule sibylline fait l'effet d'un petit voyant rouge qui clignote sur un tableau de bord. » Bénichou donne des éléments assez précis sur sa relation haut placée : l'homme est dans la police lyonnaise, son prénom serait Michel ou Nerus, c'est un ancien de l'Antigang passé « directeur de Rhône-Alpes », il aurait même pu devenir directeur central de la PJ en France. Des éléments qui permettent clairement de dessiner le profil d'une figure très respectée de la police : le commissaire Neyret. Mais Bénichou étant assez baratineur, pour l'instant aucune preuve qu'il dise vrai.

Dès le lendemain cependant, le bavard prouve au fugitif que ce contact existe réellement, en lui envoyant par mail sa fiche de recherche de la PJ dans l'espace européen de Schengen, accessible aux seuls policiers. À la brigade des stups, on tombe de l'armoire. Et le même jour, Bénichou le rencarde par téléphone sur sa fiche Interpol, vierge celle-ci. Selon le procès-verbal d'écoutes, Dacheville, soulagé, lui répond : « Je crois que tu vas gagner de l'argent[3]. »

3. Les citations de ce chapitre sont issues du dossier d'instruction auquel Patricia Tourancheau a eu accès, tout comme Richard Schittly, sauf mention contraire.

Rompus au traitement des indics, les limiers de la BS de Paris vérifient au bureau central des sources si, par hasard, Gilles Bénichou est immatriculé, mais s'aperçoivent qu'un collègue de la brigade des stups de Lyon l'a radié en 2009, au bout de dix ans, car jugé « peu fiable ». Ce type bien renseigné n'a donc plus d'agent traitant officiel, susceptible de l'avoir aidé. Ulcérés, les policiers entendent tous les jours les infos de première main de Bénichou qui, deux semaines plus tard, annonce à Dacheville une mauvaise nouvelle – sa situation a changé –, révélant au passage le nom de son joker : « La fiche Interpol, il me l'a lue, Neyret : demande d'extradition ! » C'est ainsi que Bénichou prononce pour la première fois le nom de sa taupe au sein de la maison poulaga : Michel Neyret. Les flics de la brigade des stups n'en reviennent pas et préviennent illico leur patron, Thierry Huguet. Archiconnu au sein de la PJ, le commissaire divisionnaire Neyret, alors numéro 2 à Lyon, a passé vingt années exemplaires à l'Antigang, et est leur modèle à tous. Un grand « poulet à l'ancienne » au carnet d'adresses et au palmarès inégalables, qui a anéanti des dizaines d'équipes de braqueurs ou d'importateurs de drogue.

« Mais Michel Neyret, ce n'est pas Madame Soleil »

Les zonzons [les écoutes] continuent à tourner à la brigade des stups pour le juge Gachon, qui n'en perd pas une miette. Or, Bénichou, qui ne manque ni de ressources ni d'imagination pour essayer de dépanner Dacheville et gagner des ronds, lui propose un coup à trois bandes : il s'agit d'utiliser ses contacts policiers pour approcher le juge Gachon et lui faire croire que Dacheville en connaît un rayon sur l'assassinat de Samy Souied, 46 ans, l'un des cerveaux de la fraude au CO_2, habituellement basé à Tel-Aviv, tué par balles porte Maillot, à Paris, six mois plus tôt, mi-septembre 2010. Car si Mère Denis-la-lessiveuse fournit deux ou trois éléments sur ce règlement de comptes à

Paris, le magistrat, qui s'occupe des deux dossiers, pourrait se montrer plus clément à son endroit pour le trafic de stupéfiants. Il répète que Neyret a déjà appelé le grand chef de l'Office central de lutte contre la criminalité organisée (OCLCO) pour intervenir. Lucide, Dacheville lâche : « Mais Michel Neyret, ce n'est pas Madame Soleil. » Il n'empêche que Bénichou sort la facture. En échange de tous ces services, il y a un prix à payer : un voyage au Maroc pour ses amis de la police.

Les officiers des Stups ont droit à tous les détails de l'organisation de ce séjour à Marrakech avec « Michel Neyret et sa femme », le « directeur des douanes de Nice et son épouse » et Michel Zaragoza, qui tient un garage de luxe à Lyon, fraude la taxe carbone et renseigne la PJ officiellement depuis 1988. Ainsi, le 14 mars 2011, les limiers des Stups entendent sur les zonzons un échange édifiant entre Bénichou, qui évoque « les cinq jours à Marrakech, à l'hôtel qui s'appelle Les Jardins de la Koutoubia », et un certain Franck, lequel siffle d'admiration : « La folie ! » Bénichou acquiesce : « Oui, la folie, bien sûr, l'ardoise elle est de 15 leums [15 000 euros]. » 15 000 pour lui, car un autre mécène non nommé va en mettre autant. Mais Franck s'inquiète de ces dépenses : « Je te pose une question : est-ce que tu t'y retrouves ? » Et là, le filou de Bénichou prononce la phrase qui tue : « Je m'y retrouve, c'est un investissement. Le retour sur investissement, je l'ai tous les jours quand je prononce le nom de Michel Neyret et que ça peut nous faire avoir des affaires, ou le mec des douanes, si demain je lui arrache un support. »

À son interlocuteur Dacheville, Bénichou révèle d'ailleurs que ce séjour d'agrément avec le commissaire de la PJ et le chef des douanes de Nice permettra peut-être d'introduire en France des containers de cigarettes de contrebande…

L'affaire commence à s'ébruiter dans les couloirs

Avant de parier sur l'avenir, il faut trouver les fonds. À distance, Yannick Dacheville demande à son frère Mathieu d'aller chercher 25 000 euros remisés dans un coffre chez leur grand-mère à Saint-Avold, en Moselle, pour les apporter à une émissaire de Gilles Bénichou. Lequel discute maintenant par téléphone avec Nicole, la femme du commissaire Neyret, pour lui expliquer ce qu'il a déjà dit à son mari quant à l'invitation à la charge de Zaragoza et de lui-même : « Moi, Michel, je te le dis en face, je ne suis pas un menteur. Mardi matin, y a quelqu'un qui va se présenter à mon bureau, qui va m'amener 30 000 euros. Ces 30 000 euros, ils sont à moi, j'ai décidé de les partager avec Zaragoza, j'ai dit : “On invite tout le monde parce que vous m'avez invité, ça me fait plaisir.” J'ai passé un coup de fil à un ami qui avait besoin d'une information, d'accord, que Neyret m'a donnée. C'était juste une info… » Coup de chaud au 36. Traduction immédiate des « oreilles » des Stups de Paris : Neyret a dû renseigner Bénichou sur Dacheville qui, en échange, donne du pognon pour les agapes prévues à Marrakech. Le 30 mars 2011, les policiers des Stups de Paris sont en planque gare de l'Est et assistent à la remise d'une volumineuse enveloppe par le frère de Dacheville à Anastasia, une jeune femme blonde envoyée par Bénichou.

Toute la bande passe des vacances au Maroc du 1er au 8 avril : le commissaire Neyret et Nicole, le patron des douanes et madame, l'indicateur Michel Zaragoza et l'arrangeur de coups Gilles Bénichou, aux frais de Dacheville, qui ne bouge pas de Dubaï. Au retour, Bénichou récupère sa mise en demandant des faveurs au commissaire pour son cousin Stéphane Alzraa, installé dans une luxueuse villa sur la Côte d'Azur, mouillé lui aussi dans la taxe carbone et le blanchiment par la location de véhicules de luxe, et en difficulté avec la police lyonnaise. Bénichou se targue au téléphone auprès d'Alzraa de faire annuler cette procédure qui « portera la griffe de Neyret avec la mention "classée sans suite"[4] ». Il récupère aussi des fiches de police sur d'autres escrocs en fuite en Israël comme Cyril Astruc, *alias* Alex Khann, ou Gilbert Chikli et son frère. En interne, à la brigade des stups, le chef de groupe a déjà averti son patron, Thierry Huguet, mais les derniers échanges téléphoniques de Bénichou avec Nicole Neyret sont tels que ça commence à s'ébruiter dans les couloirs.

En effet, le 19 avril Mme Neyret, très énervée, se met à enguirlander Gilles : « Depuis que tu lui donnes du fric, c'est plus le même. Parce que monsieur il sort, monsieur il va dépenser. Il passe tout dans le champagne dans ses soirées. Tu me l'as pourri. » Bénichou rétorque : « Mais je ne lui donne pas de fric ! » Les Stups continuent à décrypter : « Moi, j'étais avec un voyou, j'en avais marre. Je voulais un mec sain et, maintenant, il est plus voyou que les autres, dit Nicole Neyret. Mais arrêtez ! Il est obnubilé par le fric. Gilles, je te demande une chose : arrête de le gâter, parce que l'autre, il sait plus où il en est. » Bénichou répond « d'accord ». Nicole veut bien qu'il lui offre « un massage », « un week-end » ou « un restaurant », mais plus de fric[5] : « Ne lui donne plus de monnaie, sinon il va au casino.

4. C'est la ligne de défense de Michel Neyret, le 28 juin 2012, devant le juge Gachon : « Je ne vais pas mettre "classée sans suite" sur une procédure à un magistrat. » Quant à « l'investissement » allégué par Bénichou sur le commissaire, Neyret dit seulement : « Ce sont les propos délirants de monsieur Bénichou. Je suis estomaqué. » Le juge Gachon récapitule les cadeaux d'anniversaire commun de Nicole et Michel Neyret le 12 avril 2011 qui, outre le voyage au Maroc, comprennent un dîner et « des carnets de bons d'achats d'une valeur de 1 000 euros ». « Pour monsieur Bénichou, vous êtes visiblement un ami très cher », ironise le magistrat, étonné que ces « cadeaux de prix » n'aient « pas alerté » le commissaire qui rétorque : « Non, pour moi, c'était une démarche amicale. »

5. Le commissaire jure qu'il n'a jamais touché d'argent ou d'enveloppes, contrairement aux allégations de Gilles et Nicole, « excessive » quand elle est « dépressive ». Le juge trouve cependant que son compte bancaire a « un fonctionnement atypique » les cinq

Il va boire des canons et en paye aux nénettes. » Mme Neyret se plaint encore à Bénichou – « Moi, j'aime les vrais voyous et j'aime les vrais flics » – et soutient avoir averti son mari : « Moi, un flic véreux... Tu commences à avoir de l'argent, des bijoux de partout, ça, je ne suis pas d'accord. »

Les mots « pourri », « flic véreux » dans la bouche de Nicole Neyret contre son mari remontent illico aux oreilles du chef de la brigade des stups, Thierry Huguet, lequel alerte aussitôt le patron du 36, Christian Flaesch. Ce dernier raconte l'épisode aux Jours : « C'est trop énorme, et la brigade des stupéfiants ne peut pas enquêter sur l'aspect corruption. » Le 22 avril, le commissaire Huguet se fend donc d'un compte rendu au juge Gachon sur l'affaire de stupéfiants et ses ramifications hors sujet, apparues au fil des écoutes, qui jettent le soupçon sur Michel Neyret, mais aussi sur un directeur des douanes et sur des magistrats de Lyon, connus de Gilles Bénichou. Ce rapport de quatre pages conclut qu'« en dehors de l'enquête en cours pour la recherche du nommé Yannick Dacheville », d'éventuelles « investigations complémentaires n'entreront pas dans le champ de la spécialisation de la brigade des stupéfiants », mais « pourront utilement être confiées à un ou plusieurs services d'inspection compétents ». En effet, l'Inspection générale des services, les bœuf-carottes, est saisie par le juge Gachon le 24 mai pour enquêter sur le volet corruption et trafic d'influence, puis en juillet pour détournement de stupéfiants. Le 29 septembre 2011, c'est la chute de Michel Neyret, interpellé, perquisitionné puis écroué comme un vulgaire bandit.

---

premiers mois de 2011 : un seul retrait de 500 euros en espèces et neuf règlements par carte. Neyret dit avoir vécu sur « la somme de 3 000 euros » que sa femme lui a restituée à l'été 2010, et des gains réguliers au casino et au PMU, sans jamais « dépasser une mise de 50 euros ». Et le magistrat de le tacler : « Globalement, donc, on peut dire que vous êtes un joueur chanceux » (Patricia Tourancheau pour *Libération* : « Ces cadeaux qui empoisonnent la vie de Michel Neyret », 24 février 2012).

D'autres policiers dégringoleront à leur tour, comme Gilles Guillotin, commandant de la PJ de Grenoble. Cet officier, défendu par Me Compoint, a été piégé par des coups de fil de son supérieur qui le harcelait pour ponctionner des kilos de cannabis avant leur destruction, afin de rétribuer en nature des informateurs. Dans son livre *33 Ans flic pour rien ?*, Guillotin dénonce un prétendu « règlement de comptes » de Christian Flaesch de la PJ de Paris pour dégommer Christian Lothion, qui chapeaute alors la police judiciaire de province (DCPJ). Pour l'ex-patron du 36, c'est n'importe quoi. Il a « au contraire », selon ses propos aux Jours, « fait venir Christian Lothion au 36 » : « Je lui ai exposé l'affaire, on a discuté, les mecs des Stups lui ont montré les écoutes. Lothion nous a alors dit : "Neyret a passé la ligne jaune." »

« Une solution en douceur était possible »

Le commandant Guillotin explique aux Jours que « certains collègues parisiens suggéraient de faire venir Neyret pour lui dire d'arrêter ses conneries ou essayer de le retourner pour qu'il joue double jeu et leur donne des tuyaux sur les voyous en fuite ». À l'inverse, le patron Flaesch a plutôt eu « le sentiment que les gars testaient la direction pour voir si on essaierait d'écraser l'affaire parce que c'est un commissaire ».

À son tour, le journaliste du *Progrès* de Lyon, Richard Schittly, constate dans son livre que les poulets n'ont pas lavé leur linge sale en famille, comme à une certaine époque. « À deux ans de la retraite du commissaire, une solution en douceur était possible, écrit-il. On aurait pu le remercier pour ses bons et loyaux services et classer l'affaire, sans tambour ni trompette, discrètement. » Impossible pour Christian Flaesch, qui va dénoncer les faits au procureur de la République, Jean-Claude Marin, et lui conseiller d'ouvrir une information judiciaire à Paris et pas à Lyon, « car des magistrats apparaissent sur les écoutes ». « Je n'ai rien contre Neyret, le 36 n'a pas eu envie de se le taper et il n'y avait pas guerre des polices avec la PJ de Lyon », jure aux Jours l'ancien directeur qui, « sans vouloir donner l'impression de laver plus blanc que blanc », ne pouvait pas « écarter d'un revers de la main » de tels soupçons sur le commissaire Neyret.

Deux ans plus tard, Christian Flaesch sera piégé à son tour par des écoutes dans le cadre d'un des dossiers de la Sarkozie[6]... Il ne sera pas inquiété, mais sera éconduit de la police et se reconvertira dans le privé.

Au bout de huit mois de détention provisoire à la Santé, Michel Neyret a été mis à la retraite d'office de la police. Assigné un temps à résidence à Toul, en Meurthe-et-Moselle, il a pu retourner vivre à côté de Vienne dans l'Isère où sa femme tient un hôtel trois étoiles.

Le 5 juillet 2016, le tribunal correctionnel de Paris a condamné l'ancien commissaire de police Michel Neyret à trente mois de prison ferme pour corruption et détournement de stupéfiants. Le tribunal a souligné l'existence d'un pacte entre ses indicateurs et l'ex-numéro 2 de la PJ de Lyon qui, du coup, est devenu « l'informateur des informateurs ». Sa femme, Nicole Neyret, écope de huit mois avec sursis. Le capitaine Jean-Paul Marty, de la brigade des stups de Lyon, de trois mois avec sursis. Tout comme l'avocat lyonnais David Metaxas, le commissaire Christophe Gavat et le commandant Gilles Guillotin de l'antenne PJ de Grenoble ont été blanchis des soupçons de détournement de drogue. La 11e chambre condamne enfin Gilles Bénichou à cinq ans de prison avec mandat d'arrêt international et 100 000 euros d'amende, et Stéphane Alzraa à deux ans de prison avec mandat d'arrêt international et 250 000 euros d'amende. Le premier est toujours en fuite et le second a été arrêté. Cyril Astruc est relaxé.

6. Voir, *infra*, p. 135.

Le parquet a fait appel de ce jugement contre Michel Neyret, les deux ex-flics de Grenoble, Guillotin et Gavat, et contre le corrupteur Stéphane Alzraa. Furieux, l'ex-commissaire Neyret a dégainé un livre, *Flic*, dans lequel il déverse sa « haine » contre la justice, ne comprenant pas l'appel du parquet qui avait requis et obtenu trente mois de prison ferme contre lui.

8
Gainsbourg à la brigade des stups

Ami de la police nationale, fan des commissariats et des reconduites nocturnes en panier à salade, Serge Gainsbourg est ancré dans la légende du Quai des Orfèvres. D'anciens poulets du 36 racontent aux Jours ces morceaux inédits du répertoire de « l'homme à tête de chou » dans les années 1980[1] – preuves à l'appui : des photographies anthropométriques de Gainsbourg en mai 1987, un soir de bordée, jamais publiées. Pas même dans les expositions organisées pour le 25e anniversaire de sa disparition[2].

Par un après-midi glacial de la fin 1989, Gainsbarre se présente à l'entrée du bâtiment historique de la PJ de Paris avec sa mine des mauvais jours et demande à voir le patron de la brigade des stups. Averti par le planton, le commissaire Michel Bouchet*, costaud au teint rubicond et à la voix de stentor, dévale l'escalier monumental pour aller récupérer sous le porche du 36 ce chanteur à l'air « déchiré, négligé » qui le rebute un peu. Intrigué par cette visite, le commissaire Bouchet le fait monter dans son bureau au troisième étage, à côté de la Crim' : « Je le reçois à

1. Les citations de ce chapitre sont pour l'essentiel issues des entretiens de Michel Bouchet et Patrick Riou avec l'auteur le 8 avril 2016.

2. Des photos qu'on n'a pas vues à l'exposition Serge Gainsbourg à la galerie de l'Instant, dans le IIIe arrondissement de Paris, du 11 mars au 22 juin 2016, ni à celle de la mairie du IXe arrondissement, « De Gainsbourg à Gainsbarre », du 1er mars au 10 avril 2016.

reculons. Car, pour moi, Gainsbourg n'est pas un bon exemple pour la jeunesse. » Le chef des Stups observe la dégaine de ce VIP « mal rasé, barbe de trois jours, pieds nus dans ses Repetto blanches, jean et blazer bleu sur chemise blanche impeccable, parfumé, un faux crade en fait ».

Affalé sur une chaise dans cette vaste pièce aux fenêtres qui plongent sur la place Dauphine, Gainsbourg grille une cigarette puis expose son problème au patron des Stups : « Mon ex-femme Bambou, qui est toxico, a la garde du petit Lulu. Mais quand elle est défoncée, c'est son dealer qui accompagne mon fils à l'école. » Le commissaire Bouchet le sent « inquiet des répercussions » pour son gamin d'à peine 4 ans, abandonné, dès la maternelle, aux mains d'un vendeur de poudre. La mannequin, de 30 ans sa cadette, que Gainsbarre a rencontrée en boîte de nuit en 1981, se shoote à l'héroïne depuis son adolescence. Petite-fille d'un légionnaire engagé en Indochine et d'une Tonkinoise, confiée à la DDASS à l'âge de 6 mois, Bambou s'est taillé les veines à 9 ans pour échapper à sa famille d'accueil, puis s'est injecté de l'héroïne, dans la rue. Après la naissance de Lulu, le 5 janvier 1986, le couple d'accros aux paradis artificiels, le père à l'alcool et la mère à la came, a explosé. Le commissaire Bouchet promet à Gainsbourg de s'occuper de cette affaire, puis le reconduit en bas du 36, où un taxi loué à la journée l'attend le long de la Seine.

Gainsbourg fait mettre au gnouf le dealer de Bambou

Nom de code « Saphir 1 », le commissaire Bouchet se renseigne sur cet étrange plaignant et se dit que « son rapport à la drogue a changé » depuis 1979. Dans l'album reggae *Aux armes et cætera*, enregistré en Jamaïque, en plus de *La Marseillaise* revisitée, son service avait eu les honneurs d'un tube « À la brigade des stups, y a un ancien mataf, qu'est complètement louf, toujours à moitié paf ». Gainsbourg est « tombé sur des cops » qui ont « cherché mon spliff » avec pour « idée fixe la chnouf » : « Je leur dis j'fume que les Troupes » et « v'là que l'ancien mataf m'demande un autographe ». Dix ans plus tard, Gainsbourg – qui ne fume pas des Gauloises mais des Gitanes – vient de lui demander de foutre au gnouf un vendeur de chnouf... Du genre répressif, le commissaire Bouchet met en place des surveillances à la sortie de l'école de Lulu, des filatures de son baby-sitter d'occasion et ne tarde pas à faire tomber le dealer d'héroïne de l'ex-femme de Gainsbourg. Il convoque ensuite Bambou, qui arrive au 36 « dans un état pathétique », et lui fait la leçon : « Attention, le petit Lulu va finir comme vous ! Vous devez être plus vigilante sur l'éducation de votre fils et sur votre consommation. Faut arrêter ! Vous êtes maigre comme un clou. Alors vous viendrez à la pesée ici, je vous taxe d'un kilo par mois, vous prenez cinq kilos, sinon je fais un rapport », menace le chef de la brigade des stups. « Pression paternelle », dit-il aux Jours.

C'est ainsi que Michel Bouchet devient l'ange gardien du petit Lulu et « le copain de Gainsbourg » : « Il croyait qu'en tant que chef des Stups, je le prenais pour un drogué. Mais j'ai vite compris qu'il était porté sur l'alcool et le tabac à haute dose, il n'avait pas besoin de produits stupéfiants. » Un jour, le compositeur-interprète de *À la brigade des stups* lui avoue qu'il a « fumé une fois du cannabis en Inde avec Jane », mais que ce n'est pas de son goût. Par contre, lorsqu'il vient voir Michel au 36, le soir vers 20 heures, pour bavarder, « Serge descend un tiers ou la moitié de ma bouteille de pastis en deux heures ». Il prend des « yaourts » ou des « 102 » avec juste « une dose d'eau ». En cette année 1990, Gainsbourg, qui souffre de diabète, de cirrhose, de problèmes cardiaques et pulmonaires, est censé ne plus boire, ni fumer d'ailleurs. Mais ça le rend triste et mélancolique. Alors il continue à carburer à trois paquets de Gitanes et plusieurs litres d'alcool par jour et se moque des médecins. Une fois, Gainsbourg « arrive en riant comme une baleine » dans le bureau de Bouchet, et s'esclaffe en se tapant sur la cuisse : « Je viens d'enterrer mon toubib, dis donc ! » N'empêche. Le commissaire le sent inquiet sur ses capacités physiques, mais intact sur ses qualités humaines et artistiques : « Je découvre un homme chaleureux, drôle et dans l'empathie. »

La secrétaire de Michel Bouchet, un peu pincée, n'a pas trop apprécié l'humour de Gainsbourg. Un soir, sous prétexte d'apporter un dossier à son patron, la fille fait « sa Marie-Chantal » et se trémousse devant la vedette qui la rembarre méchamment : « Qu'est-ce qu'on peut vous faire à vous ? RIEN ! » En effet, admet le chef des Stups, « Gainsbourg peut être grossier et graveleux, tout en restant pudique. C'est un hypersensible ayant du recul sur lui-même, je l'ai pris en affection ». Et c'est réciproque. On voit de plus en plus souvent Serge franchir le porche du 36 à l'heure de l'apéro et filer au troisième étage raconter à Michel ses rencontres : « Tiens, j'ai vu Johnny… Qu'est-ce qu'il est poutrap », lance Gainsbourg. « Ça veut dire quoi, "poutrap" ? » demande le commissaire. « Poutre apparente, quoi ! » répond-il, la tranche de la main sur le front pour signifier que son collègue chanteur est bas de plafond. Et il se met à imiter Hallyday : « Ah que je dis, je dis !!! » Sous les volutes bleues et ses verres à l'anis, face au flic devenu confident, le fumeur de Gitanes s'épanche sur ses amours : Jane Birkin, Catherine Deneuve et, bien avant elles, la pétrole aux initiales BB : « Ah ! Brigitte Bardot, la Lamborghini », soupire alors Gainsbourg à son copain Bouchet.

L'étrange attelage sort en boîte de nuit ou au restaurant. Bon vivant, le commissaire déjeune à une bonne table derrière le musée d'Orsay avec le chanteur qui, lui, commande juste une bouteille de blanc. Et pose une devinette à Michel : « Que fait un serin qui pèse cent kilos ? » Devant son plat, le poulet donne sa langue au chat. « Gainsbourg se lève et bat des ailes en criant "CUI CUI CUI" ! Je me faisais tout petit ! » Bientôt, le patron des Stups invite son nouvel ami à dîner avec ses collègues du

36, pas avares de blagues. Héros de la soirée, Gainsbourg en fait des tonnes, débitant une série d'histoires belges « haut et fort avec mimiques » alors que la tablée d'à côté est bruxelloise... et répète sa devise : « La connerie, c'est la décontraction de l'intelligence. »

Alors chef de la brigade criminelle, Patrick Riou*, qui en était, se souvient de la scène du « vendeur de roses pakistanais à qui Gainsbourg donne un Pascal », un billet de 500 francs, pour « acheter tout le bouquet, qu'il offre à Janine, la tenancière du restaurant ». La soirée se poursuit dans une discothèque du quartier Latin où, selon Bouchet, le musicien, déjà bien torché, s'enfile du Get 27 et se bidonne : « Ça m'emmerde parce qu'après je pisse tout vert. » Le DJ a passé les chansons de Gainsbourg qui, sur la petite scène de la boîte, « fait un bœuf en play-back, le happening permanent ». La nuit se termine chez Gainsbourg rue de Verneuil, dans son appartement « tout noir, les murs, les meubles, même le frigo dont la porte vitrée laissait voir les bouteilles », raconte Michel Bouchet qui a « joué du blues » pour accompagner Serge au chant : « Je suis un pianiste d'esbroufe qui ne sait pas lire une partition – à droite les aigus, à gauche les graves ! Mais je l'ai fait uniquement pour toucher à son piano. » Les poulets ont quitté Gainsbourg à 6 ou 7 heures du matin pour retourner au 36.

« Le talent, c'est pas contagieux »

Désormais, le pote des cops a plein d'amis à voir au Quai des Orfèvres : Michel Bouchet bien sûr, car « la compagnie des Stups lui plaisait », mais aussi Patrick Riou, sur le même palier, au troisième étage.

Dans l'antre des seigneurs de la Crim' tous en costume-cravate « par respect pour les familles » et que les baroudeurs des Stups surnomment « les contemplatifs », le pince-sans-rire commissaire Riou accueille chaleureusement Gainsbourg. Pas comme la première fois où, selon la légende du 36, Patrick Riou, un brin strict et look british, aurait eu un « mouvement de répulsion et un rictus de dégoût » en surprenant « l'autre crade, comme d'habitude », rapporte un témoin. Gainsbourg l'aurait alors salué d'un ironique : « Vous pouvez me serrer la main, monsieur le commissaire. Le talent, c'est pas contagieux. »

Patrick Riou ne se souvient plus de cet épisode mais n'a pas oublié les visites de la star en 1990 dans son mythique bureau 315, vaste pièce claire avec vue sur la Seine, armoires sans cachet remplies de dossiers : « Gainsbourg a passé des après-midi entiers, enfoncé dans un fauteuil à griller ses Gitanes, à me regarder bosser, à ricaner et à commenter », dévoile le commissaire. L'artiste adorait rester des heures, assis dans l'un de ces deux antiques fauteuils en cuir avec accoudoirs, installés en contrebas du siège du chef de la brigade criminelle, là où, depuis des lustres, prennent place les suspects récalcitrants. « Vers 2 heures du mat', les inspecteurs qui ne parvenaient pas à obtenir des aveux amenaient le détenu dans ce bureau, le plus luxueux du 36 et le seul moquetté, pour l'impressionner », raconte Patrick Riou à Gainsbourg, fasciné. C'est ce qu'on appelle « le coup de la moquette », un cérémonial organisé au 315 avec cigarette et café, « considération et respect » du patron de la Crim' pour l'assassin, afin d'essayer de lui délier la langue, et ça marchait. Acoquiné à ce grand poulet, Serge Gainsbourg buvait ses histoires de faits divers et venait à tous les pots de la Crim' s'enfiler des doubles Pastis 51.

Gainsbarre se fait tirer le portrait « à la bertillonne »

Trois ans avant de fréquenter les commissaires Bouchet et Riou, qui regrettent de ne pas avoir immortalisé ces moments en sa compagnie, Gainsbourg avait déjà ses entrées dans la maison poulaga. J'ai retrouvé pour Les Jours la trace de son passage au 36, ainsi que les photos anthropométriques réalisées pour l'occasion dans des circonstances non élucidées. On ne sait pas exactement grâce à qui, mais, un soir de virée avec des poulets, au mois de mai 1987, Serge Gainsbourg s'est assis sur la chaise de Bertillon, installée au dépôt, tel un suspect à la mine patibulaire en fin de garde à vue. Ébouriffé, débraillé, la chemise ouverte sur un diamant en pendentif, les pouces dans les poches de son pantalon, Gainsbourg s'est prêté au jeu des prises de vue par le service de l'identité judiciaire, de face, de profil (et même de sa braguette). D'après un connaisseur de la boutique, Gainsbourg « a dû croiser une nuit son copain de l'équipe de perm' de l'IJ qui l'a amené ici, sur la chaise de Bertillon ». Mais un autre se demande si ce n'est pas plutôt « son grand pote de la 6e BT[3] » qui l'a conduit à l'IJ, quai de l'Horloge. Plusieurs policiers du 36 nous ont parlé de cet inspecteur ayant de la bouteille, très lié à Serge Gainsbourg. Sans pouvoir nous livrer son identité, ni savoir s'il s'agit de l'ancien mataf de la chanson.

Avant d'entrer à la Crim', un commandant, le surnommé « Pitt » – tenace comme un pitbull –, se souvient d'une nuit d'astreinte à la 6e BT : « Gainsbourg, qui connaissait cet inspecteur alcoolique au dernier degré, est venu en coup de vent vers 20 heures fumer une clope et boire un verre. » Alors inspecteur à la brigade antigang, Jean-Louis Fiamenghi a lui aussi « connu Gainsbourg, un type adorable ». « Un soir, en bordée avec ce gars de la 6e BT Montparnasse, on a passé deux heures à boire des coups et les deux sont partis en boîte. » En tout cas, la fameuse scène de la bertillonne au 36 a inspiré Gainsbourg qui, cette même année 1987, pose sur la pochette de son album *You're under arrest* de face et de profil, comme sur des clichés anthropométriques[4].

3. Basée rue du Maine à Paris, la 6e brigade territoriale de la PJ couvrait les affaires survenues dans les XVe, XIVe et VIIe arrondissements.

4. Dans ce même album, Gainsbourg écrivait « Aux enfants de la chance », déclarant la guerre aux marchands de drogue. « Touchez pas à la poussière d'ange, angel dust

Bienfaiteur de la police et philanthrope, selon Patrick Riou, Serge Gainsbourg « faisait un gros chèque chaque année pour les orphelins », donnait de l'argent pour les arbres de Noël de brigades du 36 et de commissariats – surtout celui du VIIe arrondissement à côté de chez lui, et à la 6e BT –, et offrait des bouteilles à tous les flics. « On a un point commun tous les deux », avouait Serge Gainsbourg au journaliste écrivain Antoine Blondin dans l'émission *Lunettes noires pour nuits blanches* de Thierry Ardisson, en avril 1989 : « On aime les flics et les commissariats. »

Finalement, la maison poulaga était un peu sa seconde maison. Et les voitures de police, son moyen de transport préféré. Mieux que le taxi, c'était son kif, à Gainsbourg, de rentrer de discothèque dans un panier à salade. Quitte à faire du stop sur les boulevards dans l'espoir qu'un fourgon de police le ramasse. L'inspecteur « Renato », alors à la BRI, m'a parlé d'une soirée au Queen avec le commissaire Philippe Féval* et Serge Gainsbourg, qui voulait « à tout prix monter dans notre véhicule de service pour qu'on le reconduise chez lui » : « Alors on a fini par céder. On a descendu les Champs-Élysées, Gainsbourg en passager avant qui disait : "Mettez le bleu, les gars, allez !" Mais comme on était tous bien chargés, on ne voulait pas se faire remarquer avec la sirène deux tons et le gyrophare. Il insistait : "Allez, soyez sympas, mettez le bleu !" On roulait doucement et quand on s'arrêtait aux feux, sur les Champs, les gens n'en revenaient pas de voir Gainsbourg dans une bagnole de police. On l'a raccompagné rue de Verneuil. »

En annexe de *Gainsbourg confidentiel*, Pierre Mikaïloff consacre une page de son « Abécédaire indiscret », sous la « lettre F comme Fourgon de police », à ce « sketch réglé comme du

---

en shoot ou en shit, zéro héro à l'infini, Je dis dites-leur et dis-leur, de casser la gueule aux dealers. »

papier à musique ». Childéric Muller, producteur télé des *Enfants du rock*, y raconte la scène vécue. Une nuit, à une heure du matin, boulevard Saint-Germain, des flics en train de contrôler une mob' se laissent distraire par Gainsbourg : « Venez, on va boire un coup ! » Les uniformes : « On peut pas, on est en service. » Et ça dure longtemps. À la fin, évidemment, Gainsbourg, bien bourré, réussit à monter dans la camionnette des flics avec son pote Childéric Muller et insiste pour qu'ils démarrent : « Mettez le pimpon ! Je suis en état d'ébriété sur la voie publique : soit vous m'embarquez au commissariat, mais je n'en ai pas envie, soit vous m'emmenez chez moi. Allez, ramenez-moi chez moi, sinon c'est de la non-assistance à personne en danger. » Et puis à nouveau « mettez le pimpon ». Très patients, les flics ont décliné : « Non, monsieur Gainsbourg, il est 1 heure du matin, on ne peut pas réveiller le quartier », mais ils l'ont raccompagné au 5 *bis* de la rue de Verneuil.

Et, bien sûr, ses amis de la police étaient là, fondus dans la foule du cimetière Montparnasse, quand le cœur de la vieille canaille du 36 a fini par lâcher, en mars 1991.

9
Patrick Riou et les reliques de la mort

Tiré du lit une nuit de décembre 1975 par un coup de fil sibyllin de l'état-major, le commissaire Riou, qui a alors tout juste 29 ans, enfile son costume-cravate de permanencier de la brigade criminelle pour son premier rendez-vous avec un mort. Patrick Riou se prépare au pire – forcément. Il débarque ainsi dans un appartement sombre et vieillot du XVe arrondissement de Paris. Il entre avec appréhension dans le salon où une vision d'horreur lui saute aux yeux : une tête de femme est posée sur un bol, un cigare est fiché entre ses dents, un sourire taillé au rasoir grimace d'une oreille à l'autre. Dans la pièce d'à côté, le buste grand ouvert vomit ses intestins jusque dans le vestibule. Totalement « sonné », Patrick Riou ne sait plus s'il s'agit d'un cauchemar hallucinatoire ou de la réalité crue de son nouveau métier.

Dans la tenue de deuil réglementaire, cet homme réservé essaie de masquer son trouble à ses subordonnés et se tait, tout comme les inspecteurs qui s'affairent en silence autour des morceaux de corps. Depuis cette nuit de décembre 1975, le commissaire Riou a vu plus de trois cents cadavres au fil des 3 890 journées qu'il a passées à la Crim', « et d'une certaine façon à peu près autant de nuits ». Sans jamais s'habituer à la camarde, « encombrante, dérangeante, toujours là à vous tourner autour », à refuser de rester sur le paillasson de son appartement et à s'immiscer dans son sommeil.

Pour surmonter sa timidité, ce fils de résistant breton, élevé à la dure, a hésité entre deux « métiers d'autorité » : magistrat ou policier. Devenu commissaire, il a commencé en 1974 à la 9e BT de la police judiciaire, alors basée à Créteil (Val-de-Marne), dans des préfabriqués « aussi pourris que les flics, efficaces certes, mais violents et corrompus pour la plupart », écrit-il dans son livre autobiographique[1]. Atterré par leurs « méthodes courantes » – « extorsions d'aveux, passages à tabac, vols durant les perquisitions, procédures mensongères » –, le débutant décide de « monter au feu », avant de renoncer sur les conseils d'un policier honnête : « Tu ne peux pas dénoncer ça tout seul. T'as pas les reins. Tu es trop jeune, tu vas te faire broyer. » Alors Riou déprime et doute. « C'est donc ça, la police ? » déchante-t-il. Heureusement, au bout d'un an, sans rien faire de spécial – « j'ai juste choisi de ne pas devenir un pourri moi aussi » –, un coup de fil du Quai des Orfèvres vient le sauver.

Le commissaire divisionnaire Pierre Ottavioli*, dit « Otta », patron de la Crim', « le dieu vivant du 36 en personne », demande à le voir. Englué dans sa « fange du Val-de-Marne », Patrick Riou s'étonne de ce rendez-vous imprévu, selon son récit aux Jours, car « Dieu convoque rarement les mortels qui ne lui ont pas été présentés », surtout les « obscurs » comme lui. « Et puis me voilà dans le métro, rasé de près et fringué comme un premier communiant. » Arrivé dans l'île de la Cité, face au bâtiment et à sa tour, Patrick Riou « marque un temps d'arrêt » pour admirer les façades ancestrales de la PJ parisienne le long du fleuve. « Me voilà devant le saint des saints », se dit-il avec fierté, avant de traverser la cour pavée à grands pas impatients et de grimper les trois étages de l'escalier monumental jusqu'à la Crim'. « Une boule au fond de l'estomac », le novice pense qu'il va falloir l'appeler « monsieur », pas encore « patron », terme réservé aux chefs respectés, et rester debout. Sur le pas de la

1. *Ma vie à la Crim'* (Éditions Jacob-Duvernet, 2011). Les citations de ce chapitre sont issues de ce livre et d'entretiens avec l'auteur.

porte du bureau 315 du chef de la Crim' apparaît alors « l'icône du 36 », « belle gueule, chevelure argentée, de la prestance, un langage châtié ». Pierre Ottavioli lui annonce qu'il a été coopté par un policier de la brigade – sans prononcer le nom de son parrain –, condition *sine qua non* à l'époque pour entrer à la Crim'. Sitôt adoubé, il est relâché par le patron. Patrick Riou exulte. Et bientôt le voilà sur sa première scène de crime, celle de la femme décapitée et éventrée.

« Qui s'y frotte s'y pique »

À la brigade criminelle, fleuron du 36, Patrick Riou découvre un monde à part avec ses codes, son jargon et son amicale. Son emblème est un chardon, sa devise, « Qui s'y frotte s'y pique », et son code radio, « Cristal ». Les six commissaires se tutoient entre eux, mais vouvoient les inspecteurs. Chef de section, le commissaire Riou chapeaute trois groupes de six enquêteurs triés sur le volet, qui traitent des affaires de droit commun les plus complexes[2]. Les chefs de groupe, inspecteurs divisionnaires, sont tous charismatiques, expérimentés, respectés, avec des personnalités diverses et variées : « L'un était royaliste, un autre communiste à la même époque », se souvient dans ses mémoires le commissaire, qui a croisé à la Crim' « des géants, des nains, des poètes, des sybarites, des ascètes, des hommes qui aimaient les femmes, des hommes qui aimaient les hommes, des travailleurs, des fainéants, des héros et des lâches ».

Nulle part ailleurs, il n'existe de « procédurier », le numéro 3 de chaque groupe chargé d'effectuer les constatations sur les scènes de crime, d'en rédiger le procès-verbal très détaillé et de mettre en forme le dossier pour le magistrat. Le procédurier a droit à un petit bureau personnel sous les toits, au cinquième étage,

2. Ses effectifs s'élevaient dans les années 1970 à quelque 90 policiers. Outre le patron et son adjoint, quatre autres commissaires chefs de section chapeautaient chacun trois groupes de six hommes, dédiés à la section antiterroriste ou au droit commun.

quand les cinq autres membres du groupe s'entassent dans une pièce au quatrième ou au troisième. Patrick Riou ne cache pas que le flic de la Crim', « placé au-dessus du panier, se montre volontiers hautain ». « Il vole avec les aigles, voyez-vous », lit-on sous sa plume. « Ses collègues des Stups, il les considère un peu comme des gros bras, en charge des basses œuvres. » En retour, les hommes d'action appellent ceux de la Crim' « les petits marquis » ou « les contemplatifs ».

La brigade criminelle cultive également ses traditions. Outre les pots censés renforcer la cohésion du service, le banquet annuel au printemps réunit, à la campagne, tous les seigneurs du service depuis plusieurs générations. L'amicale de la Crim' conserve tous les menus. À la Toussaint, on fleurit les tombes des anciens dans les cimetières d'Île-de-France. Et une fois par an, depuis sa création en 1912, ses membres posent en costume-cravate pour la photo de la brigade, sur les marches du Palais de justice, côté place Dauphine. Les six commissaires, comme Patrick Riou, sont au premier rang.

À la Crim', on use d'un jargon propre, que Riou nous retraduit. On dit que l'équipe de permanence est « de doublure » et, lorsqu'un meurtre survient, on entend crier dans les couloirs : « Ça dérouille, ça dérouille ! » Alors, le groupe part « faire les constat' », rechercher « les paluches » (les empreintes), pour essayer de « redresser l'assassin » (l'identifier). Maintenant, reste à le « loger » (trouver son adresse ou l'endroit où il se cache). Parfois, il suffit de mettre en place une « borgnotte » (un dispositif léger d'un ou deux hommes, juste pour voir si « ça bouge »). Dans ce cas, il faut « monter une planque » pour le surveiller et peut-être le « filocher » (le suivre). Sans se faire « détroncher » (repérer). Avant de le « serrer » (l'arrêter), de lui passer les « pinces » (les menottes), pour le ramener au 36.

Ce qui passionne le plus Riou, nous confie-t-il, c'est de plonger dans toutes les classes sociales au fil des meurtres. Ce « grand écart entre l'invraisemblable misère des banlieues parisiennes et l'aristocratie du VIIe arrondissement » lui plaît et l'enrichit. Sans distinction, la Crim' œuvre à l'élucidation du meurtre chez les clochards de la porte de Saint-Ouen qui se tuent au surin, tout comme à celle des crimes en appartement des bourgeois de la capitale. « Il faut savoir passer du jargon du ferrailleur de Montreuil à l'argot du proxénète de Pigalle, ou encore à celui de la crapule de 15 ans », explique Riou, qui s'adapte et s'initie aux « traditions d'un juif orthodoxe, au mode de vie d'un vieillard en dessous du niveau de pauvreté, mais aussi aux codes d'un restaurateur chinois et à ceux d'une prétendue méritocratie ».

Un cadavre de prince peu présentable

La découverte dans la Seine du cadavre d'un fils de prince a révélé à Patrick Riou la morgue dont usent les grands de ce monde. Il franchit le seuil d'un hôtel particulier avec domestiques en livrée pour annoncer la mort du jeune homme à son père, qui l'accueille froidement. Il accompagne ce dernier à l'Institut médico-légal, quai de La Rapée, pour identifier le corps « pourri dans l'eau », méconnaissable. Mais le prince prend le commissaire de haut et, sans une once de peine, lui lance d'un ton détaché : « Vous n'auriez pas un cadavre plus présentable pour la famille ? » Au retour, le dédaigneux aristocrate lui demande : « Avez-vous arrêté les assassins de mon fils ? » Patrick Riou lui répond par la négative. « Tant mieux », rétorque le prince, soulagé que personne n'apprenne les turpitudes de son rejeton, camé et alcoolisé. L'autopsie établira la mort par overdose de cocaïne du jeune homme, dont la dépouille a été jetée dans le fleuve.

Après une incursion à la Mondaine, où il est obligé de s'habiller en frac pour sortir dans les cabarets, le commissaire Riou revient à la Crim' en 1983 comme chef de la section antiterroriste : « Ça n'intéresse personne à l'époque », mais, ajoute-t-il avec une moue désabusée, « cette matière-là est sujette à des pressions politiques ». Patrick Riou l'a senti en septembre 1978 lors de l'affaire du « parapluie bulgare », tentative d'assassinat perpétrée par les services secrets soviétiques, en pleine guerre froide. Vladimir Kostov, un journaliste bulgare dissident, réfugié en France, avait été empoisonné à la ricine contenue dans une bille creuse tirée dans son mollet depuis le bout d'un parapluie. La victime en a réchappé par miracle. Le jeune commissaire Riou s'est escrimé à dénouer les tenants et les aboutissants de cette affaire, sous le regard amusé de ses collègues : « Tous savaient bien ce qui se jouait en coulisses et personne n'avait vraiment envie de voir les coupables arrêtés. »

Il a éprouvé le même « sentiment d'impuissance, obsédant », lorsque le Mossad, les services spéciaux israéliens, sont venus régler leurs comptes à Paris, en riposte à la sanglante prise d'otages de leur équipe olympique aux JO de Munich en 1972 par des terroristes palestiniens du groupe Septembre noir. « On appelait ça pudiquement "la vengeance de Munich" », lâche Riou aux Jours d'un air dégoûté. Sitôt arrivé sur place, il « constate que l'exécution a été assurée par un professionnel ». Comme par hasard, un de ses collègues de la DST[3] – peu porté sur la cause palestinienne – se trouve déjà là. « Bonsoir, Patrick, ça va ? » Pour Riou, c'est clair, « la recherche de la manifestation de la vérité ne va pas être sereine », alors que « les motivations des exécutants » sont limpides.

Un autre cas extrême lui revient en mémoire. Avec son patron, Pierre Ottavioli, Patrick Riou se rend à l'aéroport d'Orly pour interpeller les membres d'un commando qui a assassiné un Palestinien, mais « l'accès à la salle d'embarquement de la

3. La direction de la surveillance du territoire était le service de contre-espionnage français. En 2008, la DST a fusionné avec les RG, les renseignements généraux. Depuis 2014, la nouvelle structure porte le nom de DGSI, direction générale de la sécurité intérieure.

compagnie nous est interdit physiquement par des membres du Mossad, quelques minutes seulement. Puis on nous dit avec un grand sourire : “Allez-y, vous pouvez passer. L’avion vient juste de décoller. Nous sommes désolés.” »

Confronté aux terrorismes arménien et arabe, le chef de la SAT, la section antiterroriste, doit également gérer des attentats et des assassinats commis par l’ultragauche allemande de la bande à Baader et française d’Action directe. Les femmes du groupe armé, Joëlle Aubron et Nathalie Ménigon, l’ont ulcéré, « tant elles exprimaient de haine en vous fixant, en crachant et en vociférant ». La seconde a même tenté en 1984 d’enjamber la balustrade de la Crim’. Elle se serait écrasée dans l’antichambre du directeur si un inspecteur ne l’avait rattrapée. Depuis, un filet de sécurité antisuicide a été tendu au-dessous. En revanche, le contact avec Jean-Marc Rouillan, le leader d’Action directe, et ses explications l’ont « beaucoup plus intrigué et intéressé ». Tout comme Georges Ibrahim Abdallah, chef des Fractions armées révolutionnaires libanaises (FARL). « Bien qu’ils soient tous les deux de véritables tueurs froids, Rouillan et Abdallah n’étaient pas antipathiques et revendiquaient volontiers leurs actes. Leur raisonnement, très orienté, restait logique. » Si Abdallah soutenait qu’il devait combattre « l’envahisseur sioniste et son allié américain, comme nous l’avons fait contre les Allemands », Rouillan essayait de démontrer que « le capitalisme, c’est l’ennemi ». « Partant de là, tous les moyens, même l’assassinat, étaient légitimes à leurs yeux », explique le commissaire. Sans partager bien évidemment leurs opinions et leur jusqu’au-boutisme, Patrick Riou a apprécié leur franchise : « J’étais convaincu de leur bonne foi, je ne l’ai jamais mise en doute. »

Apocalypse rue de Rennes

De tous les attentats vécus durant sa carrière, avoue le commissaire aux Jours, c’est la bombe qui a explosé devant le magasin Tati de la rue de Rennes, à Paris, le 17 septembre 1986, qui l’a le plus marqué. Arrivé au « beau milieu de l'apocalypse et des sirènes hurlantes des ambulances », le commissaire Riou avise trois tentes montées par les secours, une pour les sept morts, une pour les blessés et une pour les mourants à évacuer d'urgence. « Je vois quelqu'un mourir sous mes yeux. Et je me rappelle d'une femme que l'on met sur une civière, le sapeur-pompier ramasse sa jambe dans le caniveau et la pose sur son corps. Alors je suis pris de tremblements, tétanisé. Je ne peux plus bouger et je reste là pendant un bon quart d'heure, incapable de faire quoi que ce soit. » Il faut absolument se ressaisir pour superviser les constatations. D'entrée de jeu, le chef de la SAT s'aperçoit qu'avant l'arrivée des équipes d'urgence « plusieurs blessés ou défunts ont été dépouillés, qui de son portefeuille, qui de son sac à main ». Ces vols répugnants sont restés confidentiels, mais trente ans après, Patrick Riou ne comprend toujours pas « comment des êtres humains, ou prétendus tels, peuvent se comporter ainsi ».

Ce jour-là, le commissaire doit tout mener de front : prévenir les familles, entendre les blessés dans les hôpitaux, recueillir les témoignages, assister aux autopsies et aux réunions, et surtout commencer à pister le terroriste Fouad Ali Saleh, du Hezbollah, qui signe son treizième attentat depuis 1985, exigeant la libération d'Abdallah. Car le ministre de l'Intérieur, Charles Pasqua, et le Premier ministre, Jacques Chirac, « veulent à tout prix un coupable », dénonce le chef de la section antiterroriste. « Les politiques perdent littéralement la tête. Même un innocent ferait leur affaire, alors ils en inventent un. Et ils envisagent de bombarder le Liban. C'est tout et n'importe quoi ! » Écœuré, rincé, épuisé, Patrick Riou rentre chez lui dans la nuit pour embrasser ses enfants. Impossible de fermer l'œil jusqu'au coup de fil, à 6 heures du matin, du directeur du 36, Pierre Touraine, « un homme sage qui a trouvé les mots pour m'apaiser ».

10
Les énigmes du bureau 315

Ce matin du 2 octobre 1989, à 8 h 30, le commissaire Patrick Riou grimpe les marches du 36 en costume de gentleman british, le cœur battant, salue les chefs inspecteurs du bureau 305 qui octroient les perm', voitures et radios, et s'informe des affaires de la nuit. Ce jour-là, les vestales de la Crim' l'appellent pour la première fois « patron », ce qui, admet-il lors de notre entretien, lui procure « un plaisir inouï ». Le voilà en effet patron de la brigade criminelle, le *nec plus ultra* du Quai des Orfèvres. Impressionné, Patrick Riou pousse la porte capitonnée du vaste bureau 315 qui donne sur la Seine et où, à la fin de l'année 1975, le « dieu vivant du 36 », Pierre Ottavioli, l'avait reçu pour le coopter. Fini le minuscule réduit aveugle où le chef de section fit ses débuts à la Crim', oubliée la vieille machine à écrire Japy au bout du rouleau. Comme tout policier du 36, Patrick Riou commence par retirer son revolver Manurhin MR73 de son étui et le glisse dans le tiroir de son bureau en bois qu'il ferme à clé. Il fait l'inventaire des dossiers en cours, rangés dans des armoires métalliques ou dans le coffre-fort, au fond de la pièce. Il va réunir autour de la table ovale les douze chefs de groupe, son adjoint et les quatre commissaires chefs de section pour un point général des enquêtes.

Car ici, à la Crim', on est appelé sur les lieux des crimes, on dérouille, souvent, on prend une centaine d'affaires chaque année parmi les plus énigmatiques, les plus compliquées et les plus sensibles : attentats terroristes, tueurs en série, assassinats de femmes ou d'enfants, crimes liés à des personnalités, règlements de comptes entre bandits et meurtres en tout genre, « sans auteurs identifiés ». Avec sa technique dite du « rouleau compresseur », la brigade est capable de mettre 90 inspecteurs sur un événement pour tout ratisser à chaud, en un temps record. Pas de restrictions de moyens ou de temps pour une enquête. Malgré tout, on n'en élucide que deux sur trois, car ce sont les plus complexes qui atterrissent au 36. « Les corps que l'on découvre ont été lacérés, brûlés, torturés, découpés en morceaux, truffés de plomb, noyés ou roués de coups. Ils sont frais, congelés ou putréfiés », détaille Patrick Riou aux Jours. Attablé aux Officiers, une brasserie à côté de chez lui à Vincennes, ce grand PJiste, retraité depuis sept ans, ne s'en est jamais vraiment remis : « J'ai tout vu, tout connu. Et il faut savoir vivre avec ça. »

Aux commandes de la brigade criminelle, le divisionnaire Riou se rend compte – une fois de plus – qu'il faut « se méfier de ses premières impressions », des évidences et de ses intuitions, « ne pas orienter l'enquête dès le départ, mais explorer toutes les pistes pour refermer une à une les portes », les hypothèses. Il a déjà vu un mari jaloux ayant maquillé le meurtre qu'il avait commis en agression fatale. Il a démonté un simulacre d'accident de voiture par un autre époux ayant supprimé sa femme pour toucher l'assurance-vie. Il a même été confronté, incrédule, à un « suicide de deux balles dans la tête ! Le deuxième coup avait été déclenché par une réaction nerveuse ». Comme à tout flic qui débarque à la Crim', on lui avait inculqué le cas d'école de la baronne de C., retrouvée dans les années 1960 allongée devant le miroir de son armoire, une plaie de chaque côté du ventre, un poignard japonais enfoncé entre les omoplates. « À première vue, la thèse du crime s'imposait, explique Patrick Riou. Mais il n'en était rien : en réalité, la baronne s'adonnait à la pratique de rituels étranges et s'était empalée par accident en reculant sur un poignard japonais fiché entre deux ouvrages de sa bibliothèque… » Alors, il a appris à ne pas faire de déductions trop rapides et à examiner les hématomes sur les cadavres, les traces de défense ou, *a contrario*, leur absence, les résidus de poudre sur les mains, « ce qui donne les premières orientations sérieuses ».

Ainsi, lorsque le parquet l'avise, le 21 mars 1991, de la découverte du corps atrocement mutilé d'une jeune femme rue de Romainville, dans le XIXe arrondissement de Paris, le patron de la Crim' se rend sur les lieux avec le groupe de doublure et remarque d'emblée qu'il n'y a « pas de traces d'effraction, ni de lutte ou de coups *ante mortem* ». Pourtant, la violoncelliste Ghislaine, qui repose à même le sol, dans son salon cossu, nue dans une flaque de sang, présente le bout des seins découpés, ainsi que la vulve. Le bas de son ventre a été lacéré. Des ciseaux et des couteaux se trouvent près du corps. Et une glace. « On est perplexes, mais on lance des pistes tous azimuts pour essayer de remonter à son meurtrier. » C'est le médecin légiste de la morgue qui, le lendemain, en écoutant le résumé des constatations sur place, va les aiguiller : « Lorsque des grands psychotiques se mutilent, ils s'observent souvent dans un miroir. Ne me demandez pas pourquoi, mais j'ai eu plusieurs cas similaires. » Stupéfaits, le commissaire Riou et ses hommes ont « reconstitué la vie de cette malheureuse et son… suicide ». « On a même retrouvé ses journaux intimes où elle décrivait ses angoisses et sa maladie bipolaire. D'une certaine façon, elle a été victime de la solitude face au mal qui rongeait sa raison. »

Rompu aux crimes violents, Patrick Riou, que ce compagnonnage avec la camarde incommode, encaisse mal les drames de la solitude. Comme ce décès naturel d'un veuf des Hauts-de-Seine, ignoré pendant six ou sept mois : « À côté de son squelette, il y avait celui d'un chat qui avait dû dévorer son cadavre. Et personne ne s'est préoccupé du sort de ce monsieur. Ni le facteur, ni EDF, ni le concierge, ni ses enfants, ni la boulangère. Vous avez dit solidarité ? » De manière générale, même avec les deux « tueurs froids » de groupuscules politiques, comme l'étaient Jean-Marc Rouillan et Georges Ibrahim Abdallah, le commissaire Riou parvient à comprendre leurs mobiles : « Je n'ai jamais éprouvé vraiment de haine à l'encontre des meurtriers, sauf deux fois. »

« Je crois que j'aurais volontiers accepté d'être son bourreau »

Le premier assassin qui a déclenché chez lui une aversion profonde avait violé et abattu une femme, avant de traîner son mari dans le jardin, de l'obliger à s'agenouiller puis de l'exécuter d'une balle dans la tête sous les yeux de son gosse de 9 ans. C'était à la fin des années 1970. « J'avais devant moi ce meurtrier qui reconnaissait les faits, sans l'ombre d'un remords. Je le vois encore en train de ricaner, je l'entends encore me narguer… Tous ont un début d'explication, mais pas lui, rien. Je crois que j'aurais volontiers accepté d'être son bourreau. » Condamné à mort par la cour d'assises du Val-de-Marne, ce double assassin a été sauvé par l'abolition de la peine capitale, le 9 octobre 1981.

La seconde fois où le commissaire Riou a vraiment douté de ses frères humains, c'était par un dimanche matin pluvieux, après la découverte d'un macchabée démembré porte de Montreuil, à cet endroit inconstructible jusqu'à l'entre-deux-guerres, appelé « la zone ». « On se demande ce qui a pu provoquer un tel acte de barbarie. On s'interroge, on est là, assez consternés », dit Riou. Des traces de sang sur le trottoir indiquent que les morceaux de corps ont été traînés dans un drap depuis les HLM voisins. Appelé à la rescousse, un chien renifle l'odeur du défunt puis conduit la Crim' dans la cité, au deuxième étage du deuxième bâtiment. « On défonce la porte. On tombe sur une sorte de pithécanthrope en train de nettoyer des scies et des couteaux dans l'évier. Je lui dis : “C’est vous ?” Il me répond : “Ouais.” Je lui demande : “Pourquoi ?” De sa grosse voix, l’homme répond : “Il m’avait mal parlé.” » Emmené au 36, l’auteur de cette abomination, perpétrée en plein « quart-monde », n’a « manifesté aucune émotion, aucun regret. J’ai pensé que ce type n’était pas tout à fait un être humain tant il était dépourvu de conscience. Nous faisions face au vide sidéral. C’est troublant, déstabilisant ». L’enquête n’a pas duré trois heures. Alors, le commissaire Riou rentre chez lui à Vincennes, pour le déjeuner dominical en famille, « comme si de rien n’était », et s’enfile un whisky. « À table, les enfants me demandent : “Ça va, papa ?” Je réponds : “Oui, oui, ça va”, mais une partie de moi traîne encore porte de Montreuil. »

Pourtant guère flagorneur, le divisionnaire Riou ne tarit pas d’éloges sur Frédéric Péchenard, qui fut le chef de sa SAT en 1990-1991 : « De tous mes collaborateurs, c’est lui qui m’a le plus impressionné, car c’est le meilleur. » Sur une photographie de la « grand-messe » – visiblement ennuyeuse –, qui réunit autour du directeur du 36 « une fois par mois et avant les opérations d’envergure » tous les commissaires de la PJ de Paris dans la salle Bertillon, le patron de la Crim’ Riou se trouve au premier rang et son chef de la SAT juste derrière : « Au début, il a fallu le canaliser car il voulait tout casser, tout changer, mais, au fil du temps, la Pêche s’est discipliné et s’est bonifié », jusqu’à devenir à son tour chef de la brigade criminelle en 2000, puis directeur du 36 en 2005. Et peu importe pour Riou que la Pêche soit copain de Nicolas Sarkozy. Selon lui, il est surtout « excellent, doté d’impressionnantes capacités d’analyse et de synthèse ».

Riou et son adjoint ne s’en laissent pas conter par la DST

À l’époque, tout ce monde-là organise des pots mémorables à la Crim’ avec les magistrats, et même avec Serge Gainsbourg. Six mois après la mort du chanteur, survient une opération homo (pour homicide) des services secrets iraniens. Le 6 août 1991,

Chapour Bakhtiar, l'ex-Premier ministre du shah d'Iran, est poignardé à treize reprises puis égorgé dans sa villa de Suresnes. Villa « pourtant gardée par la police française chargée de sa protection et qui va laisser le commando s'enfuir et ne découvrir le corps que deux jours plus tard », s'indigne l'ex-patron de la brigade criminelle. Riou est épaulé par son impeccable adjoint, Jean-Pierre Birot[1], qui piste, avec ses enquêteurs, les deux tueurs dépêchés par Téhéran. « Parfois, on a des coups de chance, comme dans ce cas où on finit par repérer le chef du commando en Suisse puis par l'arrêter à l'aéroport de Genève où il est en transit pour Téhéran. » La réaction de la DST ne se fait pas attendre. Le service de renseignement français propose opportunément ses traducteurs en farsi puisque le tueur, Ali Vakili Rad, ne cause pas la langue de Voltaire… Mais le duo Riou-Birot ne s'en laisse pas conter et décline poliment.

Avec l'arrestation de cet officier iranien, le commissaire Riou a le sentiment de prendre sa revanche sur d'autres crimes politiques où « rien ne nous échappait, mais où on devait se contenter de compter les points », faute de preuves. Il en a été « de même lors d'assassinats commandités par les services secrets français et exécutés par leurs séides à Paris *intra muros* », lit-on dans *Ma vie à la Crim'*, le livre de Patrick Riou. Aujourd'hui, nous confie-t-il, il reste persuadé que « les services secrets français ont au minimum couvert l'assassinat d'Ali André Mécili », avocat parisien et opposant algérien abattu le 7 avril 1987 dans le hall de son immeuble, boulevard Saint-Michel, à deux pas du quai des Orfèvres. D'ailleurs, le petit truand algérien suspecté de l'exécution, et qui a été placé en garde à vue à la Crim', n'a jamais été inculpé par la juge. Il a été expulsé derechef vers son pays par le ministre délégué à la Sécurité de l'époque, Robert

1. Patrick Riou a beaucoup de respect pour son ancien adjoint. Un homme qui « a mis cinq minutes à se remettre » d'un tir lui ayant frôlé le crâne.

Pandraud. Quant à l'exécutant iranien du meurtre de Bakhtiar, Ali Vakili Rad, condamné à la réclusion à perpétuité, il a été élargi – c'est-à-dire sorti de prison et renvoyé en Iran, autant dire libéré – en mai 2010, au grand dam du commissaire Riou qui fustige « le cynisme des politiques ». Selon lui, cette libération s'est négociée « en contrepartie de la libération de Clotilde Reiss, l'étudiante française retenue en Iran au terme d'un simulacre de procès ».

À force de disséquer des meurtres, le commissaire Riou est capable de dresser une typologie sommaire des armes du crime. Le pistolet et le revolver de gros calibre sont la signature d'un tueur professionnel et trahissent la préméditation ; « l'arme de chasse, c'est la petite crapule ; le 22 long rifle sert souvent en légitime défense ; le couteau, on l'utilise parce qu'on a peur ; le lien, le marteau et l'étranglement sont la marque de l'improvisation ».

Quand ça dérouille, le patron de la brigade criminelle – ou son adjoint – est obligé de se rendre sur les lieux, comme le procureur ou son substitut. Du coup, le commissaire Riou, qui a connu une décennie plombée par trois cents homicides, nourrit des sentiments ambivalents : « du respect pour la plupart des disparus », mais « pas d'émotion particulière pour un truand retrouvé raide sur un trottoir ou dans une cave, abattu par ses ennemis ». Il partage l'avis de Corneille : « Ainsi que la vertu, le crime a ses degrés. » Indifférent aux règlements de comptes entre voyous, il ne l'est pas aux « meurtres crapuleux ou, pire, aux crimes gratuits qui restent intenables. Pire encore, les corps d'enfants sont, avec les victimes torturées, des morts vraiment insupportables qui troublent votre sommeil pendant longtemps ».

Dans les années 1980, pas encore de psychologue ni de médecin pour ces policiers « assez fiers », qui intériorisent les émotions et masquent à leurs collègues les fissures dans la cuirasse. « On se regardait et on se taisait. » Si les corps putréfiés ou infestés de vermine « ramènent juste à la condition humaine et font se sentir humble », ce que Patrick Riou a « pu lire parfois dans les yeux des morts » l'a dévasté. « Mais je le tairai, car les familles ont déjà trop de chagrin. » L'ancien patron de la Crim' qui portait beau confie aux Jours avec tristesse son « overdose d'hémoglobine ». « La camarde finit par s'insinuer partout et ressurgir la nuit. À un moment, on ne peut plus regarder la mort en face, on ne peut plus la voir en peinture, on ne peut plus la sentir. »

Furieux, Pasqua envoie Riou chez Claude Guéant

Sans jamais se plaindre de son sort ni révéler ses cauchemars éveillés à sa hiérarchie, le commissaire Riou quitte la brigade criminelle, subitement promu, en 1993, sous-directeur de la PJ aux affaires économiques et financières, AEF. Lui qui « ne sait même pas faire une règle de trois », comme il me l'avoue, découvre le monde des cols blancs et des influences politiques, mais il ne restera pas en poste longtemps, à peine deux ans. Il supervise alors les enquêtes sur les débuts de l'affaire Elf, sur le Crédit lyonnais mais aussi sur les fausses factures du RPR et des HLM de Paris. Il pactise avec les juges financiers et se sent « bouleversé par la solitude d'Eva Joly, chargée d'instruire l'affaire Elf » et par l'acharnement des politiques contre le juge Éric Halphen, qui piste le financement illégal du RPR.

Un jour de l'automne 1994, Éric Halphen lui confie : « Je veux perquisitionner chez Michel Roussin, directeur de cabinet de Jacques Chirac à la mairie de Paris. Donnez-moi votre parole d'honneur que vous n'en direz rien. » Mais Michel Roussin est ministre de la Coopération depuis mai 1993 et le divisionnaire Riou sent pointer les ennuis. « Je ne peux pas, monsieur le juge. Je dois en référer à ma hiérarchie et au préfet de police, c'est obligé. » Compréhensif, le juge Halphen le met à l'aise : « Alors, je vous préviendrai une heure avant. » Patrick Riou garde le secret et, le jour J, il accompagne le juge pour la perquisition chez le ministre. Ayant mis sa hiérarchie devant le fait quasi accompli, le patron de la PJ financière est convoqué illico par le préfet de police de Paris, Philippe Massoni, qui lui annonce sa mutation d'office : « Le ministre de l'Intérieur, Charles Pasqua, ne veut plus vous voir. Vous parlez anglais et allemand, alors vous allez au cabinet de Claude Guéant à la DGPN vous occuper des relations avec l'Espagne ! »

Ainsi va la carrière des commissaires et des directeurs de la police. Si la « nomination relève toujours d'un choix réfléchi entre deux ou trois candidats soumis au ministre de l'Intérieur – la mienne à la tête de la Crim', je la dois à Pierre Joxe –, l'éviction, en revanche, est toujours brutale », assure Patrick Riou aux Jours. Comme celle, dix ans plus tôt, du chef de la Crim' Jacques Genthial. Le 20 mars 1984, celui-ci est en ligne avec l'écrivain Jean-Edern Hallier au sujet de son enlèvement (que la PJ le soupçonne d'avoir monté tout seul pour faire parler de lui) et il « lui dit sur le ton de la plaisanterie de ne pas trop s'étendre au téléphone ». Du bureau voisin, Patrick Riou entend tout, puis voit le jour même Jacques Genthial revenir de chez le préfet « le regard triste et les mâchoires serrées ». Viré. Suspecté de « connivence » avec le polémiste, alors en pleine écriture d'un pamphlet sur la fille cachée de François Mitterrand, et donc placé sur écoute par la cellule dite « antiterroriste » de l'Élysée. En 1996, Patrick Riou assistera également au limogeage du directeur du 36, Olivier Foll, qui, à l'inverse, a refusé d'assister le juge Halphen dans une perquisition chez le maire de Paris, Jean Tiberi. « Allez y comprendre quelque chose », ironise Riou en y repensant.

Deux ans et demi après avoir dû se mettre à l'espagnol pour son nouveau job de chargé de mission à la DGPN, Patrick Riou ressort du placard à l'été 1997, sous le règne de Jean-Pierre

Chevènement, ministre de l'Intérieur du gouvernement Jospin, qui le bombarde directeur de la PJ parisienne. « Le summum, le bonheur » pour cet amoureux du Quai des Orfèvres qui revient en numéro 1 dans son cher 36. Seul bémol, la perspective de cohabiter avec le préfet de police Philippe Massoni, celui-là même qui l'avait expédié chez Guéant sur ordre de Pasqua. Non pas que celui-ci soit pire qu'un autre, mais c'est l'autonomie de la PP, « la principauté de Lutèce », brocarde Riou, par rapport à la DGPN qui cloche. Même la police judiciaire n'échappe pas à la tutelle du préfet de police de Paris. Des préfets, Patrick Riou en a connu plusieurs, « tous extrêmement intelligents », quoique avec des styles différents. Guy Fougier (1983-1986) était porté sur la remontrance, du genre « Riou, mais pourquoi vous n'arrêtez pas Action directe ? J'en ai marre de me lever toutes les nuits pour des attentats ! », ou encore « J'apprends que l'on tue à Paris. Enfin, Riou, faites quelque chose ! ». Patrick Riou se souvient aussi des philippiques de Pierre Verbrugghe (1988-1993) lancées à la cantonade, ses « Je me moque du ministre de l'Intérieur, je ne rends compte qu'au président » (François Mitterrand à l'époque). Et de ses prémonitions : « Comment ça, un ordinateur sur mon bureau ? Mais vous n'y pensez pas, on retrouverait tout. »

« Votre seul chef, c'est moi. Et si vous l'oubliez, vous êtes un homme mort »

Philippe Massoni annonce la couleur au nouveau patron du 36 dès leur premier rendez-vous : « Riou, vous n'avez aucun compte à rendre au directeur général de la police, il n'est qu'un chef de bureau. Ce que vous faites ne regarde pas votre directeur central de la PJ. Quant au procureur, il n'est pas concerné. Votre seul chef, c'est moi. Et si vous l'oubliez, vous êtes un homme mort. » Patrick Riou, qui me rapporte ces propos, n'a évidemment « respecté aucune de ces instructions » et a appris à toujours arriver dans l'antichambre du préfet Massoni « les mains vides » et à lui

« donner l'impression de ne pas trop connaître les dossiers », afin de ne pas répondre à ses questions indiscrètes. Riou considère Massoni, malgré « son goût immodéré du renseignement », comme un grand serviteur de l'État, un « Machiavel au petit pied, mais un Machiavel quand même ». Il se souvient encore de « ses chuchotements » dans des situations compliquées : « Faites comme moi, Riou, dites toujours oui et souriez... »

Le patron du 36 a si bien réussi à s'affranchir de cet encombrant préfet ayant l'oreille du président Chirac que le gouvernement Jospin l'a nommé directeur central de la PJ en septembre 1999. Jusqu'à l'heure de l'alternance politique. Convoqué le 7 juillet 2002 par le nouveau ministre de l'Intérieur, Patrick Riou écoute poliment, pendant trente minutes, Nicolas Sarkozy lui expliquer « avec tact et courtoisie » qu'il n'a rien à lui reprocher, mais que « pour des raisons politiques, il doit changer tous les directeurs ». Dans le bureau place Beauvau, « le Cardinal » Claude Guéant note, tel un scribe, l'intégralité de cet entretien[2]. « Rien de ce que j'ai entendu ne m'a choqué », rapporte Riou, philosophe. Les hauts fonctionnaires de police sont en effet nommés et révoqués « à la discrétion du gouvernement ». Puis, le gentleman du 36, qui ne supportait pas la mort et détestait les pressions, a rendu son arme de service et sa carte tricolore, emportant ses idées noires et son corps fatigué. « Il y a des métiers qui font vieillir plus vite que d'autres. »

2. Ancien directeur général de la police nationale, nommé par Charles Pasqua, Claude Guéant est directeur de cabinet de Nicolas Sarkozy de 2002 à 2004, lorsque celui-ci est ministre de l'Intérieur.

11

Happy BRB to you !

À la soirée d'anniversaire des 40 ans de la BRB, des jeunes flics en blouson de cuir, des anciens en vestes à carreaux, des acteurs de série policière, des humoristes, des animateurs télé, des huiles du 36 et de la préfecture, des demi-sel anonymes et des amis de la police se pressent au théâtre du Châtelet, à Paris, ce mardi 17 mai 2016. Les invitations, soigneusement distribuées, émanent obligatoirement d'un membre de la BRB – ou d'un ancien – ou de l'amicale qui organise ce grand raout avec apéro et canapés, exposition et diaporama, orchestre et DJ, vente de mugs, tee-shirts et médailles frappées d'un rubis, en rappel du code radio de la BRB. Grâce à Jeff Maugard, le chef de groupe VMA, qui a un empêchement familial, je rejoins les six cents convives inscrits sur la liste et la faune bigarrée de la BRB.

Alors que s'ouvrent les portes à 19 h 30, je tombe à l'extérieur du théâtre sur Jean-Pierre Colombi, dit « JP », fringant retraité bronzé aux cheveux blancs et aux yeux bleu acier, qui a usé ses semelles de crêpe et ses pneus de bagnole au cul des bandits pendant vingt-huit ans. Reconverti comme conseiller technique, et silhouette dans la série phare de Canal+, *Engrenages*, JP débarque avec l'actrice Caroline Proust, qui y incarne la capitaine Berthaud. Pierre, qui fut flic de base à la BRB avant de prendre du galon, me confie sur place que l'héroïne d'*Engrenages* « ne durerait pas six mois comme chef d'un vrai groupe, trop insupportable, trop d'états d'âme, trop perturbée ». Il y a aussi Thierry Godard, le Gilou borderline et usé de la série, gueule de flic plus vraie que nature, en train de fumer sa clope dehors avec ses fans à la BRB. « Je passe du temps dans les soums, à gérer des tontons et à arrêter des mecs… On fait un peu le même boulot, leur lance l'acteur. Sauf que je suis mieux payé que vous, les gars ! » Les faux flics d'*Engrenages* ont un tel succès qu'un pilier de l'amicale sera obligé de gueuler dans le micro : « On a des collègues du septième art ici. Évitez de les emmerder avec des selfies. »

On aperçoit également Tex, l'animateur télé des *Z'amours*. « Mais qui l'a invité ? » Et voici l'humoriste Jean-Marie Bigard, venu arroser ses 62 ans avec les flics de la BRB. Il rejoint Ange Mancini, ancien du 36, ex-patron du Raid et désormais conseiller Afrique chez Bolloré, et sa compagne, l'avocate Marie-Alix Canu-Bernard. On a échappé à Gérard Depardieu, qui a failli venir avec Philippe, un ancien de la BRB – de 1986 à 1993 –, aujourd'hui en poste à Mayotte, et qui possède une maison dans le village où l'acteur produit son vin, en Anjou : « Je l'ai croisé à la boulangerie ce matin, Gérard a acheté cinq croissants. Je lui sers accessoirement de garde du corps. »

Une fête reportée deux fois à cause des attentats

Logiquement, ces 40 piges auraient dû être célébrées en janvier 2015 puisque la vieille brigade de voie publique a été transformée en BRB le 27 janvier 1975, mais les attentats ont tout endeuillé et personne n'a eu le cœur d'organiser la fête. Sur le diaporama qui accompagne le discours de la patronne, Agnès Zanardi, au deuxième étage du théâtre, à la date du 7 janvier 2015 s'affiche un panneau en lettres majuscules : « LA BRB EST CHARLIE. » Les festivités avaient alors été repoussées au… 17 novembre 2015. Le 13 Novembre, à nouveau, a tout balayé. D'autant que pour cette nouvelle vague d'attentats, la BRB s'est retrouvée en seconde ligne, juste derrière la brigade criminelle du 36, comme le prévoit le plan multi-attentats.

Plutôt habitué à la traque de voleurs de bijoux, Christian, flic au look décontracté, reste marqué par la scène de la rue de Charonne. « Quand tu passes la nuit à identifier des femmes, à les déshabiller, à les retourner pour trouver les impacts de balle, c'est terrible », confie-t-il. « Pour les hommes, c'est plus facile, car leurs papiers sont dans les poches de leur veste ou de leur blouson, mais les femmes les mettent dans leur sac à main. Ils se trouvaient loin des corps, déplacés par les pompiers. Quand tu dois prendre le doigt d'une défunte et passer son empreinte sur son iPhone pour le déverrouiller et que tu cherches dans les messages pour trouver son prénom ou son nom, que tu compares après avec des photos d'identité anciennes – elle a dû changer dix fois de coiffure depuis –, c'est éprouvant. » Enfin de retour chez lui dans la nuit, cet officier de la BRB a jeté à la poubelle ses baskets trempées de sang. Le lendemain, ce fut presque pire, lorsqu'il a découvert sur les réseaux sociaux « les visages des victimes vivantes, alors que j'avais vu ces personnes avec le masque de la mort. Dans trente ans, je m'en souviendrai encore ». Les policiers de la BRB ont laissé passer six mois avant de reprendre date pour fêter leur anniversaire. Et envisager de tous se retrouver.

« 36, c'est aussi le nombre de femmes passées à la BRB »

Ayant laissé sa parka au vestiaire, la commissaire Zanardi, en beauté dans une robe noire moulante, égrène les grandes affaires de la BRB devant le préfet de police de Paris, Michel Cadot, le directeur du 36, Christian Sainte, et son adjoint, Philippe Bugeaud. Elle rend hommage à l'ex-patronne de la BRB, Martine Monteil*, qui l'a chapeautée en 1993. « 36, c'est un chiffre important pour nous, lance Agnès Zanardi en référence au Quai des Orfèvres, mais 36, c'est aussi le nombre de femmes passées à la BRB. » La taulière souhaite « longue vie aux Rubis. Nous continuerons à briller au sein de la PJ parisienne ». Ce 17 mai, on est à la veille de la fameuse manifestation « contre la haine antiflic » organisée par le syndicat Alliance. Mais ici, personne n'en parle. On est dans le saint des saints de la police judiciaire, un univers éloigné des flics en tenue et des questions de maintien de l'ordre.

Dans l'assemblée, qui l'a écoutée évoquer les « violents hold-up ayant marqué les premières années de la BRB », se trouvent de vieux inspecteurs qui ont participé, le 27 février 1975, à la première intervention du service sur un braquage avec prise d'otages à la Société centrale de banque, à Paris. Quarante ans plus tard, les souvenirs ressurgissent. Sur des photos en noir et blanc, on les voit en jeans pattes d'eph, vestes de cuir, santiags ou pataugas, accroupis derrière des Simca garées avenue de la République, l'arme au poing, face à la banque. Deux gangsters de Belleville – dont André Bellaïche, qui deviendra chef du gang des Postiches – se sont retranchés à l'intérieur avec des clients et des employées après que l'alarme a été déclenchée par le caissier. Ce dernier sera tué par un troisième braqueur, abattu à son tour par la BRB. *In fine*, Bellaïche ne sera jamais condamné pour le braquage, faute de preuves, mais pour recel car il a bien dépensé une partie de l'argent.

Une rançon de 2 millions de francs et une Alfa Romeo

Boucle d'or, alors à la BRB, était là. Il a planqué toute la nuit devant la banque. Les deux bandits ont fini par décrocher 2 millions de francs (plus de 300 000 euros) de rançon et une Alfa Romeo pour s'échapper. Yves Héraut, qui leur a collé au train sur une moto, a été semé à Barbès, car « le bip espion qu'on avait mis sous la voiture de course des deux gars, partis avec trois otages, n'avait qu'une portée de… soixante mètres ! »

m'avait-il raconté pour *Libération*. On était loin de la puissance des balises GPS du XXIe siècle.

Au milieu de la foule, on tombe nez à nez avec un enquêteur qui revient de loin : « Patrick Ulmer. Ce grand échalas a été pris en otage par deux Postiches à l'issue de la fusillade de la rue du Docteur-Blanche, à Paris, le 14 janvier 1986. Le plan Ballon, dispositif spécifique mis en place contre le gang par la BRI et la BRB, alors dirigée par le bouillant Raymond Mertz – évidemment présent ce 17 mai au Châtelet –, a mal tourné. Lorsque les braqueurs sont sortis du Crédit lyonnais avec le butin, le commissaire Mertz a ouvert le feu. Du coup, le Postiche Bruno Berliner et l'enquêteur Jean Vrindts, dit « la Sonnette », se sont entre-tués. Son coéquipier, Patrick Ulmer, a été attrapé par un gangster en loden vert, qui lui a pointé son calibre .357 Magnum sur la tempe et a remonté la rue pour délivrer son complice, « Moumoute », menotté sur le trottoir. Loden vert a alors poussé Ulmer à l'arrière d'un véhicule de police pour s'enfuir avec Moumoute.

Allongé sur la banquette arrière, frappé à toute volée par Loden vert, Patrick Ulmer perd des dents puis sent le canon froid du revolver sur sa nuque, « le chien armé », a-t-il témoigné pour mon livre *Les Postiches* : « J'entends le déclic. Je lui dis : “Déconne pas, ça sert à rien, j'suis marié, j'ai des enfants.” Là, je pense à mon assurance. Bon, ça va, je suis bien assuré, ma femme et mes gosses seront à l'abri. » Il sera sauvé par l'apparition soudaine aux trousses des bandits de la voiture de JP Colombi, la silhouette d'*Engrenages*. Loden vert se détourne alors de son otage pour tirer sur les flics par la lunette arrière. Collé au train de la R9 de police réquisitionnée par les fugitifs, Colombi se prend des coups de calibre, lève un peu le pied et bute sur un camion qui se met en travers. « Je descends, je me dis : “Ça y est, j'suis mort”, me confiait-il en mettant les bras en croix.

Je lève la tête et je vois qu'on est… place de Colombie. » Un signe du destin.

Patrick Ulmer a cru mourir et ne s'en est jamais vraiment remis. Il a quitté la BRB pour le commissariat d'Arcachon, en Gironde, a accumulé les séances de psychothérapie, les prises de neuroleptiques et de somnifères, puis a fini par divorcer. « Mon couple a explosé », me dit-il aujourd'hui. « J'ai très mal vécu la retraite, en 2009. J'en ai eu marre, je suis parti tout seul m'isoler dans les Pyrénées : trois ans en ermite à marcher et à chasser. Si Yanick ne m'avait pas retrouvé, je serais mort. » Yanick, son amour de jeunesse, petite dame blonde à lunettes, serrée contre lui, l'a retrouvé *via* les réseaux sociaux, puis l'a arraché à sa montagne et à ses idées noires. Elle est toubib, n'a jamais été au courant, avant leurs retrouvailles, de l'enlèvement de son compagnon : « C'était le même jour que la mort de Balavoine, dont j'étais fan, alors j'étais polarisée là-dessus. » Désormais, l'ancien enquêteur de la BRB habite avec elle à 80 kilomètres de Paris, élève des poules, chasse, monte à cheval et voyage de par le monde.

La terrasse du théâtre du Châtelet, ouverte à 22 h 30, noire de monde, offre une vue sur Notre-Dame et sur la tour Saint-Jacques, et les conversations ne donnent pas toujours dans l'élégance. On se demande qui a invité cette brune gironde aux seins comme des obus : « C'est sûrement une Jamaïcaine », dit un poulet du 36. « Sud-Américaine en tout cas », rétorque son acolyte. « C'est bon de retrouver nos traditions avec les putes », relance le premier.

Gérard Simon, un vieux monsieur à barbichette poivre et sel, est l'ancien représentant du GIE, le groupement d'intérêt économique des cartes bancaires, qui, de concert avec la BRB, traçait « en temps réel les CB volées par les retraits ou achats chez des commerçants, avant les portables », selon les explications données à la soirée. Il était tellement accro à pister les escrocs des banques que sa femme l'a surpris un jour « à quatre pattes dans la salle de bains avec son fer à repasser, en train d'aplatir des cartes bancaires pour essayer de trouver comment les voleurs effaçaient les numéros pour les ré-encoder ». Plus loin, Harry, du groupe « vol à la fausse qualité », VFQ, de la BRB, discute avec Thierry, un témoin indirect de l'attentat à l'Hyper Cacher dont il a pris la déposition rue de Lutèce. Le 9 janvier 2015, ce chef d'entreprise a laissé passer devant lui sans le savoir Amedy Coulibaly, avant d'entrer dans le magasin voisin. Ayant entendu des coups de feu, Thierry, qui fait du krav maga, une technique d'autodéfense israélienne, a coursé deux types dans la rue, croyant que c'était des braqueurs qui s'enfuyaient du supermarché, puis a voulu les frapper. Avant de comprendre sa méprise.

« La terreur des pickpockets » en a coincé plus de huit mille !

Coupe de champagne à la main, des stars de la BRB causent avec la relève. Il y a ainsi François Abjean, l'ancien chef du groupe « tire », « la terreur des pickpockets » qui, en trente ans de service aux basques des dépouilleurs du métro, des marchés et des lieux touristiques, en a coincé plus de huit mille ! On trouve aussi Daniel, dit « Obélix », qui a traqué Jacques Mesrine après son évasion de la prison de la Santé, le 8 mai 1978, et a écumé « tous les campings des châteaux de la Loire » à l'été 1979, après le kidnapping d'un milliardaire sarthois. Il conclut, rigolard : « On a retrouvé le village où Mesrine et son complice venaient au bistrot jouer aux cartes avec les vieux et les gendarmes, et payaient leurs courses au supermarché avec les billets de la rançon, en vrac dans un sac plastique. » En 1980, à la BRB, qui était alors basée au cinquième étage du Quai des Orfèvres, Obélix et « Coco » Moreau* ont « failli avoir en même temps le plus jeune et le plus vieux détenu » en garde à vue. Car le filou qui volait des diamants « avec une fausse carte de poulet » et les cachait dans un fume-cigarette avait 78 ans, et la jeune femme qui ramassait les pierres que le vieux tremblotant laissait tomber était sur le point d'accoucher dans le couloir…

Quelques années plus tard, à l'étroit au 36, la BRB a dû déménager au 12 quai de Gesvres, de l'autre côté de la Seine, dans des locaux guère sécurisés. Et la catastrophe est arrivée. « Le 9 juillet 1986, la BRB a été atteinte dans sa chair », rappelle la patronne Zanardi dans son discours. « Une bombe a été placée dans les toilettes, Marcel Basdevant a été tué. Cette explosion a fait une vingtaine de blessés, dont plusieurs gravement. J'ai une pensée émue pour Paul Orsini et Armel Legras qui sont ici dans la salle. » Ces deux rescapés de justesse suscitent le respect de la jeune génération de poulets de la BRB. À commencer par « Chris PJ » qui, sur son blog, « Police de caractère », a posté le 16 mai un long article sur cet attentat commis par Max Frérot, de la branche lyonnaise d'Action directe. « Plus précisément le commando Loïc Lefebvre », du nom d'un automobiliste tué par des policiers quelques jours auparavant. « Frérot, désireux de se venger, voulait frapper la préfecture de police. Il a profité de sa formation d'artificier, ayant fait ses classes au 1er RPIMa, et a lui-même posé la charge » de 10 kilos d'explosifs dans les WC. Soucieux de la mémoire de la brigade, Chris PJ demande que la salle Marcel-Basdevant soit transposée dans les futurs locaux de la PJ aux Batignolles : « Il ne faut jamais oublier. » C'est après la déflagration quai de Gesvres que la BRB a emménagé au 3 rue de Lutèce, il y a trente ans. Pour fêter les 40 ans, le jeune brigadier Chris PJ, un peu enrobé, expert ès logiciels de téléphonie et réseaux sociaux, a troqué ses tee-shirts improbables pour une chemise crème et s'éclate sur la piste de danse.

Il collectionne les carapaces de tortues, de crocodiles, de varans…

Sur le perron, le trapu Titi Brasseur, incarné par Francis Renaud dans le *36 quai des Orfèvres* d'Olivier Marchal, disparaît au milieu d'un groupe compact. « Révoqué pour rien dans l'affaire Féval » au milieu des années 1990, « pour une trace de cocaïne vieille de six mois », comme il le prétend, ce flic à l'ancienne reste une figure de la BRB. Reconverti dans la sécurité du cinéma, Titi se prénomme en réalité Jean-Philippe. « Mais un jour qu'on arrêtait un certain Titi Auffray dans un bar, un biturin a vu que je portais les mêmes pompes que lui, des santiags, et ça fait quarante-cinq ans qu'on m'a donné ce surnom. » À la retraite, il collectionne les carapaces de tortues, de crocodiles, de varans, de tatous... et même une tête d'impala. Il continue à fréquenter des poulets et les milieux interlopes. C'est lui qui a invité Bigard, mais aussi Fratellini.

Le très smart Pascal Fratellini, en costume trois-pièces Tom Ford (le même que celui de James Bond) gris-bleu, assorti à ses yeux, est le taulier du plus gros club de strip-tease de la capitale, le Penthouse Club (ex-Hustler), rue de Berri, à côté des Champs-Élysées. Ce descendant de la célèbre famille italienne du cirque[1], qui a commencé la nuit « en 1978, comme rabatteur à Pigalle », fréquente « les pointures des deux côtés », dit-il. « Les grands poulets comme les grands voyous. J'aime les gens qui excellent dans leur domaine. Un jour, je peux être invité à un mariage ou à un anniversaire du milieu et le lendemain au pot de départ à la retraite d'un préfet de police. »

À le voir ici à tu et à toi avec les chasseurs de bandits, on pourrait le soupçonner de rencarder les condés sur sa clientèle qui vient voir les filles s'effeuiller. Du haut de son port altier, Pascal Fratellini nous assure que non, qu'il côtoie les deux camps « en toute transparence ». « Jamais je n'ai demandé un service. Jamais je n'ai basculé, ni d'un côté ni de l'autre. Je travaille, c'est tout. » Sinon, le patron de clubs très privés n'aurait pas

1. Pascal est l'arrière-petit-fils de François Fratellini, l'élégant clown blanc du trio de frères italiens qui, avec Luigi et Paolo, a percé dans les années 1920 et est devenu mondialement célèbre.

tenu aussi longtemps dans le métier. Un brin nostalgique, ce roi des nuits parisiennes croit encore à un code d'honneur et préfère « les hommes qui vivent selon des règles, plus que selon les lois ». « Pour moi, une poignée de main, ça compte ! Et quand je vois qu'aujourd'hui on emmerde les flics quand ils ont été aperçus en train de boire une bouteille de champ' avec des voyous, je ne comprends plus… » Il a bien l'impression que l'époque « des grands flics et des grands voyous » est en train de disparaître. En tout cas, Pascal Fratellini, en bon funambule, continue à s'encanailler avec ses potes hors la loi, mais aussi avec les redresseurs de torts, même quand les seconds ont attrapé les premiers : « Mon ami Doudou, tombé pour le casse de la bijouterie Harry Winston, je vais le voir en prison et je connais les flics qui l'ont serré et qui, d'ailleurs, sont là ce soir. »

« Dans l'eau savonneuse trois paires de boucles d'oreilles et dix-neuf bagues »

En effet, les gars des enquêtes générales[2], dont l'ex-capitaine Hervé Conan – devenu commandant –, qui trinquent aux 40 ans de la BRB, ont redressé ledit Doudou pour le braquage de la joaillerie Harry Winston, et ont même désossé sa maison à Pavillons-sous-Bois en Seine-Saint-Denis. « Une de nos plus belles affaires », siffle un Rubis du groupe. Le 4 décembre 2008, quatre hommes armés – dont trois déguisés en femmes – ont franchi le double sas de la bijouterie des stars avenue Montaigne dans le VIIIe arrondissement de Paris, puis ont raflé en quinze minutes pour 85 millions de dollars de butin. Mais ces voleurs très bien renseignés ont commis une erreur : ils ont oublié sur place un sac de pieds-de-biche et de menottes Serflex qui a livré l'ADN d'un certain Douadi Y., *alias* « Doudou », un malfaiteur notoire.

2. Raynal Pellicer et Titwane ont fait une immersion dans leur équipe, en 2012, pour réaliser un beau livre illustré, *Enquêtes générales*, aux éditions de La Martinière.

Surveillé, écouté, filoché, ce chômeur officiel qui possède un café, un hôtel et une entreprise de maçonnerie se montre archi-prudent, sauf au volant de sa Jaguar – piégée par un micro –, où il se lâche, évoquant entre autres des « carats » à fourguer, poursuit le Rubis enquêteur. Après l'écoulement d'un lot de trente-neuf bagues, le 21 juin 2009, la BRB démantèle l'équipe et retrouve chez ce cerveau supposé des liasses de billets de banque. Mais comme Doudou ne passe pas aux aveux et refuse d'indiquer ses cachettes aménagées un peu partout dans sa villa, les flics reviennent à plusieurs reprises abattre des cloisons, défoncer des pièces… et finissent par mettre la main sur des bijoux. Las, il en manque un tiers. Sur une écoute de son entourage, une allusion à « du ciment », « un égout » ou « une gouttière » met la puce à l'oreille de la BRB. Hervé Conan raconte que la BRB retourne alors pour une cinquième perquisition chez Doudou, à « une dizaine de poulets et des magistrats, avec des masses et des marteaux-piqueurs pour percer le ciment » sous une grille d'évacuation d'eau dans son jardin. « On creuse une heure. Puis on voit apparaître, enterré dans le béton, une espèce de flacon en plastique de savon, un Pouss'mousse jaune. On l'ouvre et on voit flotter dans l'eau savonneuse trois paires de boucles d'oreilles et dix-neuf bagues. Pour vingt millions de dollars de bijoux, dont le fameux Youcouncoun de 31 carats. Là, on se dit : “Bien joué !” » Des dénouements pareils, la récompense au bout de mois de surveillance aride, c'est ce qui tient les PJistes de la BRB.

12
Crin blanc et ses tuyaux

Accent traînant de titi parisien, santiags de cow-boy et costume de dandy, le commissaire Philippe Féval, surnommé Crin blanc en raison de la couleur de ses cheveux, assure la permanence à la 5e brigade territoriale, le 9 mars 1987, lorsqu'une fusillade éclate place du Panthéon, à Paris. À 3 heures du matin, trois jeunes gens tirent sur une patrouille de police, s'enfuient en voiture, sont rattrapés place d'Italie et ramenés au poste, boulevard de l'Hôpital. Philippe Féval interroge Édouard, 23 ans, rejeton du prince Louis de Faucigny-Lucinge, ancien préfet de l'Orne devenu trésorier-payeur général. Ce garçon en blazer bleu, censé plancher à Sciences po, lui avoue trois vols à main armée, déjà commis avec ses deux amis étudiants, l'un en philosophie, l'autre en économie : un hôtel, une armurerie et une bijouterie.

Crin blanc, lui-même fils de bonne famille, débride ce galopin de la haute société : « Édouard me raconte qu'ils avaient besoin d'un uniforme de gardien de la paix et sont allés au domicile de Laurent Fabius [tout juste ex-Premier ministre] au Panthéon pour buter un flicard de faction et lui voler sa tenue. » Dans quel but ? Édouard finit par tout déballer. « Déguisés en policiers, poursuit Crin blanc pour Les Jours, les trois voulaient enlever Charlotte Gainsbourg à la sortie de son école dans le XVIe, et réclamer à son père cinq millions de francs. Ils avaient fait des repérages devant le lycée, trouvé une maison de campagne et même acheté des pelles pour l'enterrer. »

Le rapt avorté de Charlotte Gainsbourg

Le commissaire Féval part immédiatement prévenir Jane Birkin pour protéger sa fille de 16 ans et s'apprête à aller chez Gainsbourg. « Mais Jane Birkin me dit : "Attention, Serge est très fragile en ce moment." » Le flic prend des pincettes pour annoncer au chanteur l'affreuse histoire qui a failli arriver à Charlotte. « Finalement, Gainsbourg encaisse bien le coup » et remercie chaleureusement le poulet. Et bientôt, dans *France Dimanche*, félicite toute la volaille : « Bravo les flics ! » Le journal publie une photo, prise rue de Verneuil, de Serge Gainsbourg qui, accompagné de Philippe Féval, se rend au commissariat pour porter plainte. Les deux personnages, *borderline* chacun dans leur genre, deviennent évidemment potes.

Le commissaire essuie en revanche les menaces de Faucigny-Lucinge père, un ami de Giscard d'Estaing, qui, un jour, lui lance : « J'aurai votre peau. » Plus compréhensif, son fils Édouard lui adresse une lettre depuis sa détention : « C'est affreux, quand je suis arrivé, j'ai lavé le sol de toute ma cellule. Si j'avais su que le temps passe si lentement ici, j'aurais nettoyé un seul carreau chaque jour. » Six ans plus tard, Philippe Féval repensera à ces mots qui l'ont frappé. « Mais j'étais à mille lieues de me douter que j'irais un jour, moi aussi, en prison. »

Féval dans le décor des *Tontons flingueurs*

Descendant du romancier de cape et d'épée Paul Féval, auteur au XIXe siècle des *Mystères de Londres*, du *Bossu* et des *Habits noirs*, Philippe Féval est né, juste après la guerre, d'un colonel de carrière et d'une grande bourgeoise. Il est petit dernier de quatre garçons, un peu « le dilettante » de la famille, me dit-il en rigolant. « J'avais traîné dans mes études jusqu'à 29 ans. Les affaires étrangères m'intéressaient, mais j'ai échoué lamentablement au concours de l'ENA. » Il décide de passer le concours de commissaire, « un peu comme un jeu ». « Ça m'amusait d'entrer dans la police, mal vue par les jeunes post-soixante-huitards, mal payée à l'époque. Pour me rendre utile, pas pour rester dans un bureau, mais pour chasser les bandits sur le terrain. » Attablé devant un tajine dans un petit resto du marché d'Aligre, dans le XIIe arrondissement de Paris, Philippe Féval, réservé et pudique, ne voit pas trop pourquoi je m'intéresse à lui pour ces « Chroniques du 36 » : « Il n'y a pas de personnage plus important que moi ? » demande-t-il. Finalement, ce personnage de roman a accepté de raconter son histoire en exclusivité pour Les Jours. Modeste, pas causant, mais pince-sans-rire, ce retraité de la police de 69 ans, éternel célibataire et sans enfants, a appris au contact du milieu à ne pas trop parler et à ne pas la ramener. Il n'empêche que ce chevalier des nuits parisiennes et des rades de banlieue s'encanaillait avec les bandits et ramenait des tuyaux en or au 36.

Sur les bancs de l'école communale de Vincennes, Philippe Féval rencontre à 10 ans un camarade de classe, appelé le P'tit Mimi, qui est le fils d'un tenancier de bar kabyle de Montreuil et qui parie déjà du pognon à la passe anglaise[1] avant d'opter pour la rapine et la pince-monseigneur. Six mois de maison de redressement. Inventif, le voleur découpe les feuilles bleues transparentes de mica qui servent à isoler les poêles à charbon et les colle à la place des trous de sa cagoule pour dérouter les victimes. Il tombe parfois sur des « condés en capeline avec leurs vieux fourgons Citroën qui n'y vont pas de main morte ». Pendant que Fifi Féval essaie de ne pas trop sécher les cours au lycée, son copain P'tit Mimi s'acoquine avec Jean-Pierre Lepape, fils unique d'un fabricant de chaussures de Belleville à Paris, ayant plaqué le collège à 14 ans, soi-disant pour reprendre l'atelier de son père… Ils s'éloignent. Quand Philippe Féval décide de rejoindre le

1. Un jeu d'argent prisé des voyous, qui se joue avec deux dés et des jetons.

camp d'en face, la police, son pré-stage a lieu au commissariat de Vincennes, que le Bowling de la Matène de Fontenay-sous-Bois, dans le Val-de-Marne, appelle « sans arrêt pour des histoires avec des petits casseurs et des voyous ». Dans cette boîte, la première à l'extérieur de Paris, qui servit de décor aux mythiques *Tontons flingueurs* de Georges Lautner en 1963, le poulet Féval renoue avec P'tit Mimi et « toute l'équipe de Montreuil : Lepape *and co* » qui deviendront des braqueurs hors pair, du gang des Postiches et de la bande à Titi Pelletier. Il croise aussi des bandits de la banlieue sud de Paris ou Stéphane Ley, futur pionnier de la Dream Team, les premiers attaquants de fourgons blindés. Avec son air de ne pas y toucher et ses costumes griffés aussi *smart* que les sapes des mauvais garçons, le commissaire n'a pas son pareil pour glaner des confidences qui vont bien lui servir dans le métier. « C'était une façon de précéder l'action des voyous, cela permettait d'arrêter des équipes en flagrant délit à une époque où il existait un milieu constitué, et pas de moyens techniques : peu d'écoutes, pas d'ADN ni de portable ou de géolocalisation. »

À la sortie de l'école des commissaires, en 1978, Philippe Féval est reçu au 36 par le directeur pour son intronisation à la 4e brigade territoriale (BT) de la PJ de Paris. Mais ça ne lui fait ni chaud ni froid. Le novice écoute avec ennui « le baratin du patron ». « J'ai toujours respecté la hiérarchie mais je n'ai jamais aimé les cérémonies, les choses conventionnelles et faux-cul », admet-il face à son tajine. Indiscipliné et potache, Crin blanc s'affranchit parfois des règles ou des ordres de son taulier, comme lorsque l'un d'eux lui interdit de venir au travail à bord de sa bagnole de sport, un Buggy vert pailleté. Et lorsqu'un jeune Gitan coincé pour un cambriolage le supplie de le laisser veiller toute la nuit le corps de son père, tout juste décédé, le *gadjo* Féval accepte de reporter l'arrestation au lendemain matin, en échange de la parole d'honneur du monte-en-l'air.

Le commissaire, qui défaille devant les piqûres, n'échappe pas « au ramassage des morceaux de corps sous un métro » ou à des scènes de crime assez glauques. Plus souvent dehors qu'au bureau, l'oiseau de nuit rallie de précieux tontons au Montana, au Bilboquet, Chez Edgar, au Back Street ou Chez Régine, sur les terres du grand banditisme et du show-biz. Ainsi, Philippe Féval se retrouve à dîner à côté de Romy Schneider qui noie son chagrin dans l'alcool, lors d'une soirée « dans l'ancienne boîte de Dani sur les Champs ». « Mais de voir en vrai cette icône dans cet état, cela m'a déçu et chagriné. C'était peu de temps avant sa mort », le 29 mai 1982.

Retrouver Mélodie

Dépêché à Bobigny, en Seine-Saint-Denis, en 1983, comme chef du groupe de répression du banditisme, le commissaire choisit « un flic arabe, un juif, un black » pour monter, avant l'heure, « un groupe multiculturel qui passe bien » et qu'il baptise Les Zombies, afin d'appâter et d'attraper les dealers. Son pote acteur Yves Régnier s'en inspirera pour réaliser un énième épisode de sa série *Commissaire Moulin*, en 1992. Indépendant et couche-tard, Féval continue à traîner la nuit et à turbiner au champagne dans les boîtes, surtout au Rock and Roll Circus, à côté de l'Olympia, où de « beaux voyous » paient en « billets de 500 francs ».

Flic d'abord, le voilà au vestiaire qui fouille, une nuit, dans les poches de la veste de Jean-Pierre Lepape. Il examine ses papiers et note l'immatriculation de sa voiture. Le lendemain, au service, il pianote le numéro de la BMW de Lepape sur le fichier : « Bingo, cette plaque sort sur un braquage. » Il refile le tuyau à ses collègues de la 4e BT qui suivent l'affaire. Pas du genre à croupir au bureau, Féval repart vers d'autres rendez-vous nocturnes.

Après un passage à la 5e BT, il est promu au 36, comme numéro 2 de l'Antigang. Un service à sa main où les flics bossent « d'initiative » à la chasse aux bandits et ne font pas de procédure – c'est la BRB ou la Crim' qui s'en chargent. Idéal pour Féval qui se met à pister une équipe de la banlieue sud, de mèche avec un Arabe qui tient un bistrot à Paris, rue de la Montagne-Sainte-Geneviève. Ces types-là mijotent un sale coup. « Ils se donnent toujours rendez-vous à Fontenay-sous-Bois, d'où ils appellent d'une cabine publique. Je la fais brancher. Ces gars téléphonent en Espagne. Et un jour, je comprends sur l'écoute qu'ils sont en cheville avec des copains liés au rapt de la petite Mélodie. »

La gamine de 4 ans, fille du milliardaire libanais Raymond Nakachian et de la chanteuse sud-coréenne Kimera, a été kidnappée le 9 novembre 1987 sur le chemin de l'école, à Marbella en Espagne, par cinq hommes qui réclament une rançon de 13 millions de dollars, avant de la baisser à 5. L'histoire émeut le monde entier, les gens manifestent à Malaga et les télévisions de plusieurs pays diffusent l'appel de la princesse Kimera, lunettes fumées et sanglots dans la voix, qui implore les ravisseurs : « Rendez-moi ma fille pour l'amour de Dieu, s'il vous plaît. » On voit aussi la petite Mélodie sur une cassette vidéo demander à son papa de la sauver. Voilà huit jours qu'elle est séquestrée, mais son père refuse de payer les 5 millions de dollars, avant de négocier la réduction du tarif à 1 million. À la BRI, quand les complices des kidnappeurs « apparaissent sur l'écoute non officielle », le commissaire Féval avertit le parquet de Paris qui ouvre aussitôt un dossier pour association de malfaiteurs, puis part illico avec un collègue de l'Office central de répression du banditisme dans le sud de l'Espagne. « On donne aux policiers espagnols toutes les indications sur l'appel qui aboutit sur un numéro à Estepona. » Ce qui permet aux flics locaux de mieux cerner la zone où l'otage doit se trouver. En explorant ce coin-là, les policiers espagnols mettent la main sur le portefeuille d'un malfaiteur avec le brouillon de la demande de rançon qu'une passante a découvert dans la rue. Féval participe ainsi à l'arrestation du gang franco-espagnol et à la libération de l'enfant. Le cerveau était un Français basé sur la Costa del Sol, Jean-Pierre S., dont la fille était la meilleure copine de classe maternelle de la petite Nakachian. Le soir même, à la Villa Mélodie, son père organise une soirée somptueuse pour remercier les flics espagnols et français du dénouement de l'enquête et pose pour les photographes avec sa fille dans les bras, à côté de sa femme Kimera et… de Philippe Féval.

L'Antigang à l'ancienne

Patron *bis* de l'Antigang, le commissaire étoffe son carnet d'adresses et accumule les indics, que les flics gèrent à l'époque « à la *one again*[2] », avec la bénédiction de la justice. « Ce n'était pas encadré comme aujourd'hui, on pouvait fermer les yeux sur des petites infractions commises par nos tontons et faire sauter les PV en échange de renseignements. J'avais un très bon informateur interdit de séjour en région parisienne : j'ai réglé ça avec un magistrat. C'était un échange de services : tu me donnes une info, je t'arrange le coup. » La BRI multiplie les interpellations grâce aux tuyaux de Féval, accro à « l'adrénaline du flag' ». Habitué du très sélect restaurant Chez Edgar, rue Marbeuf, à côté des Champs-Élysées, le commissaire côtoie le gratin du banditisme, comme « François le Grec », ex-porte-flingue des frères Zemour, ou l'escroc de haut vol Dominique Sopoglian.

Philippe Féval continue à fréquenter Serge Gainsbourg. « Je le trouvais très bien élevé et gentil quand il était lucide, avec une faculté de récupération incroyable par rapport à l'alcool. » Et généreux aussi : « Un jour, dans un bar face à la Comédie-Française, je n'avais plus de feu pour allumer ma cigarette :

2. De façon improbable ou incohérente, selon une expression inventée dans les années 1980.

Serge est allé au tabac d'à côté m'acheter un briquet Dupont. » À la fin de l'année 1989, lorsque Gainsbourg se présente au 36 pour se plaindre au patron de la brigade des stups[3], Féval l'invite « à monter boire un coup à la BRI ». Puis, en 1990, Féval le voit décliner et se comporter en Gainsbarre lors d'un dîner chez Edgar : « Il a brûlé un billet de 500 balles et fait mine de cramer le manteau de fourrure de la dame chic à côté de nous, ça m'a fait pitié. » Le directeur du 36, ayant eu vent de cette soirée, a convoqué Féval et lui a passé un savon. Mais le numéro 2 de l'Antigang de Paris se fiche des remontrances. Concentré sur la traque des pionniers de la Dream Team, l'équipe de rêve de Crutel, Grangeon et Ley, il participe aux réunions du bureau de liaison des chefs des BRI du pays, dont le commissaire Neyret de Lyon : « De tous les mecs des BRI et services de PJ de province, un seul m'a époustouflé : Michel Neyret. Il était toujours au courant de tout sur le milieu et ramenait plein de tuyaux sur les Lyonnais, c'était un superflic. »

Un coup de vente parfaitement illégal

Habitué du restaurant Les Muses, rue Saint-Honoré à Paris, qui sert de cantine à des poulets du 36, des employés de banque et des conseillers d'État, Féval pactise avec son tenancier, Roland Plégat, un ancien braqueur devenu son tonton en 1982. Le commissaire s'intéresse d'autant plus à ce bistrotier auvergnat bien renseigné sur le milieu qu'il vient de passer numéro 2 de la BRB. À la tâche de l'aube à la fermeture, Plégat ouvre les huîtres, sert les clients, et paraît rangé des voitures. Mais « pas complètement naïf », Crin blanc sait pertinemment que son indic n'est pas un enfant de chœur : « Un informateur est toujours un malfaisant, sinon comment serait-il au courant d'infractions ? » rappelle-t-il lors de notre entretien. Cependant, quand Plégat lui annonce

3. Voir, *supra*, p. 79.

la proposition de deux vendeurs de cocaïne sud-américains venus aux Muses – 20 kilos de cocaïne à 100 000 francs –, le commissaire ne se doute pas que Roland puisse trafiquer dans la came. En tout cas, son tonton vient de lui donner une belle affaire. Aussi, le 23 juillet 1992, à la sortie du rendez-vous fixé par Plégat aux deux grossistes, Franco et Carlos, le commissaire les prend en filature avec ses gars de la BRB pour essayer de les arrêter avec la drogue. Mais à l'hôtel Concorde-Lafayette où les deux viennent d'entrer, Féval apprend du chef de la sécurité que « leur chambre est louée par des collègues de l'Office des stups ». Féval comprend que les frères ennemis de l'Office central pour la répression du trafic illicite de stupéfiants (OCRTIS) sont « en train de monter un chantier déloyal à [s]on tonton pour le piéger par un coup de vente[4] totalement illégal ». Furieux, le commissaire Féval retourne déjeuner aux Muses et décide d'avertir Plégat de ce pataquès.

« Une erreur » de taille qui va lui coûter cher. Après ce repas, le commissaire Farrugia, de l'OCRTIS, le convie à une réunion et lui annonce que Les Muses et Plégat sont « l'objectif » principal d'une enquête. Féval ne moufte pas sur son très récent contact avec Plégat : « Pourquoi l'Office des stups n'a jamais signalé son objectif depuis quatre mois de surveillance ? » Dès le lendemain de sa confidence à son tonton, les écoutes de l'OCRTIS ne donnent évidemment plus rien. Dans son dos, Plégat, qui trempe effectivement dans le business de la drogue, réorganise avec ses complices le trafic en se lançant dans l'importation de cannabis

4. La loi interdit aux policiers de faire de la provocation ou de l'incitation au trafic en essayant de vendre de la drogue à des voyous pour les piéger. Seuls les coups d'achat sont autorisés. Comme le groupe des Zombies monté par le commissaire Féval à Bobigny, les policiers ont le droit de se déguiser en toxicomanes ou en acheteurs pour s'approvisionner auprès de dealers ou de trafiquants afin de les arrêter en flagrant délit lors de la transaction.

du Maroc. Philippe Féval le découvre à ses dépens un an plus tard, en juin 1993, lorsque le réseau est démantelé. Crin blanc est également arrêté, placé en garde à vue, inculpé de « complicité de trafic de stupéfiants » pour des renseignements fournis à Plégat. Face au juge Jean-François Ricard, le commissaire soit « chique [ment] comme un voyou », soit se tait. Peu disert – comme à son habitude –, Philippe Féval jure en effet sur procès-verbal qu'il n'a pas mis Roland Plégat au courant et en dit le moins possible au magistrat. Encore « une erreur », me confie Féval…. Ricard ne supporte pas « cette attitude de voyou » et l'envoie en prison.

Le flamboyant commissaire se retrouve donc au trou à Fresnes, au-dessus des QHS [quartier de haute sécurité], dans une cellule de 9 mètres carrés. « Alors, j'ai repensé à la lettre d'Édouard de Faucigny-Lucinge reçue six ans plus tôt et aux carreaux de la cellule qu'il ne fallait pas nettoyer tous le même jour… » Protégé « à l'isolement », Philippe Féval est toutefois envoyé à la douche avec les autres détenus, dont certains bandits arrêtés grâce à ses tuyaux. « Par chance, ils connaissent mon nom mais pas mon visage. Je me suis plaint au maton : "Ce n'est pas très judicieux de me mélanger à eux." » Par la suite, il a eu le droit de se laver seul, sans les taulards du camp adverse. Au bout de deux mois, le juge Ricard l'a remis en liberté. Mais l'appel du Parquet l'a renvoyé deux semaines à la Santé en avril 1994. « Ça m'a fait drôle d'arriver en tant que détenu dans cette maison d'arrêt où j'étais intervenu avec la BRI en 1988 sur des forcenés montés sur les toits et qui balançaient des tuiles. On avait négocié toute une nuit. »

À la Santé, il croise Paul Touvier et le Dr Garretta

Au quartier VIP, le commissaire croise un ancien boxeur professionnel qu'il avait serré à la BRB. « Il m'a chopé. Il s'est plaint d'avoir été maltraité à la BRB et voulait marquer le coup. J'ai discuté tranquillement avec lui car là, on était dans la même galère, et ça l'a calmé. Sinon, ce colosse m'aurait dézingué. » Parmi les galériens de l'aile réservée aux VIP, Paul Touvier, l'ancien chef de la milice de Lyon en 1944, condamné pour crimes contre l'humanité, « prostré dans son coin », et le Dr Michel Garretta, ex-directeur du Centre national de transfusion sanguine compromis dans les magouilles du sang contaminé, qui fait de la gym et de la muscu avec Philippe Féval. « On tirait sur l'élastique du rameur ensemble en bavardant. »

Finalement relâché mais suspendu de ses fonctions, Philippe Féval attend avec impatience son procès pour tout balancer. Le 5 juin 1996, libre à la barre, le prévenu dénonce le piège déloyal tendu par l'Office des stups à son tonton. « À ce moment-là, je n'ai strictement aucune raison d'imaginer que Plégat peut être un trafiquant. Depuis 1982, il n'y a jamais eu ni rapport de PJ, ni rumeur, ni fiche, ni renseignement sur le fait qu'il pouvait avoir repris une activité délictueuse », assure Philippe Féval. La présidente le tacle : « Avec votre compte rendu de filature à Plégat, vous choisissez de casser une affaire sur 20 kilos de cocaïne ? » Féval rétorque avec aplomb : « Non, je casse une affaire truquée, bien sûr. »

Le commissaire porte l'estocade : « C'était un coup de vente de l'OCRTIS avec Franco et Carlos, une manière de vérifier rapidement un renseignement sur Plégat en essayant de fourguer 20 kilos de came. C'est une technique illégale qui permet tous les dérapages. Dans un coup d'achat, vous avez en face de vrais trafiquants. Avec une opération de vente hors la loi, vous risquez d'envoyer en prison pour de longues années des gens peut-être pas de grande moralité, mais qui ne sont pas forcément des trafiquants internationaux. » La 16e chambre correctionnelle, habituée à juger certains réseaux de l'OCRTIS, tombés grâce aux incitations au trafic de Carlos et Franco, l'a condamné à quatre ans de prison ferme, « avec mandat d'arrêt à la barre ». Retour en prison pour seize mois, à Fleury-Mérogis.

Le poulet déchu sort toujours avec ses copains flics… et son copain voyou

Fataliste, Philippe Féval s'étonne lui-même d'avoir plutôt bien supporté la détention, « sans crise ou dépression, pas un seul calmant ou tranquillisant. Je me disais : "Ça pourrait être pire, si tu étais sur un lit d'hôpital atteint d'un cancer." » Ses pairs du 36 – Jean-Marc Bloch, Frédéric Péchenard, Christian Flaesch et d'autres – le soutiennent et se succèdent au parloir. C'est le détenu qui leur remonte le moral. Il veut tenir le coup « pour l'image ». En appel, sa peine a été ramenée à trois ans et demi de prison. En 1998, la police l'a révoqué, puis réintégré en 2010.

Mais Philippe Féval n'a pas voulu redevenir commissaire. Il a bossé dans le conseil et la formation pour plusieurs grands groupes – Veolia, Eiffage, EDF – et vient de prendre sa retraite. Toujours à Vincennes, le poulet déchu promène son chien, voyage beaucoup et sort toujours avec ses copains flics… et son copain voyou P'tit Mimi. Lorsque le commissaire Neyret a chuté à l'automne 2011, Philippe Féval lui a écrit à la Santé « un petit mot pour le soutenir dans ces moments difficiles, quoi qu'il ait fait ». Il a dîné avec lui un soir de mai pendant son procès à Paris mais ça l'ennuie de trahir le fond de sa pensée sur son ancien alter ego de la BRI de Lyon. Il lâche juste, laconique : « La connerie, c'est d'avoir accepté une montre en or. C'est difficile quand on travaille comme ça avec des indics de ne pas se laisser embarquer. »

13
Les frères poulets dans la panade

C'est une bande de potes, de grands poulets de droite ayant basculé dans le privé, qui se retrouvent aux dîners de la Poularde, dans des congrès sur la sécurité, dans les salons Ricard pour des pots et, pour certains, dans le jury du prix du Quai des Orfèvres. Ces grands flics passés dans le camp de la Sarkozie se rendent des services, se refilent des tuyaux, entretiennent des réseaux entre police, politique et monde économique. Eux appellent ça du « délit d'amitié ». Mais la justice ne voit pas tout à fait les choses ainsi.

C'est ainsi que Christian Flaesch, 59 ans, l'ancien directeur du 36 – *alias* « la Fléchette » ou « le Loulou de Poméranie » pour les vieux de la vieille –, s'est retrouvé trente-six heures en garde à vue, a eu son domicile perquisitionné, avant d'être mis en examen pour violation du secret de l'enquête et entrave aux investigations, le 6 octobre 2016. Tout ça pour un pauvre SMS de rien du tout – à en croire ses dires aux bœuf-carottes de l'IGPN – à son copain Bernard Squarcini, 60 ans, dit « le Squale ». Le 28 septembre 2016, ce dernier a été mis en examen pour violation du secret de l'instruction, trafic d'influence et détournement de fonds publics.

Bernard Squarcini, évincé de la DCRI

Ce Corse à la bouille ronde et joviale, rusé comme un renard, a l'impression de « servir la France » depuis ses débuts aux

RG en 1981, puis aux commandes de la DCRI, la machine de guerre contre le terrorisme créée en 2008 par Nicolas Sarkozy, alors président de la République. Il n'a pas compris pourquoi le nouveau pouvoir socialiste l'a évincé en mai 2012, le considérant comme « l'homme des basses œuvres de la Sarkozie ». Dépité, carbonisé, écarté des services officiels, le Squale monte sa boîte de consultant en intelligence économique, Kyrnos (le nom que les Grecs anciens donnaient à la Corse). Connu comme le loup blanc, Bernard Squarcini met alors son volumineux carnet d'adresses au service de prestigieux clients : Gallice, qui protège des expatriés du CAC 40 en Afrique, le cigarettier américain Philip Morris ou encore le fabricant de sacs à main et de produits de luxe LVMH, officiellement pour lutter contre les contrefaçons. En 2012, le PDG de ce groupe, Bernard Arnault, intime de Nicolas Sarkozy – il faisait partie des invités du Fouquet's le soir de sa victoire présidentielle –, est visé par une plainte de son concurrent, Hermès, qui lui reproche une entrée en catimini dans son capital. Le patron de Kyrnos est donc chargé de partir aux nouvelles. C'est son job. Le Squale sollicite la Fléchette. Car c'est lui qui chapeaute la police judiciaire parisienne et, par conséquent, l'enquête de la brigade financière déclenchée par la plainte d'Hermès.

Selon les révélations du *Monde*, Flaesch a donc informé Squarcini par SMS le 2 avril 2013 de l'état de l'enquête préliminaire qui vient d'être renvoyée au parquet de Paris. Christian explique à Bernard que le procureur va ouvrir une information judiciaire et lui résume ce que la brigade financière reproche à LVMH. Le Squale s'empresse de transférer le SMS à deux hauts cadres du groupe de luxe. Les deux flics ne se doutent pas un seul instant que la ligne de l'ex-patron du renseignement intérieur (DCRI) est branchée. L'Office central de lutte contre la corruption et les infractions financières et fiscales a en effet placé une interception de sécurité sur le portable de Squarcini en mars et avril 2013 dans le cadre d'une autre enquête, celle concernant l'intermédiaire Ziad Takieddine, revenu de Libye en mars 2011 avec 1,5 million d'euros en espèces, non déclarés. Ce manque de précautions pour de grands flics rompus aux écoutes et aux examens de facdet démontre soit une « inconscience du danger », comme dit Patrick Riou, ancien patron de la Crim', du 36 puis de la PJ nationale, ou un sentiment d'impunité : « Peut-être partent-ils du principe qu'ils n'oseront pas les surveiller. Ou, si c'est le cas, qu'ils seront prévenus par des collègues. Et puis tout le monde n'a pas les moyens de s'appeler "Bismuth". » Référence au pseudonyme de Sarkozy pour converser sur un téléphone dédié.

Christian Flaesch a prévenu Brice Hortefeux

À cette époque, Christian Flaesch n'avait pas encore été échaudé par ses coups de fil à Brice Hortefeux. En novembre 2013, le directeur du 36 a en effet appelé son ancien ministre de l'Intérieur (de 2009 à 2011) pour le prévenir de son audition comme témoin sur le financement libyen de la campagne présidentielle de Nicolas Sarkozy en 2007. Un dossier pour « faux » est ouvert sur une plainte de l'ancien chef de l'État lui-même contre un document publié par Mediapart. Christian Flaesch a pris l'initiative d'aviser Brice Hortefeux de sa convocation, comme certains responsables de PJ le pratiquent pour des personnalités ou anciens ministres, à condition que ce ne soit pas des suspects visés. La Fléchette l'a déjà fait pour Jack Lang[1], par exemple.

Mais cette fois, Flaesch va plus loin. Il appelle trois fois Brice Hortefeux. D'abord pour l'avertir que les policiers vont l'entendre.

1. D'après RTL, l'ex-ministre de la Culture a été entendu comme témoin par la brigade de protection des mineurs en novembre 2012. Une audition qui a eu lieu dans le cadre de l'enquête sur les déclarations en 2011 de l'ex-ministre de l'Éducation nationale, Luc Ferry, qui avait affirmé qu'un « ancien ministre » s'était fait coincer au Maroc « dans une partouze avec des petits garçons ».

Puis pour lui conseiller d'apporter ses agendas afin de prouver qu'il n'est pas allé en Libye. Enfin pour l'informer que c'est finalement le juge René Cros qui va l'entendre comme témoin. Mais le ton presque badin de la conversation – les deux vieux copains évoquent d'ailleurs un ami commun, le sénateur LR de Paris, Pierre Charon – va agacer les juges destinataires de ces écoutes. Et la fin va les ulcérer, car Flaesch précise à Hortefeux que ce n'est pas la peine de faire état de cet entretien au juge lors de son audition. Si pénalement aucun délit n'a été retenu contre Flaesch, moralement et déontologiquement, c'est une faute. Que le procureur ne manquera pas de lui reprocher. Et dont le nouveau ministre de l'Intérieur, Manuel Valls, tirera les conséquences en l'éjectant de la PJ parisienne à la fin de l'année 2013.

Un prétendu complot contre DSK

C'est ainsi qu'à son tour Christian Flaesch a rejoint au printemps 2014 le club des ex-grands flics de droite – évincés ou retraités – partis s'occuper dans des groupes privés et argentés. Le voilà directeur de la sécurité de l'hôtelier Accor. Un poste occupé quelques années par René-Georges Querry, dit « Jo », ancien brillant cow-boy de l'Antigang passé au service de protection des hautes personnalités, puis reconverti chez Accor, puis chez Vincent Bolloré pour les Autolib, et enfin chez Casino. Entre copains, là encore, c'est Jo Querry avec sa casquette Accor qui, la nuit du 14 mai 2011, avait prévenu Ange Mancini, alors coordonnateur national du renseignement à l'Élysée, de « l'incident entre l'homme politique DSK [Dominique Strauss-Kahn] et une femme de chambre au Sofitel de New York ». Ce coup de fil avait attisé la thèse d'un prétendu complot monté contre DSK. Au point que Jo Querry s'expliquera sur RTL pour dédouaner « le groupe Accor [qui] n'a aucun rôle là-dedans. Il n'y a ni piège ni manipulation ». Non, c'est juste une question d'amitié : « Ange Mancini est un ami de quarante ans, on a commencé notre carrière ensemble. Il ne se passe pas trois jours sans que l'on se téléphone. Mon réflexe a été de l'appeler [...]. Sinon, j'aurais téléphoné au ministère de l'Intérieur, je les connais tous... »

Aujourd'hui, Ange Mancini, ex-patron du Raid qui a fini préfet à l'Élysée, passe sa retraite chez Bolloré comme conseiller Afrique. Seul le préfet Frédéric Péchenard n'a pas décidé de pantoufler dans le privé, mais de se lancer franchement en politique avec son ami Nicolas Sarkozy. Désormais directeur général des Républicains, conseiller de Paris et vice-président de la région Île-de-France en charge de la sécurité, il est monté au créneau le soir même des gardes à vue de Christian Flaesch et de Bernard Squarcini, sur le plateau d'i-Télé. Il a témoigné « de la moralité » de ces flics – « en qui [il a] toute confiance » –, qui ont œuvré pendant trente ans contre la criminalité. « Je voudrais les assurer de mon soutien plein et entier. »

Ainsi, les réseaux de Sarkozy dans la police sont-ils soudés autour d'une amitié indéfectible entre anciens du 36 ou du renseignement, des forces d'intervention ou de la protection des personnalités. Les occasions sont multiples pour ces anciens poulets de se retrouver et de s'échanger des informations d'initiés. En chœur, ces ex-hauts fonctionnaires de police, qui émargent grassement dans les grandes entreprises françaises, disent ne « pas comprendre l'hypocrisie du système » : « C'est pour nos carnets d'adresses qu'on nous embauche », lâche Jean-Louis Fiamenghi. Sauf que se procurer des renseignements auprès des collègues restés en poste pour justifier leur salaire dans le privé est hors la loi. On les a tous vus – à l'exception du Squale – venir arroser, dans les salons Ricard le 17 février dernier, la sortie du livre *Dans le secret de l'action* du préfet Fiamenghi, ex-inspecteur de l'Antigang, *alias* Boucle d'or, devenu patron du Raid et parti lui aussi prendre la tête de la sûreté de Veolia. On a vu également, un verre d'anisette à la main, leur grand pote Pierre Charon, habitué de ces pots de flics et éminent représentant de la « firme », le cercle rapproché et historique des sarkozistes, qui compte aussi Brice Hortefeux et Frédéric Lefebvre.

Les dîners de la confrérie de la Poularde

On ne sait pas si le Squale a passé un coup de fil à la Fléchette pour lui demander ce service ou s'il lui a glissé un mot à l'oreille lors d'un pot ou d'un dîner. Mais les deux hommes se voient souvent aux repas très drôles et arrosés de la confrérie de la Poularde, le dernier jeudi de chaque mois à la très courue Closerie des Lilas. Christian Flaesch et Bernard Squarcini ont été intronisés il y a une vingtaine d'années dans ce club de copains qui se réunit depuis 1977 « pour entretenir l'amitié et décompresser », selon *L'Histoire du 36* de Claude Cancès*. Avant, ces gueuletons entre gars du 36 se tenaient à La Poularde landaise, un restaurant rue Saint-Philippe-du-Roule, dans le VIIIe arrondissement de Paris, d'où le nom du club. Quand la patronne Jeannine a déménagé au Relais Pereire, dans le XVIIe, les poulets l'ont suivie. Bientôt, d'autres les ont rejoints : Patrick Riou de la Crim', Michel Bouchet des Stups et Jean-Marc Bloch de l'Antigang… Et puis, la génération suivante, Frédéric Péchenard, jeune commissaire prometteur du 36 et connaissance de jeunesse de Nicolas Sarkozy, son ami Christian Flaesch qu'il nommera chef de la PJ parisienne en 2007 une fois bombardé directeur général de la police nationale par le même Sarkozy. Essentiellement composés de PJistes, les gars du 36 ont accepté dans la confrérie des gens de la DST, le contre-espionnage, et des RG, à commencer par le Squale.

Accusés en 1989 par *Le Canard enchaîné* d'être « un lobby corporatiste qui fait les nominations » dans la police, la bande de potes – qui ne sont pas tous de droite – s'en défend. Au début des années 1990, le préfet de police de Paris Pierre Verbrugghe a convoqué le commissaire Ange Mancini pour s'enquérir de ce qui se tramait à la Poularde : « Mais de quoi parlez-vous dans ces dîners ? » L'intéressé lui a lancé : « Mais de cul, monsieur le préfet, on ne parle que de cul ! » Patrick Riou en rit encore, mais lui-même raconte aux Jours avoir quitté la Poularde en 1993 pour éviter le mélange des genres : « Je suis parti quand je suis devenu patron des affaires économiques et financières car je ne voulais plus participer à ce petit lobby ou avoir à donner une info sur un dossier. »

L'ancien patron des Stups, Michel Bouchet, *alias* « Force 9 », fait encore partie des vingt-deux membres du club et ne voit pas les choses ainsi : « L'esprit est toujours à raconter des conneries. On n'est pas plus maquignons qu'à l'époque. La Poularde ne fait pas et ne défait pas les carrières. Mais, au débotté, on se dit entre nous que tel ou tel est bon. Que l'on choisisse plus les policiers que l'on connaît ou que l'on côtoie, c'est normal. » Désormais juge au tribunal de police, il admet que « la présence de Péchenard devenu DG [de la police nationale] a quand même donné une coloration à la Poularde ». Avant d'ajouter : « Il n'avait pas le choix : Sarkozy est son ami d'enfance. » Et lorsque des adeptes mauvais coucheurs font des entourloupes aux collègues de la Poularde, on les remercie. Ce fut le cas en 1995 de Roger Marion, le tout-puissant commissaire de la lutte antiterroriste. Il avait marché sur les pieds de tous les autres services mais n'avait pas hésité à s'attribuer à lui seul le démantèlement des réseaux du GIA, auteur des attentats, comme « un coucou qui fait ses œufs dans le nid des autres », selon la formule de la Pêche. Par conséquent, Marion, *alias* « Eagle 4 » (Y gueule fort), a été éjecté du club à cause de ce comportement hégémonique et déloyal envers Frédéric Péchenard de la brigade criminelle, Ange Mancini, numéro 3 de la direction centrale de la PJ, Bernard Squarcini, numéro 2 des RG, et Bernard Trenque, patron du Service régional de police judiciaire de Lyon.

Parmi les invités de la Poularde (dont je fus aussi en 1998), on compte notamment Serge Gainsbourg, Fernando Arrabal, Alain Delon, Christine Ockrent, Jacques Martin, Raymond Barre et, bien entendu, Nicolas Sarkozy et Carla Bruni-Sarkozy. Selon Force 9, celle-ci a « offert et dédicacé un bouquin sur les pièces de l'Élysée à chacun d'entre nous ». « Carla trouvait anormal de renvoyer un terroriste des brigades rouges en Italie et a donné des explications convaincantes. » Bref, dans ce cénacle de flics, les « aspects politiques sont secondaires », affirme Michel Bouchet… Claude Cancès, qui porte plutôt à gauche, met de côté lui aussi l'engagement de certains, mais il a livré aux Jours son sentiment durant les gardes à vue de ses anciens collègues : « Péchenard, Flaesch et Squarcini, avec qui j'ai travaillé, sont tous les trois des flics remarquables. Leur seul tort, c'est de ne pas être restés en dehors de la politique et de n'avoir pas suivi uniquement les rails du code de procédure pénal. »

Squarcini a une passion pour les notes et les comptes rendus

Au-delà de la Poularde, Patrick Riou se souvient d'une autre manie de Squarcini qu'il a découverte dans des « blancs » des RG [notes internes non signées], enfermés en 1995-1996 dans le coffre-fort du directeur général de la police nationale, Claude Guéant. « Squarcini ou d'autres déjeunaient avec toi et faisaient un compte rendu de repas ! »

En 2002, Patrick Riou a été viré de son poste de grand patron de la PJ par Nicolas Sarkozy, tout juste nommé ministre de l'Intérieur[2]. Une alternance normale à ses yeux. En revanche, l'attitude de Bernard Squarcini, alors numéro 2 des RG, qui l'a attrapé à la sortie de cette entrevue, a profondément attristé Patrick Riou. Le Squale, qu'il connaît alors depuis plus de vingt ans, l'a emmené dans son bureau, et pas pour le réconforter. « Squarcini m'a proposé de boire un whisky en sa compagnie,

2. Voir, *supra*, p. 107.

je l'ai trouvé infâme. Il m'a dit : “Je sais que tu aimes les randonnées en montagne, tu vas pouvoir en profiter longtemps.” » Estomaqué, Patrick Riou n'en a rien laissé paraître, « sachant que Squarcini se hâterait d'en rendre compte ». Car c'est maladif chez le Squale, tout est bon pour obtenir ou transmettre des tuyaux.

14

Le brigadier John le Gitan et la chnouf volée

52 kilos de chnouf raflés au cœur même de la PJ parisienne. L'incroyable fric-frac commis lors d'une nuit de l'été 2014, qui mêle des flics, avec à leur tête John, dit aussi « le Gitan » ou « Picsou », ou encore l'escroc notoire Christophe Rocancourt, n'a désormais presque plus de secret pour le juge Jean Gervillié. Au fil des 46 pages de son ordonnance de renvoi devant le tribunal correctionnel, datée du 5 décembre 2016, et que Les Jours ont pu consulter, le magistrat détaille ses griefs contre l'ex-brigadier de la brigade des stups, John. L'ordonnance révèle un nouveau trafic de shit, d'ampleur, antérieur au vol de cocaïne, qui aggrave considérablement son cas. John le Gitan sera donc jugé pour « détournement de scellés de cocaïne », mais aussi de cannabis, trafic de stupéfiants, et ce « par personne dépositaire de l'autorité publique ». 52 kilos de coke, un coup à 1 million d'euros. C'était tout bonnement le casse du siècle du 36 quai des Orfèvres

Ils seront dix à comparaître, dont quatre policiers, un indic et un dealer. Aux côtés de John, il y a son frère Donovan, gardien de la paix, son épouse Sophie et l'aigrefin Rocancourt, dit « Roc ». Même si le stock de coke n'a jamais été retrouvé, « Robert », nom de code de l'indic du policier, est soupçonné d'avoir récupéré la marchandise auprès de son officier traitant la nuit du vol le 25 juillet 2014. Il comparaîtra donc pour recel et trafic, tout comme Moussa, vendeur de cocaïne, qui aurait écoulé le produit et qui est toujours introuvable à ce jour.

Comment entrer dans la salle des scellés

C'est par la tactique du cheval de Troie qu'un tel fric-frac dans le saint des saints de la PJ a pu se produire. Telle est la conviction des chefs de la brigade des stups, la BS, sitôt constatée l'absence des 48 pains de cocaïne dans l'ancien musée de la Mondaine, transformé en salle des scellés – une pièce borgne qui pue la drogue, au fond d'un couloir au troisième étage du 36. Il faut être de la maison pour la connaître. Il faut également savoir où se dissimule la clé, rangée dans l'armoire codée d'un autre bureau. Et quand bien même : chaque fonctionnaire doit montrer patte blanche pour entrer dans ce bunker rempli de marchandises saisies chez des trafiquants, laisser son nom et le motif de sa visite sur un registre, et ne pas y entrer seul. C'est exactement ce que le brigadier John a fait le 8 juillet 2014, le lendemain de la belle prise de ces 52 kilos par un autre groupe. « Pour vérifier soi-disant si un scellé à détruire se trouvait » à l'intérieur, selon les mots de l'adjointe administrative du service qui l'a accompagné : « Il a jeté un œil puis est ressorti. » Aux yeux du juge, il s'agit plutôt d'une ruse pour repérer la combinaison du coffre-fort qui abrite la clé. Ce code à quatre chiffres intègre illico l'iPhone de John.

La nuit fatidique du 24 au 25 juillet 2014, à 23 h 56, la caméra braquée sur l'entrée du 36 quai des Orfèvres enregistre dans « le sas piéton un individu coiffé d'une casquette vêtu d'un bombers sombre » qui porte trois sacs vides et présente une carte de police à la dame planton. Le même ressort à 0 h 55 avec ses cabas de supermarché « remplis jusqu'à l'anse de blocs de couleur blanche sous film protecteur », d'après la description de la gardienne qui a « immédiatement pensé à de la drogue ». Sur les images extraites de la vidéo, le patron de la brigade des stups, Thierry Huguet, son adjoint le commissaire Mégret* et deux autres chefs reconnaissent la silhouette du brigadier John.

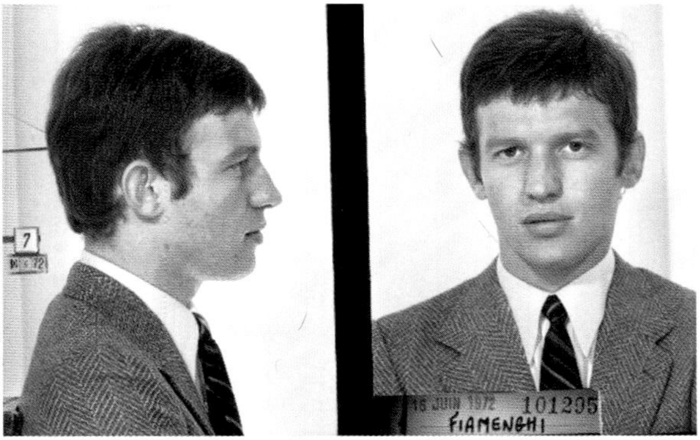

1. L'inspecteur Fiamenghi se fait tirer le portrait de face et de profil sur la chaise de Bertillon lors de son recrutement au 36 en 1972.

2. Jean-Louis Fiamenghi (*à gauche*) et Christian Lambert (*à droite*), juste avant l'opération qui aboutira à la mort de Jacques Mesrine, le 2 novembre 1979.

3. Les policiers dans un bureau de la BRI au 36, autour de la moto de José G., le soir de la mort de Jacques Mesrine.

4. Le carton d'invitation au pot de départ à la retraite du commissaire Richard Marlet, avec sa photographie anthropométrique de profil prise le 13 novembre 1980, le jour de son arrivée à la PJ de Paris.

5. Bernard Squarcini, directeur de la DCRI (*à gauche*), Frédéric Péchenard, directeur général de la police (*au centre*) et Jean-Louis Fiamenghi, directeur du service de protection des hautes personnalités (*à droite*), lors d'une cérémonie officielle dans les locaux du ministère de l'Intérieur, à Paris, le 23 novembre 2009.

6. Le célèbre grand escalier A du 36 que dévalent les policiers débouche sur la cour pavée puis dans celle du dépôt vers le quai de l'Horloge.

7. Anne-Laure Compoint, « l'avocate des flics », lors d'une séance de tir avec un policier du 36.

8. Les 48 pains de cocaïne, soit près de 52 kilos saisis le 7 juillet 2014, exposés à la brigade des stups avant d'être rangés dans la salle des scellés, fermée à clé, et qui sera dévalisée.

9. Le braqueur Redoine Faïd lors de son procès d'assises à Paris pour le meurtre de la policière municipale Aurélie Fouquet au printemps 2016.

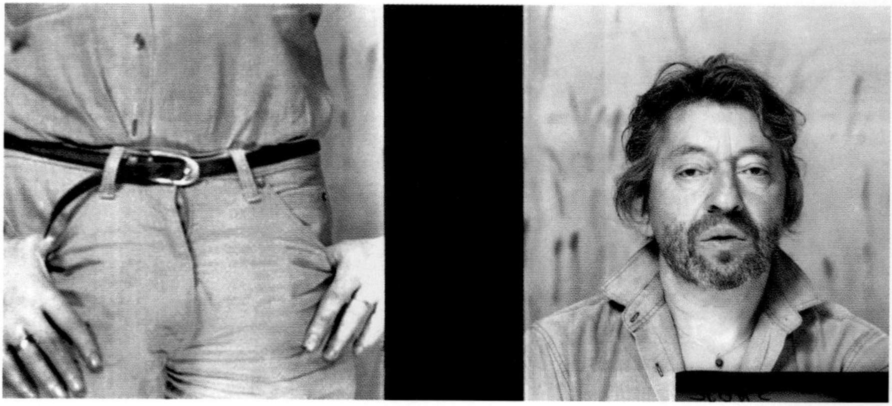

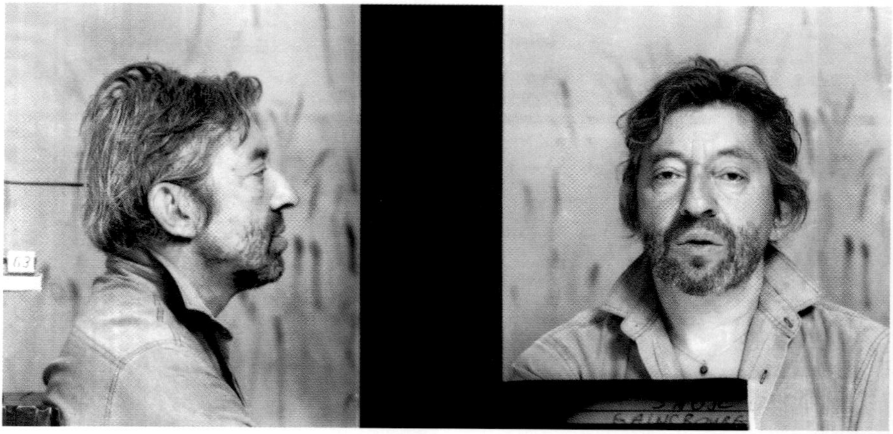

10 et 11. Photographies anthropométriques inédites de Serge Gainsbourg réalisées à sa demande au 36 quai des Orfèvres, un soir de virée avec ses copains flics, en mai 1987.

12. Le mythique bureau 315 de la Crim'. Dans ses fauteuils en cuir, Gainsbourg a passé de longues heures à boire des pastis et écouter les histoires de faits divers.

13. Le commissaire Féval pose avec la chanteuse Kimera et son mari Raymond Nakachian, qui porte dans ses bras leur fille Mélodie, tout juste libérée par ses ravisseurs.

14. Lors de la traditionnelle photo de famille de la Crim', en 1979, les six commissaires et le patron sont au premier rang sur les marches du Palais de justice, côté place Dauphine ; Patrick Riou (*quatrième en partant de la gauche*) est au côté de Pierre Ottavioli.

15. « La détente après le boulot » pour Patrick Riou (*à droite*), lors d'un pot à la brigade criminelle.

16. Martine Monteil à la brigade des stups à la fin de l'année 1982, avec son chef de section, Patrick Riou. Dans son bureau trône une lampe montée sur le Mauser de son père, flic lui aussi.

17. La commissaire des Stups pose en 1984 à côté du paquet de couches qui renfermait dix kilos d'héroïne, saisis à une filière tamoule.

18. Après la garde à vue de Madame Claude, Martine Monteil lui permet de rentrer chez elle se changer. La proxénète revient « en tailleur pantalon de laine de bonne facture. Tout ça pour aller à la Santé… ».

19. Katia la Rouquine, lors d'une réception dans les années 1980.

20. Dans une des chambres du 10 *bis*, rue du Débarcadère, « maison de rendez-vous luxueuse » de Katia la Rouquine, un caniche en porcelaine cloué au sol trône devant la cheminée surmontée d'un miroir.

L'argent dispersé chez les potes et la famille

Le Gitan est arrêté le 2 août, une semaine après le vol, dans sa famille, à Perpignan avec, dans son sac à dos, 16 000 euros en coupures de 20, « conditionnés par paquets de 49 billets tenus grâce à un dernier billet plié en deux, très courant chez les trafiquants de drogue », souligne l'IGPN, qui a mené l'enquête pour le juge Gervillié. D'ailleurs, l'analyse de ces liasses démontre qu'elles sont infestées de poudre. L'expertise du portable du Gitan apprend au magistrat que le suspect a contacté dix-sept fois son indic, « Robert », la nuit des faits. Il lui envoie un SMS à 23 h 31 : « Reste branché. » Puis à 23 h 56 : « Dans une heure, je t'appelle, m'appelle pas, pas besoin. » Puis il éteint son iPhone « à proximité du quai des Orfèvres », établit l'expertise. Lorsqu'il le rallume à 1 h 05 du matin, c'est pour bombarder Robert de SMS et d'appels auxquels l'informateur ne répond pas. Il le somme de se bouger : « Assure ! » Il finit par retrouver Robert à son domicile à Malakoff « pour des raisons purement professionnelles, justifie le flic, une affaire en cours ». Pour le juge, c'est à ce moment-là que la drogue change de main. La transaction avec le marchand de cocaïne Moussa a dû se passer la nuit même du vol. En échange, John et Robert ont récupéré des centaines de milliers d'euros en petites coupures.

L'indic, qui a fui la France le jour de l'interpellation de John, a investi « 320 000 euros au Maroc » dans un immeuble avec deux commerces, un appartement et deux véhicules, une Mercedes et une Volkswagen Golf. D'après l'ordonnance du juge, le policier des Stups aurait pour sa part planqué 400 000 euros chez ses copains. Les petites mains de John ont dévoilé sur procès-verbal tout un système. « Il a laissé des sacs partout », a révélé, sur écoute, sa copine Ilham. « La plupart, c'est des flics chez qui il a caché de la chefnou [drogue] et du biff [fric], y a un c'est son pote Touati, y a un c'est la famille [son frère Donovan]. »

Lequel, pour blanchir son frère du vol de coke, trahit une autre pratique illégale de ce flic de la lutte antidrogue : « Cet argent vient de trucs qu'il a pris en perquisition » chez les trafiquants « et qu'il a gardés », au lieu de les placer sous scellés.

Des éléments troublants avant le vol de coke au 36 vont attirer l'attention du juge. Dès le mois de mars 2014, le voleur présumé avait déjà caché un sac d'argent dans la cave de l'un de ses appartements, occupé par son pote de jeunesse, Nicolas. Puis encore un autre le 13 juillet, au soir de la finale de la Coupe du monde de football. Après le vol au 36, John revient avec quatre paquets de billets « emballés dans des sacs de courses rigides du type Carrefour, Auchan ou Monoprix », les dissimule sous l'évier et sous une plante. « C'est pour rendre service à un tonton », prétexte John. « Si tu gardes autant de paquets, t'as pas l'impression de te faire manipuler ? » s'inquiète Nicolas. Au magistrat qui l'a un peu tancé sur sa crédulité, Nicolas assure avoir cru sur parole son copain, issu du même quartier de Perpignan : « Pour moi, c'était borderline mais, dans les films, les policiers le font, ça fait partie de l'image des policiers qui, pour faire de belles affaires, sont obligés de zigzaguer. »

Le juge évalue entre 150 000 et 200 000 euros l'argent recelé par Nicolas, et de 200 000 à 250 000 euros par Touati, policier du XIIe arrondissement et autre ami de jeunesse du brigadier des Stups. Tous deux se sont débarrassés de ces sommes compromettantes après la chute de John, sur ses instructions, relayées par son épouse Sophie. La « messagère » a en effet organisé chez elle deux réunions façon agents secrets avec portables éteints et conversation par écrit sur du Sopalin, pour faire disparaître les sacs de billets. Nicolas a jeté les paquets de fric dans les poubelles de son quartier, à l'exception de 30 000 euros pour ses besoins personnels. De son côté, Touati a refusé de toucher à ces colis et les a planqués dans les parties communes de son immeuble, jusqu'à ce que le frère du dépositaire vienne les chercher. Donovan a emporté le sac à dos pour le faire couler dans le lac de Créteil, mais a dû retirer un des quatre paquets pour le remplacer par une pierre afin de lester le bagage. Il a dissimulé la dernière grosse liasse de 50 000 euros dans un buisson. Ces manigances vaudront à ces quatre-là d'être renvoyés également devant le tribunal pour destruction de preuves.

À la pêche aux sacs de billets

Pendant ce temps, John est en prison. Où il fait affaire avec un codétenu spécialisé dans les arnaques financières, un certain « Roc », qui n'est autre que l'escroc Christophe Rocancourt. Roc doit se charger de récupérer l'argent, puis le mettre à l'abri. L'escroc dépêche alors son comparse Yossef qui vient le voir au parloir pour remettre la main sur ces « 250 K + 150 K ». Le 3 janvier 2015, Yossef et Donovan organisent une expédition rocambolesque au lac de Créteil pour repêcher le sac de billets. Enfoncé dans l'eau glacée jusqu'à la taille, Donovan, muni d'un manche à balai, essaie de draguer le fond. En vain. Il renonce. Il récupère les 50 000 euros planqués dans le bosquet et les remet à Yossef qui les répartit ainsi : 12 000 remis à la compagne de Roc, 20 000 enterrés dans le jardin de sa belle-mère, 10 000 dans l'un de ses bureaux et 8 000 pour les dépenses courantes. Du coup, le juge Gervillié renvoie Yossef et Rocancourt devant le tribunal pour recel d'espèces provenant du vol de cocaïne. L'escroc Roc jure pourtant tout ignorer de l'origine de cet argent et avoue son véritable dessein : « Moi, je suis dans le financier [escroquerie] depuis quarante-sept ans ! Quand John me donne l'argent à garder, mon objectif est de l'emplâtrer [arnaquer]. »

Pour sa défense, John soutient depuis son arrestation qu'il n'a rien à voir avec ce vol de 52 kilos de cocaïne au 36 et que l'argent n'est pas le sien, mais appartient à un mystérieux informateur. À l'inverse, le juge Gervillié est persuadé que ces 400 000 euros remis à Touati et Nicolas « ne sauraient provenir d'une autre source que de la soustraction et de la vente des scellés de cocaïne ». D'ailleurs, le magistrat s'étonne qu'il ait « donné comme consigne à son entourage de s'en débarrasser plutôt que de les restituer "à son véritable propriétaire" »… Lors d'un interrogatoire, le juge demande à son suspect numéro 1 pourquoi il « minore systématiquement les montants qu'il détient alors que cet argent n'est pas censé lui appartenir ». Et trouve très révélateur le lapsus de John qui s'est exclamé spontanément : « Parce qu'à force, vous arrivez presque au million du vol ! »

À partir de chiffres associés à des quantités et à des pseudos retrouvés dans l'iPhone de John, le juge est convaincu de détenir la comptabilité occulte de son trafic de stupéfiants. Ainsi croit-il déceler derrière la note « 1+1+1+1 choc rob » qu'il s'agit de 4 kilos de « chocolat » – comprendre cannabis – remis à l'indic Robert. Mais après l'arrestation de cet acolyte du brigadier à son retour en France le 1er février 2016, Robert rectifie contre toute attente… à la hausse. Ce ne sont pas 4 mais « 40 kilos de chocolat » que John lui a donnés pour le rémunérer. Cependant Robert devait lui restituer un quart du prix à la revente. Mieux, l'indic balance que son traitant lui a « fourni une dizaine de fois plusieurs kilos de cannabis entre fin 2013 et juillet 2014, où John lui a remis 28 kilos ». Le juge n'en revient pas et fera répéter ces aveux à Robert lors d'une confrontation avec John, lequel conteste avec vigueur. L'indic évalue ainsi à « 85 ou 90 kilos » la résine refilée par John et à « plus de 50 000 euros en sept à dix enveloppes », l'argent qu'il a reversé à ce policier de la brigade des stups.

Un poster de Picsou dans son bureau

L'enquête financière sur le patrimoine de John confirme qu'il a acheté cinq appartements en indivision et fait apparaître 37 000 euros sur la même période – de l'automne 2013 à l'été suivant –, versés en cash sur ses comptes en banque et ses cagnottes de jeux en ligne. Aux yeux du juge, cette « explosion » « ne peut trouver son origine que d'une source occulte », donc le trafic de cannabis, avant le vol des 48 pains de coke. Une partie de ces fonds ont été « blanchis par des paris sportifs ».

Issu du quartier chaud de Vernet-Salanque à Perpignan, John, né en décembre 1980 dans une famille nombreuse, était entré en 2004 à l'école des gardiens de la paix de sa ville. Affecté à Paris au commissariat du XIIe, le Gitan rejoint vite la BAC du XIXe, plus remuante, puis intègre enfin le 36 quai des Orfèvres. Depuis son intronisation à la brigade des stups en janvier 2010, ce « flicard » de base, monté au grade de brigadier, donnait entière satisfaction à ses patrons. « Le premier arrivé le matin, le dernier parti le soir », d'après « le Tatoué », son collègue de bureau. Pourtant, John le Gitan affiche la couleur en placardant sur le mur un poster de… Picsou devant son tas d'or. Il veut faire des thunes. Et ça marche, apparemment.

Le juge Gervillié a dédouané son inséparable pote le Tatoué, un temps suspecté, tout comme Ballon, un flic du XIXe figurant sur les notes de comptes de John, pour qui Me Anne-Laure Compoint a encore décroché un non-lieu[1]. Quant au gardien de la paix « Pat » du commissariat du XIXe qui, lui, a révélé au juge la tentative de John, au printemps 2014, de lui faire revendre du shit pour son « réseau soit en création, soit en développement », il sera jugé pour recel de scellés de cannabis, détention et transport de stupéfiants. Le dixième prévenu renvoyé en correctionnelle, un certain Moussa, gros dealeur de cocaïne présenté par le juge comme « la potentielle filière d'écoulement des scellés détournés au 36 quai des Orfèvres », est en cavale. Ce qui arrange le suspect numéro 1, John le Gitan, qui conteste toujours le pillage de la chnouf dans les entrailles du 36.

1. Voir, *supra*, p. 52.

DEUXIÈME PARTIE

La Mondaine

1
Madame Claude passe à la caisse

Pour couper court aux suspicions récurrentes sur la Mondaine, en octobre 1989, le préfet de police et la police judiciaire de Paris confient les rênes de la nouvelle brigade de répression du proxénétisme (BRP) à la commissaire Martine Monteil. « Au moins, avec une femme, il n'y aura plus ces rumeurs sur le racket des hôtels de passe, confie alors le préfet Pierre Verbrugghe. Il y aura moins de risques de tentation avec les prostituées et, en plus, elle a de la tenue et de la rigueur. » Fini le 36 quai des Orfèvres, la BRP s'installe au 3 rue de Lutèce à Paris, sur l'île de la Cité, avec quelques antiquités. Comme ce groupe « outrages aux bonnes mœurs », OBM, qui « visionne des cassettes pornos, avec des religieuses ou du sado-maso, pour traquer les déviances sexuelles interdites, telles que les scènes de zoophilie et de pédophilie », explique aux Jours Martine Monteil. Certes, les flics « passent les films à toute vitesse », mais le nouveau patron du service[1] estime que c'est du temps perdu. « J'ai traversé le boulevard du Palais pour aller voir "Slip dodu", le code minitel du magistrat du parquet chargé de la pornographie, et je lui ai dit : "J'en ai marre, très peu de gens sont condamnés, ça ne sert pas à grand-chose, alors que personne ne fait rien contre les camionnettes dans le bois de Vincennes." » Après cette discussion franche et directe, la commissaire Monteil, bien décidée à traquer

1. Voir, *infra*, p. 229.

les proxénètes, supprime les OBM et les transforme en groupe « voie publique ».

Martine Monteil s'attaque à la rue Saint-Denis

Obsédée par l'efficacité, la pionnière de la PJ exige, selon ses termes, de ses hommes de « gratter, surveiller, écouter, filocher, patienter » pour serrer les macs. « Je ne veux pas de petites affaires de studios avec une prostituée de paille[2], mais je veux un vrai beau réseau de macs ou de maquerelles. Vous aurez des frais en conséquence. » Bientôt, des malfaiteurs et des notaires véreux qui possèdent « de jolis patrimoines de dizaines de studios loués pour des passes à ces dames » plongent. Mais la rue Saint-Denis, haut lieu de la prostitution parisienne, reste quasiment intouchable. Les enquêtes démarrent, pour avorter au dernier moment. La commissaire Monteil questionne un chef de groupe. Pourquoi la Mondaine se casse-t-elle les dents chaque fois dans ce quartier-là ? « On a déjà essayé de faire tomber les proxénètes rue Saint-Denis, mais je crois qu'on est balancés », lâche, gêné, l'inspecteur. « Vous avez des soupçons ? Flic ou voyou ? – J'ai peur que ça vienne de chez nous… – Quoi ? De l'intérieur ? Du service ? »

Sidérée, Martine Monteil passe un marché avec l'inspecteur divisionnaire pour débusquer la taupe. « À part moi, mon adjoint et votre groupe, personne n'est au courant, si un seul parle, c'est fichu. » « Vicieuse de nature », comme elle se définit elle-même, la cheffe fait brancher en catimini plusieurs lignes de souteneurs de la rue Saint-Denis dans le cadre d'un autre dossier top secret. Ainsi, cette procédure échappera même aux « papys crayons » qui les supervisent toutes. Officiellement, le groupe qui partage

2. Des souteneurs ou des maquerelles achetaient des studios dans des immeubles de la rue Saint-Denis et de la rue Blondel, dans le IIe arrondissement de Paris. Ils les louaient ensuite très cher, vingt-quatre heures sur vingt-quatre, à des prostituées travaillant à la chaîne.

la confidence travaille avec la BRI sur une équipe de bandits. Les initiés ferment la porte de leur bureau et leurs tiroirs, se méfient des oreilles indiscrètes et même du téléphone. « Jusqu'au matin où je découvre un policier en train de décrypter une écoute qui pleure sur un magnétophone. Je lui demande ce qui se passe. Et le gars, en larmes, me dit : “J'ai reconnu la voix d'un gars de la brigade qui rencarde un voyou, c'est lui qui m'a formé.” » Ainsi, le ripou, le traître, n'est autre qu'un papy crayon, en « relations d'affaires avec de vieux voyous proxénètes ». « On a fait tomber vingt-cinq studios de la rue Saint-Denis où les filles enchaînaient cinquante à soixante passes par jour, de l'abattage », et dans son sillage, le vieil inspecteur. « On l'a serré en flagrant délit en rendez-vous avec le truand qui tenait le réseau. » Il a toutefois fini par être blanchi.

Martine Monteil arpente le bois de Boulogne

Pour chasser l'odeur de soufre qui imprègne la brigade, notamment les soupçons « d'enveloppes de tel ou tel tenancier pour obtenir une autorisation », Martine Monteil enfile sa « tenue un peu plus mondaine, tailleur à la mode, bas noirs, maquillage », me dit-elle, pour aller en boîte discuter avec les tauliers ou servir de « chèvre » [appât], en couple avec un inspecteur baraqué, afin de montrer patte blanche à l'entrée des établissements. « Avec cette ruse, on fait ouvrir la porte, puis on annonce la couleur à l'intérieur – “Police, c'est la Mondaine” – pour arrêter des suspects et perquisitionner. » En hiver, c'est en jupe longue et bottes de cuir que Martine Monteil arpente le terrain avec ses gars, dans les bois de Vincennes et de Boulogne, ou encore dans les rues chaudes de la capitale où les proxénètes font tapiner leurs filles. Le contact passe plutôt bien entre les prostituées et la flic qui s'apitoie sur leur sort. « La plupart sont de pauvres filles que tu sens sous pression, sous emprise. J'ai eu des rapports de confiance avec certaines qui m'ont renseignée. On détournait le coup pour ne pas trahir leur confiance, j'ai toujours eu à cœur de ne pas aggraver leur détresse. Une belle blonde qui travaillait en camionnette m'a donné ses proxénètes braqueurs, c'était sa façon de se venger. Le fait que je sois une femme a joué, elles m'ont sentie solidaire. » La commissaire Monteil a en revanche congédié la vieille maquerelle « Jeanne d'Arc » qui renseignait ses prédécesseurs et « régnait sur énormément de studios rue Saint-Denis ». « Vous ne donnez plus rien. Vous avez été bien payée, maintenant, ce n'est plus la mode. Faut être raisonnable. » Fini les « tolérances ».

La meilleure maquerelle du siècle

Bientôt, au début des années 1990, la commissaire à poigne va défier « la meilleure maquerelle du siècle ». Car, selon le chef de groupe des réseaux, Claude Paul, qui connaît par cœur les salons de massage, les clubs et les boîtes de la capitale, la légendaire Fernande Grudet, *alias* « Madame Claude », a repris du service sous un « toc », un faux nom. Consignes de discrétion absolue de Monteil à Paul : « On va cacher notre enquête au reste de la brigade et à ma hiérarchie. Sinon, on ne la fera jamais tomber. » Protégée par la Mondaine depuis des lustres et par sa clientèle haut de gamme – « même des chefs d'État », souligne la flic –, Madame Claude a pu tenir durant vingt ans son entreprise, montée en 1957, sans être inquiétée. « Couverte » et prudente, l'Angevine organisait – depuis son appartement, rue de Marignan, et au téléphone – les rendez-vous dans sa maison close au 32 rue de Boulainvilliers, dans le XVIe arrondissement de Paris, entre ses call-girls de luxe et des clients friqués. On évoque les noms de Georges Pompidou, John F. Kennedy, Hussein de Jordanie, Mouammar Kadhafi ou du shah d'Iran. Mais, en 1974, l'accession au pouvoir de Giscard d'Estaing et celle de Michel Poniatowski au ministère de l'Intérieur sonnent le début des ennuis pour la tenancière.

Censée payer des impôts sur son commerce – peu importe qu'il soit illicite –, la voilà placée plusieurs fois en garde à vue. Suspectée de fraude fiscale, elle pose sur la chaise de Bertillon pour des photos anthropométriques. Mais la taulière, qui prenait un quart des revenus de ses filles, plaide la bonne foi. « Étant donné l'imprécision de ma profession passée, je ne pensais pas devoir déclarer ces gains. » Elle publie en 1975 *Allô, oui ou les Mémoires de Madame Claude*, coécrit avec le frère de Françoise Sagan, Jacques Quoirez, soupçonné par ailleurs de tester les prostituées du réseau. Finalement, Fernande Grudet échappe aux poursuites pénales pour proxénétisme, mais s'exile en 1977 aux États-Unis pour fuir le fisc. En 1981, elle révèle au magazine *Lui* qu'elle a « mené sa coupable industrie avec la bénédiction de l'État » : « J'ai exercé de façon bourgeoise un métier jusqu'alors réservé aux putes. J'ai rendu le vice joli. » De retour en France, le fisc lui réclame 17 millions de francs (2,6 millions d'euros) en décembre 1986. Elle est emprisonnée pendant quatre mois.

En 1991, selon le tuyau de monsieur Paul de la Mondaine, Madame Claude aurait donc remonté un réseau discret. Une candidate non retenue lors d'un casting l'a dénoncée et a raconté les humiliations subies. « Car même les jeunes femmes à la plastique parfaite sont reluquées par Fernande Grudet qui trouve toujours un défaut. De mèche avec un chirurgien esthétique, elle les envoie se faire retoucher un nez, des seins ou des fesses », s'indigne Martine Monteil, ajoutant : « Ce fut le cas d'une magnifique danseuse du Crazy Horse. » À l'issue de planques devant son appartement dans le quartier du Marais, d'écoutes de sa ligne et de filatures de call-girls, le patron de la BRP avertit au dernier moment sa direction de l'arrestation imminente de la proxénète.

Réveillée par la Mondaine à 6 heures, un matin de mars 1992, la mère maquerelle, âgée de 69 ans, arrive dans les locaux rue de Lutèce « en survêtement, pas maquillée, comme une furie », raconte Martine Monteil aux Jours. « Très agressive, vexée qu'on l'arrête à son âge, elle le prend très mal et se montre hautaine avec les jeunes flics. Alors, je l'ai recadrée. » Sur un ton qui ne souffre aucune discussion : « Vous êtes un grand proxénète, madame, on a toutes les preuves, on vous a piégée, vous êtes ferrée. Alors vous allez la mettre en veilleuse car, de toute façon, on va vous aligner. »

Madame Claude fait profil bas le temps de la garde à vue. Face aux preuves de ses gains de 25 % sur chaque rendez-vous de ses « poules de luxe », *dixit* Martine Monteil, soit 5 000 à 7 000 francs (760 à 1 100 euros) par passe, la maquerelle est bien obligée de s'incliner. À la pause, elle s'adresse à l'inspecteur : « J'aimerais pouvoir me changer. » La commissaire la laisse mariner puis, le lendemain, la fait venir dans son bureau. Sans perdre ses manières de maquignon, la proxénète ne peut s'empêcher de déshabiller la flic du regard. « Quelle classe, quelle élégance ! » siffle Fernande Grudet en jogging. Martine Monteil ne peut lui renvoyer la pareille, mais fait un geste : « Eu égard à votre âge, on ne va pas vous imposer deux nuits de suite en cellule de garde à vue. Vous allez chez vous vous doucher et vous changer. Considérez cela comme une faveur ! » Les inspecteurs l'accompagnent chez elle. Puis la vieille femme revient à la Mondaine remercier sa tombeuse, « en tailleur-pantalon de laine de bonne facture, col roulé, veste en cachemire, maquillée, brushing impeccable ». « Tout ça pour aller à la Santé… »

Avant de la déférer à la justice, Martine Monteil décide d'organiser un déjeuner avec ce personnage de légende et son adjoint, Frédéric Dupuch. « Maintenant qu'elle est revenue à de meilleurs sentiments, on va la faire parler. » La commissaire fait dresser une table dans un bureau et commande des repas, puis invite Fernande Grudet : « Ça ne va pas être Le Fouquet's, mais venez, nous allons partager des pizzas. » « Madame Claude nous a raconté sa vie. À ses yeux, deux choses rapportent de l'argent :

“La bouffe et le sexe.” Elle n’était pas un cordon-bleu, alors elle a opté pour le sexe, ou plutôt “le rêve avec de magnifiques créatures”. » Entre deux parts de pizza, Martine Monteil lui fait remarquer que c’est puni par le Code pénal : « Ça s’appelle du proxénétisme aggravé. » Madame Claude n’en démord pas et dit détester « le mot “passe” ». Elle trouve ça « vulgaire », comme le raconte Martine Monteil dans son livre *Flic, tout simplement.* « Mes filles n’ont rien à voir avec des prostituées qui font cinquante passes par jour. Elles sont très belles et bien élevées, et ne font souvent pas plus souvent l’amour qu’une mère de famille. Certaines sont devenues des vedettes ou ont fait de beaux mariages. » Dubitative, la commissaire lève les yeux au ciel – « Sainte Madame Claude » – et comprend surtout l’indéniable talent de « psychologue et d’embobineuse » de la dame, qui a cru anoblir le plus vieux métier du monde pour que « ses filles n’aient pas l’impression de se prostituer. Tout comme elle-même n’a peut-être jamais eu le sentiment d’être une proxénète », lit-on sous sa plume.

Après une franche poignée de main, la femme flic a expédié la mère maquerelle dans une maison très, très close. Irritée par le mythe de la vie rose des filles de Madame Claude, Martine Monteil a stigmatisé dans la presse « cet esclavagisme de luxe ». « Ces filles sont modelées et drivées comme du cheptel. Et toutes ne deviennent pas actrices ou princesses ! » Condamnée en 1993 à trois ans de prison dont six mois ferme, et cinq ans d’interdiction de séjour, Fernande Grudet a chuté au bout d’un tiers de siècle de « bons et loyaux services », selon ses mots, pour proxénétisme aggravé. Sans rancune, Madame Claude applaudira en 1996 la promotion de sa tombeuse, Martine Monteil, à la tête de la brigade criminelle. « C’est quelqu’un de bien, cette femme. Et pour que je dise cela d’un poulet, moi… »

2
Appelez-la « patron »

« Patron » ou « Madame », c'est ainsi que Martine Monteil, la flic la plus connue du 36, se fait appeler par ses équipes, drivées d'une « main de fer dans un gant de velours ». Fille d'un inspecteur de l'Antigang et petite-fille d'un gardien de la paix, la pionnière déteste le nom de « patronne », car « ça fait tenancière de bar ou d'établissement ». Avant de devenir la première cheffe d'un commissariat, le premier patron de la brigade des stups, de la Mondaine, de la brigade de répression du banditisme, de la brigade criminelle et enfin du 36, l'étudiante blonde fut remarquée dès ses débuts pour son cran et son tact.

Une chèvre contre « l'Étrangleur des parkings »

Stagiaire à la 3e BT de Paris en 1977, la jeune femme, qui planche encore à l'école des commissaires – tout juste ouverte aux femmes[1] –, doit servir de chèvre pour traquer l'Étrangleur des parkings du Xe arrondissement de Paris. Envoyée en civil – comme d'autres femmes policiers – arpenter les garages en sous-sol pour attirer le tueur, elle n'en mène pas large : « Je

1. De 1935 à 1968, les rares policières sont des assistantes sociales chargées de s'occuper des mineurs et des mères. En 1972, les femmes peuvent accéder au concours d'inspecteur, même si le slogan publicitaire pour le recrutement cette année-là reste « La police, un métier d'homme ». En 1974, elles commencent à intégrer en petit nombre l'école des commissaires et peuvent enfin postuler en 1978 aux emplois de gardien de la paix. Aujourd'hui, un quart des commissaires sont des femmes.

n'ai pas d'arme, pas de portable, seulement un Storno, un radiotéléphone. Il n'y a plus qu'à prier le dieu des transmissions ou saint Martin, notre patron, pour que les ondes de nos radios préhistoriques franchissent les murs de béton », écrit-elle dans *Flic, tout simplement.*

Finalement arrêté sans son concours, le colosse reste muet en garde à vue, « buté, les mâchoires serrées, le regard en dessous, froid et dur », le décrit-elle. À la pause déjeuner de ses collègues, Martine Monteil lui offre un jambon-beurre et tente de le décoincer. Elle l'entreprend sur le thème des aguicheuses qui ont bien dû le chercher – elle a « mauvaise conscience », mais tous les moyens sont bons pour obtenir des aveux. Elle joue également sur sa fibre paternelle, lui montre des photos de son petit garçon : « C'est ton fils ? » Et là, elle entend enfin le son de sa voix : « Oui », lâche le suspect. Elle continue à évoquer sa famille et ses crimes, l'enjoint à « se libérer » : « En fait, je soliloque. Cela dure des heures. » Puis, elle le provoque : « La fille, là, elle était jolie, elle t'a plu, tu as voulu la draguer ? » Et contre toute attente, l'étrangleur lui rétorque : « Non, je n'ai pas voulu la draguer. » Et puis l'homme se met à parler, tant et plus, « de ses pulsions, ses viols, ses meurtres, avec une foule de détails. Il me regarde en face et ne me lâche plus des yeux. Il avoue comme une délivrance, pas du tout gêné de se livrer à une fille », dit aux Jours la femme qui a su débloquer le tueur en série.

Révolution dans la police. En 1979, Martine Monteil prend la tête du commissariat de PJ du VIIe arrondissement de Paris, un événement souligné par *France-Soir* qui la baptise « la shérif de Saint-Germain ». Plaintes, accueil, interventions, procès-verbaux, enquêtes décès, la jeune flic, alors enceinte – elle a rencontré son mari à l'école des commissaires –, ne compte pas son temps et accompagne ses hommes sur le terrain, même la nuit. Des célébrités du quartier passent au commissariat de la rue Perronet, comme Thierry Le Luron qui se présente de temps en temps au guichet, hilare, « remettre son permis de conduire après un énième excès de vitesse » ou Serge Gainsbourg, qui vient régulièrement « boire un coup ou discuter avec nous ». « Il dit qu'il aime les flics, ce qui, dans son milieu, n'est pas si courant. »

Plus « émouvante », une visiteuse, l'actrice Jean Seberg qui « vient souvent nous voir, pour parler » : « Elle entre dans mon bureau sans frapper, tient des propos incohérents, elle divague. Je l'écoute plus ou moins et on s'occupe d'elle, sans la brusquer, le temps d'appeler son ancien mari, Romain Gary », qui vient la chercher en s'excusant. La commissaire est touchée par cette « femme en détresse, douce et gentille » qui a tenté de se suicider à l'été 1978, à la date anniversaire de la mort de sa fille, en se jetant sous une rame du métro. Un jour au poste, dans la cuisine, sans rien demander, Jean Seberg prépare des chocolats chauds pour les flics qui n'ont pas pu « avaler cette mélasse » composée quasi exclusivement de poudre de cacao, et d'une petite goutte de lait. Au « ciat [commissariat] 7 », tout le monde aimait bien la star si fragile et a été peiné lorsqu'elle a succombé à une surdose d'alcool et de barbituriques dans sa voiture, en septembre 1979.

« On ne pardonnera rien aux femmes »

Mutée au commissariat de Bel-Air, dans le XIIe arrondissement de Paris, après son congé maternité, Martine Monteil laisse sa place au commissariat du VIIe à une collègue qui, un soir de pot trop alcoolisé, sera victime d'un accident de la route à bord d'un véhicule de service, en compagnie de deux flics avinés. Les mésaventures de sa successeure lui ont beaucoup appris sur les mœurs policières vis-à-vis des femmes, même si, prétend-elle, « la discrimination n'existe pas chez nous ». Certes, sa collègue a fauté en laissant ce commissariat dériver et multiplier les fiestas bruyantes au point de susciter une plainte du voisinage, mais la direction, « sans pitié », l'a laissée ensuite plus de vingt ans dans un placard du tribunal de police. « Elle n'a jamais été rattrapée. On aurait dû lui laisser une seconde chance. Ce que l'on aurait fait pour un homme. » Alors, la commissaire Monteil comprend que l'« on ne pardonnera rien aux femmes. Soit on sera exemplaires sur tous les plans et tout se passera bien, soit, à la moindre faiblesse, humaine ou professionnelle, on nous cassera ». À ses subordonnées, la pionnière donnera toujours le même conseil : « Ne jouez pas aux mecs, ni aux coquettes ! Ne croyez pas qu'il faut se comporter en homme pour réussir dans un métier d'homme. Restez vous-mêmes et faites votre travail. »

Le parcours sans faute de Martine Monteil la conduit en 1982 dans le sanctuaire de la PJ, à la brigade des stupéfiants et du proxénétisme (BSP), sous les ordres du chef de la section drogue Patrick Riou. Femme d'action, sportive, elle a « besoin de faire des affaires, lancée à fond, à 200 à l'heure », dehors de jour comme de nuit, en planque ou en filoche, déguisée en toxico pour piéger des dealers ou infiltrer les squats de la rue de Flandre et de l'îlot Chalon – un ghetto parisien de la drogue au début des années 1980. Dans son bureau du 36, la chasseuse de trafiquants apporte toujours deux tenues : un tailleur et des talons aiguilles pour le matin, les réunions et les réceptions ; un jean et des baskets pour l'après-midi. Elle porte aussi à la ceinture une petite matraque et un Smith & Wesson dans un étui : « Je tenais beaucoup à ce revolver qui crache du 38. Spécial, car mon père me l'avait rapporté des États-Unis. Peu de filles peuvent se targuer d'un tel cadeau de la part de leur géniteur », s'amuse avec fierté la fille de l'inspecteur Feugas de l'Antigang, qui lui a également offert son pistolet Mauser. Entrée dans la police par atavisme, Martine Monteil, qui a renoncé à une carrière de prof de gym, a transformé l'arme de service de son paternel... en pied de lampe. Cet engin surmonté d'un abat-jour jaune a trôné sur tous ses bureaux du 36 au côté d'un narguilé de ses années aux Stups.

Montée au grade de numéro 3 de la BSP en 1984, elle passe des journées entières avec ses hommes dans les soums, pour essayer de démanteler une filière tamoule, à observer « des petites fourmis qui entrent et sortent d'immeubles par grappes avec des pochons en plastique, et qui, à nos yeux, se ressemblent toutes ». Au bout de quarante-huit heures collés au cul d'une voiture, en banlieue, c'est enfin la « grosse livraison ». « En une demi-seconde, un énorme colis a été lancé de la bagnole sur le toit d'une maison, dix kilos d'héroïne cachés dans une boîte de couches-culottes. » Le lendemain, Martine Monteil, en photo devant cette belle prise, partage la une des journaux avec la première femme jockey, Darie Boutboul, qui vient de remporter le tiercé.

Martine Monteil n'a « pas le mot "féministe" tatoué sur le front », mais la sous-représentation des femmes est telle à la brigade des stups (cinq seulement pour quatre-vingts hommes) qu'elle va puiser dans le vivier des commissariats parisiens pour en recruter. Mère de famille rompue à jongler « entre le .357 Magnum et le biberon », le patron explique aux candidates que le groupe de permanence de nuit peut concilier les deux. Ce n'est pas si simple, cependant, car « le ramassage » sur la voie publique de toxicos et de dealers, qui débarquent en rangs serrés au 36 la nuit, génère pas de mal de violence. « Et les filles, même sportives, courageuses et énergiques, n'ont pas toujours la carrure suffisante pour gérer ces situations », observe la cheffe, qui fixe donc un quota : une policière pour deux hommes. Sur ses traces, les filles des Stups font les « zombies » (se font passer pour des toxicomanes) pour attraper les vendeurs de came, endorment la méfiance des suspects lors des filatures ou jouent aux « faux couples d'amoureux avec des inspecteurs ». Au quotidien, « la descente aux enfers de "tox" indics » ne laisse pas indemne Martine Monteil. Elle s'escrime à en sortir certains de l'héroïne, comme Pascale, revenue de cure « belle, en bonne santé », avant de rechuter et de mourir d'overdose. De quoi bétonner son aversion pour les trafiquants.

Une nuit d'échanges courtois avec Françoise Sagan

C'est ainsi que la piste du fournisseur attitré des people de la capitale, adeptes du sniff – un livreur de coke à domicile –, conduit en 1986 la commissaire Monteil rue du Cherche-Midi chez la romancière Françoise Sagan. Après des semaines de filoche, le dealer est serré en flagrant délit au pied de cet immeuble et l'enquête se poursuit donc chez les clients. Épaulée par deux costauds, Martine Monteil se présente comme « patron de la brigade des stups » à la secrétaire, « une vraie tigresse qui pique une colère d'Ancien Testament, me traite de tous les noms et s'apprête à me frapper ». « Mes deux gars la contiennent dans l'entrée. » Et Françoise Sagan apparaît.

La cheffe des Stups lui explique l'objet de sa visite, mais l'écrivaine se sent mal et veut aller aux toilettes. Méfiante, la flic l'avertit : « Vous n'avez pas intérêt à jeter la drogue dans les WC » et la suit, « gênée », puis « met le pied dans la porte » pour s'en assurer. Ensuite, en tête à tête, la commissaire passe un marché avec la consommatrice : « Ou nous fouillons tout l'appartement ou bien vous nous dites où se trouve la drogue. » Sans hésiter, l'auteur de *Bonjour tristesse* accompagne la commissaire Monteil dans son bureau, devant une immense bibliothèque. « Et là, elle s'arrête devant une étagère qu'elle fait pivoter comme dans les films et sort de sa cachette plein de petits sachets de poudre blanche. » Cela fait, Sagan doit suivre Monteil au 36 quai des Orfèvres pour son audition, mais s'inquiète de son départ prévu à l'étranger le lendemain. « Pas de problème pour prendre l'avion si vous répondez à toutes mes questions », assure la flic, qui va interroger elle-même l'écrivain dans son bureau : « Le fait que je sois une femme aide à la confession. »

Accro aux amphétamines et à la cocaïne, Françoise Sagan se

livre à Martine Monteil : « Ce n'est pas que j'y trouve de l'inspiration, mais je me sens réellement bien et je ne peux plus m'en passer. » La commissaire lui reproche, me dit-elle, de « vanter les vertus de la drogue » en public et d'influencer peut-être « des gamins fragiles qui [l'] admirent ». Pas sur la même longueur d'onde, les deux femmes passent la nuit à échanger de façon « courtoise » dans l'antre de la commissaire des Stups, sous la lumière chaude de la lampe guerrière de Martine Monteil et les volutes des cigarettes grillées à la chaîne par Françoise Sagan. « Têtue », selon son expression, la commissaire fait tout de même la morale à l'écrivain, lui raconte le quotidien de la brigade des stups : les petites toxicos de 16 ans qui se prostituent pour une dose d'héroïne et les « fantômes » qui n'ont plus que la peau sur les os dans des squats infâmes. Mais l'écrivain a « l'air si frêle, si menue que la fatigue semble avoir plus d'emprise sur elle que mes paroles. Pas sûre qu'elle m'écoute », m'explique Martine Monteil. Finalement, Sagan compatit à son « désarroi » et « aux difficultés de [son] travail ». Mais, « en ce qui me concerne, dit-elle, cela ne changera pas grand-chose ». Avant de quitter le 36, l'écrivain demande une totale discrétion à la commissaire, qui lui donne sa parole. Puis les deux femmes se serrent la main.

Mais une fuite incite *Le Canard enchaîné* à titrer : « Bonjour camée ! » au grand dam de Monteil et de Sagan, qui lui passe un coup de fil pour le lui reprocher : « Madame, je suis très déçue, vous vous étiez engagée à ne rien révéler. » La commissaire croit l'avoir convaincue de sa sincérité : « On cherche à démanteler un réseau de cocaïne, on n'a pas "fait" Sagan. Vous n'êtes pas un trophée, madame. » Devant la justice, Françoise Sagan revendiquera le droit de s'autodétruire, puis sera condamnée pour une autre affaire en 1995 à un an de prison avec sursis pour usage et possession de cocaïne. Lorsque la romancière est morte à l'âge de 69 ans en 2004, Martine Monteil, devenue patron du 36, a songé à cette étrange nuit et a murmuré : « Adieu tristesse… »

3

« Verge momifiée de pendu », date non connue

Dans une pièce borgne, au sixième étage de la BRP, la brigade de répression du proxénétisme, se planque le musée intime de la Mondaine, fermé au public et déconseillé aux personnes chastes. Pour Les Jours, j'ai déverrouillé les cadenas de la porte numéro 608 dont la pancarte, saisie dans un claque, affiche la couleur : « Établissement INTERDIT aux mineurs ». À côté, fixée au chambranle, une loupiote rouge récupérée devant une autre maison de passe clignote. « C'est un clin d'œil au One Two Two », le célébrissime cabaret lupanar d'avant guerre, sis au 122 rue de Provence dans le VIIIe arrondissement de Paris, m'explique mon accompagnatrice, Martine Monteil.

Impressionnée, je franchis le seuil de l'antre de la Mondaine, encombrée de vestiges de soirées, genre Sodome et Gomorrhe. Au plafond pendent des lanières de fouets. Un corps de mannequin harnaché de cuir, avec chaînes, cadenas, masque et collier à clous trône au milieu de ce bordel miniature de vingt mètres carrés. Trois autres maîtresses-femmes aux ongles peints font le pied de grue. Elles portent des cuissardes à talons, des écharpes à plumes, des perruques, une robe moulante orange… Une roue de torture et une potence pour sado-maso jouxtent une planche hérissée de pointes, des sandales en cuir avec clous retournés, des fauteuils à trou, un vélo infernal avec un gode à la place de la selle et une sorte de joug en bois que la patronne de la brigade a vu, disons, occupé. « Je me souviens d'un mec avec la tête prise dans ce bois qui se referme sur le cou, les mains pareil, et je ne vous fais pas de dessin sur ce qui se passait derrière… », lâche l'ancienne cheffe de la Mondaine d'un air blasé.

À une époque, un conservateur s'occupait de ces antiquités, des centaines de photographies prises en flagrant délit, agencées sur des panneaux, et des trente godemichés protégés par une vitrine et assortis d'étiquettes jaunies. Tapées à la machine, elles racontent la vie de ces faux sexes ou le lieu de leur découverte, mais manquent souvent de date. Au pied d'un engin monumental en cire, l'ex-gardien des lieux a écrit : « Cette bougie était un cierge. Il avait été dérobé dans une église et façonné de telle sorte qu'il était utilisé par son voleur qui se le faisait introduire dans l'anus par son "esthéticienne". » Ou encore : « Phallus et martinets saisis chez Madame X, entremetteuse et tenancière d'un bar dans les environs de la gare Saint-Lazare. Elle mettait ce matériel à la disposition de sa clientèle de vicieux. » Un autre instrument « de grossière fabrication servait à un animateur de cabaret qui faisait monter sur scène une cliente » et le lui présentait en braillant « des chansons de corps de garde ». Le clou du musée de la Mondaine est un véritable sexe masculin dressé et noirci, dont on ne connaîtra pas toute l'histoire car le bout de papier s'avère laconique : « Verge momifiée d'un pendu, utilisée par une femme interpellée pour trafic de stupéfiants. » La façon dont la dealeuse l'a récupérée reste une énigme…

La commissaire désigne du doigt une cage en fer posée dans un coin et l'écriteau « ORDURE » qu'une dominatrice réputée accrochait autour du cou de son « esclave » dénudé, en l'occurrence un PDG de province qui venait régulièrement à Paris passer ses week-ends à genoux derrière ces barreaux. Soupirs de Martine Monteil : « Le peu d'illusions que j'avais en arrivant à la Mondaine sont parties en cinq ans ici, croyez-moi. » Il n'empêche qu'elle tient à ces instruments sensationnels. « Ce serait une hérésie de les jeter car certains sont très anciens. Faut bien les astiquer », conseille même la pionnière au commissaire Jean-Paul Mégret, l'actuel chef de la BRP, qui nous accueille. « Chaque objet à une histoire et plusieurs générations de policiers ont joué le jeu de les conserver. »

D'ailleurs, sitôt arrivée en 1989 à la tête de la brigade – qui emménage alors au 3 rue de Lutèce –, Martine Monteil fit rapatrier du 36 quai des Orfèvres ces objets très spéciaux qui incarnent la mémoire des affaires de la police des mœurs : « On a fait des travaux dans cette ancienne cellule de garde à vue, on a repeint nous-mêmes les murs le week-end, puis on a inauguré notre petit musée en organisant un pot » avec des huiles de la PJ, dont le sous-directeur d'alors, Claude Cancès, ancien de la Mondaine et auteur, en 2014, de *La Brigade mondaine*. On y apprend l'origine des premiers trophées entreposés ici après un scandale qui remonte à la fin du XIXe siècle.

Deux portefeuilles en peau de guillotiné

Pour s'attirer les bonnes grâces du chef de la Sûreté et surtout de son adjoint, Marie-François Goron, qui collectionnait des objets et se constituait « une sorte de petit musée personnel dans son bureau », le brigadier de police Gustave Rossignol lui offrit « un porte-cartes fabriqué avec la peau du célèbre criminel Henri Pranzini ». Dans un bulletin de la Société d'anthropologie de Paris[1], le Dr Variot, médecin de l'infirmerie centrale des prisons

1. Voici ce qu'on lit dans les « Remarques sur l'autopsie et la conformation organique du supplicié Pranzini et sur le tannage de la peau humaine » signées du Dr Variot, le 2 mars 1929 : « Pranzini était un aventurier étranger qui commit un crime affreux au mois de mars 1887. En moins d'un quart d'heure, il avait égorgé une demi-mondaine opulente, Marie Regnault, ainsi que sa bonne et la fille de celle-ci, âgée de 12 ans. » Si la tête du décapité fut « portée au laboratoire d'anthropologie pour y être moulée [...], les restes du cadavre furent descendus dans les pavillons de dissection » et « trois semaines plus tard, un véritable scandale éclata ». La presse quotidienne « s'indigna qu'on eût pu utiliser la peau pour confectionner des bibelots-souvenirs ».

à la Santé, qui a pratiqué l'autopsie de ce triple assassin exécuté à Paris le 1er septembre 1887, raconte l'enquête menée par le doyen de la faculté de médecine et sa découverte du coupable : « L'auteur responsable du larcin était un garçon d'amphithéâtre nommé Godinet qui, moyennant une absinthe et une pièce de cent sous, avait laissé emporter de grands lambeaux de peau du supplicié par le brigadier de police Rossignol. » Ce sont les « indiscrétions du fabricant » des deux portefeuilles en peau de guillotiné qui révélèrent l'ignominie et secouèrent la préfecture de police de Paris. Du coup, le commissaire Goron « décida de se séparer de tous ses trophées », écrit Cancès : « Beaucoup de pièces iront finalement au musée de la police créé en 1909, mais quelques autres, jugées trop licencieuses, seront conservées par la brigade mondaine qui enrichira un stock devenu son musée. »

Ici, à côté d'une ceinture de chasteté en fer, on trouve le collier de chien à pointes que Louis Barthou, ministre des Affaires étrangères en 1917 et en 1934 et habitué du Chabanais, un claque du IIe arrondissement, passait autour de son cou pour se faire promener en laisse et fouetter le derrière. Le tout-Paris des années 1930 fréquente surtout les deux lupanars les plus chics de la capitale : le One Two Two et Le Sphinx, 31 boulevard Edgar-Quinet à Montparnasse, décrit la photographe et universitaire Véronique Willemin dans *La Mondaine*. La déco de ce dernier, inspirée de l'Égypte ancienne, avec cascade et sphinx en or, a été immortalisée par le photographe Brassaï. Fiché comme « maison de tolérance », cet établissement est fréquenté par des écrivains (Kessel, Carco, Simenon, Cendrars), des hommes politiques et des vedettes hollywoodiennes. Il appartient en sous-main à deux caïds marseillais, Paul Carbone et François Spirito. La police des mœurs a ses entrées dans cet endroit, « le mieux renseigné de Paris ». Freeda, la sous-maîtresse qui y officie alors, « connaît les préférences de tous les présidents du Conseil, le chiffre exact des comptes courants, le pouls des élections et les secrets d'alcôve », lit-on en 1928 dans l'article cité par Willemin

« Un mois chez les filles » de la reporter Maryse Choisy, engagée comme femme de chambre dans plusieurs bordels.

Les « carnets sanitaires » des prostituées sont visés chaque semaine

Les gérants et les tenancières de bordels sont connus comme indicateurs de la Mondaine, et doivent alors remplir le « livret de tenue de maison de prostitution », qui porte le tampon Préfecture de police de Paris. De tels documents sont exposés au musée de la Mondaine, avec des « carnets sanitaires » de prostituées. Ainsi, le Dr Humbert, sis au 88 rue Fontaine à Paris, dans le quartier de Pigalle, pratique chaque semaine leur examen gynécologique et appose au tampon rouge « Négatif » lorsque la patiente est exempte de maladie vénérienne. Un document de « demande de tolérance en faveur d'une fille soumise » à en-tête de la direction de la police judiciaire prouve le recrutement comme informatrices des praticiennes du plus vieux métier du monde. Car, à en croire le commissaire Jacques Arnal, patron du service en 1952, ce sont les gros proxénètes – les propriétaires, dissimulés derrière des prête-noms – qui intéressent la Mondaine : « Seules des dénonciations de sous-maîtresses mécontentes, ou des enquêtes approfondies, permettaient de révéler le vrai visage de ceux qui empochaient l'argent du stupre. Entre 1913 et 1940, on savait que, parmi les “bidochards”, il y avait quatre anciens ministres, deux sénateurs, huit députés, cinq banquiers, autant d'industriels, quatre conseillers municipaux, des hauts fonctionnaires, deux généraux du cadre de réserve, des notaires, des magistrats », écrit-il dans *Archives secrètes de la Mondaine*. Mais pour le chef de la Mondaine, « la palme revenait à un ancien ministre de la IIIe République qui touchait les bénéfices de trois bordels, dont le tristement célèbre de la rue de Fourcy, l'odieux modèle des maisons d'abattage. Tous ces dossiers dormaient dans l'immense coffre de la brigade mondaine, un coffre à l'épreuve des balles, des grenades et du feu ».

Si certains documents ont disparu pendant l'Occupation, d'autres blancs – les notes anonymes de la police – sur les mœurs de figures de la politique, de l'économie et de la culture se trouvaient encore dans ce coffre-fort massif lorsque Claude Cancès, numéro 2 du 36, le fit vider en 1989 pour le transporter au moyen d'une grue, à côté, au 3 rue de Lutèce. Selon son livre, « Parmi ces papiers, il y avait quelques pépites. Ainsi, le compte rendu détaillé d'une soirée que le président du Conseil, Édouard Herriot, dans les années 1930, a passée au One Two Two. On y apprend que le Lyonnais y a "honoré aussi bien les femmes que les bouteilles". »

Marthe Richard veut démanteler les bordels… et la police des mœurs

La fin de la Seconde Guerre mondiale signe le déclin des maisons de passe. Marthe Richard, conseillère municipale de Paris, veut en finir avec « ce système de prostitution organisée, patentée et couverte par la police. C'est-à-dire les tolérances et ses maisons d'accueil ». Toutefois, selon l'écrivain Alphonse Boudard, l'égérie de la morale reconnaît « qu'il y a des femmes qui tapinent, des essaims, rue Saint-Denis, à Pigalle, à Barbès, au bois de Boulogne » et admet même leur inflation : « Les marcheuses et les chandelles sont plus nombreuses que les pensionnaires des 178 bordels de Paris. » N'empêche. Marthe Richard entend « anéantir le système qui légalise en quelque sorte le proxénétisme » et propose même d'« abolir la police des mœurs qu'elle appelle "police de la prostitution forcée" », écrit Alphonse Boudard dans *La Fermeture*.

Mais la conseillère municipale ne parviendra pas à supprimer les policiers de la Mondaine car, poursuit Boudard, « sous tous les régimes, les gouvernements de droite et de gauche ont besoin de leurs services ». Notamment pour les fiches tenues à jour sur les uns et les autres, sur les adversaires et les amis politiques, et même sur Marthe Richard elle-même – la sienne a été établie en 1905 pour racolage. La Mondaine ne manque pas de railler l'article 5 de la loi de « la pseudo-vertueuse » qui ordonne la destruction de toutes les fiches de prostitution, et notamment de la sienne.

La loi abolitionniste est votée à une large majorité le 13 avril 1946 et les 1 500 maisons closes du pays doivent fermer dans les six mois, le temps de vendre et de se recaser. Fabienne Jamet, la tenancière du One Two Two avec « Monsieur Marcel », décrivit en 1975 dans *One Two Two, 122 rue de Provence* la fin de son claque de luxe réquisitionné par les nazis durant l'Occupation : « Un jour d'octobre 1946, le ciel devint très bas et pluvieux, lit-on sous la plume de la taulière, les lumières s'éteignirent, les rires se cassèrent. Les jeunes femmes ne revinrent plus et pour la première fois, au 122 rue de Provence, les volets s'ouvrirent. » Cet immeuble de sept étages a été vendu 32 millions de francs au Syndicat des cuirs et peaux… Pour le commissaire Marcel Galy, alors patron de la Mondaine, cette loi « fut un désastre sur le plan policier ». Le 1er avril 1947, il n'y a plus un seul claque dans Paris, mais les racoleuses pullulent sur les trottoirs et « 500 bordels clandestins prennent la relève des 178 maisons de tolérance supprimées par la loi », rapporte Véronique Willemin. Les clandés se planquent derrière les façades borgnes de la Goutte-d'or, quartier très populaire du XVIIIe arrondissement. Ce sont là des maisons d'abattage, où les filles enchaînent 60 à 80 passes par jour avec les ouvriers venus du Maghreb et d'Afrique noire. Ces bouges infâmes échappent à la police des mœurs jusqu'à l'enquête d'insalubrité publique de 1984 qui finira par assainir les lieux.

Sur le modèle de l'herbier, un « album de poils pubiens »

Dans le bric-à-brac du musée de la Mondaine, entre deux vieilles machines à sous mécaniques qui alignent oranges et citrons, la commissaire Monteil fait ouvrir une vitrine qui recèle des documents rares, telle cette fiche du 3 novembre 1964 sur « Jambe de laine, amoureux de l'actrice Gina Lollobrigida qu'il importune par ses missives », ou encore le carnet de « dressage », rouge râpé, au fermoir cassé, de « l'esclave numéro 23 ». Mais le joyau que Martine Monteil veut me montrer est « l'album de poils pubiens du Roi René », célèbre tenancier de boîtes à partouzes, assassiné en 1973 de quatre balles dans le buffet. « Je l'ai fait mettre sous clé car tout le monde le feuilletait et l'abîmait », explique la commissaire, numéro 3 de la brigade des stupéfiants et du proxénétisme lorsque cette curiosité a été saisie.

Le 18 octobre 1984, elle était même aux premières loges, déguisée en « bourgeoise, tailleur élégant et talons aiguilles » pour entrer « en couple avec un inspecteur » dans ce repaire isolé et endormir la méfiance du portier, un ancien boxeur. Et permettre au reste de la brigade de s'engouffrer en force dans ce club libertin. « Attention, chacun fait ce qu'il veut, l'échangisme n'est pas un délit, mais le proxénétisme en est un. Et mon patron, Olivier Foll, savait que plusieurs prostituées y travaillaient, le tenancier jouant l'entremetteur », souligne la femme flic. C'est donc pour « surprendre en flag les couples en action avec des professionnelles et saisir des preuves dans le bureau du responsable de l'établissement » que la Mondaine mène l'opération. Là, dans un tiroir de Gérard C., fils de feu René C., le tenancier de l'établissement, les policiers ont découvert la fameuse pièce à conviction. Cet album sans couverture ne contient pas des timbres rares de philatéliste mais… des touffes de poils pubiens. Étranges collectionneurs, le Roi René et son fils avaient rangé dans de mini-pochettes en plastique ces souvenirs très intimes de 214 filles venues s'ébattre ici, puis ont inscrit leur prénom et leur origine : « Sonia, Pérou », « Nati, Espagne Sud Valence », « Rosy, Italie », « Maya, Brésil Vietnam », « Marguerite, Irlande du Sud » ou encore « Cindy, Anglaise ».

Gardien des lieux, le commissaire Mégret prévoit de déménager cette relique et toutes les curiosités de la Mondaine dans le futur 36, rue du Bastion aux Batignolles, où « un espace de 25 mètres carrés est réservé pour recréer notre musée et perpétuer nos traditions ».

4
Katia la Rouquine, une vie de balance

Tenancière de « maison de galanterie », passionnée d'opéra et « auxiliaire de police » judiciaire, Lucienne Goldfarb, dite « Katia la Rouquine* », déboulait au 36 avec ses yeux bleus et son fume-cigarette, ses jupes de grands couturiers et son Chanel *N° 5*, puis ouvrait les portes d'un coup de talon aiguille pour donner ses tuyaux au service idoine. Comme chez elle au quai des Orfèvres, la délurée connaissait l'organisation de la PJ et les patrons sur le bout des doigts, et abreuvait toutes les brigades pour travailler tranquillement. Ainsi, Claude Cancès, jeunot débarqué à la Mondaine en 1964, a tout de suite été affranchi par son chef sur le statut privilégié de la « plus grande maquerelle de Paname » : « Tu ne t'imagines pas ce qu'elle balance, et pas qu'à nous ! Elle entend parler d'une équipe de voyous, elle va voir l'Antigang. Si c'est les Stups, elle convoque le chef de section. On m'a même raconté qu'elle balance aux RG et aux espions du SDECE[1] », dit-il aux Jours.

Officiellement, depuis 1947, Lucienne Goldfarb bénéficie d'un condé de la Mondaine, c'est-à-dire d'une permission de se prostituer en échange de renseignements. Katia la Rouquine l'informatrice a retracé son parcours de secrétaire devenue pute pour un tailleur Chanel à Martin Rolland, en 1976, pour

1. Le SDECE, Service de documentation extérieure et de contre-espionnage, est l'ancêtre de la DGSE.

son autobiographie présentée par Alphonse Boudard. Elle y raconte qu'elle a ensuite continué à tapiner devant les vitrines des beaux quartiers pour atteindre en accéléré son « idéal » : gagner un maximum d'artiche. Mais au printemps 1947, deux poulets de la Mondaine l'ont « emballée » deux fois d'affilée pour racolage. Direction le 36 et « une pièce crasseuse, éclairée par une grosse ampoule couverte de traces de mouches » qui « sentait le renfermé, la pipe froide et le bureau de mairie ». On lui a alors mis un marché en main : « Le laissez-passer magique qu'on appelait le "condé" » contre une collaboration : dénoncer souteneurs, braqueurs et trafiquants. Promesse des deux flics : « Vous aurez une paix royale. » Alors, Katia la Rouquine accepte de moucharder. « Ça me chatouillait de faire de la police », lit-on dans le livre. Et puis, c'est un bon moyen de se venger des « harengs » – les proxénètes –, à commencer par Fernand qui veut la « mettre à l'amende » et lui filer « des coups de saccagne » – de couteau. « Je vais leur faire bouffer leur merde à tous ces fumiers qui prennent les filles pour des coopératives », écrit la prostituée, indépendante et calculatrice. « Quand j'eus, par quelques bricoles, démontré ma bonne foi et mes aptitudes pour la quête du renseignement, Tony et Jacques, mes deux supporters du 36, me mirent sur une affaire » : un père (en apparence) tranquille suspecté d'exploiter des filles. Sur ses heures de repos, la voilà qui prend « Pépère en filoche, par étapes » et finit par rapporter son numéro de voiture à ses mentors qui l'identifient et l'arrêtent pour proxénétisme.

La Rouquine attrape le virus de la police

Bientôt la Rouquine achète de l'héroïne pour « les copains de la Mondaine, ou des livres, des photos et des films pornos pour le groupe "galanterie" ». En 1950, elle donne un coup de main à la police des mœurs pour infiltrer les partouzes en plein air du bois de Boulogne entre des couples venus à bord de grosses cylindrées, « Salmson, Hotchkiss et 15 CV Citroën », et stopper cette « activité clandestine, interlope, fortement discutable sur le plan de la morale », ose-t-elle. De démantèlement de clandés en flags de vendeurs de drogue, la Rouquine, qui arpente en parallèle les trottoirs du côté des Champs-Élysées, attrape le virus de la police et se vante de ses états de service. « Fini l'amateurisme, j'étais devenue un flic, une espèce de Vidocq en jupons. »

« J'aime les poulets et le bel canto », répète à l'envi Lucienne Goldfarb, qui tient cet amour de l'opéra de son mélomane de père. Arrivée avec sa famille en 1931 – elle a alors 7 ans – à Paris, rue des Immeubles-Industriels dans le XIe arrondissement, la petite Polonaise juive de Radom a été initiée très jeune à cet art. Son père, Fiszel, a su guider son « oreille vers les pièces les plus pures du répertoire lyrique » et l'a emmenée pour la première fois en 1936 au Palais-Garnier écouter *Samson et Dalila* de Camille Saint-Saëns, chanté par Georges Thill. Lucienne se sent alors « profondément touchée par le timbre extraordinaire de sa voix ». Sa quête des plus grands chanteurs remonte à ce concert qui fit chavirer son cœur. « Je fus cette jeune fille très bien élevée que des parents merveilleux destinaient à une carrière musicale parce que j'étais douée », écrit la Rouquine. Mais la Seconde Guerre mondiale ravage ce destin. Son père est arrêté en 1941 lors d'une rafle de Juifs dans son quartier, puis déporté vers Auschwitz, le 27 mars 1942. Sa mère Sura et son petit frère Richard le suivront en février 1943.

Henri Krasucki aurait été arrêté en 1942 après un rendez-vous avec elle

À l'été 1942, Lucienne obtient des rendez-vous avec des Juifs des FTP-MOI[2] du XIe arrondissement. Elle dit vouloir entrer dans

2. Les Francs-tireurs et partisans main-d'œuvre immigrée (MOI) était un mouvement de résistance essentiellement composé d'étrangers communistes. Il est particulièrement connu à travers les 23 membres du groupe de l'Arménien Missak Manouchian condamnés

la Résistance. Très vite, les arrestations se multiplient dans le réseau. Henri Krasucki, futur leader de la CGT, et Adam Rayski, chef de la section juive polonaise, seront respectivement arrêtés et filés juste après un rendez-vous avec elle, assurent-ils. En avril 1943, 57 militants du groupe seront raflés. Les survivants accuseront la jeune Lucienne Goldfarb de les avoir infiltrés et dénoncés aux brigades spéciales[3]. Pour les convaincre de la laisser servir à leurs côtés comme « agent de liaison », Lucienne se serait vantée de connaître un policier « ami des Juifs » et capable de lever les scellés d'appartements réquisitionnés. En juillet 1985, à la suite de l'enquête « Les ombres de 1943 », signée par Edwy Plenel et Patrick Jarreau dans *Le Monde*, Lucienne Goldfarb envoie une lettre au journal. Elle y affirme qu'elle se trouvait loin de Paris, en zone libre, en juillet 1942 : « Je n'ai même jamais de ma vie seulement rencontré Krasucki et Rayski. »

Selon sa version, elle aurait été arrêtée faute de laissez-passer sur la ligne de démarcation et aurait été emprisonnée trois mois à Bourges. À son retour, elle se serait planquée dans un hôtel à Puteaux dans les Hauts-de-Seine, où un gardien de la paix passé dans les brigades spéciales l'aurait interpellée en janvier 1943 et lui aurait permis d'obtenir de vrais faux papiers au nom de sa belle-sœur pour aller se cacher en Normandie. Mais à quel prix ? Questionné par Jarreau et Plenel, ce membre des BS, Pierre Piget, soutient avoir prévenu des Juifs de leur arrestation imminente, de concert avec Lucienne Goldfarb, qu'il appelle « LG ». « On envoyait des lettres ensemble pour avertir des

---

à mort. Leurs noms figuraient sur « l'Affiche rouge » placardée par le régime de Vichy et l'occupant allemand.

3. Pendant la Seconde Guerre mondiale, à la préfecture de police de Paris, les brigades spéciales (BS) traquent pour le régime de Vichy, en étroite relation avec la Gestapo allemande, les « ennemis intérieurs », principalement communistes, prisonniers évadés et réfractaires au Service du travail obligatoire (STO). Elles recherchent également les Juifs.

gens », explique alors ce flic qui ne veut pas remuer le passé : « C'est un peu spécial, je n'y tiens pas. Même pour la "LG" en question, c'est trop grave pour elle. » À la Libération, il fit trente mois de détention pour participation à la police de Vichy, avant de bénéficier d'un non-lieu, tout en restant radié de la police. Mais, hasard ou pas, c'est au commissariat de Puteaux qu'Henri Krasucki avait été emmené et interrogé. De nombreux témoignages convergents désignent Lucienne Goldfarb comme indic. En 1950, six survivants des FTP-MOI déposent plainte contre elle. Sans suite. Car une loi amnistie les faits de collaboration commis par des mineurs de moins de 21 ans. Or, l'indicatrice supposée n'avait que 18 ans. Ces accusations réfutées en bloc par Lucienne Goldfarb ont ressurgi en 1976 lors de la sortie de son livre, que l'éditeur André Balland, issu de la Résistance, fit pilonner pour ne pas voir son « nom associé à une saloperie ». Il n'a pas cru les protestations d'innocence de l'auteure, qui, selon *Le Monde*, lui a lancé : « Vous me faites chier avec ces histoires ! Vous avez des preuves ? » De fait, il n'y a pas eu de procès, il n'y a pas eu de preuves. Il n'existe plus de documents compromettants non plus contre la plupart des flics collabos qui ont été réintégrés en 1951 avec reconstitution de carrière.

Marseillais à la faconde méridionale, le commissaire Lucien Aimé-Blanc*, numéro 2 de la Mondaine en 1964, témoigne pour Les Jours des accointances de Katia « avec tous les flics ayant collaboré et restés en poste » : « Elle les a connus pendant l'Occupation où elle avait été arrêtée par les Allemands et victime d'un chantage. » Venu à Paris dans les années 1980, « Lulu » Aimé-Blanc a cherché « le livre d'un communiste déçu » évoquant « la Rouquine manipulée par la Gestapo et les flics collabos » sous peine de déportation. Mais son libraire du Quartier latin n'a pas pu lui en vendre : « J'en ai reçu 100 hier et quelqu'un en a racheté 99. C'était elle, la Rouquine. » Dans sa bio officielle, l'informatrice fixe donc le début de sa collaboration avec la police et son condé à 1947. Depuis, elle a renseigné sans vergogne le 36 sur le milieu, les voyous, les maquereaux et les dealers.

Un hôtel de passe de six étages et trente chambres

Au début des années 1950, Lucienne tombe amoureuse de Paul Tell qui plaque son boulot de secrétaire de direction dans un garage pour collectionner les timbres rares et gérer les finances du couple, bientôt installé « à Passy, dans un appartement digne d'un parlementaire », selon le livre de la Rouquine. Ils auront même un fils, confié à ses grands-parents paternels qui jugent Katia « indigne de l'élever ». En 1954, la voilà qui entraîne Paul à une représentation, à Paris, d'*Otello* de Verdi, avec Mario Del Monaco, mais elle se montre si exubérante que son homme la remet en place. « Les jurons » de cette dame habillée en bourgeoise envers « l'autre corniaud » sidèrent ses voisins de rang. À la fin du spectacle, la Rouquine parvient à rencontrer dans sa loge le ténor italien, qui lui dédicace une photo, et puis d'autres, le lendemain à son hôtel. Lucienne se pâme : « Mon cœur jouait à la grande roue. Je paumais les pédales. » La groupie part ensuite à la Scala de Milan l'entendre dans *Manon Lescaut* de Puccini et suivra tous ses galas à l'étranger. « Le tapin, l'hôtel, tout devint prétexte à m'intégrer dans cet univers devenu pour moi ma seconde raison d'être », écrit la piquée d'opéra. « La philatélie croquait mes revenus et, en 1958, un peu lasse de cette vie bourgeoise, je laissai tomber le tapin afin d'acheter un hôtel de passe. »

Montée en grade, copropriétaire avec une « frangine » d'un immeuble de deux étages et quinze chambres où elle fit ses premières armes du côté de la porte Maillot, la Rouquine décroche de la Mondaine « un nouveau condé, mais un condé de taulière ». Pendant quatre ans, ses journées se déroulent « derrière des tentures, des volets clos, au rythme des clapotis de bidets », à la réception où la caisse enregistreuse tourne à plein régime. Sans compter les « missions » de PJ, réalisées à l'œil. Ses nuits sont dévolues à Paul dans leur palace de Passy ou à des concerts dans des salles prestigieuses.

Femme d'affaires au tempérament de feu, la tenancière lorgne déjà l'hôtel d'en face, de « six étages, trente chambres, de quoi faire un petit paradis ». C'est ainsi qu'avec la protection en béton de la Mondaine, ses biffetons amassés sur le dos des filles et l'apport d'un généreux mécène, la Rouquine achète le 10 *bis* rue du Débarcadère, dans le XVIIe arrondissement. Pas pour le transformer en bobinard tape-à-l'œil, mais « en maison de rendez-vous luxueuse » pour des « clients de classe, généreux, discrets et honorables ». Lucienne le baptise « Del Monaco », du nom de son ténor favori. Salons feutrés, lumière tamisée, tentures satinées, tapis épais, l'établissement baigne dans le rouge et attire des messieurs aux portefeuilles bien garnis. Elle soigne ses relations avec les VIP qu'elle approche avec un toupet monstre, selon Lulu Aimé-Blanc : « Elle était costaud, la Rouquine. Grâce à son petit chien, elle est devenue copine avec la femme du président Pompidou qui en avait un aussi, en allant dans le salon de coiffure qu'elle fréquentait. »

« Il ne connaît pas ma chambre spéciale, le môme ? »

Venu du 36 au 10 *bis*, à bord d'une Aronde, avec un collègue « gouailleur et, avouons-le, un peu corrompu », Claude Cancès, alors un bleu à la Mondaine, découvre, un après-midi de 1964, la Rouquine, « une institution », me raconte-t-il. Il se souvient encore de cette dame de 40 ans « très très maquillée » – « pas une mocheté, ni une beauté » – et de sa « flamboyante chevelure frisottée ». Elle le fixe de son regard bleu en fumant ses Gitanes à la chaîne dans une pièce vite saturée de tabac. Elle lance de « sa voix cassée » : « Il ne connaît pas ma chambre spéciale, le môme ? » et l'entraîne au premier étage dans une chambre luxueuse, l'installe dans un fauteuil derrière « une grande glace » puis le laisse en plan : « Profitez-en, c'est gratuit ! » Le petit flic pige vite : « C'est une pièce pour voyeurs. » En effet, un couple entre à côté et la professionnelle en rajoute pour lui en mettre plein la vue. Mal à l'aise derrière la vitre sans tain, le novice décampe rapidement, « nauséeux ». « Si c'est ça, le 36… », déchante le perdreau.

Sitôt Claude Cancès redescendu, la taulière met fin au conciliabule avec son collègue. « Je comprends vite que la séance de théâtre porno a surtout servi à la Rouquine pour m'écarter des discussions en tête à tête » et sûrement de la remise « d'un gros billet ». D'autres poulets, notamment des brigades territoriales, mais aussi quelques-uns du 36, touchent des enveloppes de la tenancière du 10 *bis* qui « les tient en les arrosant ». Cancès n'a « pas craqué », mais a mesuré « l'ampleur de la tentation corruptrice » avec des « fleurs des rues » qui essaient de donner un billet ou de « payer en nature » pour ne pas être embarquées. Une scène va lui prouver que Katia la Rouquine « excelle dans l'exercice de la compromission », écrit-il dans *La Brigade mondaine*. Un jour, elle passe au 36 « balancer une affaire » à deux policiers, dont Cancès. En fin de conversation, la Rouquine se lève, s'approche du porte-manteau et glisse un billet dans la veste de son collègue, raconte-t-il. « La garce, elle a fait en sorte que je voie son manège ! Elle est forte : elle mouille l'autre flic et me montre sa générosité comme un message : “À toi d'en profiter si tu veux.” »

« C'est pas que je suis honnête, c'est que j'avais peur de la Rouquine »

À son tour, Lulu Aimé-Blanc témoigne de la générosité de la Rouquine qui « payait des cadeaux et donnait peut-être des enveloppes » à certains flics. Quand il refusait un présent, elle le narguait : « T'es trop honnête, Lulu, t'es trop con ! » Conscient de ses limites, ce poulet qui s'encanaillait avec le milieu, les filles et les voyous pour se tuyauter me confie tout à trac : « C'est pas que je suis honnête, c'est que j'avais peur de la Rouquine, je ne la sentais pas trop. » Il a accepté un seul cadeau, m'assure-t-il : « Un briquet S.T. Dupont pour mon anniversaire » après avoir demandé son avis au patron qui lui a rétorqué : « Tu ne peux pas refuser, sinon la Rouquine va se vexer. »

Pourtant, la précieuse « donneuse » qui avait « payé à la Mondaine le premier magnétophone pour les écoutes » n'avait pas besoin de payer en plus de ses bons et loyaux services, qui font encore siffler d'admiration Pierre Ottavioli, patron de la brigade de 1965 à 1970 : « La Rouquine était très fiable, pas comme Madame Claude, à moitié mythomane[4]. Je n'ai jamais mis en doute ce que me donnait Katia, elle nous apportait de très bons renseignements et son concours aussi », me confie-t-il. Le commissaire « Papa Oscar » – en vertu de ses initiales, « P.O. » – la reçoit régulièrement dans son bureau et déjeune avec elle une fois par an à La Marée, aux frais de « l'auxiliaire de police » qu'il sollicite également pour « acheter des tableaux et des stupéfiants ». « Il fallait qu'elle soit très bien vêtue avec beaucoup de bijoux pour prouver aux trafiquants qu'elle avait les moyens d'acheter. Elle réussissait parfaitement. En échange, la Rouquine avait le droit de tenir son hôtel avec des prostituées. » Cela dure jusqu'à la fin de 1973, quand soudain les règles changent.

Après vingt ans de renseignements, pas question de fermer

Le président de la République, Georges Pompidou, en a alors soupé des rumeurs sur ses mœurs, des prétendus secrets d'alcôve de son épouse et des bavardages de maquerelles protégées par la police[5]. Du coup, son ministre de l'Intérieur, Raymond Marcellin,

4. Voir, *infra*, p. 153.
5. Voir, *infra*, p. 211.

entend moraliser la gestion des indicateurs de police « et surtout ne plus voir ces notes détaillant des pratiques scabreuses de puissants, sortes de rapports officieux qui viennent en droite ligne des mouchards de la Mondaine », écrit Claude Cancès dans *La Brigade mondaine*. Par conséquent, une circulaire intime l'ordre aux services de cesser toute protection aux informateurs. Le patron de la Mondaine, Roger Le Taillanter, prévient alors Madame Claude et la Rouquine de la suppression des condés et de la cessation immédiate de leurs activités de proxénètes. Mais le 10 *bis* continue à tourner. Après vingt ans de renseignements, pas question de fermer. Le Taillanter convoque donc la taulière pour lui mettre les points sur les *i* : « Madame, je vous le répète : désormais, vous n'êtes plus protégée par nos services. Mettez la clé sous la porte. » Mais la tenancière du Del Monaco ne renonce toujours pas à sa lucrative entreprise. Alors, au printemps 1974, la Mondaine déboule dans sa « maison de rendez-vous » et attrape en flagrant délit deux prostituées en pleine action. Affront suprême, Lucienne Goldfarb est arrêtée et conduite au 36. À l'issue de sa garde à vue, la voilà inculpée par le juge Hubert Pinsseau pour proxénétisme hôtelier.

Ressortie libre, la Rouquine se venge en balançant « tous les pourris de la Mondaine qui en croquent » aux huiles du service concurrent, l'Office central de répression du trafic des êtres humains. Sur procès-verbal, Lucienne Goldfarb déballe tous les cadeaux et les enveloppes : un manteau de vison pour l'épouse d'un inspecteur, un téléviseur pour un autre policier, le briquet S.T. Dupont du commissaire Aimé-Blanc, etc. Prévoyante, Katia payait par chèque et gardait les factures, qu'elle remet au juge. Mais, comme à son habitude, l'indicatrice, rompue au double, voire au triple jeu, assène des vérités… et des mensonges. Ses dénonciations visent parfois des flics intègres – qui ne lui sont d'aucun secours – et pas toujours de vrais ripoux – qui peuvent encore lui servir. De quoi plomber le dossier qui ne résiste pas à l'épreuve des vérifications. Pendant un an, le scandale s'étale en une des journaux comme *L'Aurore*, qui titre, le 4 juin 1975 : « Cette belle Katia qui a déclenché la guerre des polices ». À défaut de faire plonger les corrompus, la Rouquine a eu la peau de la Mondaine, qui devient, le 16 juin 1975, la « brigade des stupéfiants et du proxénétisme ». Ne manquant pas de ressource, Lucienne Goldfarb rebondira dans les années 1980, inoxydable.

5
La Rouquine et l'ami Duduche

À la fin de l'été 1981, à son retour de Saint-Tropez, le commissaire Lucien Aimé-Blanc, ancien de la Mondaine, est dans la panade. Entre l'arrivée de François Mitterrand à l'Élysée, des « socialo-communistes », comme il me le dit, au gouvernement, et les révélations de *Libération*[1] sur ses rendez-vous avec un indic facho, Jean-Pierre Maïone-Libaude, durant sa cavale, le patron de l'Office central de répression du banditisme vient de sauter et s'inquiète pour sa carrière. En plus, ce Marseillais n'est pas dans les petits papiers du nouveau ministre de l'Intérieur, Gaston Defferre, l'ancien maire de sa ville natale. C'est alors qu'il reçoit un coup de fil d'une « bienfaitrice de la police », ainsi qu'il le relate dans *L'Indic et le Commissaire*.

« Comment allez-vous ? Vous reconnaissez ma voix ?

– Bien sûr, c'est une voix qu'on n'oublie pas !

– J'ai appris que vous aviez des ennuis. Pourquoi vous ne passez pas me voir ?

– Pourquoi pas, ça me rappellera le bon temps !

– Allez, je vous attends rue du Débarcadère. La maison est toujours aussi accueillante, surtout pour les amis[2] ! »

1. Gilles Millet révèle le 27 juillet 1981 l'arrestation – par Robert Broussard de l'Antigang – de Jean-Pierre Maïone-Libaude, un ancien de l'OAS reconverti dans le milieu et indicateur du commissaire Lucien Aimé-Blanc. L'article est titré : « Un redoutable truand arrêté à Paris : il était couvert par un grand flic parisien. »

2. Sauf mention contraire, l'essentiel des citations de ce chapitre est tiré de ce livre (Plon, 2006), ainsi que d'entretiens avec l'auteur.

Katia la Rouquine ! Lulu n'en revient pas : la maquerelle est toujours dans le circuit. Malgré son inculpation en 1974 pour proxénétisme hôtelier et la fermeture de son bordel, elle est toujours là… Il l'a connue en 1964-1965, « petite, vive et rousse comme un écureuil », mue par « une véritable passion pour les flics qui le lui rendaient bien », un « tapin avec la gueule de Marlène Jobert », devenue patronne d'un hôtel de passe et toujours fourrée au quai des Orfèvres. La tenancière a poussé le vice jusqu'à équiper des chambres de vitres sans tain pour prendre des photos compromettantes de « personnalités importantes, ecclésiastiques et hommes politiques, qui alimentent les fichiers de la brigade ». Vu l'entregent de la taulière, le commissaire ne manque pas ce rendez-vous.

« Je vais te présenter à Duduche »

Au 10 *bis* rue du Débarcadère, dans le VIIe arrondissement de Paris, Katia la Rouquine, Lucienne Goldfarb pour l'état civil, lui fait faire le tour du propriétaire et lui montre certains aménagements : « Viens voir, j'ai mis une piste de danse » avec une boule à facettes. Lulu remarque surtout les « glaces au sol qui permettent de regarder sous les jupes des dames » dans ce grand salon « très cosy » aux canapés moelleux et profonds. Surtout, la tenancière rouée a fait abattre les cloisons des chambres du cinquième étage pour les agrandir et les convertir en vastes pièces d'ébats collectifs. L'une d'elles comporte quatre lits doubles ; une autre, deux lits king size. « En réalité, la Rouquine a transformé le 10 *bis* en maison de partouzes, me confie Lucien Aimé-Blanc, puisque les clubs libertins sont autorisés par la loi. » L'indicatrice l'invite à prendre un verre dans un coin discret au rez-de-chaussée et lui explique son nouveau business : « Tu sais, c'est mieux que les putes ! Certains soirs, je dépasse les cent personnes. Les hommes payent un droit d'entrée et après, il y a les consommations. J'ai pas de problèmes avec les filles ni avec la police. C'est comme un club privé pour adultes. »

« Tu t'es bien débrouillée !

– Oui. Et toi ? Tu as des problèmes, je sais. Ça ne m'étonne pas. Avec le changement de régime, il va y avoir une chasse aux sorcières. Les autres, ça fait vingt ans qu'ils sont dans l'opposition, ils vont faire le ménage.

– Ce sont toujours les mêmes histoires d'indics ! Quand il faut des résultats, personne ne dit rien. Quand y a un problème, tu es bon à jeter aux chiens.

– Je connais ça. Mais toi, tu as toujours été correct avec moi, et puis tu me faisais de gentils discours pour mon anniversaire. Je vais t'aider.

– C'est gentil, mais qu'est-ce que tu peux faire ?

– Tu vas voir ce que je vais faire : je vais te présenter à Duduche.

– Duduche ? C'est qui ?

– Roland Dumas ! C'est mon avocat depuis toujours et mon ami depuis longtemps. Il ne peut rien me refuser et puis il est sympa.

– Tu crois que…

– Qu'est-ce que tu crois ? C'est l'ami du président ! Tu verras, il sera ministre. En attendant, tu vas le rencontrer. Je l'appelle. »

Aussi sec, la Rouquine compose son numéro et décroche un rendez-vous pour Aimé-Blanc le lendemain, rue de Bièvre, dans le Ve arrondissement. « Tu vois, t'as compris ? Est-ce que tu as entendu l'autre fois Plácido Domingo chanter *La Marseillaise* devant Mitterrand au Panthéon ? » Le commissaire a en effet entendu le solo du ténor à la cérémonie d'investiture du nouveau président, le 21 mai 1981.

« C'est un ami, c'est moi qui l'ai fait venir, se vante la passionnée d'opéra. Ça m'a même coûté 150 000 balles !

– C’est toi qui as payé le concert de Plácido Domingo au Panthéon ?

– Ben oui, ça faisait plaisir à Dumas et à Mitterrand !

– T’es costaude, toi !

– Mon petit Lucien, nous, les femmes, il faut bien qu’on se débrouille. »

Le lendemain, Roland Dumas reçoit Lucien Aimé-Blanc et compatit : « Tout le monde savait que Maïone était votre indic et, comme par hasard, vos collègues ont attendu l’arrivée de la gauche pour l’arrêter et vous enfoncer ! » En le raccompagnant, Roland Dumas ajoute : « On va se revoir. On va avoir besoin de bons flics. Je vais parler de vous à Gaston Defferre. » En effet, Aimé-Blanc constate un changement radical. « Bizarrement, mes excellents rapports avec mon ami Roland Dumas font rapidement le tour du ministère de l’Intérieur. Je passe de la position de mouton noir à mouton blanc. » Comme par enchantement, le rapport de la police des polices ne préconise plus de le radier, le procureur de la République ne veut plus l’entendre sur procès-verbal et le directeur de la PJ lui propose la direction du service régional de police judiciaire de Lille, la ville de Pierre Mauroy, le Premier ministre.

Ce n’est pas de gaieté de cœur qu’Aimé-Blanc va s’exiler dans le Nord mais, étrangement, son arrêté de nomination ne lui parvient pas. Il apprend alors par la Rouquine que ce retard est volontaire, révèle Lucien Aimé-Blanc aux Jours : c’est le prix du service rendu. Si la demi-mondaine se décarcasse ainsi pour lui, ce n’est pas pour ses beaux yeux. La Rouquine l’affranchit enfin sur ses projets : « J’ai besoin de toi à Paris. Parce que j’ai acheté un autre hôtel à La Chapelle, dans le XVIIIe, rue de la Charbonnière. » Elle « compte bien le faire refleurir », le rouvrir en lupanar et continue à manœuvrer auprès de son ami Roland Dumas. « Si on fait revenir Lulu à Paris, il me couvrira », insiste l’intrigante. Alors, Me Dumas fait traîner les choses et explique sa stratégie à l'intéressé qui le rapporte ainsi dans son livre : « Commissaire, la justice doit vous entendre comme témoin dans le projet d'assassinat de Varga[3] à la prison de la Santé [...] devant la cour d'assises au mois de novembre. Alors, j'ai demandé à Defferre de vous maintenir provisoirement à Paris. En espérant que cela devienne définitif ! » « Pas de problème », répond le protégé de la Rouquine.

En janvier 1982, le commissaire se trouve toujours désœuvré à Paris, en attente d'une mutation qui n'arrive pas. Jusqu'au coup de fil du directeur de la PJ, Michel Guyot. « Il m'annonce que Gaston Defferre va me recevoir au ministère avec Roland Dumas. » Son patron lui lance, pas dupe : « Tu as fait jouer la grosse artillerie, dis donc ! Tu as des nouvelles de la Rouquine ? » Aimé-Blanc rétorque : « Oui, je sais que vous la connaissez bien ! » Guyot l'admet : « Ah, c'était l'ancien temps, tout ça. » L'entrevue place Beauvau avec Gaston Defferre se déroule finalement sans l'avocat, parti plaider à l'étranger. « Vous êtes bien apprécié par mon ami Roland Dumas, attaque le ministre de l'Intérieur, mais j'ai décidé de décentraliser la police, alors je voudrais que vous preniez la direction de la PJ de Lille. C'est une promotion, vous n'allez pas la refuser. » Les manœuvres de la Rouquine et de Dumas n'ont donc pas abouti et le commissaire atterrit dans le Nord le 16 février 1982. Il y restera sept ans. Du coup, « la Rouquine n'a pas pu faire fructifier cet hôtel de passe à La Chapelle, que les gendarmes avaient fait tomber et qu'elle avait racheté à bas prix. Elle l'a revendu finalement ».

« Le 10 *bis*, c'était le dernier bordel de Paris »

En revanche, le 10 *bis* tourne à bloc, sans que la Mondaine ait le droit d'y toucher. Comme en témoignent pour Les Jours,

3. À l'été 1980, le commissaire Aimé-Blanc avait reçu le tuyau d'un indic chargé d'abattre, dans la cour de la Santé, Pierre de Varga, ex-conseiller juridique véreux du prince Jean de Broglie, mouillé dans l'assassinat de ce dernier, le 24 décembre 1976.

l'ex-chef du groupe « cabarets », Jean-Claude Moreau, et son acolyte, Jean-Marie Schmeltz*. « Nous avions interdiction d'aller dans l'établissement de la Rouquine. » Une nuit, deux flics de la Mondaine ont transgressé la règle pour « accompagner le juge d'instruction antiterroriste Jean-Louis Debré, qui voulait aller voir comment c'était au 10 *bis* ». Les trois hommes y passent la soirée « pour s'arsouiller le museau ». Mais le chef des deux désobéissants a « reçu un appel de Roland Dumas », puis, furax, les a convoqués et sermonnés. Car cet établissement était « protégé en haut lieu », selon les ex-inspecteurs Moreau et Schmeltz. « Pourtant, le 10 *bis* n'était pas seulement un lieu échangiste. Il y avait pas mal de nanas, de professionnelles qui y travaillaient. » Lucien Aimé-Blanc soutient même que « plusieurs filles de la Rouquine avaient encore le condé », une permission de « pratiquer », délivré par la Mondaine. Or, si l'échangisme entre adultes consentants n'a rien d'illégal, « la présence de mineurs ou de prostituées » est totalement hors la loi. Il n'empêche, de l'aveu des deux flics, « le 10 *bis*, c'était le dernier bordel de Paris ».

Les prédictions de Katia la Rouquine finissent par se réaliser : Roland Dumas, l'avocat socialiste qui l'a tirée de ses démêlés judiciaires au milieu des années 1970, est nommé ministre en 1984, aux Affaires étrangères. L'entremetteuse a désormais ses entrées au Quai d'Orsay. Le ténor du barreau à la voix de baryton – capable de chanter *in extenso Rigoletto* – partage avec elle la passion du *bel canto* et l'accompagne souvent à l'étranger à des galas de José Carreras ou de Plácido Domingo. Grand séducteur, le chef de la diplomatie française partage également avec la Rouquine le goût de la liberté sexuelle.

Les relations de la taulière et de Duduche sont de notoriété publique. Le hic, c'est ce parfum persistant de « protection » de son établissement par le ministre. En 2013, Philippe Vandel, l'animateur de *Tout et son contraire* sur France Info, interroge sur ce point Roland Dumas. Qui commence par nier tout rôle de protecteur. Mais Vandel insiste : « Ce que j'ai lu, c'est que vous l'aviez protégée et que sa maison perdurait. » Roland Dumas balaie la rumeur : « Ça, c'est un bruit qui circule et qui est monté par des services particuliers du ministère de l'Intérieur. » Puis il se lâche un peu : « En réalité, c'est vrai qu'un jour... Allez, je vais vous raconter... » Et l'avocat de relater une scène avec Pierre Joxe[4], alors ministre de l'Intérieur, à la sortie d'un conseil des ministres. « Mes services me signalent qu'ils ne peuvent pas aller dans une maison que l'on contrôle parce qu'il paraît que c'est toi qui la protèges. » Son collègue des Affaires étrangères prend l'accusation sur le ton de la rigolade. « Je lui réponds qu'il m'amuse beaucoup et qu'elle [Katia la Rouquine] me rend des services de temps en temps. Quand il y a un ambassadeur ou un ministre étranger qui vient chez elle, je le sais. » Dumas prétend que le très intègre Joxe lui aurait répondu : « Alors si c'est cela, on va laisser faire. » Le 10 *bis* a-t-il été fermé, s'enquiert le journaliste de France Info. « Non, non, ils ont laissé faire... »

Christine Deviers-Joncour, elle aussi aimait l'opéra

La sulfureuse Rouquine poursuit ses activités obscures jusque dans les années 1990. Son ami Roland Dumas s'affiche, lui, avec sa nouvelle maîtresse, Christine Deviers-Joncour[5], rencontrée en 1988. L'année suivante, la « putain de la République » – selon le titre de son livre – est engagée chez Elf-Aquitaine comme chargée

4. Il a été ministre de l'Intérieur de 1984 à 1986 dans le gouvernement de Laurent Fabius, puis de 1988 à 1993 sous Michel Rocard. Roland Dumas a été ministre des Affaires étrangères aux mêmes périodes.

5. Née en 1947 à La Cassagne, en Dordogne, dans une famille d'artistes, Christine épouse en 1965 Jean-Jacques de Peretti, un temps maire RPR de Sarlat, proche de Jacques Chirac, et a un fils avec lui. Divorcée, elle se remarie en 1976 avec Claude Joncour, ingénieur dans une filiale de Thomson, avec qui elle a un second fils, puis le quitte en 1988 pour Roland Dumas. Christine Deviers-Joncour a publié *La Putain de la République* (J'ai lu, 1999), puis trois autres livres sur ses déboires.

des relations publiques par le numéro 2 du groupe, Alfred Sirven. Or, sa mission principale consiste à faire du lobbying auprès du ministre des Affaires étrangères. En échange, elle perçoit des fortunes au black de la société Elf, et les planque en Suisse. De quoi offrir à son amant des chaussures Berluti façonnées sur mesure à 11 000 francs (1 700 euros) la paire. L'intrigante organise des dîners mondains pour le pétrolier entre les milieux d'affaires et Roland Dumas, parfois dans le fastueux 320 mètres carrés qu'elle occupe rue de Lille, dans le VIIe arrondissement de Paris. « Roland me l'avait présentée un soir à l'opéra », expliquera Lucienne Goldfarb au *Monde*[6]. « Je l'ai trouvée sympathique. On s'est vues régulièrement. Elle présentait bien, parlait l'anglais. Et elle aussi, elle aimait l'opéra. »

En janvier 1994, Christine Deviers-Joncour devient trésorière éphémère – trois mois – de l'association Opéralia, montée par la fine équipe pour découvrir et promouvoir les chanteurs lyriques. Plácido Domingo en est le président, Roland Dumas, le président d'honneur, et Lucienne Goldfarb-Tell, la vice-présidente… Sur les documents enregistrés en préfecture, la Rouquine se déclare « réfugiée apatride, gouvernante salariée » de son hôtel, comme le publiera *L'Express*, et place dans l'association son homme de confiance, qui gère « le club de rencontres au 10 *bis* », Jean-Paul Pernin. Mais l'affaire Elf éclate en 1994 avec ses 504 millions de francs (77 millions d'euros) de commissions occultes cumulées ! Trois ans plus tard, les flics financiers et la juge Eva Joly tombent sur un étrange document qui porte le nom de Lucienne Goldfarb-Tell. C'est une télécopie datée du 13 février 1997, adressée par Christine Deviers-Joncour, alors en pleine tourmente, au cabinet fiduciaire qui gère ses intérêts à Lugano en Suisse. Cet ordre de retrait de 6 millions de francs (915 000 euros) a été faxé de l'hôtel de la Rouquine, qui s'en

6. Enquête d'Hervé Gattegno, *Le Monde*, 28 novembre 1998.

offusque dans *Le Monde*. À l'en croire, la maîtresse de Dumas l'aurait retrouvée au 10 *bis* ce jour-là, avant d'aller à l'opéra, et lui aurait demandé « d'envoyer une télécopie en urgence » car « son fax était en panne », sans rien savoir « évidemment de la lettre qu'elle envoyait ». Entendue comme témoin par la PJ, Lucienne Goldfarb proteste sur PV : « Chacun sait que je n'ai aucun rapport ni de près, ni de loin, avec l'affaire Elf. À part dans Opéralia, je n'ai participé à aucune autre affaire avec M. Dumas ou Mme Joncour. » Quant aux 23 000 francs (3 500 euros) versés par Opéralia à Roland Dumas, ce chèque « correspond aux honoraires de création de l'association »... À l'issue du procès de l'affaire, Christine Deviers-Joncour a été condamnée à trois ans de prison, dont la moitié avec sursis, et à 1,5 million de francs (229 000 euros) d'amende pour « recel d'abus de biens sociaux ». Roland Dumas a, quant à lui, été relaxé. Contacté par Les Jours, le grand ami de la Rouquine a répondu par SMS un mystérieux et laconique : « Ouïe. »

En novembre 2014, le multi-entrepreneur libanais Karim Massoud, cofondateur de Go Voyages et l'un des actionnaires principaux de NG Travel, cherche à investir dans l'immobilier pour accueillir ses touristes. Et tombe sur un immeuble de six étages très bien placé, à côté du Palais des congrès de la porte Maillot. Il entreprend de le visiter avec son associée, Maïté Henry, « à la lampe torche car on ne trouve pas le tableau électrique », raconte-t-elle aux Jours. Tous deux ignorent la particularité de cet hôtel et découvrent, subjugués, « ces lieux figés dans le temps, tout rouges ».

Au rez-de-chaussée, des dizaines de peignoirs beiges sont accrochés dans le couloir et « trois chambres sont remplies de chaussures, de sacs à main et de vêtements de femme, tailleurs Chanel, Givenchy, Alvaro et Saint Laurent des années 1960, 1970, 1980 et 1990 ». Au pied de l'escalier, une statue de nymphette noire juchée sur un piédestal doré, en jupette et boléro en or, brandit un arbre luminaire. Aux trois premiers étages, chaque chambre comporte un cabinet de toilette en mosaïque – chacun de couleur différente, assortie aux pastels des draps de tergal –, un nécessaire de toilette de luxe avec brosse à cheveux en soie, mais aussi un miroir rond entouré de rayons de soleil dorés et des glaces partout, au plafond, au-dessus des cheminées, sur les fenêtres condamnées masquées par des volets clos… Au quatrième étage, c'est le salon-bar avec sa piste de danse et sa boule à facettes. Sur les portes, des rangées de trois loupiotes : une rouge, une jaune, une bleue. Au cinquième étage, Karim Massoud et Maïté Henry entrent, interloqués, dans « les chambres à multivisages » : « Au milieu de la plus grande pièce, il y a quatre lits doubles. On aurait dit un terrain de foot », dit-elle. Et dans l'autre, occupée par deux grands lits collés face à face, un caniche en porcelaine cloué au sol trône devant la cheminée surmontée d'un miroir. « C'est le chien qui a vu le plus de scènes érotiques de sa vie », blague le voyagiste.

Au sixième étage, les deux futurs acheteurs trouvent un studio « de misère » de 35 mètres carrés doté d'un coin cuisine et toilette avec « canapé et télé ». Ils se renseignent sur l'hôtel et découvrent l'histoire de Katia la Rouquine. La tenancière a vécu dans ce réduit en haut jusqu'à une chute, en avril 2014, qui lui a brisé le col du fémur. Âgée de 90 ans, elle a alors été placée en maison de retraite. Et le véritable propriétaire des murs, dont on ignorait jusqu'ici l'identité, a demandé au gérant de quitter les lieux et à la préfecture de les fermer afin de les vendre. Le généreux mécène qui aurait permis à Lucienne Goldfarb de monter ce claque de luxe en 1962 est le célèbre impresario Lévon Sayan, qui manage Charles Aznavour depuis 1964, mais aussi Plácido Domingo, et a produit en France Liza Minnelli et Frank Sinatra.

Karim Massoud et Maïté Henry ont acheté pour 6 millions d'euros le mythique 10 *bis* et ont décidé de lui laisser son nom. Lévon Sayan a fait vider l'immeuble. Le mobilier et la déco kitchissime ont en grande partie été jetés dans des bennes à ordures. Un petit-fils de Katia a pu venir récupérer la collection de timbres rares de son grand-père, Paul Tell. Pour transformer l'ancien lupanar en hôtel 4 étoiles, les nouveaux propriétaires ont tout cassé, brisé les plafonds et les sols-miroirs, troqué le rouge intégral contre le bleu-gris...

Sur les photos, George Bush, Margaret Thatcher... et Roland Dumas

Ils ont cependant sauvé quelques reliques de la Rouquine, exposées aujourd'hui à la réception, comme une sorte de cabinet des curiosités : le panneau « COMPLET » qui était apposé en permanence sur la porte de l'hôtel, le caniche en porcelaine de la chambre à partouzes, le fume-cigarette de Katia, un flacon vide de Chanel *N° 5*, un poudrier, un cendrier, un réveil à fermoir doré, un bocal de berlingots, un étui d'allumettes, une broche en simili diamants et un mini-sac à main de mondaine. Les repreneurs ont gardé des photos de Katia la Rouquine avec ses amis lors de réceptions officielles ou de soirées. On y croise le président américain George Bush et son épouse, Margaret Thatcher, des ténors... et Roland Dumas. Dans un cabas s'entassent des centaines de cartes postales de clients du monde entier, qui la remercient pour « ces bons moments passés ici ». Avec un télégramme daté du 30 octobre 2000 que Plácido Domingo a adressé pour son anniversaire à sa Dear Lucienne, alors basée au Watergate Hotel à Washington !

Aujourd'hui, la Rouquine ignore la vente de son claque, qui finance sa maison de retraite, et croit bientôt revenir dans son cher 10 *bis*. Je l'ai pistée pour essayer de lui délier la langue, mais j'ai eu moins de chance que mes confrères de l'AFP qui l'ont interviewée le 23 décembre 2015, après la mort de Madame Claude. « J'ai vécu comme j'ai voulu. J'ai gagné beaucoup d'argent, j'étais libre, libre comme l'air et je disais merde à tout le monde. » Lucienne Goldfarb a quitté depuis plus de six mois la résidence de Sèvres, rue Vaneau dans le VIIe. Alors, je cherche ailleurs et tombe sur une autre maison de retraite dans le XVIIIe, moins classe et sûrement moins onéreuse, non loin du périph. « Oui, Lucienne Goldfarb habite bien là, je vous la passe. » Mais la vieille dame est dure d'oreille. Le réceptionniste joue l'intermédiaire, lui explique que je suis journaliste et côtoie d'anciens flics de la Mondaine, comme Pierre Ottavioli et Lucien Aimé-Blanc. « Je le connais », lâche-t-elle avant de ressaisir et de refuser ma visite d'un ton cassant : « Je n'ai rien à dire, c'est pas la peine qu'elle vienne. »

Bien décidée à retenter ma chance, je débarque à la résidence le 9 juillet 2016, en plein cagnard, avec un bouquet de roses rouge orangé de nature à lui rappeler la couleur du décor de son hôtel. Comme pour aller voir ma grand-mère. Me voilà au troisième étage, dans la chambre de Lucienne Goldfarb dont la porte est grande ouverte. Assoupie dans un fauteuil, la Rouquine, à 91 ans, porte toujours de longs cheveux roux et une jolie robe de satin bleue à fleurs, assortie à ses yeux délavés. Gentille et douce avec moi au réveil, la vieille dame ordonne toutefois à la femme de chambre, péremptoire : « Mettez le bouquet en bas, à l'accueil, parce que ici ça me gêne. » Et puis : « Vous êtes qui ? » Au mot de « journaliste », la taulière se raidit et se montre inquisitrice : « Qui vous envoie ? » « Personne. Enfin… moi » n'est pas une bonne réponse. Pas plus que les noms de ses anciens mentors de la Mondaine. « Vous avez pourtant travaillé avec eux, racontez-moi votre vie. » Entend-elle vraiment mes paroles ou est-ce par réflexe qu'elle répète alors avec force de sa voix éraillée : « JE NE CONNAIS PERSONNE, JE N'AI

RIEN À DIRE. » La Rouquine adore les flics, le fric et les VIP, mais déteste les journalistes, les questions… et les fleurs. Logique finalement que la grand-mère maquerelle m'ait envoyée sur les roses.

6

La Mondaine embarbouzée dans l'affaire Ben Barka

Dans son bureau au 36, le commissaire adjoint de la Mondaine, Lucien Aimé-Blanc, compulse les dépêches et télex du jour, ce 29 octobre 1965, lorsque le chef du groupe « stupéfiants », Louis Souchon, entre, flanqué de son inséparable second, Roger Voitot : « Bonjour, Lucien. Dis donc, on doit interpeller un bic [Nord-Africain] au drugstore Saint-Germain. J'ai besoin du break. » Préposé à la gestion des véhicules de la brigade, le boss lui tend les clés et les papiers de la 403 Peugeot noire destinée d'habitude au ramassage des prostituées, il note dans le cahier le nom de l'inspecteur qui l'emprunte et l'intitulé de la mission, en remplaçant le mot « bic » par « Nord-Africain ». « Vous me le rapportez quand ? » « On en a besoin pour la journée. [...] Si ça t'intéresse, tu peux venir avec nous, on se fera une bonne bouffe après », propose Souchon. Mais Lulu, le tombeur, ne veut pas rater son rendez-vous avec « une fille de la rue Godot-de-Mauroy » et opte pour « d'autres plaisirs que ceux de la table ». « Bien m'en a pris », me dit aujourd'hui le commissaire Aimé-Blanc.

« Rien de grave, une connerie, ça va s'arranger »

À 12 h 30, devant la brasserie Lipp, boulevard Saint-Germain, ses deux subordonnés de la Mondaine ont en réalité embarqué à bord du break noir Mehdi Ben Barka, principal opposant au roi du Maroc, leader du mouvement tiers-mondiste et panafricaniste, qu'on ne reverra plus jamais après cette scène d'arrestation. Une semaine plus tard, le commissaire Aimé-Blanc ignore encore la responsabilité de ses gars dans le kidnapping, lorsque Souchon l'entraîne chez lui pour déguster une paella cuisinée par son « honorable correspondant », Antoine Lopez. Agent du SDECE, le renseignement extérieur, et chef d'escale d'Air France à Orly, Antoine Lopez est « un correspondant habituel » de la Mondaine pour les trafics de drogue. D'ailleurs, c'est lui qui avait mis Souchon et Voitot sur la piste d'un exportateur de came arrêté au Havre quelques semaines auparavant. Mais ce qui intrigue Lucien Aimé-Blanc, c'est la curieuse demande de Souchon, un peu nerveux : « Lucien, faut que tu m'aides à convaincre Lopez de venir au 36 voir Fernet* », Max de son prénom, le patron de la PJ parisienne. Pas du genre à poser des questions, Aimé-Blanc croit à un rendez-vous pour une affaire de stupéfiants. Mais, à la fin du repas, Souchon lance à Lopez : « Le directeur Fernet veut te parler. [...] Rien de grave, une connerie, ça va s'arranger. N'est-ce pas Lucien ? » Sans savoir de quoi il retourne, Aimé-Blanc acquiesce. Les voilà tous les trois qui retournent donc au 36. Où Lopez sera placé en garde à vue par la brigade criminelle.

Depuis le 1er novembre, en effet, la Crim' enquête discrètement sur la disparition de Mehdi Ben Barka, déclarée par son frère. Entendus sous le sceau du secret, des témoins de la scène ont désigné des policiers comme auteurs de « l'enlèvement » sur le boulevard Saint-Germain. Aux premières loges, des flics des RG, qui surveillent les déplacements du chef de file de l'opposition à Hassan II, ont même assisté à ce rapt. Ils ne sont pas intervenus, mais ont relevé le numéro du véhicule. Ils ont également reconnu l'inspecteur Souchon et son adjoint Voitot qui se sont avancés vers Ben Barka sur le trottoir avec cette phrase : « Police française, on doit vous emmener à un rendez-vous », puis les ont vus remonter à l'avant de la Peugeot. Ils ont vu aussi Antoine Lopez, grimé avec une fausse moustache, monter à l'arrière à côté de Ben Barka et l'encadrer avec un truand nommé Julien Le Ny.

Sur ordre du cabinet du ministre de l'Intérieur

En réalité, Lucien Aimé-Blanc ignore, au moment de ce déjeuner, que Souchon était déjà allé voir le patron du 36, Max Fernet, pour lui avouer en aparté avoir « procédé à l'arrestation illégale » de Ben Barka, puis l'avoir conduit dans une villa à Fontenay-le-Vicomte dans l'Essonne. Il lui a dit l'avoir fait « de bonne foi et sur ordre » du cabinet du ministre de l'Intérieur. Dépité et furieux, Max Fernet l'a alors taclé : « Vous venez de tuer la police judiciaire ! » Le directeur avise *illico* le préfet de police, Maurice Papon, qui prévient le ministre de l'Intérieur, Roger Frey, mais aucun ne songe à en référer au général de Gaulle.

Avertie, la Crim' ne tarde pas à interpeller Souchon et Voitot au sein du Quai des Orfèvres et à perquisitionner leur bureau. Ce 11 novembre, pas un poulet n'a le cœur de célébrer les Poilus. L'affaire Ben Barka secoue le pays. Le 36 est sens dessus dessous. Max Fernet déboule dans les couloirs de la Mondaine, rassemble la soixantaine de membres et les rappelle à l'ordre : « Vos deux collègues sont des traîtres, oubliez-les. » Jeunot du groupe « galanterie », qui surveille les réseaux de prostituées de luxe, mais aussi leurs clients, Claude Cancès se dit que l'heure est grave puisque le directeur en personne se déplace. Abasourdi, le bleu se demande si Souchon et Voitot ont réellement fauté ou s'ils « portent le chapeau », note Claude Cancès dans *La Brigade mondaine*. En plus, ce sont ses collègues de bureau à qui il a donné des coups de main sur des planques et filatures. « De vrais Parisiens, avec la gouaille et l'argot du rôle, Souchon un flic à l'ancienne, épais », Voitot plus jeune et svelte qui porte beau. Il les croit « très bons flics, expérimentés ». Il n'a rien remarqué d'anormal, si ce n'est l'utilisation fréquente, par le chef du groupe « stups », Souchon, du téléphone dans le placard du bureau d'à côté qui « permet de passer ou de recevoir des coups de fil discrets ». Mais pas de quoi imaginer un coup pareil...

L'Inspection générale des services s'abat sur la Mondaine qui trimballe une sale réputation depuis des lustres. Les bœuf-carottes, qui ont l'habitude de faire mijoter les flics dévoyés pour qu'ils se mettent à table, commencent par enquêter sur les gars de la Mondaine, auprès des « bignoles » (les concierges) et des logeurs, scrutent leur train de vie, puis les convoquent tous en même temps. Si certains sont sereins comme Cancès – « rien à me reprocher » –, d'autres paraissent angoissés. Même s'ils n'ont pas trempé dans l'affaire Ben Barka, « ils ont peur que l'IGS, à la faveur de ses investigations, ait mis le doigt sur leurs turpitudes », lit-on dans *La Brigade mondaine*. « Tous ne sont pas blanc-bleu, loin de là. Alors si les bœuf-carottes décident de faire le ménage, ça va valser. » Dans la salle où tout le monde attend d'entendre son nom pour passer à la casserole des bœuf-carottes, on fume comme des pompiers et on rigole nerveusement.

Le patron Pierre Ottavioli et son bras droit Aimé-Blanc sont interrogés sèchement par des commissaires de l'IGS. Le premier, arrivé depuis quatre mois seulement à la tête de la Mondaine, se tient à l'écart de cette affaire, comme le lui a conseillé son supérieur, Max Fernet : « Moins vous en connaîtrez, mieux ce sera. » En revanche, le second, Aimé-Blanc, passe un sale quart d'heure avec un commissaire principal qui ne croit pas un instant sa version du break de service prêté à Souchon pour « l'arrestation d'un Bic dans une affaire de stups » et essaie d'obtenir des aveux sur le projet d'enlèvement de Ben Barka. En vain. « Aimé-Blanc me prend pour un con », se plaint le bœuf-carottes à son chef. Ce divisionnaire pose à son tour trois questions au numéro 2 de la Mondaine et conclut : « Il ne vous prend pas pour un con : c'est un con ! » Sur ces vertes paroles, Aimé-Blanc dégage, « blanchi dans cette affaire, mais inscrit sur la liste des transferts ». C'est au tour de Cancès, resté zen. L'inspecteur de l'IGS l'emmène dans un petit bureau, glisse une liasse de feuilles et de papier carbone dans sa machine à écrire et attaque l'interrogatoire : « Connaissez-vous Georges Boucheseiche ? – Non. »

Truand de la Carlingue[1], Georges Boucheseiche est le propriétaire de la villa de Fontenay-le-Vicomte où Souchon et Lopez ont conduit Mehdi Ben Barka. Cinquante ans après, on ne sait pas exactement ce qui s'est passé dans la maison de Boucheseiche, sauf que le leader tiers-mondiste a été assassiné et sa dépouille escamotée. Jamais retrouvée. On sait aussi que l'espion du SDECE, Lopez, a exécuté les ordres du général Oufkir, ministre de l'Intérieur marocain, qui lui avait promis la direction de Royal Air Maroc. Il est également établi que le général Oufkir et son chef de la sûreté marocaine, le colonel Dlimi, sont arrivés à Orly le 30 octobre 1965 grâce au chef d'escale Lopez, sûrement pour interroger l'opposant otage dans la villa de l'Essonne, puis qu'ils ont pu repartir du même aéroport avec leur équipe de tueurs, à commencer par Boucheseiche, réfugié au Maroc.

La brigade criminelle découvre les activités troubles de ces barbouzes et voyous français couverts par la police. Certains sont membres du Service d'action civique, le SAC, monté par le pouvoir en 1961 après le putsch des généraux à Alger, pour lutter contre l'OAS et les ultras. Claude Cancès témoigne de la protection à l'époque, lors des contrôles de bars ou de boîtes

1. Georges Boucheseiche fut associé pendant l'Occupation à la Carlingue, officine française de la Gestapo allemande, dirigée par un ancien truand, Henri Lafont, et un policier révoqué, Pierre Bonny, dont le siège se trouvait rue Lauriston à Paris. Dans l'immédiat après-guerre, il rejoignit le fameux gang des Tractions Avant de Pierre Loutrel (Pierrot le fou), avec notamment Jo Attia et Abel Danos.

de nuit, de ces « détenteurs discrets d'une carte barrée tricolore, avec le sigle SAC ». « Je fais comme mes collègues, on hoche la tête et on passe au client suivant. »

La Mondaine ferme les yeux sur les activités de nombreux truands

Nouveau à la Mondaine, Pierre Ottavioli raconte le mélange des genres et les systèmes de couverture à l'égard de certains membres de la pègre, alliés à des fonctionnaires du renseignement. Ainsi le précieux correspondant de la Mondaine Antoine Lopez qui, grâce à sa double fonction d'agent spécial du SDECE et de chef d'escale à Orly, fournit moult renseignements à sa section des Stups : « Il n'est pas surprenant que, par son intermédiaire, la tenancière d'un hôtel de passe puisse bénéficier d'une tolérance. Même si celle-ci est l'épouse d'un truand bien connu, le célèbre Georges Boucheseiche », lit-on sous sa plume dans *Échec au crime*. « Rien d'étonnant non plus, selon le boss, à ce que la brigade des mœurs ferme les yeux sur les activités d'un hôtel de Montparnasse où Lopez a ses grandes et petites entrées. » La réalité va même au-delà, puisque l'officier de renseignement fait directement tourner ce claque et s'adonne donc… au proxénétisme. Ottavioli explique que « dans la lutte contre l'espion ou le trafiquant, l'efficacité l'emporte sur la morale »…

Il a peu connu Louis Souchon, ce flic chevronné qui multipliait les affaires de drogue. Il le croyait « honnête homme ». « Quand j'ai compris qu'il pouvait être dissimulateur, le mal était fait. » Il réfléchit toutefois au moteur de Souchon pour en arriver à commettre cette « faute impardonnable ». Ottavioli pense que Souchon a dû vouloir « renvoyer l'ascenseur » à Lopez, l'agent lui ayant donné le trafiquant du Havre. Lopez n'est en effet ni un indic ordinaire ni un truand, mais « un fonctionnaire avec lequel Souchon collabore sans arrière-pensée ». Selon Ottavioli, Souchon n'a jamais imaginé que Ben Barka serait tué, il pensait que l'opération avait pour but simplement de faciliter une entrevue entre le général Oufkir et Mehdi Ben Barka. Pourtant, les liens entre les services spéciaux et la grande truanderie pour magouiller en France ou à l'étranger n'ont pas échappé à Pierre Ottavioli.

La Sûreté nationale est restée muette

Muté à la brigade antigang en 1966, le commissaire Aimé-Blanc fait une incroyable découverte dans le coffre du patron : une liasse de transcriptions d'écoutes téléphoniques datées de septembre 1965, sur la ligne d'un hôtel de rendez-vous de l'avenue Niel, dans le XVIIe arrondissement de Paris. À la lecture de ces quarante feuillets répertoriés « Orion 113 », il est « stupéfait de constater que c'était le point de ralliement de toute la bande identifiée comme étant les ravisseurs de Ben Barka. Ils apparaissent tous sur ces écoutes, le chef d'escale d'Air France à Orly et indic du SDECE Antoine Lopez, comme les truands Georges Boucheseiche, Georges Figon, Julien Le Ny... », expose Lucien Aimé-Blanc, qui attendra quarante ans pour révéler ces écoutes compromettantes dans *L'Indic et le Commissaire*. Il transparaît de ces conversations, enregistrées par un service de la Sûreté nationale, concurrente de la préfecture de police, tout le mois précédant la disparition de Ben Barka, que « ces individus liés à un général marocain projettent l'enlèvement d'un homme qui doit arriver à Orly ». Pour le numéro 2 de l'Antigang d'alors, sans aucun doute, « ces écoutes remontaient également au ministère de l'Intérieur et au conseiller de Matignon. J'en déduis que le service de la Sûreté nationale, qui a branché cet hôtel, savait ce qui se tramait, et s'il n'est pas intervenu pour déjouer cet enlèvement, c'est soit par négligence coupable, soit sur ordre ».

En filigrane de ces comptes rendus téléphoniques, Lulu voit apparaître une dame bien connue des services de la PJ : la Rouquine, patronne de bordel de luxe au 10 *bis* rue du Débarcadère et fidèle collaboratrice de la police. Le commissaire Aimé-Blanc révèle aux Jours que « la Rouquine a été reçue une nuit à la résidence Niel, au QG de l'équipe à Boucheseiche et compagnie, elle devait partir au Caire avec des explosifs quand Ben Barka s'y trouvait ». En effet, Mehdi Ben Barka se rend en Égypte du 2 au 5 septembre 1965 pour travailler avec le journaliste Philippe Bernier et Georges Figon, un mauvais garçon devenu éditeur, sur un projet de documentaire sur la décolonisation, qui sera réalisé par le cinéaste Franju. L'équipe de truands-barbouzes a-t-elle déjà prévu d'éliminer Ben Barka au Caire, avec la complicité de la Rouquine ? « Rien n'est prouvé, mais il y a des indices dans ces conversations », atteste Aimé-Blanc. De son côté, Claude Cancès croit savoir que « la Rouquine n'a pas communiqué à la PJ un renseignement important sur l'affaire Ben Barka, de peur d'être tuée à son tour ». En tout cas, c'est à nouveau un rendez-vous avec les trois concepteurs du film à la brasserie Lipp à Paris, le 29 octobre 1965 à 12 h 30, qui piégera Mehdi Ben Barka. Georges Figon se suicidera avant son arrestation. Hors de cause, la tenancière et donneuse Lucienne Goldfarb, qui avait l'habitude de travailler avec Louis Souchon et Roger Voitot de la Mondaine, les a soutenus moralement et financièrement pendant la tourmente. « C'est la Rouquine qui a payé les honoraires de l'avocat pour Souchon et Voitot », affirme Lucien Aimé-Blanc.

À l'issue des deux procès en 1966 et 1967, Louis Souchon a été condamné à huit ans de prison, Antoine Lopez à six ans, mais Louis Voitot a été acquitté. Pour sa défense, Souchon a soutenu avoir obéi à la demande ferme de Jacques Aubert, directeur de cabinet du ministre de l'Intérieur, dont il a reconnu « la voix éraillée au téléphone ». Mais l'enquête n'a pas débouché sur ce point. En revanche, les gangsters, tels Boucheseiche ou Le Ny, ont écopé de la réclusion à perpétuité par contumace, mais, déjà envolés au Maroc, n'ont jamais été rattrapés. Le général Oufkir a également été condamné en son absence à la perpétuité. Une décision inédite contre un ministre étranger. La justice française reconnaît ainsi l'implication du Maroc dans cette affaire d'État. Le général de Gaulle avait donné le ton, furieux, dans sa conférence de presse le 21 février 1966, en désignant le gouvernement marocain comme responsable de la disparition de Ben Barka, mais a minimisé l'implication française, qualifiée de « vulgaire » et « subalterne ».

Entre les mutations-sanctions et les mises au placard, la Mondaine a vu la moitié de ses flics renouvelée. Et la préfecture de police de Paris, un « État dans l'État », a perdu son autonomie, fusionnée avec la Sûreté nationale le 9 juillet 1966, désormais sous la coupe du ministère de l'Intérieur.

7
On a tué l'homme à tout faire d'Alain Delon

Préposé au groupe « galanterie » de la Mondaine, Claude Cancès, 30 ans, qui déteste particulièrement les potins, les histoires de sexe et de politique, va être royalement servi, comme il le relate dans son livre sur la Mondaine. Un matin de l'automne 1968, le taulier de la brigade, Pierre Ottavioli, « Papa Oscar » ou « Otta », le convoque en urgence : « Cancès, vous avez entendu parler de l'affaire Marković ? » lui lance le commissaire en le fixant de « son regard bleu très dur ». « Bien sûr, Patron. » Évidemment, depuis une semaine, on ne parle que de ça, de l'assassinat du sulfureux factotum d'Alain Delon. « Eh bien, vous êtes détaché à la PJ de Versailles en renfort sur l'enquête », commande Papa Oscar.

Le jeunot fait la gueule : « J'ai l'impression d'hériter d'une mission pourrie. » Il ne comprend pas bien pourquoi la Mondaine se mêle d'un meurtre, ce n'est pas son rayon. En plus, aller travailler avec les concurrents de Versailles[1] ne l'enchante guère, « on risque de m'accueillir comme l'espion du 36 ». Mais le patron a alors ses raisons, qu'il nous énumère aujourd'hui : « *Primo*, l'enquête sur ce meurtre commis dans les Yvelines a

1. Votée en 1966 après l'affaire Ben Barka et appliquée le 1er janvier 1968, la réforme de la police réunit sous le même statut la préfecture de police, la PP, et l'ex-Sûreté nationale. Mais la PJ de Paris et les services régionaux continuent à se concurrencer. D'autant qu'à ses débuts, le SRPJ de Versailles est encore installé à Paris, 127 rue du Faubourg-Saint-Honoré, sur les terres de la PP.

des ramifications à Paris avec une piste sur un trafic de stupéfiants, ça, c'est pour nous. *Deuxio*, la victime était l'employé d'Alain Delon, et tout ce qui touche aux milieux du spectacle, du show-business et de la nuit, c'est le terrain de la Mondaine. »

L'officier de police adjoint Cancès rejoint donc *illico presto* les enquêteurs dans leurs bureaux du 127 rue du Faubourg-Saint-Honoré, « encore plus exigus, vieillots et biscornus que mon 36 ». Il tombe d'entrée de jeu sur l'inspecteur-chauffeur [du temps où les voitures étaient conduites par des mécaniciens], Michel, qui, en sept jours d'investigation, a déjà un avis tranché sur l'affaire : « C'est un vrai champ de mines, Marković, ça pue ! » À son tour, le « renfort » de la Mondaine se plonge dans les procès-verbaux.

Sous le bureau, les sacs qui avaient servi à envelopper le corps

Le 1er octobre 1968, le corps de Stevan Marković, réfugié yougoslave de 31 ans et homme à tout faire d'Alain Delon, a été découvert dans une décharge publique à Élancourt dans les Yvelines. Le cadavre a été enveloppé dans deux housses, l'une en plastique, l'autre en toile de jute. Selon le rapport d'autopsie, la mort remonte à la nuit du 22 au 23 septembre et la victime a été tuée de violents coups à la tête. Et d'une balle de 6,35 mm, tirée dans la nuque. Le pedigree de Marković, qui grenouillait avec des malfrats et enchaînait divers trafics, ouvre aux policiers tout un tas de mobiles possibles. Confié aux bons soins de l'inspecteur Maurice Amar, Claude Cancès découvre, atterré, à ses pieds, jetés en vrac sous le bureau, les sacs qui renfermaient le corps. Ce n'est pas à la Crim' du 36 que l'on négligerait de la sorte des pièces à conviction… Son regard étonné suffit à Amar pour réagir : « Je sais, ça fait huit jours que je veux m'en occuper de ce truc en plastoc ! »

L'inspecteur Amar est débordé par les auditions. Il a dû entendre l'ami yougoslave de la victime qui l'a vu pour la dernière fois le 22 septembre à 19 heures monter à bord d'un taxi, avenue de

Messine à Paris, devant l'hôtel particulier d'Alain Delon. Il a dû retrouver ensuite et interroger le chauffeur de taxi qui atteste de la présence ce soir-là aux côtés de Marković d'un homme d'une cinquantaine d'années. Il a fallu faire traduire trois lettres écrites en serbo-croate que Stevan Marković, visiblement aux abois, avait envoyées à son frère Alexander, juste avant sa mort. « Quoi qu'il advienne et pour tous les ennuis qui pourraient m'être causés, adressez-vous à Alain Delon, à sa femme et à son associé François Marc Antony, un Corse, vrai gangster », est-il écrit sur l'une d'elles, souvent citée. Les collègues de Cancès ont rapidement rectifié l'identité de ce François Marc Antony, il s'agit de François Marcantoni, 49 ans, *alias* « Monsieur François » dans le milieu, un truand de la vieille école, très lié à Alain Delon, qu'il a connu marin-soldat sur la rade de Toulon.

Le playboy yougoslave avait couché avec Nathalie Delon

Le 8 octobre, l'inspecteur Amar a cavalé du côté de Saint-Tropez pour entendre la star Alain Delon, alors en plein tournage de *La Piscine*, de Jacques Deray, avec Romy Schneider. Mais l'acteur explique qu'il s'était brouillé avec le playboy yougoslave peu de temps avant, parce qu'il avait couché avec sa femme Nathalie. « Quand j'ai appris par mon chauffeur cette histoire fin août, on s'est disputé avec Stevan, admet Alain Delon. Je lui ai dit que je ne voulais plus le voir. Mais je n'ai pas voulu le jeter à la rue, et il a continué à habiter avenue de Messine. »

Cette rivalité a-t-elle pu conduire à une vengeance contre l'impudent Marković, exécuté par des sous-fifres de Marcantoni ? Les enquêteurs questionnent à nouveau Alain Delon, sa femme Nathalie, mais aussi sa compagne, Mireille Darc, et François Marcantoni. Le petit poulet Cancès se souvient de ce « super voyou » qui tire sur un énorme cigare et ose lui « donner des conseils » : « Vous avez de l'avenir mais vous devriez quitter la Mondaine. Il y a là-bas des policiers infréquentables. »

Les preuves manquent contre le trio. Tout ce beau linge ressort blanchi. Sauf Monsieur François, cueilli à la sortie de sa garde à vue par le patron de la Mondaine qui veut l'interroger au 36 quai des Orfèvres, sur une autre piste : « Une histoire de stups qui circule dans le milieu et dans la presse », me confie aujourd'hui Pierre Ottavioli. « Marcantoni est suspecté d'avoir tué Marković pour cinq kilos de fausse héroïne. Marković lui aurait refourgué de l'amidon ou du talc. Faute d'éléments concrets, je l'ai remis en liberté la nuit même. »

Une rumeur autour de Claude Pompidou

Jamais une affaire n'a suscité autant de rumeurs de caniveau. La plus persistante dépeint Marković comme un maître-chanteur qui a photographié des célébrités dans des soirées libertines, et a sûrement été trucidé à cause de ses tentatives pour monnayer ces documents explosifs… *Le Figaro* évoque deux hauts fonctionnaires, un député et « la femme d'un ancien membre du gouvernement », qui seraient concernés. Et bientôt, le quotidien avance divers mobiles possibles du crime : « Escroquerie, chantage, trafic d'influence ou peut-être règlement de comptes politique. »

Dans une lettre interceptée à Fresnes et adressée à Alain Delon depuis sa cellule, un petit voyou yougoslave et indicateur de police prétend même avoir accompagné Marković à une partouze organisée dans une villa de banlieue, soi-disant en compagnie de « la femme de l'ancien Premier ministre », Georges Pompidou. Ces sales potins remontent aux oreilles du général de Gaulle. Le Premier ministre en personne, Maurice Couve de Murville, se déplace en hélicoptère à Colombey-les-Deux-Églises pour aviser le chef de l'État. De Gaulle s'étonne que le chef du gouvernement vienne le déranger pour ces « ragots » et lui confie le soin d'en informer Pompidou. Mais le Premier ministre n'en a pas le courage. Et Pompidou finit par apprendre que l'épouse de « l'ancien ministre », adepte des « parties fines », ne serait autre que la sienne. « Indigné », comme il le racontera dans ses *Lettres, Notes et Portraits*, Pompidou reproche aux barons du gaullisme de ne pas l'avoir prévenu : « Notre honneur est en jeu. […] Si c'est nécessaire, c'est moi qui vengerai l'honneur de ma femme ! » Il se démène auprès des journalistes pour leur montrer les invraisemblances du dossier.

Un mois après la découverte du cadavre, l'inspecteur Amar, de la PJ de Versailles, annonce à Claude Cancès le résultat de ses recherches, auprès « d'ingénieurs en chimie textile », sur les sacs ayant servi de linceul à feu Marković : « C'est une housse à matelas, de la maison Treca, spécialement conçue pour une série limitée de luxe, très chère. » Il y en a une en toile de jute pour le sommier et l'autre en plastique pour le matelas, ces emballages sont utilisés depuis moins d'un an. La manufacture fournit à la PJ une liste de revendeurs de… 865 matelas entre le 1er décembre 1967 et le 26 septembre 1968. « Alors, la chasse au Treca est ouverte », dit Cancès qui, comme Amar, fait du porte-à-porte chez les acheteurs : « Pouvez-vous nous montrer la housse ? » La plupart l'ont gardée, et « on passe au suivant ». C'est long et fastidieux. Ça finira par payer, mais longtemps après.

Une mission pour une fille discrète

Dans l'ombre de ces investigations officielles, la faction « Bison 6 » du SDECE œuvre à l'élaboration de photos pour plomber Mme Pompidou. Ainsi, Lucien Aimé-Blanc, qui a été éjecté de la Mondaine en 1965 pour passer à l'Antigang, raconte, dans *L'Indic et le Commissaire*, l'étrange sollicitation d'un de ses amis de Bison 6 : « Il me demande de lui rendre un curieux service. De lui trouver une fille discrète qui accepte de remplir une mission. » L'agent cherche une « grande blonde distinguée, style bourgeois, entre 40 et 45 ans ». Lulu s'inquiète un peu des intentions de son pote des services secrets, lequel jure : « Il n'y aura pas de problème. J'en ai juste besoin pour tamponner une personnalité qui nous intéresse. »

Le commissaire du 36 ouvre donc le carnet d'adresses de claques de luxe et de call-girls qu'il avait pris soin de se constituer lors de son passage à la Mondaine. Puis cornaque Bison 6 dans des hôtels de rendez-vous de la capitale. Mais Bison 6 est difficile, il cherche un profil très précis, jusqu'à dénicher l'oiseau rare, au 101 boulevard Pereire. Le taulier convoque la « blonde platine » et lui présente le commissaire : « Fais ce qu'il te demande. » Puis Aimé-Blanc la laisse entre les mains de Bison 6 : « Il t'expliquera ce qu'il veut. Tu peux lui faire confiance. Si tu es d'accord, je te signe un condé tout de suite. » La fille accepte. Après un pot tous les trois au bar de l'hôtel Méridien, le commissaire n'entend plus parler de cette histoire. On est à la fin de l'année 1968.

Le petit flic Cancès rencontre pour la première fois son idole Alain Delon, le 24 décembre 1968, en compagnie d'un collègue, pour une énième vérification. « Vous pensez terminer bientôt votre enquête ? » demande Delon, agacé. Sa compagne, « la ravissante Mireille Darc, tout aussi horripilée par cette affaire », n'est « pas commode » non plus, selon Cancès dans *La Brigade mondaine*, « Stevan était le secrétaire d'Alain, je l'ai peu connu, voilà tout ». Un autre jour, les enquêteurs vont emmener « le couple Delon-Darc » dans des locaux de PJ plus discrets, boulevard Gouvion-Saint-Cyr, « pour essayer de semer les reporters et paparazzi embusqués », en vain. À la sortie, les flashs immortalisent la scène. Les ennuis s'accumulent pour l'acteur, tantôt flic, tantôt voyou.

Coup de théâtre dans le bureau du juge René Patard, le 9 janvier 1969. Alexander Marković – assisté de Me Roland Dumas – révèle qu'il aurait participé, en 1967, avec son frère Stevan, à un dîner chez les Delon, « dans la cuisine », en compagnie… des Pompidou. Et d'un septième convive, peut-être Marcantoni.

Et voilà donc le nom de Pompidou désormais inscrit noir sur blanc dans le dossier judiciaire. Au grand dam de l'ex-Premier ministre, qui nie formellement avoir participé à ce dîner. L'acteur confirme également qu'il n'a jamais eu « l'honneur de recevoir » le couple Pompidou chez lui. Néanmoins, ça commence à faire beaucoup aux yeux du juge Patard qui inculpe Marcantoni pour « complicité d'assassinat », puis l'expédie en prison – malgré ses dénégations. « Est-ce que vous imaginez que le Premier ministre aurait accepté de manger avec moi et, mieux encore, avec une canaille comme Marković ? » répète Marcantoni dans son livre *La Conjuration.*

Une sacrée avancée du côté de la PJ

Dans la foulée, le 22 janvier, le magistrat convoque Alain Delon, puis le fait placer en garde à vue : l'interrogatoire va durer 35 heures. Et déboucher sur une remise en liberté. Puis le magistrat décide de convoquer le couple Pompidou à propos de ce fameux dîner chez les Delon, et ça s'ébruite. Au point que le secrétariat de l'ex-Premier ministre dénonce, dans un communiqué, cette « série de rumeurs mensongères » : « Monsieur Pompidou et son épouse ignorent tout des causes et des circonstances de ce fait divers. » En soutien, la présidence de la République annonce le soir même que le général de Gaulle et sa femme convient à dîner les Pompidou.

Pendant que l'affaire se « pipolise », on constate une sacrée avancée du côté de la PJ : un marchand de matelas Treca assure qu'il en a vendu un au mois de juin 1968 à un certain François Marcantoni ! Le 16 avril 1969, une dizaine de policiers et le juge Patard perquisitionnent à nouveau la maison du suspect à Goussainville, à dix-huit kilomètres seulement du lieu où a été découvert le corps de Marković. Et là, « pas manqué », rapporte Cancès, alors que « 90 % des acheteurs ont conservé le plastique, Marcantoni, lui, s'en est débarrassé ». Surtout, l'inspecteur Amar et le juge Patard découvrent que l'étiquette de la marque Treca a été « soigneusement enlevée, découpée aux ciseaux » du matelas : « Là encore, il est le seul à avoir agi de la sorte », constate Cancès. C'est le premier indice de taille ! Mais ce n'est pas encore une preuve.

Revue porno et montage photo

Au 36, Pierre Ottavioli a enfin mis la main sur des « photographies obscènes distribuées notamment aux arrêts de bus à Paris », pour calomnier Claude Pompidou et, par ricochet, son mari. Le patron de la Mondaine fait mener une enquête par son groupe OBM, qui surveille les films, disques ou livres licencieux, pour démonter ce « faux grossier », me confie-t-il : « Nous avons pu établir que ce montage avait été fabriqué à partir d'un cliché tiré d'une revue pornographique suédoise. Le visage de la prostituée avait été découpé, et celui de Mme Pompidou mis à la place. C'était un règlement de comptes politique ! » Qui n'empêchera pas Georges Pompidou de remporter l'élection présidentielle, le 15 juin 1969. À en croire Lucien Aimé-Blanc, une autre photo se met à circuler en septembre dans les rangs policiers, persuadés « qu'il s'agit de Mme Pompidou [...], prise en photo par Stevan Marković ». Il se procure le fameux cliché qui met en scène « une grande blonde toute nue dans un manteau de vison et une brune à ses pieds en train de mimer un cunnilingus ». La blonde ressemble à s'y méprendre à Mme Pompidou, mais Lulu, lui, ne s'y trompe pas : « Je reconnais immédiatement la fille du boulevard Pereire ! »

Le commissaire Aimé-Blanc panique un peu, c'est quand même lui qui a trouvé le sosie de Mme Pompidou pour l'ami de Bison 6[2], volatilisé depuis. « Je comprends immédiatement la

2. Création du colonel Beaumont, directeur de recherches du SDECE pour manipuler les « honorables correspondants », le trio « Bison », Paul Sentenac, Claude Pradier et

manip mais je me garde bien d'en faire état. » Comme d'habitude, Lulu Aimé-Blanc se tait et pare au plus pressé : retrouver la « pute » à qui il a remis un condé ! Car si on remonte à la blonde, lui, l'entremetteur, risque de le payer cher. D'autant plus qu'à l'Élysée, Pompidou a commencé le ménage parmi les traîtres. Le commissaire briefe la fille : « Quoi qu'il se passe, tu n'es au courant de rien et ce n'est pas toi sur la photo ! » Il récupère le condé signé de sa main et lui laisse juste un téléphone. Il soutient dans son livre que les « lascars du groupe Bison 6 [...] ont carrément volé la Porsche de Me Roland Dumas », l'avocat de la famille Marković, pour y déposer dans le coffre « une enveloppe contenant plusieurs exemplaires de la même photo ». Les photos seront découvertes par des gardiens de la paix lorsque la voiture sera retrouvée « grâce à un coup de téléphone anonyme ».

L'enquête judiciaire, elle, piétine. Les auditions dans l'entourage du couple Delon, Marie Laforêt, Nicoletta et même Jean-Pierre Melville, n'ont rien apporté de plus. Aussi, le 4 décembre 1969, François Marcantoni est libéré en échange d'une caution de 60 000 francs. Il n'empêche. Sa housse à matelas autour du corps, les lettres de Marković le désignant comme possible auteur d'un guet-apens, sans compter un alibi qui ne tient pas, poussent le successeur du juge Patard à renvoyer, le 29 août 1975, Marcantoni devant la cour d'assises des Yvelines. Mais, de son côté, le procureur général a considéré ces charges insuffisantes et délivré un non-lieu, confirmé le 12 janvier 1976, plus de sept ans après l'assassinat de Stevan Marković. Jamais élucidé, ce véritable meurtre a servi de tremplin à des manœuvriers de bas étages contre Pompidou. Terriblement meurtri par ces calomnies, le chef de l'État a conservé sur lui une feuille gainée de cuir avec les noms des comploteurs, jusqu'à sa mort.

Jean-Charles Marchiani, sera accusé d'avoir monté cette machination contre Pompidou, et ses membres seront évincés début 1970, ainsi que leurs supérieurs.

8

Les tournées du groupe « cabarets »

Les deux compères ont appartenu au *nec plus ultra* de la Mondaine, au mythique groupe « cabarets », qui a traversé le xxe siècle et perduré jusqu'à nos jours. C'est aux Deux-Palais, à côté du 3 rue de Lutèce, où crèche la brigade, que Jean-Claude Moreau, 73 ans, et Jean-Marie Schmeltz, 60 ans, me donnent rendez-vous à leur place attitrée : au bout du zinc, devant un verre de blanc. Le premier – chef du groupe de 1985 à 1998 et fils de viticulteurs bourguignons – est une fine gueule, que le second appelle « Papa ». À la retraite, Moreau, qui revient de parties de golf en Corse, arbore un magnifique polo Lacoste blanc aux broderies vertes « Punta Cana ». Et Schmeltz, reconverti dans la « vente de casseroles » depuis son départ de la brigade il y a deux ans, porte une tenue sportswear. De retour sur ses terres spécialement pour Les Jours, le tandem de choc m'entraîne à La Cochonaille, repaire de poulets du 36 et de magistrats du Palais, rue de La Harpe à Saint-Michel, où le menu gargantuesque du patron plafonne à 20 euros, pichet de vin compris. Habitués à la cave voûtée, adossés au mur de pierre sous une « médaille de la courtoisie française », les deux se souviennent de ces nuits de permanence aux « cabarets » à tourner dans les discothèques, clubs à strip-tease et bars à hôtesses, à bord de la voiture « avec chauffeur » de la Mondaine.

En cas de problème avec un client, les patrons de boîtes téléphonaient à l'état-major de la PJ, surnommé au 36 « l'étage des morts », lequel appelait le véhicule des « cabarets ». Resté dans le véhicule et sobre, le conducteur alertait alors le duo, parti boire un verre dans un établissement : « Une coupe de champagne ou un whisky pour ne pas froisser le patron, mais surtout du Perrier ou Vittel car on ne peut pas se permettre de picoler toutes les nuits. » Il faut rester d'aplomb pour répondre aux demandes des tenanciers d'établissements qui préfèrent de loin ces flics en civil de la Mondaine aux bleus trop voyants des commissariats. Il s'agit de tenir à l'œil quelque deux cents boîtes de nuit et une centaine de bars à hôtesses où « les actes sexuels sont interdits ». Il faut veiller aussi au respect des horaires de fermeture, en général 2 heures : « Pour contourner la loi, on a vu la création des afters, qui reprenaient à 4 heures. » Il faut passer dans tous les débits de boissons qui veulent obtenir une licence IV pour vendre de l'alcool, passer de la musique ou monter une piste de danse, afin d'« émettre un avis à la préfecture ». Il faut se renseigner sur les investisseurs et les véritables propriétaires de ces établissements pour repérer d'éventuels fonds du milieu. Il faut également faire la « chasse aux taxis rabatteurs qui touchent une ristourne de 500 francs par client amené » et puis sanctionner les arnaques aux consommateurs.

La carte bleue du parolier de Gibert Bécaud

Ainsi, à 70 ans, feu Louis Amade, célèbre parolier de Gilbert Bécaud, parti un soir en goguette, eut le tort de « se vanter d'avoir touché des droits d'auteur ». Dans un bar à filles, un profiteur enregistre son code de carte bancaire et le fait circuler : « La carte bleue a tourné toute la nuit » et affiche à l'arrivée un débit de 200 000 francs [30 000 euros]. Les deux commandants enchaînent la nuit suivante « cent gardes à vue d'hôtesses ». « Est-ce que vous avez vu ce monsieur ? » Jusqu'à identifier les aigrefins : « On a trouvé un arrangement. Les patrons ont remboursé le parolier. On n'a même pas eu un remerciement de sa part ou une bouteille de champ' ! »

Les flics des « cabarets » se fondent dans le petit monde des noctambules, habillés comme les clients des établissements haut de gamme : complet-cravate, chemise assortie, souliers pointus. Ils touchent même une « prime de costard de 600 francs [91 euros] par trimestre pour se saper », tels des princes de la nuit. Leurs prédécesseurs s'habillaient en frac et épinglaient au revers de la veste un pin's qui représentait un œil : « La Mondaine, c'était un peu regarder par le trou de la serrure les frasques de la vie parisienne », raconte le duo. Les « mondains » Moreau et Schmeltz côtoient des figures comme le couple Guetta, Cathy et David, « de gros bosseurs » qui « organisaient des soirées en août à Ibiza et le matin, dès 10 heures, distribuaient des flyers sur la plage ». « On les a connus au Bataclan, puis aux Bains Douches, enfin au Palace », hauts lieux des nuits parisiennes.

Ils croisent aussi des personnages comme « le juif errant », de son vrai nom François Lévy, un « Tunisien qui a commencé dans le Jura par vendre des draps aux paysans et du vin Henri Maire qui rend fou ». Émigré à Paris, il s'installe à Pigalle et monte un cabaret, Le Plaisir, où il tente un coup de poker au début des années 1970 : « Il a été le premier à organiser des spectacles de strip-tease intégral, alors interdits, pour 5 francs les trois minutes. Il a osé en se disant "on verra bien si la Mondaine vient". C'était de la folie ! Il y avait la queue devant son établissement. Il a acheté les murs puis l'immeuble » au 72 boulevard de Clichy dans le XVIIIe arrondissement, devenu en 1997 le Musée de l'érotisme. Les deux flics ont « d'excellents rapports » avec François Lévy, « ce qui ne nous a pas empêchés de le fermer de temps en temps, quinze jours par an, pour des additions abusives, genre 5 000 francs [762 euros] de champagne ». Une mesure qui a été appliquée à tous les autres exploitants de cabarets, si l'abus paraissait manifeste aux yeux du tandem Moreau-Schmeltz, en plus du remboursement des sommes dépensées par les pigeons. « Les clients se plaignaient plus souvent des additions dans les cabarets car on s'y limitait à des attouchements. » Alors que dans les bars à hôtesses, où les tarifs étaient les mêmes, le service était souvent agrémenté « d'une turlute », et les clients ressortaient « satisfaits »…

« Juste un petit câlin car le client était triste »

Bien entendu, les « bouchonneuses » [payées au bouchon de bouteille] doivent rester discrètes. Car si ces turlutes remontent aux oreilles des « cabarets », la tenancière risque une descente de police, voire une procédure pour « proxénétisme hôtelier ». Ainsi, « Madame Amour », Jacqueline de son prénom, a été soupçonnée au début des années 1990 « de tolérer certaines pratiques un peu trop poussées » dans son bar à filles du boulevard Henri-IV, en face de la Garde républicaine. Mais Madame Amour niait : « C'était juste un petit câlin car le client était triste. » Pour trancher, la patronne de la Mondaine Martine Monteil et le commandant Moreau ont organisé « une reconstitution » avec Jean-Marie Schmeltz comme figurant : « Montrez-nous sur lui ce que votre hôtesse a fait ! » Madame Amour ne refit que « des gestes de caresses ». Ainsi opérait la police des cabarets en mettant le holà quand ça allait trop loin, un simple avertissement ou une sanction administrative. « On essayait d'être justes par rapport à nos textes à nous, explique l'ex-chef de groupe Moreau, car si on applique vraiment la loi sur les bars à hôtesses, on ferme tout Paris ! »

Au début, l'inspecteur Moreau, qui vient de la brigade de répression du banditisme, trouve que le groupe « cabarets », ce n'est pas vraiment de la police, puis se rend compte que « ça permet d'aller dans plein de milieux, du spectacle, des homos, des sado-masos, où je ne serais jamais allé sinon ». Les gays, par exemple, ce n'est pas son monde, mais de savoir qu'il a existé un groupe « homos » à la Mondaine, chargé de traquer les « pédérastes » jusque dans les vespasiennes, ça le dérange. Ce groupe a été dissous le 21 mai 1981 lorsque le nouveau pouvoir socialiste a enfin dépénalisé l'homosexualité. Le groupe « cabarets » a cependant continué à réprimer les « backrooms » : « On se battait contre le sida, c'était une question de santé publique. Si on interdit les actes sexuels dans les boîtes à filles, on ne peut pas les autoriser dans les boîtes homos. » Même régime pour tous.

Autre relique de la Mondaine, le groupe « outrages aux bonnes mœurs », OBM, qui censurait des affiches pornographiques, même à Pigalle, saisissait des ouvrages jugés « licencieux » et interdisait certains films ou spectacles. L'un d'eux, la comédie musicale *Hair*, fit scandale en 1969, car les chanteurs – dont Julien Clerc – devaient apparaître nus sur scène. Le patron de la Mondaine Ottavioli a alors assisté en personne à la première représentation. « Les figurants se sont déshabillés dans l'obscurité, puis on les a aperçus rapidement sous les lampes des projecteurs, ça restait décent », m'explique Pierre Ottavioli aujourd'hui, avant d'ajouter : « Je n'ai pas proposé l'interdiction. Mais les fois suivantes, les lumières sont devenues de plus en fortes, la tolérance a augmenté aussi. » Au gré de l'évolution des mœurs. Les OBM ont dû également donner leur avis en 1974 sur le premier film érotique, *Emmanuelle*, de Just Jaeckin, et bien leur a pris de ne pas l'interdire, car celui-ci fit un tabac avec neuf millions d'entrées en salles !

Sous le règne de Valéry Giscard d'Estaing, les règles s'assouplissent. Et l'Église n'a pas trop son mot à dire, vu les frasques de son cardinal Jean Daniélou, attrapé à plusieurs reprises par la Mondaine dans des lieux de débauche, parfois même avec des faux papiers. Surtout, le 20 mai 1974, la veille de l'élection présidentielle, Monseigneur a fini par « passer l'arme à gauche chez une prostituée », rappelle Jean-Marie Schmeltz : « mort en épectase[1] ».

1. Consacré en 1969, ce prêtre jésuite français, théologien de renom et académicien, décédera en 1974 chez une prostituée. Pour la Mondaine, Monseigneur est « mort en épectase », c'est-à-dire durant l'orgasme, d'un infarctus. Embarrassée, l'Église catholique

La cassette porno de Canal+

Depuis sa création en 1901, la brigade des mœurs lorgne ainsi les pratiques sexuelles des personnalités religieuses, politiques, économiques et culturelles de la France et les met en fiches. Ces blancs sont enfermés dans le coffre-fort monumental de la Mondaine. Mais un exemplaire atterrit sur le bureau du préfet de police et un autre parvient au ministre de l'Intérieur qui peut le faire remonter au président de la République. « Le seul intérêt de ces blancs était de fournir l'info aux autorités avant la presse, explique Pierre Ottavioli aux Jours, de les prévenir que tel ou tel ministre fréquentait des boîtes échangistes et participait à des ébats collectifs, car cela pouvait être fâcheux pour le gouvernement et créer un scandale. » D'autant plus que les tenanciers de clubs à partouzes, comme le Roi René ou le 10 *bis*[2], piégeaient les hommes politiques en prenant des photos compromettantes, grâce à des appareils cachés dans les plafonds au Roi René, ou derrière les vitres sans tain chez la Rouquine. Jean-Marie Schmeltz croit savoir qu'un ministre aurait été « rapidement viré par Mitterrand » dans les années 1980, car le président a été averti de ses travers sexuels par la Mondaine…

Cahin-caha, les mœurs évoluent dans les années 1980 et – révolution – « Canal+ se met à diffuser des films pornos », se souviennent nos deux anciens du groupe « cabarets », Moreau et Schmeltz. « Pierre Lescure[3] lui-même venait chaque mois

---

explique alors que le cardinal apportait de l'argent à cette prostituée pour l'aider à sortir son mari de prison… L'éloge funèbre et le communiqué officiel indiquent que c'est « dans l'épectase de l'Apôtre qu'il est allé à la rencontre du Dieu Vivant », employant le terme dans sa version théologique, qui désigne l'effort de l'âme vers la sainteté. Le cardinal Daniélou avait lui-même en effet abondamment commenté la notion d'épectase dans *Platonisme et Théologie mystique* (1944).

2. Voir, *infra*, p. 193.

3. Journaliste, homme de radio et de télévision, Pierre Lescure a fondé la chaîne payante Canal+ en 1984 avec André Rousselet, le président-directeur général. Il lui a succédé en 1994 avant d'être viré en 2002 par Jean-Marie Messier.

au quai des Orfèvres apporter sa cassette au chef de groupe OBM qui la visionnait, avant d'aller boire un coup avec lui. » Avec ses cassettes classées X, rangées dans une armoire, et son magnétoscope, « c'était le groupe le plus couru du 36 ». À son arrivée à la brigade de répression du proxénétisme en 1989, Martine Monteil l'a cependant supprimé et transformé en groupe « voie publique ».

DSK en goguette avec le groupe « cabarets » en 1990

Parfois, des personnalités de la police ou de la politique demandaient à accompagner le groupe « cabarets ». En 1990, ce fut le cas de Dominique Strauss-Kahn, alors député du Val-d'Oise et président de la commission des finances à l'Assemblée nationale[4]. « En tant que responsable du budget de la police, DSK a voulu faire la tournée des boîtes pour savoir ce qu'on faisait... », révèle aux Jours Martine Monteil, qui était alors patronne de la Mondaine. Dubitative, la commissaire ne cache pas à sa hiérarchie qu'elle « ne voit pas bien le rapport avec la défense du budget de la maison », mais le chef insiste : « Tu le sors, c'est tout. » Obéissante, Martine Monteil demande donc au duo Moreau-Schmeltz d'organiser « une sortie tout à fait classique » pour « le fiancé d'Anne Sinclair », la présentatrice de l'émission politique de TF1 *Sept sur sept*.

Le lendemain soir, le véhicule avec chauffeur de la Mondaine attend Strauss-Kahn, qui dîne chez le préfet de police de Paris, Pierre Verbrugghe, un sacré bon vivant grand amateur de whisky. Voilà DSK qui arrive d'un pas pressé et s'installe à côté de Martine Monteil en tenue de soirée. Bien entendu de la partie, les inspecteurs Moreau et Schmeltz, en costumes de marque, lui font faire la « tournée des grands-ducs » : « On l'emmène dans

4. Comme en témoignent la commissaire Martine Monteil, ex-patron du 36, ainsi que les inspecteurs de la Mondaine Jean-Claude Moreau et Jean-Marie Schmeltz, lors de leurs entretiens avec l'auteur en mai et juin 2016.

des endroits sérieux. » Puis, de coupes en cocktails, « on avait bien picolé, DSK se détend ».

Et sur le coup de 3 heures du matin, le rapporteur des finances de la police, qui n'a pas du tout parlé boutique, les questionne « d'une façon bien ampoulée » : « Vous allez peut-être me contredire, mais est-il exact, comme certains me le disent, qu'il existe à Paris des lieux de rencontres de couples ? » Martine Monteil, « politiquement correcte » selon ses gars, acquiesce sobrement : « Mais évidemment, DSK a voulu voir un club échangiste, et a posé plusieurs fois la question », soupire-t-elle aujourd'hui, loin de se douter à l'époque que le futur mari d'Anne Sinclair était tant porté sur la chose. Mais ce soir-là, elle le sent « branché par ça ». Le tandem des « cabarets » poursuit : « C'est comme ça qu'on s'est retrouvés chez Adam, une boîte à partouzes de luxe. » Dans ce très bel endroit rue Brey, dans le XVIIe arrondissement de Paris, « dont on a toujours dit qu'il s'agissait d'un ancien appartement de Jean Cocteau et Jean Marais », précise l'officier Schmeltz, le député et les flics se sont contentés de regarder et de trinquer. Mais « la copine d'Adam, une actrice porno canadienne, qui ignorait tout de la vie politique française, s'est assise sur les genoux de DSK et le chauffait, sans se rendre compte de qui il s'agissait ».

Lorsque, vingt et un ans plus tard, en mai 2011, l'affaire DSK avec la femme de chambre du Sofitel de New York a éclaté, Moreau a rappelé son pote Schmeltz : « Tu te souviens quand on l'a sorti ? »

9
Madame Simone, le tapin chasseur

Cheveux noirs de jais tirés en queue-de-cheval, opulente poitrine sous un corsage chamarré et gilet noir masculin de serveur. C'est ainsi que, le 11 septembre 2000, apparaît à la barre des témoins de la cour d'assises de Paris « Madame Simone », de la rue Saint-Denis. Elle est venue vilipender deux videurs et Joanna, une prostituée camée, accusés du meurtre d'une policière sur le périph' à Paris neuf ans plus tôt. Indicatrice de la Mondaine, Madame Simone, qui a alors dépassé les 70 ans, a le port de tête si altier qu'on la verrait bien arborer la coiffe des Bigoudènes. Mais la Bretonne a quitté depuis longtemps son Finistère natal pour faire carrière dans le tapin à Paris.

Après des années de trottoir dans le quartier chaud de la rue Saint-Denis, Simone en a eu marre d'enchaîner les passes et de verser l'argent à des souteneurs propriétaires de studios. À 60 ans, l'âge de la retraite, Simone a donc décidé de monter à son tour son entreprise. Mais pour obtenir une « tolérance », la tenancière doit en retour informer les flics de la Mondaine. À partir de 1991, ses tuyaux permettent de démanteler des réseaux de proxénètes. En échange, Simone peut accueillir dans ses deux studios rue Blondel et rue Saint-Denis des filles qui lui versent chacune un loyer de 5 000 francs minimum. Mais cet arrangement ne dure pas.

Le nouveau chef de la BRP, Yves Castano, ne supporte pas trop les marchés passés avec les indics à l'ancienne comme

Simone, ce « mal nécessaire mais acceptable », « à condition qu'il contribue efficacement à la lutte contre la délinquance », explique-t-il à Véronique Willemin, dans *La Mondaine*. Or, il trouve qu'une dizaine de maquerelles de cet acabit ne font plus l'affaire et décrète qu'il « n'a pas l'intention de gérer une caisse de retraite ». Il demande à un chef de groupe de cesser de couvrir Simone, tout comme ses concurrentes, qui avaient mis la rue Saint-Denis en coupe réglée.

Les videurs de Simone

Mise en demeure d'arrêter ses activités illicites, la Bretonne au caractère bien trempé baisse de régime ou fait mine d'obéir. En mars 1996, elle vend son studio de la rue Blondel, qui appartient officiellement à sa sœur, et met en veilleuse celui de la rue Saint-Denis. Ce chômage apparent ne dure que six mois. Et bientôt, les rumeurs du quartier remontent aux oreilles de la Mondaine : Simone aurait rouvert au 185 un studio pour une quinzaine de prostituées africaines, avec un système de paiement innovant pour le gérer en sous-main. Les videurs « relèvent les compteurs » des « gagneuses ». Tarif : 200 francs (30 euros) toutes les cinq passes. Pour quinze filles. Soit minimum 3 000 francs (450 euros) par jour. Les hommes de main de Simone prennent du galon et sont les yeux de la taulière dans l'immeuble d'abattage. En mai 1997, les on-dit de la rue Saint-Denis attribuent quatre studios à Simone au 185, où une quarantaine de femmes enchaîneraient les passes et verseraient de l'ordre de 10 000 francs (1 500 euros) par mois de loyer chacune. Énervé par l'expansionnisme effronté de la Bretonne, le commissaire Castano intime l'ordre à un officier de la mettre à nouveau en demeure d'arrêter. C'est à ce moment-là, selon le chef de la Mondaine, que Simone va apporter un tuyau en or à la Crim' « par pur intérêt et certainement pas par civisme » : pour décrocher en échange de la PJ de Paris une nouvelle autorisation d'exercer…

Le meurtre d'une gardienne de la paix

Depuis cinq ans, à la brigade criminelle, le groupe Vasquez – du nom de son chef – s'escrime à élucider le meurtre de la gardienne de la paix Catherine Choukroun, 27 ans. Une nuit de l'automne 1991, en planque avec un collègue brigadier à 1 h 20 du matin, la jeune policière surveillait un radar sur le périphérique parisien, porte de Clignancourt à Paris, lorsque son véhicule de police sérigraphié a été pris pour cible. Les tirs de chevrotine l'ont atteinte mortellement. Mais les multiples recherches n'ont rien donné. Et, dans la nuit du 20 février 1991, les six officiers du groupe Vasquez, qui cohabitent dans les bureaux 414 et 415 au quatrième étage du 36, réunis dans leur coin-salon avec frigo et banquette en mousse pour décompresser les soirs de déprime après une dérouille, se sont juré de débusquer les tireurs qui ont fait un carton sur leur collègue, mère d'un bébé de six mois.

Ici, on travaille en équipe et en osmose. Bel hidalgo aux yeux verts et à moustache, le chef Alain Vasquez*, doté d'une bonne vista, et son adjoint, le pince-sans-rire « Monsieur Édouard », font partager leur expérience aux plus jeunes, comme le sixième de groupe, Xavier, fan de football, et d'Hugo Pratt, qui a accroché aux murs un poster du baroudeur Corto Maltese et une affiche des *Tontons flingueurs*, le film culte de la bande. Le très sérieux et altier troisième de groupe, Philippe Dussaix, tient le rang de procédurier : il met en forme le dossier d'instruction sur le meurtre insoluble de la policière Choukroun. Vengeance d'un chauffard, acte gratuit, crime du hasard ? Seul le témoignage d'un chauffeur de taxi apporte des éléments. Il a été doublé juste avant les coups de feu par une « voiture de couleur sombre, de petite cylindrée, genre Peugeot 205 noire, GTI avec bandes rouges, ou Austin Metro » qui roulait « tous feux éteints ». Il a remarqué trois occupants à bord : « deux hommes à l'avant, dont le passager avec un foulard à carreaux rouge et blanc autour du cou » (un keffieh), qui « riait méchamment » et « une jeune femme blonde assise à l'arrière ».

Les limiers de Vasquez contrôlent… 20 000 propriétaires de Peugeot 205 noires, répertoriées par les concessionnaires. Dans un tel brouillard, il n'y a pas trente-six solutions pour les flics de la Crim' : il faut « tout ratisser de façon systématique ». Ils ont donc retrouvé les 480 automobilistes flashés cette nuit-là pour excès de vitesse sur le périphérique, vérifié domicile et emploi du temps. Aucun résultat. Ils ont listé les voitures volées, la seule, jamais retrouvée, est une Austin Metro. Ils ont aussi localisé les 4 000 malades mentaux en liberté le soir du crime. Fastidieux. Sans compter les lettres anonymes et les appels farfelus, soit 150 pistes à traiter. Au milieu de ce fatras, un tuyau leur parvient sur une certaine « Choupette », une prostituée camée, soi-disant présente dans la voiture du tueur ce soir-là.

En 1992, le capitaine Marc, troisième de groupe, cherchera Choupette partout : dans les squats, les studios, sur les boulevards et dans les bois. Sans trouver « de toxico-pute à ce nom ». Rien. En 1995, le groupe Vasquez redonne un coup de collier. « On se polarise sur trois voitures flashées qui portent de fausses plaques », me relatait à l'époque Monsieur Édouard. « On identifie conducteurs et passagers. Des Gitans. Alors, on dégringole des camps de "manouches". On apprend que les occupants de l'une des bagnoles volées rentraient d'un rodéo dans l'Yonne. On échafaude une hypothèse : ces Gitans remontent à Paris bien chauds après une série de cambriolages et se font une gardienne de la paix au fusil. Plausible. » Mais le scénario s'écroule. « On avait l'impression de ne jamais arriver au bout. » Alain Vasquez, qui « percute bien sur le plan humain », continue à tirer les sonnettes des autres services et à errer dans les milieux interlopes, en quête d'un renseignement.

Contrairement à moult seigneurs de la Crim' qui rechignent à se salir les mains avec des indicateurs, le commandant Vasquez a déjà frayé avec des tontons pour résoudre des règlements de comptes dans le milieu. D'habitude, la gestion des tontons – ou « cousins » ou « langues de pute » – revient plutôt aux brigades des stupéfiants, de la répression du banditisme (BRB) et du proxénétisme (BRP), qui en ont vraiment besoin pour démanteler des réseaux. Mais puisque les recherches des tueurs de la policière restent vaines, Vasquez va actionner tous les indics de la PJ – avec l'appui de sa nouvelle patronne, Martine Monteil, tout aussi accrocheuse et pragmatique. La nuit de la Saint-Sylvestre 1996, enfin, ça paie !

Le 31 décembre 1996, Simone réveillonne seule Chez Bouzid, un restaurant à Montreuil. « J'y croise un policier de mon pays en qui j'ai entière confiance », racontera-t-elle au procès d'assises. Ce capitaine, alors en poste à la brigade des stups de Seine-Saint-Denis, à qui elle a déjà confié ses « soucis » quant à sa fille toxicomane, l'invite à sa table. Et là, en guise de cadeau du nouvel an, la Bretonne aiguille le policier sur les tueurs de la gardienne Choukroun. Elle a entendu à l'époque le videur d'un immeuble de passe se vanter de « s'être payé un flic ». Elle en avait parlé à son condé de la Mondaine, mais celui-ci n'en a pas tenu compte. Elle donne à son compatriote la prostituée, « Joanna », et le numéro de son Austin noire, qu'elle a conservé depuis six ans sur un Post-it bleu délavé dans son portefeuille. Elle a noté l'immatriculation « 9643 PT 92 » pour « l'Ostine Metro ». Le lendemain, ce capitaine du 9.3 met la brigade criminelle sur la bonne piste. Alain Vasquez rencontre la donneuse Simone qui lui fournit enfin la clé de l'énigme.

« On en a suivi des grosses prostituées blondes »

En ces premiers jours de 1997, Simone donne un trio au commandant Vasquez de la Crim', selon son récit aux Jours, « trois faux noms, c'est pas du tout cuit, mais un bon *alias*, Joanna » et une description physique « blonde et boulotte ». Deux sont ses videurs : « Jacky » s'est vanté d'avoir « tiré dans la tête de la flic à 100 km/h pour rigoler » un soir de défonce, et Marco, un ancien militaire reconverti en gros bras rue Saint-Denis, qui pilotait l'Austin Metro noire de Joanna sur le périph' le soir de ce crime gratuit. Retour à la piste originelle de Choupette ou Joanna. Le troisième de groupe, Marc, m'a raconté en 1999 cette plongée au long cours dans le monde des tapins : « On en a suivi des grosses prostituées blondes… On a passé des jours et des nuits à planquer sur leurs lieux de travail. On savait tout, les clients, le mode opératoire, le chiffre d'affaires. » Mais toujours pas de Joanna. Pour une bonne raison. Elle a quitté le trottoir et la capitale. Elle a laissé tomber la came et a accouché d'un bébé. « Alors, on a fait des réquisitions aux caisses d'Allocations familiales de plusieurs régions, et on est enfin tombé sur elle dans l'Eure. » Joanna, qui s'est mise au vert, à la couture et à pouponner, a été rattrapée par son passé.

Le lieutenant Marc l'a récupérée, le 18 juin 1997, chez sa mère à Grenoble, et l'a ramenée au quai des Orfèvres : « Je l'ai eue à la gentillesse. Vu son ancien métier, elle aurait dû se mettre en croix [se bloquer] tout de suite. Mais elle était sortie depuis un moment du tapin. Elle n'avait plus forcément les repères de la rue. Elle a flotté 24 heures. Et ça a suffi. Pour qu'elle avoue avoir été dans la bagnole du tueur de la gardienne. On était bien contents. » Puis Joanna a retrouvé ses vieux réflexes. Certes, elle se trouvait bien à l'arrière de la 205, mais complètement stone, défoncée à l'héroïne. Du coup, elle n'a rien suivi des faits et gestes de ses deux comparses. Interpellé en simultané, Jacky, l'homme au keffieh, protecteur de filles de la rue Saint-Denis, refuse de se mettre à table. Les enquêteurs ont identifié le troisième, Marco, au volant de la voiture le soir du crime. Ils l'ont arrêté à l'automne 1997 et envoyé au trou : « On a reçu un mot de remerciement du mari de Catherine Choukroun, avec la photo de sa gamine de 7 ans », me confiait le troisième de groupe, « et ça, ça vous motive à mort. C'est l'enquête de ma vie ».

Fils d'un métallo algérien qui a tué sa mère, Jacky a commencé à travailler la nuit comme videur rue Saint-Denis vers 1986-1987. Exercé aux arts martiaux, Jacky protège les filles des clients, nunchaku et bombe lacrymogène en poche. Il rencontre Marco, un ancien militaire devenu chasseur-rabatteur pour un bar de Pigalle, puis videur rue Saint-Denis. Tombé pour proxénétisme en 1993 avec Marco, Jacky demande un jour à Simone, qui « l'assiste » financièrement en prison, de l'aider : « T'as qu'à balancer l'affaire de Clignancourt » coupe court Simone. « Un jour de permission, je l'ai amené chez moi : "Écoute, Jacky, tu me demandes de te sortir mais je ne suis pas dupe, l'affaire de Clignancourt, c'est toi." Jacky m'a répondu : "Oui, mais ça, faudra le prouver." »

La Bretonne a des principes

Le tuyau en or de Simone à la Crim' n'est pas gratuit. « Elle nous a présenté l'addition : la laisser tourner avec trois ou quatre prostituées qui travaillent en studio », rapporte le directeur de la PJ de Paris, Patrick Riou, qui accepte le marché. Comme la Crim' ne peut rien donner pour remercier l'informatrice, c'est la Mondaine qui, en contrepartie, s'engage à tolérer son petit commerce à compter du 6 juin 1997. Même si ça déplaît profondément à Castano, son patron Riou le lui impose. Le hic, c'est que l'ex-prostituée intensifie à nouveau et sans vergogne son entreprise au 185 rue Saint-Denis et, peu discrète, se targue de ses protections policières. Du coup, des graffitis fleurissent dans le quartier : « Simone, indic », « Simone vendue aux flics ». Pour Patrick Riou, Simone a poussé le bouchon trop loin : « Elle est passée à quatre filles puis à dix. On l'a mise en garde à trois reprises : "Attention, Simone, faut arrêter." Elle a continué et fait tourner d'autres prostituées dans de nouveaux studios. Elle a fini par tenir quasiment tout l'immeuble. Elle a suscité des jalousies. Des lettres anonymes de dénonciation sont parvenues au commissariat, à la PJ, au parquet. Nous n'avions plus ni l'envie ni le pouvoir de la couvrir. » Il a donc été décidé de lui ôter l'impunité. Au grand dam du chef de groupe de la Crim', Alain Vasquez, jugeant scandaleux que des commissaires crève-la-peur aient laissé tomber Simone. La Mondaine a en effet interpellé Simone en flagrant délit le 2 novembre 1998 et l'a écrouée pour proxénétisme aggravé. La mise au trou de Simone a provoqué des frictions entre les enquêteurs du meurtre de la gardienne de la paix Choukroun et les tombeurs de Simone comme mère maquerelle.

Sortie libre au bout de quatre mois, Simone a accepté de venir déposer à la barre de la cour d'assises de Paris le 11 septembre 2000 contre les deux videurs et l'ex-prostituée, et les a tancés en public : « Ce n'est pas normal de tuer une femme, policier, ou d'une autre profession [...] C'est abominable. Un accident, ça peut arriver, mais ce n'était pas un accident. » Dans le box, personne ne moufte. « Y a-t-il eu un contrat, une promesse, du donnant-donnant ? » questionne alors l'avocat général, Philippe Bilger. Outrée, Simone dément toute protection des condés pour continuer ses affaires en toute impunité : « Jamais. C'est la plus grande insulte qu'on m'ait faite de ma vie [...] La Mondaine m'a accusée de manger sur une morte, ça ne va pas, non ! Si j'ai parlé de cette affaire, c'est pour rien. Je trouve qu'on ne tue pas des gens à 100 à l'heure pour rigoler. Dans un règlement de comptes, je n'aurais rien dit. Je n'ai pas peur, de toute façon ces messieurs ne m'ont jamais fait peur. Vous me parlez de courage, est-ce qu'on en donne à une ancienne taulière ? »

La Bretonne, qui a ses principes, se tourne vers la famille de Catherine Choukroun : « J'ai fait ça pour que cette dame dorme en paix. » Les avocats de la défense ont eu beau discréditer la parole de la tenancière, taxée de « rumeur de mère maquerelle », les deux videurs de la rue Saint-Denis ont été condamnés lourdement au premier procès, et la prostituée a été innocentée. En appel, Marco a été dédouané par Joanna, et donc acquitté au bénéfice du doute. Mais les précieux renseignements de Simone ont permis à la justice d'envoyer Jacky en prison pour vingt ans.

10

La Mondaine nouvelle est arrivée

Marcheuses chinoises de Belleville, jeunes Nigérianes du bois de Vincennes ou de la Goutte-d'Or, travestis sud-américains et prostituées roumaines du bois de Boulogne, la Mondaine des temps modernes affronte de nouveaux proxénètes internationaux, portés sur la traite des êtres humains. Fermés les maisons closes et les bordels de Madame Claude ou de la Rouquine[1]. Finis les hauts lieux de passes en studio des rues Saint-Denis et de Budapest. Les 54 policiers de la BRP – 44 hommes et 10 femmes –, répartis en six groupes, pistent désormais les réseaux clandestins sur internet ou *via* les téléphones portables. Ils sont assistés d'une batterie de traducteurs pour décrypter messages et conversations qui s'échangent et se tiennent parfois dans des dialectes rares. Car les deux tiers des prostitués hommes et femmes viennent d'autres pays : « On peut avoir trente interprètes en même temps dans le service car on a beaucoup d'écoutes qui tournent », explique aux Jours Jean-Paul Mégret, chef de la BRP.

Les prostituées nigérianes doivent rembourser 30 000 à 50 000 euros

L'un des fléaux du moment, c'est l'exploitation de jeunes Nigérianes. Des gangs criminels les sélectionnent dans les secteurs pauvres de Benin City et de Lagos, puis les soumettent à

1. Voir, *infra*, p. 156, 193.

une cérémonie d'envoûtement avec scarifications et sacrifices d'animaux. Ces filles se retrouvent ensuite sur des Zodiac entre la Libye et l'Italie puis débarquent en France, surendettées. Car les « Mamas » ou les « Madam's » – plus haut placées dans la hiérarchie du réseau – exigent de 30 000 à 50 000 euros pour le voyage et les frais. Enfermées dans des bouges du XVIIIe arrondissement de Paris ou du fin fond de la Seine-et-Marne, ou déposées dans le bois de Vincennes, les Nigérianes sont menacées ou « frappées avec une barre de fer par les Mamas » en cas de rébellion. On les force à enchaîner les passes à 50 euros et les pipes à 20 euros, pour gagner chaque jour 1 000 euros et rembourser les têtes des réseaux. Le commissaire Mégret suspecte même « certaines victimes d'accepter les relations sexuelles sans préservatif pour doubler le tarif » : « On est dans le sordide absolu. » La plupart sont des « mineures de 14-15 ans, maquillées en majeures » car les proxénètes les trouvent plus dociles et peuvent les garder plus longtemps. Bien entendu, les passeports de ces esclaves du sexe sont confisqués à l'arrivée par les mères maquerelles. Il s'agit de les empêcher de fuguer et de les maintenir sous leur emprise. Le premier semestre 2016, la BRP avait déjà arrêté une vingtaine de proxénètes nigérians éparpillés en région parisienne.

Les Chinoises viennent, elles, souvent en couple à Paris, *via* des agences de voyages spécialisées. « Les femmes se prostituent, les hommes font la plonge dans des restos. On leur fournit des appartements dortoirs de 100 mètres carrés divisés en petites pièces par des cloisons où les filles habitent avec leurs compagnons. Elles envoient de l'argent au pays puis retournent en Chine », détaille le commissaire Mégret. Il tire ces renseignements des auditions de 45 prostituées chinoises, arrêtées en flagrant délit à la fin du mois de janvier 2016, dans le but de démanteler le réseau des loueurs de dortoirs et des ramasseurs d'argent. « Il a fallu faire comprendre à ces femmes qu'elles sont des victimes, et ce n'est pas si facile. » Car si la prostitution est interdite en Chine, elle est légale en France. Du temps de la loi sur le racolage passif, instaurée en 2003 par le ministre de l'Intérieur Nicolas Sarkozy, les Chinoises, habillées sobrement, déambulaient sans arrêt pour éviter les deux mois de prison et les 3 750 euros d'amende prévus par le texte. D'où leur appellation de « marcheuses ». Depuis que le racolage a été supprimé à la fin de l'année 2015, elles ont cessé d'user leurs semelles pour faire le pied de grue devant les portes cochères de Belleville, en tenues plus affriolantes.

Les souteneurs chinois ne réinvestissent pas leurs gains à Paris

Les filles arrêtées ont expliqué aux policiers que pas mal d'entre elles trouvaient leurs clients dans les karaokés et les « salons de massage ». Une confirmation pour la brigade qui avait fait tomber un an plus tôt une maquerelle chinoise gérant, avec trois complices, trois salons à Paris et dans les Hauts-de-Seine. Ces établissements employaient quinze prostituées et facturaient 35 euros l'heure passée avec le client, pour un chiffre d'affaires global de 63 000 euros par mois. Aux yeux du chef de la brigade, « la prostitution chinoise est moins dure que la nigériane », car les proxénètes n'exercent pas autant de violence et de contraintes. La notion de traite elle-même est plus relative, puisque la plupart des femmes viennent en couple, « mais ce sont quand même des gangs organisés avec un système de récupération quotidienne des fonds et de réexportation au pays ». Les chefs des réseaux ont compris qu'il vaut mieux ne pas réinvestir à Paris car, en cas de saisie des biens financés par l'argent des passes, les familles perdent tout. Du coup, pour s'en prémunir, ce sont des fortunes qui partent en Chine. Ainsi, une prostituée arrêtée en octobre 2015, qui convoyait des liasses de billets dans un sac plastique, avait transféré – selon les bordereaux saisis chez elle – 177 000 euros au pays en seize mois…

Pour « dégringoler » des réseaux, les combattants des gros « proxos » essaient de trouver des indics parmi les filles en exercice – ou les anciennes –, les « clients ou consommateurs, ou dans le milieu de la nuit ». Même pour un seul tuyau donné, la BRP inscrit la « source » au bureau officiel et la rémunère. C'est le cas « d'une quarantaine » d'indics de la brigade. Vu les sempiternels problèmes entre flics et « balances », le commissaire Mégret impose à ses hommes « d'immatriculer » la donneuse ou le mouchard d'entrée de jeu. « Car les problèmes se posent souvent au début de la relation quand on se teste des deux côtés. C'est fondamental d'enregistrer le contact tout de suite pour la protection du fonctionnaire et de son patron, sinon ça lui retombera sur la gueule. »

Comment recruter des villageoises roumaines

Ainsi, en octobre 2013, Andrea, une Roumaine, a eu le courage de dénoncer les mauvais traitements imposés par Ionut, 26 ans, à une vingtaine de prostituées. Malmenées, menacées, renvoyées au pays en cas de grossesse, les filles de la campagne, appâtées sur Facebook par Ionut qui posait en photo devant une voiture de luxe, étaient expédiées à l'abattage – de 17 heures à minuit, voire plus – dans les allées du bois de Boulogne ou sur les boulevards des Maréchaux. Par téléphone, Ionut, placé sur écoute, donnait des conseils à un complice pour recruter ainsi les villageoises : « Tu mets des like [sur Facebook] à toutes les paysannes, elles vont venir en France. On ne sait jamais, ça peut faire bouillir la marmite. » Et pour acheminer les candidates en France, *via* l'aéroport de Beauvais, le souteneur roumain s'exprimait par codes avec ses comparses et traitait les filles de « bagages », de « chattes », d'« ouvriers » ou de « gars ». À l'arrivée, les « chauffeurs » du réseau transportaient les jeunes femmes sur les trottoirs aux portes de la Villette et d'Aubervilliers ou encore au bois de Boulogne. Les 50 euros par passe des Roumaines tombaient intégralement dans les poches de la clique de Ionut qui menait grand train. Grâce à Andrea qui a brisé l'omertà, huit Roumains ont été condamnés pour proxénétisme aggravé au mois d'avril dernier. Le tribunal correctionnel de Paris leur a infligé des peines comprises entre dix-huit mois et sept ans d'emprisonnement (pour Ionut), et 170 000 euros d'amende.

La tradition des travestis et des transsexuels d'Amérique du Sud perdure à Paris, tout autant que leur racket par une nouvelle génération de macs. Loin des costumes croisés, chevalières et gourmettes arborés par les souteneurs du milieu jusque dans les années 1970, « Gucci », originaire d'une cité de Seine-et-Marne et sapé en vêtements de sport de marque, était déjà tombé – encore mineur – pour extorsion de fonds visant des hommes travestis ou devenus des femmes. À 21 ans, en avril 2015, il a replongé pour avoir exploité des travestis colombiens dans le bois de Boulogne, vers le Lagardère Paris Racing. Il avait institué un système de taxis clandestins pour les déposer sur leur « lieu de travail » et les ramener. Il avait également mis en place des camionnettes louées « 50 euros les huit heures », explique le commissaire Mégret. Mais si le travesti opérait dehors, le prix descendait à 30 euros, car Gucci réalisait ainsi « des économies de chauffage pour le véhicule et payait juste les warnings ». Un de ses potes, « Baj », dealer de Seine-Saint-Denis, fournissait de la drogue aux prostitués. En échange de cette « protection » forcée, Gucci et ses copains raflaient l'argent des passes. Et ceux qui se rebiffaient subissaient viols et coups.

À la fin de l'année 2013, la BRP avait mis fin au vaste réseau de l'Argentin « Andrea Chichi », sis lui aussi au bois de Boulogne et dans des villes italiennes. Près de 90 garçons vendaient leur corps pour Chichi, qui les recrutait dans la province de Salta, dans le nord de son pays, puis les hébergeait dans son hôtel à Buenos Aires. Il leur proposait ensuite des opérations de chirurgie plastique, réalisées par son complice transsexuel Lorena, puis leur remettait de l'argent, un passeport et un billet d'avion pour la France. Deux de ses comparses argentins travestis, baptisés « l'Impératrice » et « Susu », ainsi qu'un Français les attendaient à l'aéroport, les logeaient dans des hôtels du XVIIe arrondissement, les plaçaient au bois de Boulogne puis passaient relever les compteurs. Le patron du réseau empochait 2 000 euros sur les premiers gains, puis 1 000 euros par mois pour chacun de ses protégés et venait inspecter ses troupes deux fois par an.

Plus discrets, des réseaux sur internet ont été démantelés. La brigade de répression du proxénétisme a pisté les concepteurs d'un business sur le site Best Escort Boy qui géraient 150 petites annonces – hétéros et homos – avec « une secrétaire chargée de prendre les rendez-vous » et qui « s'occupaient de rechercher des locations de meublés ». D'autres proxénètes, arrêtés en décembre 2015, avaient monté une filière d'Européennes « de luxe », *via* un réseau de sites. Les groupes criminels assuraient « le transport des filles jusqu'à Paris, la sécurité, les prises de rendez-vous et la location de chambres » contre 50 % des prestations à 1 000 euros de l'heure, payés en espèces. La BRP a estimé le chiffre d'affaires à 150 000 euros par fille et par mois.

Pénaliser les clients ne règle rien

Malgré ces multiples affaires bouclées, le commissaire Mégret ne se fait guère d'illusions : « On ne va pas éradiquer le proxénétisme, le plus vieux métier du monde. » Quant à la nouvelle loi qui pénalise les clients, la police judiciaire l'applique avec parcimonie. L'objectif étant de « lutter contre le proxénétisme », la brigade a besoin de témoignages. « Pour ne pas bloquer le client, on lui explique que, s'il nous dit toute la vérité, on négociera avec le parquet pour qu'il s'en sorte par un rappel à la loi plutôt qu'une amende », confie Jean-Paul Mégret, qui redoute les effets pervers de ce texte. « Cette loi risque de limiter la prostitution de voie publique visible et favoriser les réseaux clandestins sur internet. »

Depuis sa création en 1901, la Mondaine subit sans cesse ce dilemme des gouvernants qui tentent de porter atteinte indirectement au commerce des corps, pourtant autorisé et légal. Outre ce grand écart perpétuel, la brigade a conservé quelques autres vestiges. Son « musée » renferme toujours, au sixième étage du 3 rue de Lutèce, les reliques saisies dans les maisons closes, donjons sado-masos et boîtes à partouzes, comme cet album de poils pubiens du Roi René[2]. Mais le groupe « cabarets » continue de surveiller à Paris 505 établissements « à connotation sexuelle », *dixit* le commissaire Mégret : « bars à hôtesses, backrooms homos, clubs de strip-tease ou échangistes, saunas, peep shows… Il s'agit – notamment – de vérifier si les horaires d'ouverture et les conditions de sécurité sont respectés. » Les neuf oiseaux de nuit, dévolus à cette police du bruit, de l'alcool et des mœurs, ne portent plus le smoking queue-de-pie noir et le nœud papillon blanc comme leurs ancêtres, ni le pin's en forme d'œil épinglé au revers de la veste. Mais certains ont conservé dans leur bureau ce logo de l'agence de détectives privés américains Pinkerton, repris au début du XXe siècle par leurs prédécesseurs, tel un sésame pour entrer dans les night-clubs – d'où l'expression « entrer à l'œil ». Cela n'empêche pas les Mondains des cabarets de représenter « les yeux et les oreilles du préfet de police sur les personnalités dans les milieux interlopes, les clubs échangistes ou bars à hôtesses ».

Les repoussoirs dans le monde de la nuit

Il n'existe plus de « fichiers des prostituées » ou de condés, ni de blancs, ces notes sur les pratiques sexuelles de VIP que les chefs de la Mondaine transmettaient au préfet de police et au

2. Voir, *infra*, p. 175.

ministre de l'Intérieur. Dorénavant, les frasques de personnalités et « les incidents remontent oralement au patron puis au préfet ». « On n'est plus dans le fichage mais dans le contrôle. On essaie de rester le plus discret possible », assure le commissaire Mégret.

En tenue de soirée, les hommes du groupe « cabarets » passent discuter avec les gérants des discothèques, des bars musicaux, des clubs de strip-tease, des nouvelles boîtes en plein air du XIIIe arrondissement et des *rooftops*, ces nouveaux lieux installés sur les toits des immeubles parisiens. Pour les tenanciers, ces flics-là sont toujours « de la Mondaine ». Pourtant, la brigade n'existe plus sous cette appellation depuis 1975. Exaspéré par le scandale provoqué par les dénonciations de corruption de la Rouquine qui venait, furieuse, de plonger pour proxénétisme hôtelier, le ministre de l'Intérieur, Michel Poniatowski, avait alors nettoyé et rebaptisé ce sulfureux service du Quai des Orfèvres. Mais les mots « brigade de répression du proxénétisme » sont encore aujourd'hui des repoussoirs dans le monde de la nuit. Alors, les « cabarets » perpétuent la tradition en annonçant aux portiers et aux patrons de boîtes : « Bonsoir, c'est la Mondaine ! »

TROISIÈME PARTIE

Le Grêlé

1
Fillette, Bloch Cécile, 11 ans

Le lundi 5 mai 1986, au bureau 302 de la brigade criminelle qui donne sur le Pont-Neuf, les six inspecteurs du groupe Pasqualini, qui sont de doublure, attendent de dérouiller. Le chef, Bernard Pasqualini*, termine un rapport en quatre exemplaires avec du papier carbone sur son antique machine Olympia. Il porte un complet-veston avec gilet et cravate, comme il se doit lorsque l'on risque de pénétrer dans l'intimité de gens frappés par le meurtre d'un parent : « Au 36, on nous appelait "la brigade des costards". »

Jean-Louis Huesca, prend « deux claques dans la figure »

Sur le coup de 16 heures, l'état-major du 36 prévient les papys crayons du bureau 305 – les administratifs – qu'un crime a eu lieu. Bernard Pasqualini, indicatif radio « Cristal 16 », reçoit l'alerte : « Fillette découverte au 116 rue Petit, Paris XIXe, au troisième sous-sol, nom Bloch, prénom Cécile, 11 ans. Le parquet vient de saisir la Crim' [1]. » Déjà debout, Bernard Pasqualini répercute la nouvelle à son équipe : « On dérouille, une gamine, 116 rue Petit, XIXe. » Il ne peut s'empêcher de penser à son fils – il a le même âge que la victime. Son adjoint, Jean-Louis Huesca*, prend, lui, « deux grandes claques dans la figure » :

1. Sauf mention contraire, les citations de la troisième partie attribuées à Bernard Pasqualini, Jean-Louis Huesca et Luc Richard-Bloch sont extraites d'entretiens avec l'auteur.

« Déjà, c'est une enfant, et on n'aime pas ça. En plus, c'est mon adresse ! J'habite dans cette résidence, l'entrée d'à côté, au 114 rue Petit. » Ce qui rassure son chef. « Au moins, on ne sera pas en terrain inconnu. On part séance tenante, tous les six, plus le procédurier et le commissaire Flaesch, chef de section à la Crim' », à bord de la Renault 16 du groupe et de deux véhicules empruntés aux papys crayons. Un photographe et un technicien de l'IJ les accompagnent.

Accueillis par le gardien de l'immeuble, en l'occurrence « l'inventeur » – celui qui a découvert le cadavre –, le procureur de la République et les premiers intervenants du commissariat de quartier, ils descendent tous les dix au troisième sous-sol, car « tout le monde doit s'imprégner de la scène de crime », explique Jean-Louis Huesca, dit « Fêt Nat ». Mais cette fois, l'endroit est tellement exigu et incommode que les policiers de la Crim' peuvent juste jeter un coup d'œil à tour de rôle sur ce « petit corps dissimulé sous un bout de moquette sale, dans un débarras dépourvu de porte et de lumière ». À la lueur de la torche, les flics découvrent Cécile Bloch, une main levée et figée qui émerge de ce tapis de fortune replié sur elle.

Le procédurier Jean-Marie Zahra, le magistrat et les techniciens de l'IJ restent seuls pour effectuer les constatations. L'inspecteur Zahra soulève la moquette sale qu'il place sous scellés. Il l'emportera au 36. Il note tous les détails de la scène. Il voit « deux traces de strangulation au lien d'un centimètre » sur le cou, une « plaie abdominale à l'arme blanche » sous le cœur, mais pas de couteau sur le sol sablonneux. L'arme du crime a disparu. Il ramasse cependant des cordelettes qui ont sans doute servi à attacher l'enfant et à l'étrangler. Il remarque « du sable sur le visage, la bouche, les mains et les ongles », selon le procès-verbal de constatation. Il en déduit que la victime a dû être « agressée face contre terre, puis retournée ». Des « excoriations des genoux et de la figure » accréditent son hypothèse. Le bas du corps de la fillette est dénudé, d'où une « suspicion de violences sexuelles », confirmées plus tard par le légiste, qui détectera « des ecchymoses vulvaires », mais « pas de rupture de l'hymen ». Des marques de « griffures d'ongles et des bleus » sur le visage et la gorge de l'enfant trahissent des coups portés pour la maîtriser. Le procédurier décrit aussi le haut du survêtement rose, le tee-shirt et le sweat trempés de sang, et le cartable ouvert dont des cahiers se sont échappés, au milieu de bouts de bois, de ferraille, de gravats entassés par les gardiens dans cette pièce aveugle.

Dans le PV n° 1, le procès-verbal de constatations qui constitue le socle du dossier judiciaire, Jean-Marie Zahra consigne tous les éléments alentour : la pièce de jeu des concierges à côté, le parking de la résidence au même niveau, l'escalier en colimaçon qui permet de descendre du -2 au -3, non desservi par les ascenseurs. Il établit un plan des lieux. En élargissant le cercle, le procédurier situe le bâtiment de dix étages dans la résidence de 800 appartements et recense les moyens de transport publics à proximité : ligne 5 du métro, station Porte-de-Pantin, et bus 75, arrêt Général-Cochet.

Le rouleau compresseur de la Crim'

Pendant ce temps, ses collègues sont occupés à d'autres tâches, que Bernard Pasqualini a tout de suite réparties. Il a mis en place la technique dite du rouleau compresseur, typique de la Crim' : constatations, perquisitions, auditions, enquête de voisinage. « On ratisse tout, systématiquement. Mon adjoint Huesca s'occupe du porte-à-porte dans l'immeuble pour essayer d'obtenir des témoignages avec les troisième et quatrième de groupe et les ripeurs [les moins gradés, les flics de base]. La priorité, c'est d'aller voir les parents : je m'en charge avec le commissaire Flaesch. »

Au troisième étage, les deux hommes pénètrent chez le père et la mère de Cécile Bloch. « On regarde, on observe avec tact, on ne voit pas de désordre inhabituel dans l'appartement. On se demande si on doit perquisitionner car, parfois, ne pas le faire peut entraîner des conséquences irrémédiables, comme c'est arrivé aux gendarmes dans l'affaire du petit Grégory. » En effet, ne pas avoir fouillé la maison de la mère de Grégory, Christine Villemin, en octobre 1984, a entretenu à tort la rumeur sur sa culpabilité. « On n'apprend pas ça dans les écoles de police, comment se comporter », me glisse le chef de groupe, qui suit son instinct. « On va dans la chambre de la petite fille, on survole, c'est bien rangé, pas de traces de lutte ou d'agression, on n'ouvre pas les tiroirs, on ne fouille pas. » Lors d'un précédent meurtre de fillette à L'Haÿ-les-Roses dans le Val-de-Marne, Pasqualini n'avait pas pris de gants avec le beau-père de l'enfant : « On avait immédiatement procédé à une perquisition et trouvé des bijoux déclarés volés dans des pochettes de trente-trois tours, puis confondu ce suspect. » Mais chez les Bloch, son intuition lui commande de ne pas en rajouter. Il leur demande une photo de la victime pour la présenter aux gens dans le quartier. Il les questionne sur les circonstances de la disparition de la collégienne et note les réponses sur un calepin. Il convoquera les parents plus tard au 36 pour une audition en bonne et due forme, mais, pour l'instant, il pare au plus pressé. Il cherche une piste.

À midi, le téléphone a sonné dans le vide

Cécile se rendait seule au collège Georges-Rouault, de l'autre côté du périph. Ce matin-là, elle a dû partir vers 8 h 45 pour son cours de gym à 9 heures, racontent ses parents. Tous deux inspecteurs à la Sécurité sociale, ils ont quitté l'appartement à 8 heures. Comme d'habitude, la mère a téléphoné à midi pour s'assurer que sa fille était bien rentrée déjeuner. Mais le téléphone a sonné dans le vide. Elle a pensé que la petite était sortie promener le chien sans le lui demander. Elle a rappelé dix minutes plus tard. Toujours personne au bout du fil. Alors, la mère a contacté le collège : on lui a répondu que Cécile n'était pas venue en classe ce lundi matin. Les parents se sont alors affolés, car ce n'était pas dans ses habitudes. Ils sont revenus en catastrophe à la résidence de la rue Petit et l'ont cherchée partout. Le père, Jean-Pierre, a refait à pied le trajet de sa fille jusqu'au collège et au gymnase attenant. Rien. Il a inspecté les garages souterrains. Rien. Il a demandé aux concierges, dont la loge se trouve au 114 rue Petit, de l'aider à fouiller. Accompagné de son collègue William et d'un beau-frère policier, le gardien Bernard a commencé à explorer la cage d'escalier du 116 par le dixième étage jusqu'au troisième sous-sol. C'est là qu'ils l'ont trouvée, morte. L'un a téléphoné au 17 de police-secours, un autre est monté à toute vitesse prévenir Jean-Pierre Bloch : « Elle est en bas. » Le père s'est précipité à son tour dans la cave devenue caveau. Sous le halo tremblotant de la lampe électrique, il est resté pétrifié par la vision de la petite main raide et froide de sa fille, au bout de son bras dressé vers le ciel. Puis a crié : « Vite, appelez un médecin ! » au policier qui l'a rembarré d'un ton sec : « Ce n'est pas la peine. »

Étudiant en biologie pharmacie à l'hôpital d'instruction des armées Bégin à Saint-Mandé dans le Val-de-Marne, Luc Richard-Bloch*, 24 ans, apprend la mort de sa sœur par son beau-père, Jean-Pierre : « Cécile n'est plus. » Le demi-frère laisse tout en plan, traverse Paris à fond et débarque dans l'appartement familial : « Il y a beaucoup de monde chez nous. On essaie de comprendre ce qui a pu se passer avec les policiers », me confie-t-il. Le divisionnaire Pasqualini veut en savoir un peu plus sur le profil de la petite, sur ses fréquentations et son emploi du temps, car, « dans 90 % des cas, le meurtrier a un lien avec la victime ». Alors, les parents racontent Cécile, au présent : « une enfant autonome, responsable, qui a un an d'avance à l'école, s'exprime bien, ne fait pas de bêtises ou de fugue, parle facilement aux adultes » parce qu'elle vit avec deux grands frères et ses parents. Le chef de groupe s'enquiert de ses activités : Cécile joue du violon dans l'orchestre d'enfants dirigé par Alfred Loewenguth, l'un de ses parents l'accompagne aux répétitions chez Mme de Longeville et aux cours de solfège boulevard Magenta, vers le métro aérien de La Chapelle. Tous les vendredis soir, elle se rend seule à la piscine à côté du collège. Parfois, elle fait les courses au Franprix d'à côté et balade le chien dans le quartier avec son frère ou sa mère. Pasqualini note les noms et les adresses, ses trajets à pied, et demande à nouveau si la famille a remarqué quelque chose de bizarre ou d'inhabituel.

« Il a une peau irrégulière avec des marques d'acné ou de variole »

C'est alors que le frère se souvient de quelque chose. « J'étais tellement dans le brouillard qu'il m'a fallu beaucoup de temps pour faire le lien avec un homme que j'avais croisé le matin dans l'ascenseur », témoigne Luc Richard-Bloch. Trente ans plus tard, il raconte aux Jours la scène : « À 8 h 20, j'ai attendu l'ascenseur dans le noir car la lumière du palier du troisième étage ne marchait pas. Quand la porte du monte-charge s'ouvre, il y a un homme à l'intérieur qui a déjà appuyé sur le bouton du -2 car le voyant rouge est allumé. J'appuie sur celui du rez-de-chaussée. Il me dit bonjour, je le vois de profil arrière. J'ai pu l'observer le temps de descendre : il a entre 25 et 30 ans, a des cheveux châtains courts, avec une mèche sur le front. Il doit mesurer environ 1,85 mètre car il était plus grand que moi qui fais 1,75 mètre. Il est de corpulence moyenne. Il porte une tenue vestimentaire décontractée : un jean un peu délavé, une veste claire et des chaussures de sport Adidas à rayures bleues ou noires, fatiguées. Il a une peau irrégulière avec des marques d'acné ou de variole. Il est un peu négligé et poussiéreux, comme un routard. Il s'exprime bien en français, sans accent. Il est posé mais son comportement m'a étonné parce qu'il a été trop poli, obséquieux même. Quand je suis sorti, il m'a dit : "J'espère que vous passerez une bonne journée." C'est une parole déplacée pour quelqu'un que l'on voit pour la première fois. J'ai pensé qu'il s'agissait d'un visiteur venu voir un habitant de l'immeuble. » Par un effet boule de neige, les parents de Cécile Bloch se rappellent à leur tour qu'ils ont pris l'ascenseur avec le même type, vingt minutes plus tôt, à 8 heures, mais n'ont pas trop fait attention à lui car ils étaient ensemble.

Cette description, précieusement consignée par Pasqualini dans son carnet, constitue une piste sérieuse. Un fil à tirer pour l'inspecteur qui fait le point avec son adjoint. Et tout colle. Six autres voisins ont vu un jeune homme « du même signalement » entre 7 h 55 et 8 h 45 dans le monte-charge car le second ascenseur avait été « mis en panne avec une allumette ». Le frère de Cécile Bloch et une autre résidente avaient également remarqué la veille qu'un paquet de cigarettes vide bloquait au niveau -2 la porte qui conduit en dessous par l'escalier en béton. Enfin, une dame a vu l'inconnu « sortir en courant » du monte-charge à 9 h 15, traverser le hall d'entrée et partir dans la rue Petit.

À la fin de ce lundi de dérouille, Bernard Pasqualini récapitule avec tous ses inspecteurs : « Ce grand type de 20-25 ans à la peau abîmée a passé cinquante minutes entre l'ascenseur et le sous-sol pour chercher sa proie. Une fillette, partie avec son petit frère, a eu chaud. À 8 h 45, il a piégé la petite Bloch et l'a entraînée de force au -3 où il est resté une demi-heure puis a quitté les lieux. » Le chef enquêteur constate que « l'auteur a préparé son coup : il a saboté l'un des deux ascenseurs et bloqué la porte du sous-sol. Il a peut-être aussi cassé le digicode d'entrée qui avait été réparé le vendredi et l'éclairage du troisième étage. » Le suspect ayant l'air « un peu négligé, avec ses baskets sales », les policiers pensent « à un traîne-savates qui a pu passer la nuit en bas ». Ils s'en vont contrôler sans attendre les SDF du foyer d'en face, puis en interpellent d'autres dans le métro pour savoir si, « un jour, ces clochards ont dormi dans les caves du 116 rue Petit ». Et qui sait, avec un coup de chance, ils tomberont sur le meurtrier à la peau grêlée de Cécile Bloch.

2
L'inconnu de l'ascenseur se dessine

Trois jours après l'assassinat de Cécile Bloch, son frère et ses parents, en compagnie de quatre voisins, sont reçus dans les locaux de l'IJ, au 7 quai de l'Horloge à Paris, dans l'antre du père de la police technique, Alphonse Bertillon, pour un exercice compliqué. Il s'agit de se rappeler en détail du visage du suspect inconnu qu'ils ont aperçu dans l'immeuble du 116 rue Petit, le matin du 5 mai 1986, entre l'ascenseur et les sous-sols, afin d'esquisser un portrait-robot. Le portraitiste de l'IJ commence par leur demander la forme du visage. Les sept témoins optent pour un contour « plutôt carré en haut mais allongé en bas ».

Le dessinateur le trace à la main sur un papier puis s'enquiert de la coiffure du suspect : « Cheveux châtain clair courts mais pas trop, avec une mèche pas très proéminente qui part sur la droite. » Il cherche parmi ses jeux de bandes découpées dans de véritables photographies ce qui correspond le mieux pour la coiffure et le front, puis procède de même pour les yeux « de couleur marron, un peu enfoncés », et les sourcils, « plutôt fins ». Il termine par la bouche et le menton. Il assemble les différentes parties, des yeux en amande, un nez droit avec le bout plus épais, des lèvres minces. À la fin, il ajoute en général sur ses croquis les signes particuliers (cicatrices, grains de beauté, bec-de-lièvre, lunettes, barbe, moustache ou rouflaquettes) et colorie le dessin pour restituer le teint. Après une ultime retouche, il ne reste alors qu'à faire revenir les témoins pour le valider. Mais cette fois, impossible de restituer la peau si caractéristique du suspect décrite par Luc Richard-Bloch, le grand frère de la victime, qui a pris l'ascenseur à 8 h 20 entre le troisième étage et le rez-de-chaussée avec lui et a eu le temps de le « scanner », selon ses mots.

L'intrus du 116 rue Petit est un Blanc imberbe au visage constellé « de marques d'acné ou de variole ». D'autres voisins ont également aperçu ces stigmates. « Pour des raisons purement techniques, la police n'avait pas les moyens de faire le rendu de la peau, m'explique Luc Richard-Bloch. Donc on l'a réalisé en deux fois. On a associé et superposé les différentes parties quai de l'Horloge puis les enquêteurs nous ont envoyés dans un atelier de graphistes de la rue de Turenne qui disposait d'outils et de textures pour reproduire la peau. » Biologiste, il est bien placé pour savoir que ce n'est pas une science exacte : « Ce portrait est le fruit d'une cogitation collective sur lequel on s'est tous accordés. Certes, il a fallu prendre en compte et réunir les avis, parfois pas totalement concordants, de tous les témoins. »

Il n'empêche que Luc Richard-Bloch évalue encore aujourd'hui le réalisme du portrait à « 7 sur 10 ». « L'image de l'individu m'habite au quotidien, comme un fantôme », me confie-t-il. « Et je le revois à chaque fois que je prends l'ascenseur. » Bien sûr, ce dessin a ses imperfections : « Je le trouve trop sérieux, trop grave par rapport à l'homme de l'ascenseur qui avait l'air satisfait et sûr de lui. Il était réjoui comme s'il avait déjà commis l'acte. Il a réussi quand même à leurrer neuf personnes. » Mais comment retraduire une telle attitude « bien plus présente que sur le visage du portrait-robot » ? C'est accessoire, mais les cheveux aussi n'étaient pas aussi sages, selon lui : « J'avais l'impression qu'il s'était peigné à la main. »

Bernard Pasqualini met « 10 sur 10 » au croquis du Grêlé

Pour sa part, Bernard Pasqualini, qui était chef du groupe d'enquête à la Crim', continue à mettre « quasiment 10 sur 10 » à ce croquis du Grêlé qu'il a immédiatement diffusé dans les journaux, les commissariats et les gendarmeries. « Je ne suis pas un fana du portrait-robot, car on sait par expérience que l'état de stress ou la vision furtive d'une personne peut fausser l'image. Mais dans ce cas-là, j'estime qu'on approchait quelque chose de bien. Il est basé sur plusieurs témoins fiables, notamment le frère qui, le temps de descente de l'ascenseur, l'a observé. En deux ou trois minutes, on a le temps de photographier quelqu'un. »

Ce procédé du « portrait-robot » (ou de la « photo-robot ») a été utilisé pour la première fois en 1953 par le commissaire Pierre Chabot, chef du service d'identité judiciaire de Lyon. Il avait alors élaboré de façon artisanale un portrait artificiel à partir de « 144 photos anthropométriques sélectionnées pour la diversité de leurs types[1] ». Le commerçant qui avait tiré sur une femme à côté de l'hippodrome du Grand Camp à Villeurbanne avait été reconnu et confondu.

On l'a expérimenté à nouveau deux ans plus tard en août 1955 dans la retentissante affaire du meurtre de la Britannique Janet Marshall, à Belloy-sur-Somme. Une factrice, ayant aperçu un rôdeur près des lieux du crime, a aidé à établir un portrait-robot d'un visage balafré. Mais comme le raconte le commissaire Charles Diaz, ancien de la Crim' et historien de la PJ, « un gardien en chef de la prison de Meaux, qui lisait les journaux,

1. Le commissaire Pierre Chabot de Lyon a découpé 144 photographies anthropométriques en trois bandes horizontales correspondant à trois parties du visage : supérieure, centrale et inférieure. Un passe-vue permet de faire coulisser les trois réglettes indépendamment et de recomposer le portrait dans une fenêtre centrale. Un logiciel de portrait-robot importé d'Angleterre est apparu en France en 1993. Voir Richard Marlet, *Les Experts, mode d'emploi*.

s'est souvenu qu'un détenu pour violences sexuelles, un certain Robert Avril, écrivait à sa fiancée à Belloy-sur-Somme ». Or, quand les gendarmes lui présentent le portrait-robot du tueur de l'institutrice anglaise, le maton ne reconnaît pas son prisonnier. Le meurtrier de Janet Marshall sera finalement arrêté pour un cyclo volé. Et c'était bien Robert Avril ! En comparant la photographie de l'accusé prise le jour de son procès et le croquis publié dans la presse, Charles Diaz comprend mieux la confusion du gardien : « Sur la vraie photo, cet homme au front dégarni paraît falot et se fend d'un sourire alors que le portrait-robot renvoie un visage taillé à la serpe à l'aspect brutal. Il en ressort de la violence. » Souvent, les traits ou le regard effrayants du suspect dans un moment proche de son crime ne correspondent pas à son visage de tous les jours. Ou, à l'inverse, des témoins ne parviennent pas toujours à restituer l'expression du criminel qui les a frappés. Charles Diaz cite des exemples d'oublis majeurs comme « de grosses lunettes à verres épais ou une barbe », ou de distorsions : « De profondes rides d'expression sur les joues sont devenues une cicatrice. » Il peut toutefois rester un air ou une ressemblance qui fera tilt chez un témoin, un parent, un voisin ou un collègue.

Bien qu'il soit basé sur des souvenirs fragiles et aléatoires, cet outil permet néanmoins des identifications. Ainsi, le 1er décembre 1987, Thierry Paulin, le tueur en série de vieilles dames du XVIIIe arrondissement, sera reconnu par hasard dans la rue par le commissaire Francis Jacob qui, comme tous les flics parisiens, porte dans sa poche le portrait-robot de ce jeune Antillais aux cheveux peroxydés, retracé grâce à une rescapée. Une femme de 87 ans, rouée de coups et laissée pour morte, avait parfaitement restitué les traits de son agresseur. Huit ans plus tard, en 1995, malgré l'arrivée d'un logiciel pour élaborer les portraits-robots, une jeune femme, survivante du criminel en série Guy Georges, qui avait passé une demi-heure sous sa coupe, se trompera de bonne foi. Persuadée à tort qu'il était de type maghrébin, cette psychomotricienne s'en voudra énormément d'avoir aiguillé les enquêteurs sur une fausse piste. Cependant, la faute revient plutôt aux professionnels qui avaient exagérément misé sur une victime choquée et un dessin erroné. Gérald Sanderson, chef du groupe d'enquête, croyait pouvoir réitérer l'exploit de Virginie, une maquilleuse des Galeries Lafayette qui avait assisté à un meurtre dans le métro. Devenue sa « “témouine” de choc », presque « la sixième de groupe » jusqu'à l'arrestation des deux tueurs, cette femme s'était révélée une physionomiste hors pair : « Ses portraits-robots des deux criminels se sont avérés plus fidèles que des photographies », m'expliquait feu Gérald Sanderson en 1999, lors d'une plongée à la Crim' pour *Libération*. Avec la rescapée de Guy Georges, il s'est fourvoyé. Il n'ignorait pourtant pas que seules 5 % des enquêtes sont résolues grâce à ces caricatures, souvent déformées par la peur, le traumatisme ou la fulgurance de l'image.

Pas d'éléments matériels à exploiter

Dans l'affaire du meurtre de Cécile Bloch, le groupe Pasqualini n'a pas d'éléments matériels à exploiter – pas d'arme du crime, pas d'indices – et lance comme une bouteille à la mer ce portrait-robot jugé « fiable », pour essayer de susciter l'identification du Grêlé. Les inspecteurs vont poursuivre leur enquête de voisinage dans les 800 appartements de la résidence et dans tout ce quartier du XIXe arrondissement de Paris, munis de la photo de Cécile Bloch et de ce portrait-robot, en quête d'un témoignage… « On cherchait partout ce visage-là, me confie l'inspecteur Jean-Louis Huesca, sans savoir si c'était réellement le bon. » Cet ex-numéro 2 du groupe d'enquête raconte aujourd'hui qu'il était « très réticent et méfiant depuis le début » sur cette technique. « Je n'ai jamais vu de portrait-robot qui ressemble vraiment. Et lorsque j'ai eu le frère au bureau pour le lui soumettre, il n'était pas convaincu. Il m'a déclaré : "Ça ressemble mais ce n'est pas ça, la forme du visage n'est pas très caractéristique." » L'inspecteur Huesca doute en particulier de la restitution de la « vilaine peau » du suspect : « C'est difficile sur un dessin pour grêler sans vraiment montrer des trous. J'ai toujours pensé qu'il avait une peau plus acnéique avec des petites cicatrices que des marques creusées de variole. » Pour son chef, Bernard Pasqualini, on ne peut pas mettre de côté cet outil. Qu'il soit fidèle ou pas, le portrait-robot fait partie de la panoplie de l'enquêteur. Tout comme les empreintes digitales[2], bien plus probantes.

Mais malheureusement, sur la scène de crime de Cécile Bloch, les techniciens de l'IJ n'en ont pas trouvé. Ni sur le cartable de l'enfant, ni sur ses baskets, ni sur ses habits, ni sur les cordelettes. Pourtant, le meurtrier ne portait pas de gants, en tout cas dans l'ascenseur. Questionné par Les Jours à ce sujet, le frère de la victime se souvient que l'inconnu « tenait la rampe du monte-charge. J'ai vu ses mains qui étaient assez fortes et carrées, pas poilues ». Il y a fort à parier que le technicien de l'IJ n'a « pas été capable de prélever des traces papillaires qui existaient », selon l'inspecteur Pasqualini. « Les moyens n'étaient pas les mêmes qu'aujourd'hui, les relevés se faisaient avec de la poudre noire et n'étaient pas possibles sur tous les supports. » Même chose pour les analyses de sang : « On avait coutume de dire qu'il

2. La classification des dessins papillaires des individus qui comportent des lignes, des lacs, boucles, arcs ou verticilles typiques pour chacun, a été élaborée à la fin du XVIIIe siècle par le Britannique sir Edward Henry de Scotland Yard. C'est la dactyloscopie. À son tour, en France, en 1894, Alphonse Bertillon ajoute aux mesures anthropométriques sur ses fiches les quatre doigts de la main droite des suspects. Il identifie ainsi en 1902, pour la première fois, le meurtrier d'un dentiste de la rue Saint-Honoré qui avait laissé des traces sur les morceaux de verre d'une vitrine brisée. Le fichier automatisé des empreintes digitales (FAED) a été créé en 1987, et compte aujourd'hui plus de 5 millions d'auteurs de crimes ou de délits dans sa base.

fallait à l'IJ une lessiveuse de trois litres d'hémoglobine pour trouver le groupe sanguin », raille l'ancien chef du bureau 302 de la Crim'. Il apprendra toutefois que celui du criminel est A, très répandu. Son adjoint Huesca renchérit : « On était bons sur le terrain, et mauvais en technique. » Outre ces lacunes, les policiers expédiés à l'IJ dans les années 1980 n'étaient pas forcément les meilleurs, mais bien souvent les flics à problèmes, alcooliques, ripoux ou incompétents. Jusqu'à l'arrivée à l'été 1995 de Richard Marlet[3], qui découvrira alors, atterré, comme nous l'avons vu, « un service archaïque et moribond peuplé de bons techniciens travailleurs et de quelques biturins et feignants dont les autres ne voulaient plus et qui ne savaient même pas prélever des traces papillaires sur un adhésif ». En mai 1986, c'est donc avec les moyens du bord, les ficelles du métier, le flair policier, le portrait-robot du Grêlé et son groupe sanguin que les six poulets du groupe Pasqualini partent sur ses traces.

3. Voir, *infra*, p. 21.

3
Le Grêlé a encore frappé

Tous les matins, l'inspecteur Pasqualini ouvre la fenêtre du bureau 302 de la Crim' et se sent comblé par la vue exceptionnelle sur la Seine, le Pont-Neuf et la place Dauphine : « Regardez la chance qu'on a ! Il y a des gens qui font des milliers de kilomètres pour voir ça », lance-t-il à ses hommes. Mais, en ce printemps 1986, le paysage ne suffit pas à le régénérer. « Pour ne jamais oublier de s'occuper de celui qui lui a fait ça », il a posé sur son bureau la photo de Cécile Bloch. « En général, les agresseurs d'enfants qui agissent sous le coup d'une pulsion le font plutôt l'après-midi ou le week-end. » Taraudé par cette énigme, l'inspecteur Pasqualini se demande « pourquoi cet individu décide d'aller violer une gamine un lundi matin si tôt ». « Est-il au chômage ou en maladie ? Ou bien ne travaille-t-il pas ce jour-là ? Tient-il un commerce fermé le lundi ? » Il note ses idées en vrac sur un « bulle », du papier brouillon jaunâtre qui restera dans le « dossier de groupe » comme document de travail. Il poursuit sa réflexion : « Au mois de mai, il fait jour, il y a du va-et-vient dans l'immeuble, il y reste plus d'une heure et demie, croise de nombreux habitants. Il n'a aucune garantie de sécurité et pourtant il va jusqu'au bout. On sent bien que ce n'est pas accidentel. » À ses yeux, ce type n'en est pas à son coup d'essai : « Il a récidivé. »

Le chef Pasqualini lance « des tas de recherches » sur de précédentes agressions sexuelles d'enfants à Paris et en petite couronne pour tenter d'effectuer « des rapprochements » avec d'autres affaires. Il convient d'éplucher « les liasses d'avis de recherche » que la police reçoit chaque mois et « trier là-dedans, mettre de côté les cambriolages, vols de bijoux, découvertes de cadavres, etc. ». Il s'agit de repérer « un mode opératoire et un type de victimes similaires ». L'inspecteur divisionnaire dépêche également des ripeurs aux archives, en bas, dans la cour du 36, dans l'espoir de retrouver un antécédent imputable au Grêlé.

C'est le cinquième de groupe qui s'y colle. Pierre Dieppois* est « un grand sifflet très mince, timide et en retrait, qui passait son temps à manger des Mars tout en partageant sa passion entre sa Golf GTI et les enquêtes policières », raconte le sous-chef, Jean-Louis Huesca. Le travail fastidieux exige de fouiller à la main toute la pile des agressions sexuelles sur mineurs. À l'époque, en effet, « les fichiers informatiques n'existent pas, resitue Bernard Pasqualini. On n'a pas d'ordinateurs, pas de photocopieuse, ni même de gilets pare-balles. On vient tout juste de récupérer un talkie-walkie Motorola. Ce sont les banques qui ont payé des Storno codés [des radios portables] à la BRB et la BRI pour arrêter le gang des Postiches[1] », cette équipe qui pille depuis cinq ans des salles des coffres en plein jour. 1986 est une grosse année pour le groupe Pasqualini : il y a la traque de ces bandits de grand chemin évaporés dans la nature, les terroristes d'Action directe… et l'enquête criminelle sur la petite Bloch. Les sept inspecteurs du bureau 302 prennent à bras-le-corps ce meurtre, commis « par un sadique ou un maniaque sexuel ». Et ça finit par payer. L'épluchage des archives et des télégrammes

1. Le 14 janvier 1986, des bandits sont repérés dans une banque rue du Docteur-Blanche, dans le XVIe arrondissement de Paris, et déclenchent une fusillade mortelle contre la BRB et la BRI. « Quand ça a pété, on était de doublure. Alors, je suis tout de suite allé au 305 chercher un Motorola avant de partir sur la scène de crime », explique Bernard Pasqualini. Doté d'un appareil radio, Cristal 16 a gardé l'appareil au bureau 302, tout comme la procédure pour homicides visant les Postiches.

révèle le viol et la tentative d'homicide d'une enfant encore plus jeune, un mois plus tôt, dans un autre arrondissement de Paris. Des crimes qui portent la même signature criminelle.

Sarah, 8 ans, prend l'ascenseur pour aller à l'école

C'est Jean-Louis Huesca qui va entendre Sarah, 8 ans, et sa famille. « Ce bout de chou, minuscule », lui raconte ce qui s'est passé le 7 avril 1986. Elle habite au premier étage du 7 place de Vénétie, dans le XIIIe. À 8 h 12, elle prend l'ascenseur pour aller à l'école, seule, sans sa sœur. Il y a déjà un homme qu'elle ne connaît pas à l'intérieur. Il est « bien habillé, en jean et en blouson de cuir noir avec des bandes vertes ». Il est « très grand ». Au rez-de-chaussée, « ce monsieur qui a l'air relax » lui dit : « Zut, il descend encore ! » Au quatrième sous-sol, Sarah se sent poussée dans le dos et entraînée dans un couloir, projetée sur un matelas à même le sol. La petite ne se laisse pas faire, hurle de toutes ses forces mais reçoit « deux gros coups de poing dans le ventre » qui lui coupent le souffle. Dans la pénombre, le type lui attache les mains avec des cordelettes et la déshabille en bas : « J'ai seulement vu qu'il avait un foulard noir et un chiffon sale et jaune, comme ceux pour essuyer les meubles », décrit la fillette. Il le lui enfonce dans la gorge pour l'empêcher de crier : « Tais-toi, tais-toi ! » Il enroule le foulard noir autour de son cou puis l'étrangle : « Je ne pouvais plus respirer, je me suis évanouie. Après, je me souviens de rien. » Le médecin établit le viol : « Pénétration vaginale légère. Pas de défloration. Prélèvement de sperme. »

L'inspecteur Huesca note les similitudes avec le meurtre de Cécile : « Il l'a laissée pour morte en bas sur ce matelas qu'il avait apporté exprès, comme il avait préparé la moquette dans le sous-sol pour la petite Bloch. C'est un prédateur organisé. » Là encore, l'inconnu a utilisé des liens qu'il a noués autour des poignets de l'enfant, sans trop les serrer. Lorsque Sarah a repris conscience, elle a pu libérer ses mains tout de suite, a cherché l'interrupteur à tâtons dans le couloir plongé dans le noir, puis a emprunté l'escalier de secours pour monter chez elle. Sa mère lui a ouvert à 8 h 35 et a appelé la police. La brigade de protection des mineurs de la PJ fournit à la Crim' tous les éléments en sa possession. Sur « trois Kleenex blancs, le matelas et le slip de la victime », des traces de sperme. Elles révèlent le groupe sanguin du violeur : A. Comme celui du Grêlé ! Questionnée sur le visage de cet homme, Sarah dit qu'il ne « porte pas de barbe, ni de moustache, ni de lunettes, mais ses joues ne sont pas lisses ». L'inspecteur Huesca lui montre le portrait-robot du Grêlé ; la survivante le reconnaît. Même lieu de capture de l'enfant, un ascenseur. Même sous-sol obscur pour commettre ses crimes : étranglement et viol. Objets utilisés similaires (à l'exception du couteau) : cordelettes, foulard et bâillon. « Et ça se passe encore un lundi matin vers 8 heures », souligne l'inspecteur Pasqualini à son équipe. « C'est le même individu, mais pas dans le même quartier. » Par conséquent, les investigations s'étendent au XIIIe, vers la place de Vénétie, entourée par des immeubles et un supermarché.

Le numéro 2 du groupe, Jean-Louis Huesca, qui habite au 114 rue Petit, continue, lui, à montrer le portrait-robot du Grêlé et la photo de Cécile Bloch à ses voisins, dans un rayon de plus en plus large, en quête d'un témoin qui aurait vu l'un ou l'autre – ou les deux discuter ensemble. « On s'est beaucoup attachés au Franprix qui se trouve au rez-de-chaussée de la résidence et agglomère pas mal de gens. » Tous les jeunes hommes qui correspondent à la description du suspect ou au portrait-robot sont embarqués au quai des Orfèvres et interrogés sur leur emploi du temps les 7 avril et 5 mai 1986. Les alibis sont vérifiés et une prise de sang pratiquée en cas de doute. Les recherches sont ciblées suivant des critères objectifs « puisqu'on a la chance d'avoir un signalement précis, notamment grâce au frère témoin » rappelle Bernard Pasqualini. Le chef vise donc un suspect ainsi défini : « Âge 25-30 ans. Taille 1,80 m à 1,85 m. Yeux marron. Type européen blanc. Corpulence moyenne. S'exprime bien en français sans accent. Particularité : marques sur la peau du visage. Tenue vestimentaire : décontractée, jean, blouson, chaussures de sport. » Il prend en compte « une marge d'erreur » et ratisse les hommes à partir de 20 ans et « de plus d'1,75 m » : « On élimine les gars plus petits, blacks, asiatiques ou maghrébins. On exclut aussi ceux dont le groupe sanguin n'est pas A. » Le look « un peu négligé » de l'intrus aux baskets Adidas « usées » aperçu dans l'ascenseur par Luc Richard-Bloch conduit le groupe à interpeller de multiples marginaux qui traînent dans le XIXe et le XIIIe, du côté des gares de l'Est et d'Austerlitz, et qui sont susceptibles d'avoir passé la nuit dans les caves ou les parkings des immeubles des deux victimes. Les interrogatoires se multiplient au bureau 302 et dans la pièce sous les combles du procédurier, Jean-Marie Zahra.

« On va interroger en prison un prédateur de mômes »

Enfin, un jour, tout semble coller avec un homme au profil idéal, incapable de dire ce qu'il a fait le 7 avril et le 5 mai. Convoqué au 36 « pour une reconnaissance de suspect », le frère de Cécile Bloch se souvient d'un « tapissage » qui lui permet de voir derrière une vitre sans tain « cinq ou six hommes alignés avec chacun un numéro ». « Je n'ai pas reconnu l'individu suspecté. Celui dont j'ai cru qu'il s'approchait le plus de l'homme de l'ascenseur était malheureusement un policier. Un enquêteur plus âgé au sein de l'équipe a eu une réaction qui m'a choqué. Il m'en a voulu que je ne reconnaisse pas le gars. Il m'a montré à nouveau sa paire d'Adidas en insistant. Il a mis ma parole en doute. » Une autre fois, c'est « un prédateur de mômes, un agresseur d'enfants sur les Hauts-de-Seine », arrêté entre-temps, qui présente les mêmes caractéristiques physiques, se souvient

Jean-Louis Huesca. « On va l'interroger en prison. Les murs de sa cellule sont recouverts de photos de gamins qu'il découpait dans la revue *Parents*, à laquelle il était abonné. Il fréquentait le quartier, connaissait la résidence de la rue Petit. On y croyait dur comme fer. » Mais l'analyse l'écarte formellement : « Son groupe sanguin était différent. »

Malheureusement, l'inspecteur Huesca n'a jamais de bonnes nouvelles à annoncer au père de Cécile. À la fin du mois de mai 1986, trois semaines après son assassinat, le policier tombe sur « des matelas, des meubles et tout un tas d'affaires entassées » devant le hall d'entrée du 116 rue Petit. Le concierge lui annonce : « C'est à la famille Bloch. Les parents sont partis s'installer dans le Lot. » Désespérés, Suzanne et Jean-Pierre Bloch, qui avaient quitté Aulnay-sous-Bois « à cause d'une certaine insécurité en banlieue » pour revenir vivre à Paris en 1980, croyant protéger leurs enfants, n'ont pas supporté de rester dans cet appartement, sans Cécile. Jean-Louis Huesca était devenu le confident du père : « C'est la seule fille qu'il avait eue avec sa femme, dans une relation très fusionnelle. On lui avait tué l'enfant de l'amour. » Pour ajouter encore à la douleur, le juge d'instruction a plusieurs fois refusé de délivrer le permis d'inhumer. « Monsieur, le corps de votre fille ne vous appartient plus ; il appartient à l'État maintenant », avait-il dit à Jean-Pierre Bloch, qui a dû batailler pour récupérer la dépouille de son enfant. Une fois la petite dans son cercueil, les Bloch ont fui Paris. « Le père n'avait pas accepté qu'on l'entende au 36, il avait senti des soupçons contre lui et ça l'a travaillé », rapporte l'inspecteur Huesca : « Il a fallu lui expliquer et recréer du lien, cet homme était un écorché vif. » Jean-Pierre Bloch l'appelait très régulièrement, souvent la nuit, parfois des heures durant.

Un coup de pouce du destin ?

En parallèle, le groupe piste toujours le gang des Postiches. Un jour, Pasqualini est contacté par une femme qui a vu trois types sortir du studio voisin du sien, au 321 rue de Belleville à Paris. Les poulets perquisitionnent ce qui se révèle être une planque. De là, ils déroulent un fil jusqu'en Italie, où des notes codées les conduiront à un autre repaire des Postiches, au 28 rue des Pins, à Yerres, dans l'Essonne. Le 13 décembre 1986, ils y débusquent le cerveau supposé de la bande, André Bellaïche, qui vient de s'évader en hélicoptère d'une prison de Rome, son copain de jeunesse Patrick Geay, son pote, fils de ferrailleurs d'Aubervilliers, Jean-Claude Myszka et un codétenu italien envolé avec le chef. Les quatre hommes se retrouvent en garde à vue à la Crim'. C'est l'aboutissement de plus d'un an d'investigations, et d'« un peu de chance ». Car dans une enquête policière, on a besoin d'un bon flair, mais aussi d'un coup de pouce du destin. Mais, dans l'affaire du Grêlé, la veine semble être du côté du meurtrier. Au grand dam des flics du 302.

Les neuf premiers mois de l'année 1987 se perdent en vérifications multiples et vaines ; les inspecteurs ne trouvent pas de liens entre le Grêlé et ses deux jeunes victimes – comme c'est le cas neuf fois sur dix – qui permettraient « de tirer le fil et de remonter jusqu'à lui ». En parallèle, le chef de groupe guette « de nouveaux faits imputables au Grêlé » qui pourraient lui apporter des éléments pour l'identifier. Mais hélas, une nouvelle victime est signalée par la brigade des mineurs.

L'agresseur de Marianne emporte quatorze disques

Le 27 octobre 1987, un mardi, à 13 heures, Marianne, 14 ans, revient du lycée et marche depuis le métro Plaisance. Elle ne s'aperçoit pas qu'un inconnu la suit et s'engouffre avec elle dans l'ascenseur de son immeuble, rue Boulitte, dans le

XIVe arrondissement de Paris. Ce « beau jeune homme » se présente comme un « policier », lui montre une carte tricolore et exige sa carte d'identité. L'adolescente ne l'a pas sur elle. Le faux flic l'oblige à monter chez elle. Une fois à l'intérieur, il prétexte une enquête sur un trafic de drogue, la fouille, examine ses bras pour vérifier si elle se pique. Il la bombarde de questions sur sa mère, médecin en déplacement, et sur le compagnon de celle-ci. Il note tout sur un carnet. Il prend les noms, les numéros, s'énerve car Marianne lui remet une carte d'identité établie dans son pays d'origine, en Europe du Nord. Il veut son passeport français. Il feint d'appeler un collègue pour vérifier l'état civil de la jeune fille et met en garde son faux interlocuteur : « C'est une étrangère, méfie-toi ! » Il exhibe une arme sortie d'un holster en cuir sous son « blouson en toile kaki, comme les militaires » : « Bon, ça suffit, je vais vous aider à réfléchir. » Il l'oblige à se coucher à plat ventre sur le lit de sa mère, l'attache avec des rallonges électriques, les pieds puis les mains, lui annonce finalement qu'il n'est « pas policier, mais cambrioleur ».

Il demande à la jeune fille où sont cachés l'argent et les bijoux, en la menaçant d'un coupe-papier sur la gorge : « Attention, je sais me servir de ça ! J'ai fait neuf mois de prison et je tiens pas à y retourner. Je ne vais pas te tuer. D'ailleurs, mes empreintes sont partout et comme je suis fiché on me retrouverait facilement. » Il se sert dans le salon. L'homme enfourne dans « un sac en tissu noir » qu'il a apporté, « avec plein de poches sur les côtés et aucune inscription dessus », la platine, le magnétoscope et quatorze disques : Barbara, Touré Kunda, les Beatles, Julian Bream, deux CD de guitare, les œuvres de Bach et de Vivaldi, le Requiem de Mozart, etc.

Puis le cambrioleur retourne dans la chambre, viole Marianne en lui pointant le canon de son arme sur la tempe, lui ordonne de ne pas crier. « Mords dans le coussin », lui lance-t-il. Il éjacule sur sa cuisse puis l'essuie avec la couette. Il se rhabille puis se rince le visage dans la salle de bains « car il était en sueur ». « En revenant, il a pris une paire de chaussettes et un foulard dans l'armoire et m'a bâillonnée avec », explique Marianne aux inspecteurs. « Il m'a recouverte avec la couette parce que j'étais toute nue. » Il range son pistolet et la victime en aperçoit un second, identique, sous son blouson. « Ce sont des faux », lui dit-il. Il attrape son sac rempli d'objets volés et bluffe encore, toujours sur le mode du gentil : « Bon, je vais appeler l'ami de ta mère pour qu'il vienne te délivrer. » Il claque la porte d'entrée. Marianne détache ses liens pas trop serrés et essaye de téléphoner. Mais le fil du combiné a été arraché.

« Le Grêlé ne l'est peut-être pas tant que ça »

La Crim' s'occupe de cette nouvelle victime et trouve des similitudes avec le Grêlé. Marianne livre une description du violeur similaire à celle du tueur de Cécile Bloch… à l'exception de sa peau. Marianne n'a « pas vu de traces d'acné sur ses joues plates ». Il est « grand, type européen, mince mais athlétique au niveau des épaules, la trentaine, cheveux bruns courts, petite mèche sur le front du côté droit, traits fins, mains très longues aux doigts rugueux ». Outre sa saharienne kaki, l'homme porte en ce début d'hiver 1987 « un gros pull de laine gris avec col en V, une chemise blanche tachetée de points gris, un jean moulant bleu, des baskets Nike bleues, une poche en bandoulière, une ceinture noire avec des poches à fermetures Éclair ». Marianne a passé trente minutes avec lui, elle dessine à son tour un portrait-robot du suspect avec « les yeux marron plus cernés et enfoncés dans les orbites » le menton très allongé, les oreilles légèrement décollées, la chevelure plus noire et la peau « normale »… Toutefois, lorsque les inspecteurs lui présentent le premier portrait-robot, Marianne reconnaît globalement la physionomie de son violeur, à l'exception des stigmates sur ses joues. Les enquêteurs réalisent alors que « le Grêlé ne l'est peut-être pas tant que ça », selon Jean-Louis Huesca : « Il est possible que le 5 mai 1986 il ait eu une éruption de boutons ou une poussée d'acné passagère. À moins que la mauvaise lumière de l'ascenseur ait induit en erreur le frère de la petite Bloch. » Il a opéré cette fois-ci « un mardi à l'heure du déjeuner » et son « mode opératoire est plus sophistiqué » : « Il attaquait les précédentes victimes de façon animale – on prend la gamine, on la viole et on l'étouffe. Dans ce cas-là, le Grêlé utilise la ruse en se disant policier pour aborder sa victime, asseoir son autorité, et vole des objets après. » Bernard Pasqualini accumule les éléments sur ce criminel sans identité « comme un puzzle que l'on ne parvient pas à reconstituer ». Pour Cécile, Sarah et Marianne, il flaire la trace d'un même prédateur. La science lui donnera un jour raison.

4
Les suppliciés du Marais

Mercredi 29 avril 1987, en fin de journée, à la brigade criminelle, un étage au-dessus du bureau 302 où le groupe Pasqualini s'escrime en vain à mettre la main sur le tueur grêlé de la petite Cécile Bloch, c'est le groupe Fisch, de permanence au 415, qui prend une affaire *a priori* totalement distincte, dans le Marais. L'adjoint du chef, l'inspecteur Alain Vasquez, découvre dans un immeuble cossu, au 7 rue Sainte-Croix-de-la-Bretonnerie dans le IVe arrondissement, « la scène de crime la plus extraordinaire[1] » de sa carrière. Au fond de l'appartement mansardé du dernier étage, dans une chambre d'enfant, la jeune fille au pair allemande de la famille, Irmgard Müller, 20 ans, porte juste une culotte, est « pendue par les bras aux montants du lit superposé », les jambes écartées, ligotée avec toutes sortes de liens de fortune, bâillonnée, « crucifiée », morte. Ses longs cheveux bruns et « sa tête penchée en avant » masquent sa gorge, enserrée par la ceinture de son peignoir et tranchée par un couteau de cuisine qui traîne par terre, la lame ensanglantée.

Dans l'alcôve du salon aux poutres apparentes, sur le grand lit du couple, le père, Gilles P., 38 ans. Entièrement nu, il repose sur le ventre en « position de gondole », bras et jambes attachés ensemble et repliés dans le dos grâce à des cravates et des ceintures

1. Les citations attribuées à Alain Vasquez et à Alain Laloy dans ce chapitre et toute la troisième partie sont extraites d'entretiens avec l'auteur.

trouvées sur place. Son cou est enserré, lui aussi. Tous ces liens sont entortillés autour d'un tisonnier de la cheminée pour faire levier, « serrer » et étrangler. Une technique de mise à mort particulièrement sadique appelée « garrot espagnol[2] ». L'inspecteur Vasquez remarque « une brûlure de cigarette sous le sein de la baby-sitter et une autre derrière l'épaule de l'homme », puis « un mégot de style Marlboro » écrasé sur le sol. Le procédurier ganté de latex ramasse avec précaution cette pièce à conviction qu'il place sous scellés, tout comme l'arme du crime. Son chef ne détecte « pas de traces de lutte, ni de désordre, ni d'effraction sur la porte » de l'appartement et émet donc l'hypothèse « que l'un ou l'autre connaît le ou les tueurs et les ont laissés entrer. Ça ne ressemble pas à un crime crapuleux ».

C'est Anne-Marie P., hôtesse d'accueil à Air France qui, en revenant de son travail à l'aéroport de Roissy, les trouve dans cet état. Elle cherche sa fillette de trois ans et demi, Julie, que la jeune fille au pair devait aller chercher à la maternelle. Elle finit par la récupérer saine et sauve chez les parents d'une copine de classe. Alain Vasquez demande à la mère l'emploi du temps de la baby-sitter. Elle lui explique qu'Irmgard Müller est bien venue ce matin-là, comme d'habitude, pour conduire à 8 h 45 la petite à l'école. Normalement, elle doit ensuite débarrasser la table du petit déjeuner, laver la vaisselle et balayer l'appartement. L'inspecteur constate que ces tâches n'ont pas été effectuées et s'interroge sur le trousseau de clés posé dans l'entrée, sur la table de la cuisine. La

2. Cette méthode, également appelée « lacet étrangleur », est utilisée depuis l'Antiquité pour tuer par strangulation un adversaire. Jusqu'en 1974, on exécutait ainsi certains condamnés à mort dans l'Espagne franquiste. On utilisait alors généralement un lien de cuir, une corde de piano ou de soie. Dans une version plus moderne, il s'agit d'un collier métallique actionné par une vis à travers un poteau auquel est attaché le condamné, assis sur une chaise ou un tabouret, pour écraser plus ou moins lentement le larynx. L'Espagne a aboli ce supplice après la mort du dictateur Franco. Par la suite, le « garrot espagnol » a été utilisé par la mafia sicilienne pour châtier les traîtres.

propriétaire des lieux reconnaît les clés de l'appartement confiées à Irmgard et celles du studio qu'elle lui prête. Elle l'a embauchée à la rentrée scolaire de septembre 1986 et l'héberge à deux pas, dans une chambre de bonne au 15 rue de Sévigné. Le mari, mécanicien Air France à Roissy et délégué syndical CFDT, travaille de nuit et rentre se coucher vers 8 heures. L'inspecteur Vasquez s'enquiert de savoir si de l'argent ou des bijoux ont disparu. La propriétaire fait l'inventaire et s'aperçoit que deux appareils photo – un Hasselblad et un Nikon – ont été volés. Ils avaient été entreposés dans une mallette par son propre frère, sous le lit de sa fille. L'inspecteur Vasquez met « en observation » ces « objets d'art » en inscrivant leurs descriptions, numéros et références sur le fichier accessible aux antiquaires et aux marchands.

Menée en parallèle, l'enquête de voisinage apporte le témoignage majeur de la concierge de l'immeuble. À 10 h 30, alors qu'elle lavait l'escalier au rez-de-chaussée, elle a entendu un coup de sonnette et une voix masculine demandant par l'interphone à Irmgard Müller de lui ouvrir. Après « une discussion tendue » où « le type paraît insister et la petite rechigner », selon Alain Vasquez, la porte d'entrée finit par se débloquer et « un jeune homme âgé d'environ 25 ans vêtu d'un blouson de cuir foncé » s'engouffre à l'intérieur. Penchée sur les marches en train de frotter, la gardienne aperçoit juste « un grand balèze avec de grosses mains ». La bignole dont le regard se trouvait, à ce moment-là, au niveau de ses cuisses, insiste : « J'ai été frappée par la grosseur de ses mains. » Elle a dû se coller contre le mur pour le laisser passer. Elle a également vu monter deux autres hommes, mais n'a pas repéré s'ils sont allés jusqu'au quatrième étage chez les P.

Alain Vasquez s'interroge sur le mode opératoire du tueur

L'autopsie déterminera les causes de la mort des deux victimes : « par suffocation après strangulation ». L'heure approximative du décès est 11 heures. Ce ne sont pas les estafilades à la lame sur leurs cous qui les ont tués. Mais les enquêteurs attendent beaucoup de l'analyse toxicologique des viscères pour vérifier si « les victimes ont été neutralisées par absorption d'un soporifique ». « Sinon, comment un type seul pourrait-il maîtriser deux personnes en même temps, sans qu'elles se débattent ou appellent au secours ? Surtout l'homme qui était un gaillard d'1,80 mètre et dans la force de l'âge », s'interroge Alain Vasquez. « Ou alors on a affaire à deux auteurs ? » Il ne croit pas à cette éventualité car la concierge a bien entendu un seul homme discuter à l'interphone avec la jeune fille au pair. Les résultats du laboratoire tomberont une semaine plus tard, négatifs. Le « balèze » n'a pas drogué ses victimes.

Au quatrième étage du 36 quai des Orfèvres, dans le bureau 415, les six enquêteurs du groupe Fisch se mettent sur la piste d'un « désaxé ». Intrigués par la présence sur la scène de crime – au pied du lit de l'enfant – des vêtements mélangés du mari et de la baby-sitter, les policiers supposent des relations extraconjugales. À moins qu'il ne s'agisse d'« une mise en scène » du meurtrier. Un participant aux réunions des chefs de groupe, dans l'antre du patron de la brigade criminelle, se souvient très bien que l'un d'eux, feu Jean-Paul Fisch, « paraissait sûr de lui ». « C'est une histoire de cul qui a mal tourné, on va la sortir », fanfaronnait-il alors. « Ils ont dû faire des photos pornos là-dedans, dans des positions sado-masos ou de bondage, et puis ça a dégénéré, le preneur de vues a dû disjoncter », les trucider puis emporter les appareils argentiques.

La Crim' soupçonne un temps le beau-frère de Gilles P., qui avait laissé son Nikon et son Hasselblad « par peur des cambrioleurs chez lui », d'avoir « dépêché un type pour les récupérer ». Confiant, l'inspecteur divisionnaire Fisch, qui part en congé une semaine après le double crime, lance à son adjoint : « Quand je reviens, vous l'aurez solutionné. » Alain Vasquez acquiesce :

« Il est vrai que l'affaire Müller, aussi atypique soit-elle, avec deux cadavres et deux vies différentes à explorer, paraît simple. Car la petite Müller connaît apparemment l'assassin », puisqu'il a sonné à l'interphone de ses employeurs et qu'elle l'a autorisé à monter.

Pour débusquer le meurtrier, il faut donc cerner « la personnalité et l'environnement » des deux victimes. La Crim' se rend à l'aéroport de Roissy pour interroger tous les collègues et les supérieurs du mécanicien d'avion, réputé sérieux et « droit ». Entré à Air France en 1973, Gilles P. était un employé bien noté. Au début de l'année 1986, il était rentré, pour sa fille et sa femme, de deux années passées à l'escale de Bombay, en Inde. Un de ses collègues aiguille toutefois la brigade criminelle sur la piste du règlement de comptes. Car avant sa disparition, le délégué syndical CFDT aurait mis au jour « des malversations financières commises par des personnages peu scrupuleux qu'il connaissait bien ». « Gilles menait son enquête et s'apprêtait à faire certaines révélations », avance cet ouvrier d'Air France.

« Un complot fomenté par Air France et par Jacques Chirac »

Il incombe au quatrième de groupe, Alain Laloy*, Lorrain doté d'une belle moustache à la Dalí, la tâche délicate d'entendre Anne-Marie P. Son chef, Jean-Paul Fisch, lui a donné la consigne suivante : « Tu lui demandes si son mari avait des relations sexuelles avec la petite Müller. » Au fil de l'audition, Laloy réussit à caser cette « question pas aisée à poser ». « Elle m'a répondu : "Non." On s'est aperçus plus tard que "oui". » L'épouse paraît plus versée sur la théorie d'un complot fomenté par Air France, « que Gilles allait mettre à genoux », et par Jacques Chirac, « qui serait dans le coup ». Sur sa ligne téléphonique placée sur écoute, les poulets du 36 l'entendent pester contre ces flics en train de suspecter son frère, son beau-père ou elle-même, au lieu d'aller arrêter le Premier ministre et les pontes de la compagnie aérienne.

La perquisition dans le studio d'Irmgard Müller, au 15 rue de Sévigné, permet de découvrir deux pièces à conviction majeures : le journal intime de la jeune Allemande et le répertoire de ses contacts. « Deux mini-carnets rouges que j'ai longtemps gardés dans mon bureau, au 415 », me confie Alain Vasquez. « La petite Müller marquait des appréciations sur les prestations de ses conquêtes masculines, les noms et coordonnées des jeunes gens. » Ses écrits attestent de sa liaison avec son employeur. Missionné pour aller en Allemagne enquêter sur la victime, l'inspecteur Laloy retrouve à Kempten, en Bavière, « en pleine campagne vallonnée », les parents et les amis inscrits dans son agenda, dont « un venu la voir à Paris ». « On me dresse le portrait d'une jeune fille sage et rangée. Je suis revenu bredouille de là-bas. » Car, en huit mois de vie parisienne, Irmgard s'est bien délurée. Pour Alain Vasquez, « la jeune fille avait décidé de faire son "expérience" à Paris ». « On sentait que la petite Müller pouvait s'embarquer avec n'importe qui et faire une mauvaise rencontre. À la piscine où elle allait tous les vendredis soir, un maître-nageur lui plaisait, elle lui faisait des clins d'œil… Une copine d'Irmgard lui avait dit stop ! »

Grâce aux copines et aux voisines, le groupe Fisch reconstitue le monde de la jeune femme. Et son emploi du temps la veille de son assassinat. Le 28 avril 1987, dans l'après-midi, elle a sorti la fillette au square de la rue des Blancs-Manteaux. Des gens ont vu « un jeune homme tout vêtu de noir qui ne [faisait] pas net, malsain, comme un SDF, la chercher », rapporte l'inspecteur Vasquez. « Il l'a trouvée, puis a parlé avec elle, de façon plutôt agressive. Les témoins se sont demandé pourquoi cette belle petite discutait avec ce type pas recommandable. Ils avaient l'air de se disputer. » Mais elle a dû céder et lui « laisser ses clés », car sa voisine de palier voit à peu près à la même heure un « jeune bizarre et taciturne en pull-over rouge mettre la clé dans la serrure et entrer dans le studio ». Pendant ce temps,

Irmgard Müller reconduit la fillette chez ses parents. Elle part à ses cours de français à la Sorbonne, puis s'éclipse sans dire au revoir. Les autres étudiantes étrangères la trouvent « anxieuse » et « pressée » ce soir-là. « La petite Müller ne papote pas avec ses copines comme d'habitude et paraît angoissée d'être en retard », explique Alain Vasquez, « sûrement à cause du type qui l'attend chez elle ». « Ils ont passé la nuit ensemble puis elle est partie pour être à 8 heures au rendez-vous chez ses employeurs, et emmener l'enfant à l'école. »

L'inspecteur Alain Vasquez a une théorie

La suite, le numéro 2 du groupe de la Crim' l'envisage ainsi : au retour de l'école, « Irmgard Müller ne fait pas ses tâches ménagères mais pose ses affaires. Elle se met en petite tenue et, comme elle a ses règles, elle fait probablement une gâterie à son employeur qui vient de rentrer, car leurs habits sont mélangés au pied du lit. Puis le mécanicien part dormir et la jeune fille au pair ne se rhabille pas. » Selon son scénario, lorsque la sonnette retentit à 10 h 30, la discussion est tendue à l'interphone car la petite Müller, « alors en peignoir, n'a pas envie de faire monter ce type chez ses patrons », mais elle finit par accepter. Car son amant lui rapporte son trousseau de clés, celui qui a été découvert dans l'entrée, sur la table de la cuisine. « Il a dû se rendre compte que sa copine allemande avait une histoire avec son patron. Il a pété les plombs. Il a dû maîtriser d'abord la petite Müller et l'attacher avec sa ceinture de peignoir, lui a mis un foulard dans la bouche, dans la chambre d'enfant du fond puis il a dû revenir s'occuper de l'homme, surpris en plein sommeil. Il a allumé une cigarette blonde, les a brûlés à tour de rôle, puis a jeté le mégot par terre. Il a dû retourner achever la jeune Allemande mais ne l'a pas violée, et l'a laissée en slip. » En revanche, le sperme de son amant de la nuit précédente a été prélevé « au fond de son vagin, sur le bout intérieur de son tampon hygiénique » qui a été enlevé par le légiste et placé sous scellés. Mais à l'époque, un tel indice révèle juste le groupe sanguin de son partenaire – A –, différent de celui des deux victimes, qui sont O. Au bureau 302 de la Crim', une volée de marches en dessous, Bernard Pasqualini et ses gars pistent depuis déjà un an le tueur à la peau grêlée de Cécile Bloch, 11 ans, qui lui aussi appartient au groupe sanguin A. Mais ce groupe est le plus répandu en Europe (plus de 40 % de la population) et ce double meurtre d'adultes ne ressemble en rien à l'assassinat de la fillette…

Les promeneurs du square, la voisine de palier de la jeune Allemande et la gardienne de l'immeuble de la famille P. se prêtent au jeu du portrait-robot qui, aux yeux de Vasquez, « hélas, n'est pas terrible » : trop quelconque, cheveux bruns foncés, visage allongé, nez droit avec un bout plus épaté. Reste à exploiter le carnet d'adresses d'Irmgard Müller pour retrouver le type avec qui elle a passé la nuit, parmi « la trentaine de noms » qui sont répertoriés. Systématiquement, chaque partenaire ou ami de la victime est localisé, arrêté et ramené à la Crim' pour « une p'tite 24 », comme dit Alain Laloy, une garde à vue de vingt-quatre heures (qui peut être prolongée jusqu'à deux jours et deux nuits). Ce n'est pas le seul, mais les « paluches » sont un critère important. Alain Vasquez se souvient de leurs réflexes de poulets : « On regardait les mains. On en cherchait des grosses comme des battoirs ou comme celles des bouchers. » Certains ont le bon profil et passent une sale « 48 », une garde à vue prolongée. Ainsi, ce « jeune artiste qui faisait de la BD et figurait dans le carnet d'adresses de l'Allemande ». « On va le chercher, raconte l'inspecteur Laloy. On perquisitionne son domicile et, à la fin, dans un placard, on tombe sur un carton à dessin de femmes nues dans des positions sado-masos. L'une d'elles, représentée attachée les bras en croix et bâillonnée, avait le visage de la petite Müller ! » Coup d'adrénaline pour les inspecteurs : « On s'est regardés tous les deux et on s'est dit : “C’est bon, pas la peine d’aller plus loin.” » Interrogatoires serrés, pression psychologique et examen à la loupe de l’emploi du temps le jour du double crime. L’artiste soutient qu’il a passé le mercredi au centre de loisirs de Neuilly-sur-Seine. Après moult vérifications, l’inspecteur Laloy est obligé d’admettre que c’est vrai. Le coupable idéal, animateur pour enfants et dessinateur de BD trash, est bien resté « la journée du mercredi 29 avril de 9 heures du matin à 19 h 30, avec un groupe de gamins au centre de loisirs ». Un alibi en béton.

Passé ce moment de découragement, il a fallu continuer « à galérer pour retrouver des musiciens péruviens dont les noms figuraient dans le carnet de petite Müller ». L’inspecteur Laloy a arpenté dans tous les sens, de jour comme de nuit, le quartier des Halles et du Marais, les gares et les places, puis a fini par tomber sur ces artistes de rue que la victime avait croisés un soir et intégrés à son répertoire. Même régime de « p’tites 24 » pour ces suspects itinérants. À force de chercher, les enquêteurs du groupe Fisch sont parvenus à loger et à interroger vingt-neuf relations masculines du carnet rouge de la victime. Toutes mises hors de cause. Un seul homme n’a pas été identifié. Peut-être le criminel, qui va réapparaître, sept ans plus tard, entre la Seine-et-Marne et l’Essonne.

5
Ingrid, 11 ans, témoin clé

En 1994, l'inspecteur Bernard Pasqualini a alors quitté la Crim' depuis trois ans, pour suivre ses études de commissaire, sans avoir résolu l'affaire de la petite Bloch qui lui tenait tant à cœur. Il a été remplacé, sur ses conseils, par Odile Fairise*, la première femme flic de la brigade, discrète et opiniâtre. Jean-Louis Huesca, son ancien adjoint, a pris la tête d'un autre groupe, et, en ce début d'été 1994, il va lui aussi rejoindre l'école des commissaires. Les vaines recherches du meurtrier pédophile à la peau cabossée ont conduit le troisième juge d'instruction, Jean-Pierre Getti, à clôturer le dossier d'assassinat de Cécile Bloch, le 9 avril 1993, par un non-lieu. Motif : « auteur non identifié ». Sans avocat, Jean-Pierre Bloch, le père de la fillette, qui a perdu sa femme en janvier 1989, « tuée dans un accident de la route par une chauffarde », apprend, sans avoir pu lire la procédure, le classement sans suite.

Depuis le viol de Marianne, 14 ans, à Paris, le 27 octobre 1987 par un faux policier en saharienne kaki, armé et équipé d'un talkie-walkie, les enquêteurs n'ont pas retrouvé la trace de ce criminel en série.

Mais, le 29 juin 1994, un homme agresse une fillette en rase campagne. Ce mercredi ensoleillé, Ingrid joue avec ses copines sur un terrain en friche du côté de Mitry-Mory, en Seine-et-Marne, où habitent ses parents. Ils sont tous deux d'origine guadeloupéenne, et agents de la SNCF. Sa mère lui a interdit de passer par la cité désaffectée des cheminots. Mais, pour une fois, la petite fille sage désobéit et, pour rentrer, s'aventure à vélo sur le chemin de l'Abîme qui longe la voie ferrée. En cette après-midi de congé, l'écolière porte une jupe et un haut bleu marine à pois blancs. Elle pédale seule sous un soleil de plomb pour rejoindre ses amies qui l'attendent au pied d'un pont de la SNCF. Il est 14 heures. Une voiture blanche arrive en face d'elle et s'arrête à son niveau. Le conducteur demande à la gamine : « Avez-vous vos papiers d'identité[1] ? » Ingrid n'en mène pas large, se sent fautive et secoue la tête : « Non. » Ce « monsieur » qu'elle ne connaît pas descend de sa « Volvo 340 » et lui annonce : « Je suis policier, je vais t'emmener au commissariat. » Il exhibe alors une paire de menottes métalliques et lui entrave les mains dans le dos. Il pose la bicyclette contre une cabane et pousse Ingrid dans son véhicule, sur le siège passager.

Le « policier » croise un véhicule de gendarmerie

Il part en marche arrière et roule sur deux kilomètres, reprend une route qui passe dans la rue d'Ingrid. Elle le supplie de s'arrêter chez elle pour prévenir sa sœur aînée. Il ne répond pas et file. Il traverse Mitry-Mory, évite le commissariat puis bifurque à droite sur un rond-point, sur la Francilienne. Rapidement, la fillette sent le danger et le questionne : « Où m'emmenez-vous ? » Il rétorque : « Taisez-vous » et continue à rouler « calmement », en silence. Il sort de l'autoroute, emprunte une départementale et croise un véhicule de gendarmerie. Alors, le « policier » quitte la route, se gare devant une décharge. Il ouvre les portières : « Il m'a prise dans ses bras et m'a couchée sur la banquette arrière », expliquera Ingrid aux gendarmes. Il fouille dans son coffre, puis « accroche un linge, une serviette de toilette ou

1. La reconstitution de la scène de l'agression d'Ingrid est basée sur les éléments du dossier.

21. Le commissaire Mégret, chef de la brigade de répression du proxénétisme, dans le musée de la Mondaine en mai 2016.

22. Étranges collectionneurs, le Roi René et son fils, tenanciers de boîtes à partouzes, ont rangé dans de mini-pochettes en plastique les souvenirs très intimes de 214 filles, avec leur prénom et leur origine.

23. François Marcantoni, soupçonné du meurtre de Stevan Markovič, mis en liberté provisoire, quitte la prison de Versailles, le 3 décembre 1969.

24. Les photos obscènes qui mettent en scène Claude Pompidou sont des montages, pour lesquels on a sollicité « une grande blonde distinguée, style bourgeois, entre 40 et 45 ans ».

Tandis que Lopez reste gardé à vue

Craintes pour la vie de Mehdi Ben Barka

peut-être enlevé par le "milieu"

Histoire macabre ou seulement rocambolesque ? Prisonnier ou assassiné ? Où faut-il rechercher M. Mehdi ben Barka ? La police envisage deux hypothèses : ou bien les ravisseurs du leader de l'opposition marocaine, recrutés dans le « milieu », l'auraient exécuté, ou bien M. ben Barka aurait été « empaqueté » dans un avion en direction du Maroc. Mais pour être livré à qui ?

La première hypothèse s'étaie sur la filière Boucheseiche. L'ancien lieutenant de Pierrot-le-Fou, qui a ses entrées dans le monde des truands, quoiqu'il paraisse s'être rangé depuis sa sortie de prison, après avoir purgé une peine de sept ans de détention, se trouverait actuellement à Casablanca, où il possède un hôtel, mais c'est dans sa « Mercedes » que M. ben Barka aurait été enlevé vendredi dernier sur les Champs-Elysées. D'autre part, le commissaire Bouvier a interrogé, hier après-midi, plusieurs personnages appartenant au « milieu ».

La seconde hypothèse s'appuie sur l'implication dans l'affaire d'Antoine Lopez, chef d'escale à Orly, d'ailleurs ami de Boucheseiche, et dont la garde à vue a été prolongée jusqu'à aujourd'hui.

Antoine LOPEZ

4 Suite p. 12

25. Article du journal *L'Est républicain* du 5 novembre 1965, qui évoque l'implication d'Antoine Lopez dans l'enlèvement de Mehdi Ben Barka.

26. Pierre Ottavioli, le taulier de la Crim', dans son bureau du 36.

27. Le bureau 302 de la Crim' en 1991. Le chef de groupe Bernard Pasqualini (*au fond, à droite*). Son adjoint Jean-Louis Huesca (*au fond, à gauche*).

28. Dans son bureau 415 encombré de rapports et d'annuaires, Alain Vasquez s'arrache les cheveux en tentant de retrouver la trace d'Élie Lauringe.

29. En 1978, Bernard Pasqualini interroge un meurtrier dans son bureau.

30. Le bureau 415 des enquêteurs du groupe Vasquez aux *Tontons flingueurs* et *Corto Maltese*.

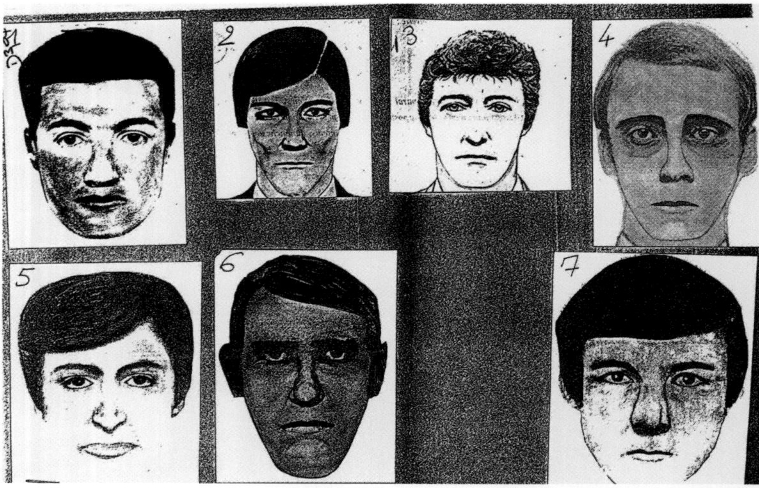

31. Les gendarmes présentent à Ingrid une planche de sept portraits-robots. La fillette reconnaît son violeur sur le croquis numéro 6 dessiné par une précédente victime du Grêlé.

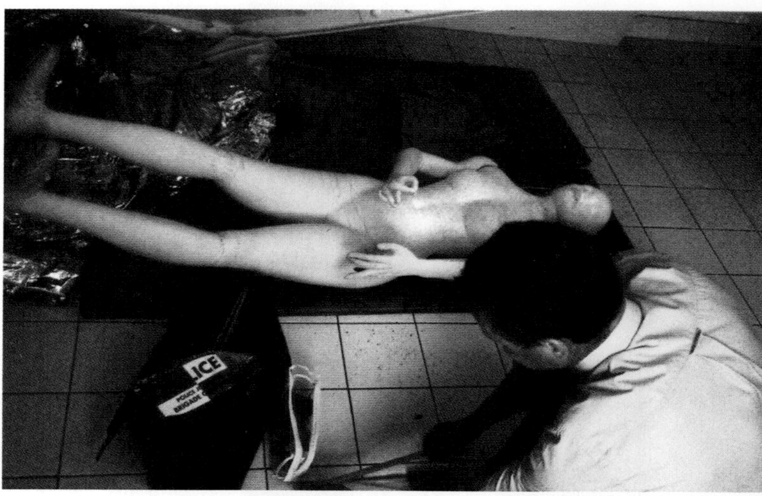

32. Les méthodes traditionnelles de la police scientifique sont renforcées aujourd'hui par le logiciel Anacrim, qui rassemble et croise toutes les données collectées.

33. La psycho-criminologue Frédérique Balland s'installe en 2001 dans un minuscule bureau au sein du 36.

34. Les pages jaunies de vieux PV de l'affaire Cécile Bloch, décortiquées par Frédérique Balland, entrées dans le logiciel Anacrim, font apparaître de nouvelles pistes.

35. Luc Richard-Bloch, le frère de Cécile, est le premier à parler de la technique de l'ADN aux enquêteurs du bureau 302.

36. Cécile Bloch avec son chien, Truffe, lors des vacances de Pâques en avril 1986, un mois avant son assassinat.

un tapis de bain, sur la vitre arrière » pour cacher la fillette des regards. Il lui demande si elle a faim ou soif. Ingrid dit « non », mais se plaint de ses poignets qui lui font mal. Il ne desserre pas les menottes et répond d'un ton apaisant : « On va bientôt arriver. » Il rapporte des biscuits et une bouteille de Vittel. Il ne fume pas, mais elle remarque « une drôle d'odeur », indéfinissable et inhabituelle dans une voiture : « Ça sent fort, ça sent un peu comme le chien. » Il y a « une petite peluche » pendue au rétroviseur, des sièges bleus et un plafond blanc, un autocollant « orange et jaune de sécurité » antivol.

La voiture, « propre à l'intérieur et sale à l'extérieur », redémarre et roule longtemps, peut-être trente minutes, avant de s'engager sur un sentier troué d'ornières. Ingrid ne voit presque rien mais ressent les cahots puis les chocs de l'auto. En se redressant un peu, elle aperçoit une grille cadenassée par une chaîne que son ravisseur essaie de défoncer. Il finit par renoncer, recule, repart sur un petit chemin, coupe le moteur « à côté d'une ferme abandonnée au milieu des champs ». C'est la ferme de Villeras, à Saclay dans l'Essonne, à 60 kilomètres de Mitry-Mory. Il descend de voiture. Il verrouille les portières. Il la laisse seule et s'absente « dix minutes ». Il revient, ouvre le coffre, « prend des choses dedans » et repart « assez longtemps ». Il vient de préparer les lieux du crime

« Non, je suis trop jeune, je suis une petite fille »

Le kidnappeur est de retour à la voiture. Il sort un « gros trousseau de clés » et ôte les menottes d'Ingrid. Il prend la fillette dans ses bras – « pour m'empêcher de m'échapper », racontera-t-elle – et la porte à l'intérieur de la maison en ruine, grimpe un escalier très raide. Ils débouchent dans « une pièce toute cassée où il y a du bois par terre, et des cartons ». Par la fenêtre, elle voit un lac. Là, à l'étage, il l'attache au radiateur avec un fil électrique, un peu comme « la femme nue attachée à un arbre » sur la couverture d'une bande dessinée porno qu'il lui montre. Il feuillette la revue sado-maso et pointe son doigt sur une bulle où l'héroïne fait une fellation à un personnage : « Vous savez faire ça ? » Ingrid lui dit : « Non, je suis trop jeune, je suis une petite fille. – Eh bien, je vais vous apprendre. » Il lui propose d'un ton courtois, toujours en la vouvoyant : « Vous voulez m'embrasser ? » Il recouvre un lit pliant « d'un drap blanc très propre ». Elle remarque ses « grosses mains » et détaillera sa tenue aux enquêteurs. Il porte « un blouson de cuir noir aux manches râpées, des baskets blanches Nike avec des bandes roses ou orange, et un jean noir ».

Durant le viol et les sévices sexuels qu'elle subit, la fillette ne cesse de lui poser des questions qui le ramènent sur terre et l'énervent : « Vous n'avez pas une femme pour faire ça ? » Il essaie de changer de sujet, puis répond : « Oui, je suis marié. » À la fin, il s'essuie avec du papier hygiénique rose qu'il jette par terre. Elle l'interroge encore sur son épouse : « Si vous êtes marié, vous pouvez pas faire ça avec elle ? » L'homme se tait et se met à contempler une photo attrapée dans une boîte en carton et la « regarde comme s'il connaissait les gens dessus ». Ingrid lui demande : « Qui est sur la photo ? » Il ne lui dit pas que ce cliché montre deux fillettes aux tresses blondes habillées en robes blanches, au milieu d'une fête. Il reste silencieux. Il fait jurer à la fillette de ne jamais raconter ce qui s'est passé ici. Soudain, sur le coup de 17 heures, il s'en va précipitamment en emportant la bouteille de Vittel. Il assure qu'il part chercher à manger et qu'il va revenir. Ingrid l'attend cinq minutes, puis s'enfuit. Dehors, elle tombe sur un moniteur de moto-école qui entraîne les candidats au permis sur la piste à proximité. Il la conduit à la gendarmerie de Saclay, à 500 mètres de là.

Les officiers de gendarmerie recueillent son témoignage puis se rendent sur les lieux du crime. Dans la pièce à l'étage, les techniciens d'identification criminelle placent sous scellés les objets apportés par le violeur : le drap blanc, la BD, le collant noir, « deux feuilles de papier hygiénique de couleur rose avec sperme » (scellés n°s 4 et 5). Ils saisissent également « un slip rose taille 12 ans porté par la victime » (n° 6) et les « vêtements de la victime sur lesquels apparaissent des traces pouvant être du sperme » (n°s 7 et 8). Ils emportent en outre le câble électrique utilisé pour ligoter Ingrid et la photographie en couleur des trois enfants que le violeur a longtemps regardée.

Le témoignage d'une voisine permet de corroborer la description du véhicule faite par Ingrid, pour l'inscrire sur l'avis de recherche du suspect. Mme H., qui a vu la voiture blanche stationnée à côté de la ferme le mercredi du viol, l'avait déjà repérée à Saclay, garée rue de Villeras, deux jours plus tôt, le 27 juin 1994, à 16 h 40, lorsqu'elle allait chercher ses enfants à l'école. Elle reconnaît à l'arrière caractéristique une « Volvo 340 » ou une « Nissan ». Elle se souvient qu'elle est blanche et immatriculée dans le département de l'Essonne (91) ou de la Seine-et-Marne (77). Elle précise encore que « le premier chiffre sur la plaque pourrait être un “8” » et qu'une « petite peluche de couleur claire pendait au rétroviseur central ». L'aile gauche est accidentée et un becquet est fixé sur le hayon arrière. L'intérieur est de couleur bleue. Les gendarmes se polarisent sur leur plus précieux indice : le véhicule. Ils font aussitôt une réquisition au centre national des cartes grises pour obtenir le listing « des propriétaires de Volvo et de Nissan immatriculées “91” ou “77” » et le transmettre à toutes leurs brigades.

Le violeur connaît parfaitement la ferme de Villeras

Le signalement de l'agresseur d'Ingrid est diffusé à tous les services : « Homme européen, plus ou moins 30 ans, mesurant 1,75 m environ, corpulence moyenne, cheveux courts bruns/noirs, portant des favoris et mal rasé. Vêtu d'un pantalon noir et blouson noir avec un motif sur les manches. » Les investigations de la brigade de recherches de Palaiseau s'orientent, selon le rapport de l'adjudant Georges Bellei, « sur les personnes ayant pu fréquenter la ferme de Villeras et ayant été en possession, au moment des faits, d'un véhicule de marque Volvo ». Sans aucun doute, cet automobiliste connaît parfaitement la maison, inhabitée depuis le printemps 1987 et qui sert parfois de refuge à des sans-abri.

Quatre mois après l'agression d'Ingrid, l'enquête rebondit. La brigade de gendarmerie de Saclay a reçu un rapport du commissariat de Mitry-Mory. Le 29 septembre 1994, au cours d'une patrouille, un policier a surpris un automobiliste en train d'essayer d'embarquer deux jeunes filles à bord de sa voiture. Il s'agit de Claude P., qui fête ce jour-là ses 36 ans et demeure à Conches-sur-Gondoire en Seine-et-Marne. Le 25 octobre 1994, les gendarmes interpellent le suspect, « propriétaire d'une Volkswagen de type Jetta immatriculée "443 ARQ 77" de couleur blanche et portant un becquet noir à l'arrière. Intérieur de l'auto de couleur bleue ». Un véhicule similaire à celui du ravisseur d'Ingrid. En outre, le physique et le profil de ce célibataire, né en 1958, manutentionnaire par intérim sur des chantiers, correspondent parfaitement, d'après sa fiche : « 1,75 mètre. Corpulence moyenne. Visage ovale. Type européen. Cheveux bruns. Yeux gris-vert. Cicatrice rectiligne de 2 cm de long sur extérieur poignet gauche. » Sans compter la perquisition chez lui qui permet de découvrir une paire de véritables menottes en métal et, accrochées au rétroviseur de sa Jetta, des menottes miniatures. Tout colle !

Identifié par le portrait-robot

Placé en garde à vue, Claude P. passe – à en croire le procès-verbal des gendarmes – « spontanément » aux aveux… mais avec des variantes. Il explique ainsi aux gendarmes que sa victime n'est « pas une enfant » mais « une femme de 22 ans ». Il ne s'est pas fait passer pour un policier mais « pour un garde-chasse ». Il n'a pas utilisé ses menottes pour lui attacher les mains mais « une ficelle qui se trouvait dans la voiture ». Il assure qu'il a eu des relations sexuelles avec elle dans son véhicule. Puis change de version : c'est finalement « dans la cabane » tapissée de photos de « filles à poil », vers la cité des cheminots de Mitry-Mory, qu'il l'a violée. Exactement à l'endroit où le faux policier a embarqué Ingrid et posé son vélo contre la cabane en bois. Claude P. réitère ses aveux au tribunal d'Évry devant la juge d'instruction Brigitte Brun, qui le met en examen pour « viol et enlèvement sur mineure de moins de 15 ans », puis le place en détention provisoire.

Ingrid est sollicitée pour dessiner le portrait-robot n° 33/94 de son agresseur, qu'elle a du mal à restituer. Pour la ménager, la petite fille n'est pas confrontée à Claude P. derrière une vitre sans tain. Toutefois, les gendarmes ont constitué une planche de sept portraits-robots, dont l'un représente ce suspect numéro 1. Mais ce n'est pas lui qu'Ingrid identifie. La victime reconnaît formellement le visage de son violeur sur le croquis numéro 6. Or, ce portrait-robot est celui qui a été élaboré par Marianne, violée par un faux policier à Paris, à l'automne 1987. C'est le Grêlé, l'homme recherché depuis huit ans par la Crim' pour l'assassinat de Cécile Bloch, le viol et la tentative d'homicide sur Sarah, et le viol de Marianne.

Perplexe, la magistrate d'Évry a la bonne idée de s'en remettre à la science. En ces débuts du recours à l'ADN en criminalistique, Brigitte Brun demande une expertise au laboratoire de biologie moléculaire du CHU de Nantes, pionnier en la matière. Or, la comparaison de l'ADN de Claude P. avec l'empreinte génétique extraite du sperme du violeur d'Ingrid se révèle négative : l'homme incarcéré pendant cinq mois n'est pas le bon. Innocenté,

Claude P. est remis d'office en liberté, le jour même du résultat de l'analyse du Dr Olivier Pascal*, le 24 mars 1995. Il bénéficiera d'un non-lieu quelques mois plus tard. Fausse piste totale. Tout est à recommencer.

À la même époque, au 36, la brigade criminelle commence, elle aussi, à utiliser les services des généticiens de Nantes pour tenter d'identifier enfin l'auteur des crimes contre les trois fillettes parisiennes.

6
Et soudain, l'empreinte du Grêlé

Quelques mois après l'assassinat, le 5 mai 1986, de sa petite sœur Cécile, 11 ans, Luc Richard-Bloch se rend au 36 quai des Orfèvres. Étudiant en biologie à Jussieu, il veut éclairer la brigade criminelle sur les progrès de la science : « En Angleterre et en Belgique, on extrait l'ADN pour résoudre des affaires criminelles. » Il explique aux inspecteurs du bureau 302 cette technique révolutionnaire, de nature à aider l'enquête, mais dont « on ne parle pas dans les journaux ». En stage au laboratoire du CNRS de Gif-sur-Yvette, le jeune homme, qui prépare un DEA de physiologie cellulaire et moléculaire des plantes, manipule l'ADN, « grâce à une petite machine comme un chauffe-biberon sophistiqué ». Il expose aux policiers qui peinent à débusquer le meurtrier de sa sœur la trouvaille d'un généticien britannique : un an plus tôt, en 1985, Alec Jeffreys a mis au point un « protocole précis en matière criminalistique pour comparer de l'ADN contenu dans le sang, le sperme ou même le bulbe d'un cheveu prélevé sur les lieux d'un crime avec celui d'un suspect, et obtenir ainsi une identification incontestable »[1].

1. Le procédé mis au point en 1985 par le Britannique Alec Jeffreys, professeur à l'université de Leicester, se fonde sur la présence, dans chaque cellule de notre organisme, de molécules d'ADN (acide désoxyribonucléique), dont la structure en double hélice a été établie en 1953. Chacune de ces molécules forme un chromosome, sur lequel est stocké une partie de l'information génétique. Ainsi, chez l'homme, la totalité du patrimoine génétique ou « génome » est contenue dans 23 paires de chromosomes et est propre à chaque personne. Seuls les vrais jumeaux peuvent avoir le même génome.

Bernard Pasqualini et ses gars – qui viennent tout juste de récupérer un appareil radio Motorola crypté et tapent encore leurs PV sur de vieilles machines à écrire Olympia – écoutent cet exposé savant et passionnant, mais regardent le frère de la victime « avec des yeux de merlan », selon le chef de groupe. « Pour nous, c'était de la science-fiction. » Son adjoint, Jean-Louis Huesca, se souvient de ces révélations : « C'était de l'hébreu ce qu'il nous racontait, aucune recherche ADN n'avait été faite sur le territoire français alors qu'il y avait déjà des identifications et un fichier en Angleterre. Ici, on plaçait encore les pièces à conviction sous scellés dans du plastique, sans savoir qu'il fallait les mettre dans du papier kraft pour ne pas les altérer. »

Les consignes du généticien Olivier Pascal aux policiers du 36

Le ministre de l'Intérieur Pierre Joxe avait certes lancé, au milieu des années 1980, un plan de modernisation de la police technique et scientifique (PTS), mais la France a, à cette époque, encore énormément de retard à combler. Les analyses des groupes sanguins des suspects épuisent les traces biologiques prélevées sur les cadavres. « Quand Jean-Pierre Bloch [le père de Cécile] a demandé, *via* un avocat, une expertise génétique, raconte l'inspecteur Huesca, le magistrat lui a répondu que tout le sperme du Grêlé avait été utilisé pour trouver son groupe sanguin : A+. » Luc Richard-Bloch propose alors à la nouvelle juge d'instruction de faire pratiquer, à ses frais, l'analyse génétique des « matières placées sous scellés, s'il en existe », dans un laboratoire privé en Belgique. « Je n'ai jamais reçu de réponse », explique-t-il aux Jours. Le 5 janvier 1988, le père réclame de nouveau le recours à l'ADN dans une lettre au commissaire Christian Flaesch de la brigade criminelle : « Notre fils vous a informés de méthodes génétiques d'analyse largement plus précises que la recherche du groupe sanguin. Nous apprenons que ces méthodes sont désormais disponibles et d'un coût extrêmement modique, précision que seul votre manque de moyens justifie. » Aucun retour. Cinq ans plus tard, en 1993, le troisième juge en charge de l'affaire clôt le dossier de Cécile. 1993 : précisément au moment où le laboratoire public de PTS de Lille commence à utiliser l'ADN en matière criminelle…

Au CHU de Nantes également, les pionniers Olivier Pascal et Jean-Paul Moisan, experts judiciaires en identification par les empreintes génétiques, ont déjà commencé à extraire l'ADN des « matériaux biologiques » découverts sur des scènes de crime ou sur des victimes, pour les comparer aux génotypes de suspects arrêtés. En mars 1995, leur analyse a permis de dédouaner le faux coupable du rapt et du viol d'Ingrid, 11 ans, dans la ferme Villeras, à Saclay. Cette année-là, Olivier Pascal démarche le 36 quai des Orfèvres et le Palais de justice attenant pour expliquer les possibilités d'expertise « sur des scellés s'ils sont bien conservés, à l'abri de l'humidité et de la lumière ». L'inspecteur Vasquez, qui s'est occupé du double meurtre, en 1987, dans le Marais, d'Irmgard Müller et de son employeur, dossier refermé lui aussi depuis 1992 par un non-lieu pour « auteur non identifié », se souvient aujourd'hui des conseils du généticien : « On a discuté avec le Dr Pascal qui nous a dit : "Sortez les scellés que vous avez dans de vieilles affaires, il ne faut pas que ça moisisse, il faut que les sous-vêtements ou les tissus tachés de sperme soient séchés." »

Au bureau 302, la nouvelle chef de groupe, Odile Fairise, qui a succédé à Bernard Pasqualini, et le jeune inspecteur Christian L.[2], tous deux désespérés par cet échec à débusquer le Grêlé, exhument les habits de la petite Cécile Bloch et le morceau de moquette sur lequel elle a été violée. « À la Crim', on pense que l'ADN va donner un coup de fouet à nos enquêtes »,

2. Le nom a été modifié car ce commandant est toujours en poste à la brigade criminelle et est donc soumis à l'obligation de réserve et aux secrets de l'enquête et de l'instruction.

se rappelle l'inspecteur Vasquez. En 1996, le parquet de Paris se penche sur la question juridique et considère que les nouveaux moyens techniques constituent bien des « charges nouvelles ». Le dossier de Cécile Bloch est rouvert le 26 avril 1996. Ainsi, la juge Michèle Colin peut-elle demander au CHU de Nantes une expertise des traces de sperme sur la moquette et sur les effets de la victime. Le 23 juillet 1996, Olivier Pascal caractérise l'empreinte génétique du criminel en série à la peau tavelée : ADN masculin XY n° 16.17.16.17.7.9.3[3]. Un grand moment pour les inspecteurs du groupe Fairise. À défaut de connaître son nom, les policiers disposent maintenant de son identité génétique. Cela tient quasiment de la magie pour les enquêteurs. Il suffira désormais de soumettre les suspects à un prélèvement sanguin pour obtenir l'ADN, puis de le comparer à celui du Grêlé. Et un jour, sûrement, ça « matchera » : les deux empreintes génétiques seront identiques.

Une base de données encore clandestine

Mais cet élément primordial reste secret. Le père et les frères de Cécile Bloch qui réclament à cor et à cri depuis dix ans un test ADN ne sont pas mis dans la confidence, et ignorent jusqu'au redémarrage de l'instruction. Pour l'instant, les successeurs du groupe Pasqualini vont pouvoir vérifier si le rapprochement effectué entre le meurtre de Cécile et la tentative d'homicide sur Sarah, 8 ans, un mois plus tôt, à Paris, tient la route. Ces deux affaires avaient jusqu'ici été reliées sur la base de similitudes objectives : une rencontre identique (dans un ascenseur), le même type de victimes (des fillettes), le même lieu de viol (un sous-sol d'immeuble), la même technique d'étranglement (une ficelle), le

3. Aujourd'hui, le génome du Grêlé comporte bien plus de chiffres car les analyses se pratiquent désormais sur vingt-trois marqueurs, c'est-à-dire vingt-trois régions non codantes de l'ADN qui ne livrent pas d'éléments intimes de la personnalité, comme la couleur des yeux ou de la peau, pas plus que la présence de maladies.

même signalement d'un grand jeune homme au visage abîmé et, enfin, le même jour de la semaine (un lundi tôt le matin). Or, les analyses ADN des sous-vêtements de Sarah et du matelas taché de sperme retrouvé dans l'immeuble de Cécile livrent, le 24 octobre 1996, le même profil génétique : XY 16.17.16.17.7.9.3. La science valide bel et bien le lien établi par les enquêteurs dix ans plus tôt ! Et ça matche encore dans l'affaire du viol de Marianne, 14 ans, chez elle, dans le XIVe arrondissement de Paris, par un faux policier muni d'une arme et d'un talkie-walkie, alors que le mode opératoire du Grêlé avait changé.

Mais la grande révélation intervient le 14 janvier 1997 par un coup de fil du Dr Pascal. Celui-ci a fait mouliner en catimini une base de données clandestine qu'il a constituée pour faire des rapprochements entre plusieurs dossiers. Il annonce aux policiers que l'ADN du violeur d'Ingrid, à Saclay, le 29 juin 1994, est strictement identique. La réapparition du Grêlé en rase campagne, sept ans après le dernier viol qui lui était imputé à Paris, ouvre de nouvelles perspectives à la Crim' qui reprend l'enquête des gendarmes de A à Z.

Par hasard, en ce début d'année 1997, la famille Bloch apprend « tout en même temps : la réouverture du dossier de Cécile en 1996, la caractérisation de l'empreinte génétique de l'assassin et le recoupement avec Sarah, Marianne et Ingrid », se souvient aujourd'hui Luc Richard-Bloch[4]. « On était très étonnés car,

4. Les relations entre Jean-Pierre Bloch et les magistrats qui ont travaillé sur le dossier d'assassinat de sa fille ont été houleuses. Le premier juge d'instruction a ainsi d'abord refusé de délivrer le permis d'incinérer le corps de Cécile et de considérer les membres de la famille à la fois comme parties civiles et comme témoins. Jean-Pierre Bloch avait décidé de ne pas prendre d'avocat. Par conséquent, les juges ne lui communiquaient pas la procédure, malgré ses multiples demandes. « Ce fut un bras de fer permanent entre les juges successifs et mon beau-père », atteste Luc Richard-Bloch. La famille a toutefois été informée du non-lieu prononcé par le juge Jean-Pierre Getti le 9 avril 1993. Les rapprochements effectués dès 1986-1987 par la Crim' avec les affaires Sarah et Marianne ne parviendront à sa connaissance qu'en 1997. Ce n'est qu'à partir de l'arrivée de la juge Dominique Bibal-Séry en 2000 que les parties civiles seront tenues

jusqu'à cette date, on nous avait caché l'existence de scellés, la moquette et les vêtements de Cécile. C'était une information capitale. Mais tardive. On a attendu plus de dix ans pour pratiquer ces analyses génétiques déterminantes. » S'il est informé de ces avancées majeures, c'est parce qu'un fonctionnaire de la PJ, très maladroit ou soupçonneux, lui réclame « une chose surprenante ». « Il me demande une prise de sang, soi-disant pour connaître mon groupe sanguin. Je lui explique que je l'ai déjà donné aux enquêteurs : O+. Mais ce policier odieux prétend alors qu'un groupe sanguin peut changer… » N'importe quoi, surtout pour un biologiste ! « Je n'ai pas répondu à leur convocation, et je me trouvais à l'étranger lorsqu'une équipe de police s'est rendue chez moi dans le IIIe arrondissement. » Si la PJ avait affiché son intention « d'établir une empreinte génétique » pour la comparer à l'ADN du suspect, le frère de la victime du Grêlé, homme de science, ne se serait pas opposé au prélèvement, « bien au contraire ». « Mais, par contre, pour un groupe sanguin qu'ils avaient déjà, je n'ai pas jugé nécessaire de me déplacer », explique Luc Richard-Bloch.

Le Grêlé connaît comme sa poche ce coin de l'Essonne

À la Crim', le groupe Fairise réentend Ingrid pour détailler à nouveau avec elle les faits et gestes du faux policier qui l'a menottée, embarquée, puis a abusé d'elle dans la ferme Villeras. Deux inspecteurs partent sur le terrain retracer l'itinéraire du criminel entre Mitry-Mory et Saclay. L'enquête de voisinage apporte un élément intéressant. Le 29 juin 1994, à 12 h 30, un homme très grand vêtu d'un blouson de cuir noir et chaussé de Nike noires à bandes orange a garé sa voiture blanche, de type Volvo, devant un hôtel de Saclay et y a acheté deux bouteilles

---

au courant. Jean-Pierre Bloch décide alors de s'adjoindre les services d'un vieil ami, l'avocat Jean-Claude Disses, pour accéder enfin au dossier d'instruction.

d'eau La Vittelloise. À 14 heures, le même individu, à bord d'un véhicule similaire, se trouve à 60 kilomètres au nord de Paris, à Mitry-Mory, où il enlève Ingrid. Vers 15 heures, le ravisseur de la fillette refait le trajet dans l'autre sens et viole l'enfant dans la ferme de Villeras à Saclay. Pour les policiers, ce retour au point de départ prouve que le Grêlé connaît comme sa poche cette zone de l'Essonne. À croire que ce criminel habite, travaille ou évolue dans le coin.

Les « petits loups » d'Odile Fairise, comme elle appelle ses gars, épluchent les listes de Volvo 340 et de Nissan blanches immatriculées dans l'Essonne et la Seine-et-Marne, fournies par le centre des cartes grises, pour retrouver dans ce maquis de numéros et de noms le propriétaire du véhicule du kidnappeur d'Ingrid. Les enquêteurs croisent chaque patronyme avec les fichiers de police, à commencer par le Canonge – qui recense les antécédents judiciaires et le signalement des suspects –, en quête d'un homme de haute taille ayant un passé d'agresseur sexuel d'enfants ou de jeunes filles. C'est ainsi que l'inspecteur Odile Fairise débusque, le 20 janvier 1997, un « profil susceptible d'intéresser l'enquête ». Un certain Jacques L., né en 1956, et déjà condamné pour « viol en réunion », apparaît comme « propriétaire d'un véhicule Volvo type 340 de couleur jaune ». Mais peut-être s'agit-il d'un « jaune pâle pouvant s'apparenter au blanc ». L'homme demeure à Tremblay-en-France, en Seine-Saint-Denis, commune qui jouxte celle de Mitry-Mory où Ingrid a été enlevée. Il travaille comme chef d'équipe sur le site de Roissy-Charles-de-Gaulle « pour le compte d'une société qui possède également des équipes sur l'aéroport d'Orly, zone géographique non loin de la ferme désaffectée de Saclay ».

Pour toutes ces raisons, deux jours après ce rapport, Jacques L. est conduit en garde à vue. Il indique son groupe sanguin : « A rhésus positif », comme le Grêlé. Il mesure 1,85 mètre pour 75 kilos, grande taille et corpulence moyenne, comme le criminel recherché. Il « connaît effectivement Mitry-Mory, mais ne fréquente pas spécialement cette ville », déclare-t-il dans son PV d'audition. Il n'a pas d'alibi : « Je suis incapable de vous dire ce que je faisais le 29 juin 1994. » Les policiers savent, eux, qu'il était en vacances le jour du viol et a repris le travail le 1er juillet. Il assure qu'il n'a « jamais mis les pieds à Saclay ». « Je ne connais pas cette région, dit-il. Je suis étranger aux faits, objets de votre enquête. » Il dément également être « propriétaire de menottes ». Et, quand les enquêteurs lui montrent le cliché que le kidnappeur d'Ingrid a longuement regardé après le viol dans la ferme abandonnée, il assure ne pas savoir qui sont « les enfants sur la photographie Polaroïd ». Il prétend qu'il ne lui « arrive jamais de sortir de l'enceinte de Roissy lorsqu'[il] travaille ». Il jure n'avoir « jamais eu aux pieds de chaussures Nike orange et noir ». Et il n'aime pas l'eau minérale : « Je n'ai absolument pas l'habitude de boire de la Vittelloise. » Enfin, Jacques L. consent volontiers à ce qu'un médecin pratique un prélèvement sanguin sur sa personne, « afin que [s]on empreinte génétique soit déterminée ». Il ajoute : « Je prouverai ainsi ma bonne foi. » Rompus au « cinéma » des pervers sexuels, les enquêteurs de la Crim' ne croient pas un mot de ce « PV de chique », un procès-verbal plein de mensonges, comme c'est souvent le cas lors d'un premier interrogatoire. Ils attendent, confiants, la preuve par l'ADN pour confondre ce suspect presque parfait. Et mettre enfin une identité sur le Grêlé.

7
Police partout, Grêlé nulle part

Ce 22 janvier 1997, les enquêteurs du groupe d'Odile Fairise continuent à interroger le manutentionnaire de l'aéroport de Roissy, qui habite à côté de Mitry-Mory, en Seine-et-Marne. Ingrid, 11 ans, a été capturée sur un chemin de cette commune le 29 juin 1994, par un faux policier à bord d'une Volvo blanche. Or, cet homme de 41 ans possédait à cette date un véhicule similaire et a été emprisonné pour viol en réunion entre 1978 et 1981. En outre, Jacques L. correspond en tout point au signalement du kidnappeur de la fillette. Et son groupe sanguin est identique à celui du Grêlé. Le gardé à vue a beau soutenir avoir repeint sa Volvo 340 « en jaune vif qui ne peut se confondre avec le blanc », et être incapable « de se rendre sans un plan » jusqu'à Saclay dans l'Essonne, comme l'a fait le ravisseur d'Ingrid, ses dénégations n'ébranlent guère les certitudes policières. De toute façon, c'est la science qui tranchera. Le coup de fil du généticien Olivier Pascal du labo de Nantes ne tarde pas cependant à anéantir tous les espoirs de la Crim' : « Négatif ! » L'empreinte génétique de ce coupable idéal n'est pas la même que celle du Grêlé. Le commandant Odile Fairise termine son procès-verbal de garde à vue par ces mots : « Résultats de l'expertise : Jacques L. n'est pas l'auteur des faits commis sur Ingrid. »

« Sans désemparer », selon l'expression de la police, les officiers se mettent à explorer les vieux fichiers des prisons rangés dans des sabots aux archives, dans les sous-sols du 36. En quête d'un détenu écroué soit avant la tentative d'homicide de Sarah le 7 avril 1986, soit entre le viol de Marianne le 27 octobre 1987 et l'enlèvement d'Ingrid le 29 juin 1994. Entre-temps, les enquêteurs n'ont pas repéré sa trace sur d'autres scènes de crime. Pendant ces sept années, le Grêlé a disparu de la circulation. Où était-il passé ? En prison ? À l'étranger ? En hôpital psychiatrique ? Le capitaine Christian L., dit « le Breton », et un ripeur fouillent alors les cartons jaunis sur lesquels les établissements pénitentiaires d'Île-de-France inscrivent les dates d'entrée et de sortie des détenus, leur état civil et l'objet de l'incarcération. Le groupe Fairise décide également d'éplucher « les listes des personnes ayant passé le permis de conduire moto courant 1993 à fin 1994 et fréquenté la piste de la ferme de Villeras à Saclay », utilisée par les auto-écoles parisiennes Euro Conduite, Pernety, Bayen, Parc des Princes, Murat et Paris Ouest 16e. Il s'agit de vérifier si les patronymes des hommes qui ont pris des leçons de pilotage de moto sur cette piste ressortent dans les fichiers de police. Une attention accrue est portée aux élèves du mois de juin 1994. Dont Jean-Marie B. qui s'est entraîné sur la piste le… 29 juin, jour du viol d'Ingrid dans la ferme de Villeras. D'autres apprentis motards habitent dans le XIIIe ou le XIVe arrondissement de Paris, où ont été agressées Sarah et Marianne. Ils intéressent particulièrement la brigade criminelle.

Un autre suspect « beau comme un soleil »

En parallèle, la zone géographique autour de la ferme, entre Saclay et Orsay, dans l'Essonne, est ratissée. Car, à coup sûr, l'inconnu connaît cet endroit isolé – que les gendarmes de la brigade de Saclay continuent à surveiller. Or, le 4 février 1997, une patrouille tombe sur un étrange énergumène qui se balade à moitié nu dans l'enceinte de la ferme de Villeras. Harnaché d'une ceinture en cuir autour du cou et d'un bracelet clouté à la cheville, Jean-Pierre T. porte seulement des bottes et un pull-over. À la vue des uniformes, il se réfugie dans la ferme, se rhabille rapidement et range illico ses objets compromettants. Quand les gendarmes l'arrêtent dans une pièce encombrée de gravats, de détritus et de vieux meubles – un sommier, une chaise et un fauteuil –, les gendarmes extirpent de son sac à dos une revue érotique, *Club*, une mini-toque en fourrure, une petite culotte rose et un pantalon violet d'enfant. Sommé de s'expliquer, Jean-Pierre T. raconte sur PV que ces vêtements et ces photos pornos lui « servent à fantasmer ». Les gendarmes l'embarquent pour exhibitionnisme et avisent aussitôt la brigade criminelle de Paris chargée d'élucider le viol d'Ingrid dans ce même lieu l'été 1994. La garde à vue de Jean-Pierre T. se poursuit donc au 36 et débute par une prise de sang, envoyée au labo de Nantes pour un test génétique. Là encore, ce suspect paraît « beau comme un soleil » – prometteur, dans le jargon policier.

Cet ancien machiniste de 37 ans a perdu ses emplois successifs dans les théâtres à Paris. Il concède avoir besoin de revues pornos et de se « travestir » en jeune fille. « Je me masturbe en regardant les photographies et je reproduis certaines scènes sur les murs de la vieille ferme. Inutile de vous dire que je connais pas mal de problèmes sexuels et ce, depuis mon plus jeune âge », avoue-t-il. Pourtant, ce désœuvré qui s'adonne au shit et à l'alcool, prétend aussi n'être jamais entré avant dans la ferme de Villeras, et n'avoir « jamais vu et jamais rencontré Ingrid », dont un policier lui présente une photographie. Apprenant le viol et les sévices sexuels subis par la fillette, Jean-Pierre T. se dit « pas du tout porté sur la violence sur les femmes ou sur les enfants ». Il ajoute : « En plus, j'ai une gamine et je ne conçois pas de faire du mal. » L'intermittent du spectacle se présente comme un maso, « un esclave », mais pas comme un sadique : « J'aime souffrir mais je ne conçois absolument pas d'entrer dans la tête d'un tortionnaire. » Dubitatifs, les officiers du groupe Fairise ont de bonnes raisons de le soupçonner quand même.

Auditionnée par le capitaine Christian L.*, l'ancienne compagne de Jean-Pierre T. souligne son « besoin de mise en scène dans les relations sexuelles » et ses « horaires variables » à l'opéra Garnier à Paris où il a travaillé de 1986 à 1989. Son emploi du temps lui laissait donc le loisir de chercher des victimes un lundi matin au printemps 1986 – comme Sarah et Cécile –, ou un mardi midi à l'automne 1987 – comme Marianne. L'ex atteste en revanche que ce grand type d'1,87 mètre aux cheveux châtain clair « mi longs et frisés, n'a jamais eu d'acné, » à la différence du meurtrier à la peau grêlée de Cécile, décrite par plusieurs témoins. Par contre, Jean-Pierre T. possédait entre 1991 et 1994 « un véhicule Volvo 340 GL blanc », exactement comme l'automobiliste qui a enlevé Ingrid ! Même si sa voiture était immatriculée dans les Hauts-de-Seine (92) et non pas dans l'Essonne (91) ou la Seine-et-Marne (77), comme deux témoins l'ont assuré, les enquêteurs se raccrochent à cette piste encourageante. Las, Odile Fairise est avisée le 5 février à 18 h 25 du résultat du test du Dr Pascal : « Il ressort de ces examens que la comparaison entre l'ADN de T. Jean-Pierre et l'ADN de l'agresseur de la jeune Ingrid est négative. » Fin de garde à vue.

Pour Cécile, élargir le champ d'exploration génétique

Les vérifications sur les propriétaires de Volvo blanches, sur les agresseurs sexuels emprisonnés et sur les rôdeurs de l'Essonne s'enchaînent toute l'année 1997. Pendant ce temps, quatre autres groupes de la Crim' traquent un autre tueur en série de jeunes femmes à Paris. Son ADN est baptisé « SK1 » – pour *serial killer* numéro un – par le Dr Pascal. Bien interrogé et prélevé au Quai des Orfèvres en septembre 1995, Guy Georges ne sera arrêté que le 26 mars 1998. Ce loupé conduira la France à se doter d'un fichier national automatisé des empreintes génétiques[1].

1. À défaut d'un fichier officiel d'empreintes génétiques, le Dr Olivier Pascal comparait systématiquement, dans sa base de données confidentielle, les ADN inconnus aux ADN nominatifs d'individus déjà révélés dans ses dossiers. Mais cet expert a oublié

En attendant sa mise en place chaotique, qui prendra deux ans, l'ADN du Grêlé est comparé le 13 mai 1998, avec les 1 250 ADN d'agresseurs sexuels traités depuis cinq ans par le labo de la PTS de Lille. Résultat : aucun génotype identique.

Le 24 octobre 2000, treize rapports d'expertises génétiques sont envoyés par la juge Dominique Bilal-Séry à Jean-Pierre Bloch, dans son mas retiré de Marcilhac-sur-Célé, au cœur du Lot. Le père de Cécile, qui a fui Paris après l'assassinat de sa fille, lui en sait gré. C'est la première fois qu'un magistrat le traite correctement. Dans une longue lettre, « cet écorché vif », selon les mots de l'inspecteur Huesca, déverse tout le passif à la cinquième juge chargée de l'affaire et réitère sa « demande de communication du dossier », épaissi d'autres cas qu'il découvre par bribes : « Les rapports d'expertises mentionnent plusieurs faits déterminants qui nous ont été dissimulés jusqu'à présent, nombre et rapprochements des affaires, date des rapports, noms des victimes et de quelques personnes citées, etc. » Le père stigmatise « l'énorme retard pris par la justice pour utiliser des méthodes génétiques connues depuis le début » – et révélées à l'époque aux enquêteurs par son fils biologiste –, mais aussi « la volonté manifeste de ne pas nous informer et les conséquences très graves de cette attitude ». Seul, sans avocat, Jean-Pierre Bloch expose ses théories à la magistrate sur Cécile, Sarah et Ingrid, qui « portent toutes les trois des patronymes d'origine juive » et insinue qu'elles ont pu être victimes de réseaux pédophiles de « la mouvance fasciste » : « Nous avions soulevé dès l'origine

de comparer l'ADN de celui d'un détenu prélevé en 1995, un certain Guy Georges, avec le génotype non identifié SK1 retrouvé sur les scènes de crimes de jeunes femmes égorgées à Paris. La Crim' a été mise en échec et deux autres victimes ont été tuées. Lorsque le juge Gilbert Thiel a exigé de tous les laboratoires du pays de comparer l'ADN SK1 avec ceux de tous leurs dossiers, Olivier Pascal a identifié Guy Georges, le 24 mars 1998.

l'hypothèse que le crime [contre Cécile] pouvait ne pas être une simple agression sexuelle, et nous avons toujours regretté que l'enquête soit systématiquement orientée vers la recherche de maniaques ou de marginaux. En effet, nous n'avons cessé de répéter que l'individu que nous avons côtoyé dans l'ascenseur le matin du crime ne relevait à l'évidence d'aucune de ces deux catégories. » Le père, ancien inspecteur de la Sécurité sociale, syndiqué un temps à la CGT, n'imagine pas le Grêlé comme un SDF illettré, mais comme un puissant, maître de ses pulsions : « Il se conduisait comme un professionnel et ne donnait aucun signe d'un quelconque dérèglement. »

Pleine d'égards, la juge Bilal-Séry reçoit la famille Bloch le 13 décembre 2000 au Palais de justice de Paris en compagnie du commissaire Martineau et du capitaine Christian L. de la brigade criminelle, pour une réunion inédite. « Même quatorze ans après les faits, il était intéressant de rencontrer en même temps le magistrat et les enquêteurs », rappelle Luc Richard-Bloch qui garde un souvenir mitigé de cet entretien : « Lorsque j'ai demandé à approfondir l'audition des gardiens du 116 rue Petit qui avaient découvert le corps de Cécile en dix minutes, et qui étaient les seuls à ne pas avoir vu le meurtrier le matin dans la résidence, Martineau m'a rétorqué d'un ton cassant : “Il en est hors de question, vous n'y pensez pas, ce sont des pères de famille.” C'est comme si j'avais reçu une claque. » Jean-Pierre Bloch, qui reproche au commissaire d'avoir « négligé l'hypothèse que l'assassin soit d'une façon ou d'une autre impliqué dans un réseau », n'est pas mieux loti. En revanche, le courant passe bien avec l'enquêteur de terrain et la juge Bilal-Séry, qui accepte d'élargir le champ d'exploration génétique.

Ainsi, le 21 décembre 2000, elle exige de tous les laboratoires du pays de comparer systématiquement l'ADN du Grêlé avec les ADN nominatifs dont ils disposent déjà. Mieux vaut tard que jamais. Mais Jean-Pierre Bloch ne peut s'empêcher de déplorer – dans un mémoire qu'il rédigera pour la presse en 2002 – « les quatorze années écoulées depuis le meurtre de Cécile » et le fait qu'il s'agit du cinquième juge d'instruction. Il fustige au passage « les refus de collaboration » de la sous-direction de la police scientifique de la PJ et de l'institut de recherches criminelles de la gendarmerie nationale (IRCGN) qui répondent que toute recherche demandée par la juge Bilal-Séry est « impossible » et arguent de la constitution du fichier national automatisé des empreintes génétiques pour ne pas l'effectuer[2]. Le vrai problème, c'est que, si le décret d'application du FNAEG vient juste d'être publié, la machine n'a pas encore engrangé les ADN des condamnés sexuels.

Toujours plus compréhensif, le labo de Nantes, lui, accepte de comparer cet ADN masculin inconnu à l'ensemble de ses dossiers. Et bingo ! Le 9 janvier 2001, Olivier Pascal fait une sacrée trouvaille : l'ADN XY 16.17.16.17.7.9.3 du Grêlé est identique au génotype du tueur d'Irmgard Müller et Gilles P., dans un appartement du Marais à Paris le 29 avril 1987. Averti par son patron, le chef de groupe Alain Vasquez tombe des nues : « Ce fut une grande surprise car nous avions des victimes adultes, même si la petite Müller était une femme-enfant. Et le mode opératoire ne ressemblait en rien à celui de l'agresseur de petites filles. » Cette découverte essentielle jette une lumière crue sur le criminel en série : le Grêlé n'est pas uniquement un violeur pédophile, c'est aussi un sadique capable de torturer des adultes.

2. Le fichier national automatisé des empreintes génétiques (FNAEG) a été initié en France en juin 1998 après les ratés de l'identification de Guy Georges, mais est restreint aux crimes et délits sexuels. Les décrets d'application ont tardé jusqu'au printemps 2000, mais son champ a bientôt été jugé trop limité. Car l'exhibitionniste à la sortie d'une école rentrait dans le fichier, mais pas les criminels de sang, non sexuels. Le ministre de l'Intérieur Daniel Vaillant l'a donc fait étendre en juin 2001 à tous les auteurs d'homicides volontaires, d'actes de terrorisme et d'attaques à main armée. Son successeur Nicolas Sarkozy a encore élargi en mars 2003 le domaine du fichier d'ADN à tous les délinquants ayant porté « atteinte aux personnes et aux biens ».

8

De qui « Élie Lauringe » est-il le nom ?

L'ADN a parlé, le Grêlé, tueur et violeur de fillettes, est aussi un tueur d'adultes. En 2001, son empreinte génétique a été identifiée sur la scène du double meurtre commis quatorze ans plus tôt, au 7 rue Sainte-Croix-de-la-Bretonnerie. Au bureau 415 de la brigade criminelle, les limiers du groupe Vasquez reprennent donc leurs investigations sur l'assassinat sordide d'Irmgard Müller, 20 ans, et de son employeur, Gilles P., 38 ans, à partir de cette révélation. Un rebondissement incroyable pour Alain Vasquez : « Jamais on n'aurait pu se douter que c'était le même criminel, tellement le mode opératoire et le type de victimes ne ressemblaient pas à ceux du Grêlé. » L'homme à la mauvaise peau était jusque-là recherché pour assassinat et viols de petites filles par ses collègues du bureau 302 au 36 quai des Orfèvres, à l'étage du dessous.

Aiguillonné par cette découverte inattendue, le groupe Vasquez reprend contact avec tous les suspects de 1987 pour une prise de sang. Ainsi, les vingt-neuf noms d'amants répertoriés dans le carnet d'adresses d'Irmgard Müller sont rappelés au 36 puis soumis à un prélèvement d'ADN, mais il manque toujours le trentième, non identifié à l'époque. Et c'est un soulagement pour les poulets du bureau 415 de s'apercevoir qu'aucun de ces hommes, dédouanés alors à l'issue d'investigations classiques, ne correspond à l'empreinte génétique XY n° 16.17.16.17.7.9.3 du criminel en série. « On a pu vérifier que l'on avait eu raison de mettre hors de cause ces types-là. Ça nous a rassurés et nous a permis de souffler. Car on doute toujours, on a peur de se tromper et qu'un mec soit passé au travers », me confie Alain Vasquez. L'ex-commandant de la Crim' insiste sur les vertus multiples de l'ADN : « On a tendance à voir uniquement le résultat positif, l'identification, mais la disculpation de suspects est tout aussi importante. »

Le dernier amant d'Irmgard Müller

La science corrobore également, en 2001, la première hypothèse policière sur le mobile des crimes du Marais : passionnel et sexuel. Le groupe Vasquez a désormais la preuve que le tueur et le dernier amant d'Irmgard ne font qu'un. Car la même empreinte génétique a été caractérisée à la fois sur le mégot de cigarette ayant servi au meurtrier à brûler ses victimes et sur le bout intérieur du tampon hygiénique de la jeune fille. Preuve par l'ADN que l'homme ayant couché avec elle la veille de sa mort a bien signé ce double crime.

Or, il s'agit certainement du fameux trentième homme, jamais retrouvé, du carnet de la jeune fille au pair. Les enquêteurs connaissent donc son identité et ses coordonnées. Il s'appelle « LAURINGE Élie* » et habite « 13 rue Rubens à Paris XIIIe ». C'est en tout cas ainsi que la jeune Allemande a inscrit dans son répertoire le contact de ce partenaire rencontré six mois avant sa mort. Dans le petit carnet rouge où elle consignait ses appréciations sur les performances de ses multiples conquêtes masculines, Élie Lauringe apparaît en décembre 1986. Les annotations d'Irmgard Müller trahissent les soucis d'érection de son amant, quasi impuissant. Selon le commandant Vasquez, la jeune femme a noté qu'elle a eu un rapport sexuel « pas terrible, nul » avec lui et a ajouté : « Tant pis. » Éjecté, ce type ne figure plus dans les pages suivantes de son journal intime.

Même si rien ne l'atteste fermement, les enquêteurs émettent l'hypothèse que c'est lui qui réapparaît le 28 avril 1987, rue des Blancs-Manteaux dans le IVe arrondissement, dans le square où la baby-sitter promène la fillette de ses employeurs. Car Irmgard inscrit scrupuleusement toutes ses rencontres dans son répertoire. Et elle connaît l'homme du square, d'après des témoins qui ont assisté à la scène. « Ils ont vu un jeune homme tout vêtu de noir qui fait malsain » la chercher, se rappelle l'inspecteur Vasquez. « Les témoins se sont demandé pourquoi cette belle petite discutait avec ce type pas recommandable. Ils avaient l'air de se disputer. » Visiblement à contrecœur, Irmgard finit par lui laisser les clés de son studio. Pendant qu'elle file à ses cours de français à la Sorbonne, ce « jeune taciturne et bizarre » l'attend chez elle. La voisine l'a vu ouvrir la porte. Il a dû passer la nuit avec Irmgard et lui rapporter ses clés le lendemain à 10 h 30 chez ses patrons. Selon la théorie d'Alain Vasquez, « Élie Lauringe a dû péter les plombs en découvrant sur place que sa copine allemande avait une liaison avec Gilles P. ». À moins que l'amant ait fouillé dans la chambre d'Irmgard – partie au travail – et découvert dans son journal intime ses commentaires peu amènes sur sa prestation sexuelle.

« Élie Lauringe », un toc parfait

« Ce lien, même ténu, entre la jeune fille et le meurtrier nous a donné beaucoup d'espoir, se rappelle le policier, car c'est un fil à tirer pour remonter jusqu'à lui, alors que les tueurs en série, en général, font des rencontres ponctuelles. » Mais malgré la relation de deux nuits entre Irmgard Müller et le tueur, le chef de groupe s'arrache les cheveux dans le bureau 415 encombré de rapports, d'annuaires, de lampes, d'un ventilateur, de plantes vertes et d'une machine à écrire à boule Olivetti. Il a beau examiner les recherches qu'il a ressorties sur Élie Lauringe, les PV de l'époque ne recèlent aucune réponse à son interrogation majeure : qui est-il ? Car « Élie Lauringe est un toc parfait, un faux nom totalement inventé ». À l'Insee (Institut national de la statistique et des études économiques), il n'existe aucune personne recensée avec ces nom et prénom en France, comme les enquêteurs l'ont déjà constaté en 1987. Les tas de procès-verbaux sur cet Élie Lauringe, signés entre 1987 et 1989 par le très sérieux Alain Laloy, alors numéro 4 du groupe, se sont conclus sur la mention « vaines recherches ». Élie Lauringe n'apparaît ni dans les fiches de police, ni dans les annuaires téléphoniques. Pourtant, l'inspecteur l'avait pisté tous azimuts. « Si ce type est inconnu de nos fichiers, peut-être est-il connu de la Sécurité sociale », s'était-il demandé alors. « J'ai donc fait des réquisitions à toutes les caisses primaires d'assurance maladie en métropole et en outre-mer », se souvient Alain Laloy pour Les Jours. « Avez-vous quelqu'un immatriculé au nom de LAURINGE Élie ou un nom approchant dans votre caisse départementale ? » disait le texte. Or, « toutes ont répondu par la négative, j'avais fait le pointage ». Pas plus de Lauringe ayant demandé un passeport ou une carte d'identité dans une préfecture.

Alors, l'enquêteur Laloy avait cherché « des noms qui ressemblaient au niveau phonétique, comme "Lorange", "Laurange", "Loringe", "Lorunge", "Lorrainge" ou "Laurigue". Dans la mesure où Irmgard Müller était allemande, elle a pu orthographier ce nom comme elle l'a compris, ou perçu. Elle a pu se tromper. Même le prénom "Élie", ça peut être "Éric", "Thierry" ou "Louis" pour quelqu'un qui ne maîtrise pas la langue française ». Dans l'hypothèse d'un patronyme tout simplement imaginaire, le criminel ne l'a pas sorti de nulle part, se disent les policiers. « On a donc cherché si des noms de rues ou de sociétés correspondaient, car un type qui ne veut pas donner son nom peut s'inspirer de l'enseigne d'un magasin ou lire le nom d'une entreprise inscrit sur une camionnette qu'il voit passer. » Alain Laloy pianote « Lauringe » et ses variantes sur un Minitel « aux noms de personnes et aux sociétés, mais rien ». « On a même pensé à un nom de médicament, mais ça n'a rien donné non plus. »

Quant à l'adresse de l'inconnu notée par Irmgard Müller, 13 rue Rubens dans le XIIIe, c'était « un immeuble abandonné », d'après l'inspecteur Vasquez, qui s'était rendu sur les lieux en 1987. « J'ai vu avec la mairie, j'ai eu les coordonnées d'un syndic, vérifié si des noms de locataires correspondaient à Lauringe... Mais j'ai appris que ces lieux désaffectés avaient été occupés par des SDF. » Or, les policiers avaient eu l'impression que le type – « malsain, pas net » – qui avait abordé la petite Müller dans le square la veille de sa mort était « un traîne-savates qui paraissait chercher où dormir ». Quand, en 2001, les enquêteurs des bureaux 415 et 302 coordonnent leurs efforts sur ces dossiers reliés par un ADN identique, la piste d'un marginal ressurgit. Car Alain Vasquez apprend alors, par le capitaine du groupe Fairise, Christian L., un indice essentiel fourni par des témoins et par Ingrid, 11 ans, enlevée à Mitry-Mory et violée à Saclay, le 29 juin 1994 : le Grêlé roulait ce jour-là à bord d'une Volvo 340 blanche ou d'une Nissan. Le lieu du crime, la ferme de Villeras, Alain Vasquez la connaît bien. Bassiste à ses heures dans le groupe 36 quai des Orchestres, il « passai[t] devant à chaque fois qu'[il] allai[t] jouer à l'Holiday Inn sur le campus d'HEC à Jouy-en-Josas, pour des bals ou des soirées », avec les copains de la Crim', Patrick Baudot au piano, François Goffinon à la guitare et André Bizeul au chant. « Le gars qui a agressé Ingrid a tout préparé dans cette ferme désaffectée. Il a peut-être déjà dormi là. La petite a dit que ça sentait le fauve dans sa Volvo, ou le chien. En tout cas, ça sentait fort. Pour moi, c'est un type qui dormait dans sa voiture. » Las, SDF ou pas, le propriétaire du véhicule est resté introuvable.

Fils de flic ?

Quand Alain Vasquez était allé au 13 rue Rubens, un souvenir vieux de dix ans était remonté à la surface. À ses débuts dans la police, en 1977, il était venu à cette même adresse « faire la photo pour mettre sur la carte de réquisition, la brème ». « C'était à l'époque un local des services techniques de la PP où des flicards de base prenaient en photo les recrues. » Autrement dit, une adresse non publique, connue des seuls policiers. De cet élément a découlé une hypothèse jamais écartée depuis : le Grêlé, *alias* Élie Lauringe, pourrait être un policier ayant travaillé dans ce service technique. Ou un fils de fonctionnaire ayant servi à la PP. Suivant une autre piste, les policiers s'étaient également demandé si le Grêlé était féru de photographie. Car le tueur du Marais avait dérobé deux beaux appareils argentiques sur les lieux du crime, un Hasselblad et un Nikon. Mais malgré leur inscription au fichier des objets volés, ils n'ont jamais été retrouvés « chez les marchands du boulevard Beaumarchais ou chez les receleurs ».

En 2001, Christian L. essaie à son tour de percer le mystère de l'identité d'Élie Lauringe – si c'est bien le Grêlé qui se cache derrière ce pseudonyme. Il consulte de nouvelles bases de données, les actes de naissance accessibles sur internet, et entreprend des recherches généalogiques, « même chez les mormons[1], se souvient Alain Vasquez, dans leur fichier qui remonte jusqu'à Adam et Ève ». Sans parvenir à retrouver cet état civil, sauf un « Laurange Joannes Élie » à Château-Chinon dans la Nièvre…

1. À la suite d'un accord avec les Archives de France en 1960, l'Église de Jésus-Christ des Saints des Derniers Jours – les mormons – a microfilmé environ 70 % de l'état civil français. Ces microfilms sont consultables depuis 2006 aux archives départementales sur des lecteurs permettant une reproduction papier. En 2013, les mormons ont obtenu de la Cnil (Commission nationale de l'informatique et des libertés) le droit de numériser et de mettre en ligne les 30 % manquants. Les données sur les personnes nées depuis moins de cent vingt ans ne sont cependant pas disponibles.

en 1925. À défaut de débusquer le véritable Élie Lauringe, la Crim' a tenté de décoder ce nom imaginaire, en spéculant qu'il avait un sens particulier pour le *serial killer*. Cette appellation a-t-elle un rapport avec le maroquinier Laurige France ? Avec la commune de Larringes, en Haute-Savoie ? Avec le Land allemand de Thuringe ? Le Grêlé a-t-il trouvé ce patronyme dans un roman ou dans un livre d'histoire où « Lothringe » – voire « Loringe » – peut signifier « Lorraine » ? Cet inconnu qui, selon Luc Richard-Bloch, le frère de Cécile Bloch, la première victime du tueur, « s'exprime bien en français, sans accent », a-t-il des attaches dans cette région ? En Allemagne ? Les enquêteurs se perdent en conjectures, mais ne trouvent pas le moindre élément qui permette de démasquer Élie Lauringe, *alias* Le Grêlé.

9
« Loana », la psy sur la piste du Grêlé

En cet hiver 2001, Frédérique Balland*, psychologue de la police nationale, demande un stage à la PJ de Paris pour valider son diplôme de psychocriminologue, si possible à la brigade des mineurs. Elle est reçue dans le bureau 315 – celui de Maigret – par Frédéric Péchenard, alors patron de la brigade criminelle. Le commissaire divisionnaire a un autre projet pour elle : la Crim'. Elle hésite. « La brigade des mineurs piste à ce moment-là un violeur d'enfants d'une violence inouïe, j'avais envie d'aller là-bas », me confie-t-elle. Mais Péchenard insiste et précise ses raisons : « J'ai pensé que vous pourriez aider dans l'affaire Bloch. » Cet argument décisif la convainc.

Malgré quinze années de recherches tous azimuts, le tueur paraît impossible à identifier. Pour le commissaire Péchenard, c'est un dossier en voie de perdition. Sur le fond, pourtant, il n'est pas emballé par l'idée de recourir à une psychologue, échaudé par une précédente expérience avec un collègue de Frédérique Balland qui a emporté en douce des procès-verbaux chez lui pour écrire des romans inspirés de faits réels. Mais il lui dit être « prêt à un nouvel essai ». La psy part donc à son tour sur les traces du Grêlé.

Alias « Loana »

Elle est installée au 36 dans un bureau minuscule, au sein de ce qu'elle nomme « la brigade des seigneurs », voire « des saigneurs ». Dans son livre *Au plus près du mal*, elle décrit la Crim' : « Cent policiers dont trois femmes. Pas des tendres, peu enclins à accueillir les nouveaux venus. » *A fortiori* une nouvelle recrue. Et profileuse de surcroît. Par chance, le chef de groupe qui piste le Grêlé s'appelle Odile Fairise, « une femme solide et respectée », et l'enquêteur de terrain qui gère la procédure, Christian L., réputé pour son inébranlable ténacité, paraît ouvert. « Elle peut rendre des services », répète-t-il aux dubitatifs et aux « antipsy ». Ce n'est pas le profilage du tueur qui intéresse les poulets du groupe mais des éléments concrets pour le démasquer. Comprendre les ressorts psychologiques des actes du Grêlé n'est pas leur priorité. À leurs yeux, c'est la quatrième étape, après l'identification, l'arrestation et les aveux. Toujours bloqués au premier stade, ils ont pour l'instant cruellement besoin de détails tangibles pour remonter jusqu'à lui. Or, des indices – même ténus – peuvent leur avoir échappé, quelque part dans les dizaines de milliers de pages de procès-verbaux. Christian L. montre à la psychologue les dossiers « rassemblés en plusieurs hautes piles à même le sol dans une soupente défraîchie », écrit-elle dans son ouvrage. Le capitaine les lui confie, à charge pour elle de rentrer l'intégralité des données dans le logiciel d'analyse criminelle Anacrim[1] – elle a appris le maniement de cet outil à Bruxelles avec deux gendarmes spécialisés.

Frédérique Balland s'enferme, concentrée, dans son réduit où, parfois « les souris se faufilent entre les placards et les cafards escaladent les tuyaux ». Elle décortique les pages jaunies de

1. Ce logiciel belge croise les milliers de détails contenus dans des dossiers imputés à un même auteur. Il peut s'agir de personnes, de lieux, de véhicules (trajets, couleur, marque, plaques d'immatriculation, dont celles de voitures flashées), d'horaires, de données téléphoniques et bancaires, d'horaires de transports… C'est un mélange d'éléments techniques et humains – le contenu des déclarations des témoins ou des suspects, généralement moins fiables – qui permet de trouver des concordances et des dissonances, et surtout de retracer des parcours criminels. Les analystes en tirent des tableaux relationnels et des frises chronologiques.

vieux PV afin d'enregistrer les moindres détails dans le logiciel : personnes, lieux, véhicules, téléphonie, etc. En parallèle, elle accompagne les policiers de permanence qui dérouillent sur les scènes de crime. Parfois, certains chefs de groupe refusent, « arguant que je ne sers à rien », explique-t-elle. Prête à tout pour s'insérer dans ce monde très masculin, elle s'accommode de bonne grâce de son *alias*, « Loana » – en raison de ses cheveux blond vénitien –, de photomontages posés sur son bureau – où son visage a remplacé celui de femmes nues – et même de l'apparition d'une bimbo de magazine porno à sa place sur sa carte professionnelle de psychologue de la police. « C'est peut-être difficile à comprendre, mais je me félicite de ces blagues », écrit Frédérique Balland : « Elles signent mon appartenance à la brigade des seigneurs. »

Des données, des rapprochements et des pistes

Pendant ce temps, Christian L. parvient enfin à identifier les enfants sur la photographie que le Grêlé avait attrapée dans un carton et longuement regardée – « comme s'il connaissait les gens dessus », selon le témoignage d'Ingrid, qu'il a violée dans la ferme de Villeras à Saclay, le 29 juin 1994. Se faisant passer pour un policier, il avait traversé la région parisienne pour emmener la fillette dans cette maison abandonnée. Selon les policiers, il connaissait forcément cet endroit pour l'avoir peut-être habité ou occupé. Au moins fréquenté. Parmi les différents locataires listés par la société Sodi, Jacqueline L.-M. y a vécu avec sa famille un été et un hiver en 1986-1987. Quand le capitaine L. lui présente, le 23 janvier 2001, la photo de deux fillettes blondes en robes blanches et d'un petit garçon, elle reconnaît ses trois enfants, nés entre 1972 et 1975. Elle aura oublié un carton avec ce cliché à l'étage lors de son déménagement. Christian L. lui demande alors les noms et les descriptions de tous les hommes de son entourage ayant pu venir à la ferme. Elle évoque son mari bien sûr, né en 1950 mais décédé en 1989, cinq ans avant le rapt d'Ingrid. Elle cite aussi un copain d'enfance qui vit au Maroc, son frère et un ami de celui-ci, qui ont connu la bâtisse et qui seront interrogés. Leurs ADN seront prélevés mais ne correspondront pas à l'identité génétique du Grêlé. Les enquêteurs épluchent également la liste des employés – présents et passés – de l'exploitation agricole voisine qui stocke de la paille et du matériel dans la ferme de Villeras, et croisent les noms avec ceux des fichiers de police. Certains travailleurs agricoles dont le profil concorde sont questionnés. En vain.

Christian L. fait également des rapprochements entre les crimes du Grêlé et deux précédentes affaires, même si l'absence de matériaux biologiques ne permet pas de les lui imputer formellement. Le procédurier apporte néanmoins ces dossiers à Loana pour qu'elle les saisisse dans Anacrim, au même titre que les cinq cas signés de la même empreinte génétique :

– le viol et la tentative d'homicide de Sarah, 8 ans, place de Vénétie dans le XIIIe arrondissement de Paris, le 7 avril 1986 ;

– le meurtre et le viol de Cécile Bloch, 11 ans, rue Petit dans le XIXe arrondissement de Paris, le 5 mai 1986 ;

– le double crime contre Irmgard Müller, 20 ans, et Gilles P., 38 ans, rue Sainte-Croix-de-la-Bretonnerie dans le IVe arrondissement de Paris, le 29 avril 1987 ;

– le viol de Marianne, 14 ans, rue Boulitte dans le XIVe arrondissement de Paris, le 27 octobre 1987 ;

– l'enlèvement, la séquestration et le viol d'Ingrid, 11 ans, entre Mitry-Mory (Seine-et-Marne) et Saclay (Essonne), le 29 juin 1994.

Des similitudes troublantes

Plusieurs indices lui font ajouter l'agression d'une autre fillette. Le jeudi 10 avril 1986, vers 17 h 30, un homme suit une enfant de 7 ans jusqu'à son immeuble et prend l'ascenseur avec elle.

Il lui demande son étage. Elle dit : « Le 6. » Il appuie sur le bouton du 3e, puis l'attrape par son manteau et l'entraîne vers la cage d'escalier : « Tais-toi », ordonne-t-il en montrant son poing. Il lui baisse son pantalon et sa culotte, puis descend sa braguette. Il essaie de la violer. Mais des bruits de pas dans le couloir le font renoncer. Il rhabille vite la petite qui pleure, puis sort un gant de toilette de sa poche pour essuyer les larmes sur ses joues… Elle décrit un monsieur vêtu d'un blouson de cuir vert foncé, aux yeux marron, avec la peau du visage abîmée et qui parle sans accent, « avec une grosse voix ». Christian L. flaire la patte du Grêlé derrière cette agression, qui a eu lieu trois jours après le viol de Sarah, au même endroit exactement. L'agresseur avait en effet repéré sa victime au centre commercial de la place de Vénétie, dans le XIIIe arrondissement de Paris.

En saisissant ces données dans Anacrim, la psychologue met en lumière des concordances avec l'agression de Sarah, capturée elle aussi dans un ascenseur et violée dans la même barre d'immeubles de la place de Vénétie, mais également avec le mode opératoire du kidnappeur d'Ingrid, qui a dans le coffre de sa voiture « une serviette ou un tapis de bain » qu'il a accroché sur la vitre arrière pour masquer sa victime aux regards. Quel genre de type se balade avec un gant de toilette dans sa poche et du linge dans son véhicule ? Un ouvrier itinérant, un SDF, un VRP ?

Au fur et à mesure de la saisie, Frédérique Balland suggère des pistes au groupe d'Odile Fairise. Même si certaines paraissent évidentes ou déjà explorées, l'analyste criminelle émet l'hypothèse d'un employé d'une compagnie d'entretien d'ascenseurs. Le Grêlé semble parfaitement à l'aise dans ces engins et a même su en bloquer un avec une allumette au 116 rue Petit pour piéger Cécile Bloch. À quatre reprises, c'est dans l'un d'entre eux qu'il rencontre une enfant et qu'il appuie sur un bouton différent de son étage pour l'entraîner dans un local de service. Christian L.

a lancé des recherches sur les installateurs d'ascenseurs et sur les techniciens de maintenance, mais « les listings, qui n'étaient pas informatisés à l'époque [de ces premiers meurtres], n'existaient plus », m'explique la psychologue. Et la plupart des boîtes n'ont pas conservé de registres. Était-il abonné à la revue de bandes dessinées sado-masos pour adeptes du bondage, montrée en 1994 à Ingrid ? Là encore, le groupe Fairise peine à retrouver des fichiers clients vieux de dix-sept ans.

Deux victimes étaient allemandes, deux allaient à la piscine…

L'enquêteur Christian L. a aussi détecté la trace du criminel en série derrière l'agression d'une Allemande, douze jours après l'assassinat de la jeune fille au pair bavaroise Irmgard Müller. L'outil Anacrim confirme des correspondances avec le mode opératoire du Grêlé. Le lundi 11 mai 1987, à 10 h 30, dans un immeuble du XIVe arrondissement de Paris, un inconnu frappe à la porte d'une étudiante allemande de 26 ans au troisième étage, sort une carte tricolore, se présente comme un policier qui enquête sur un tapage nocturne. Il porte une arme et un talkie-walkie. Il pousse l'étudiante à l'intérieur, la ligote sur le lit puis la viole. Il lui vole sa carte bancaire, lui extorque le code confidentiel puis repart. Il tire 1 800 francs (270 euros) dans un distributeur puis se fait avaler la carte dans un second DAB, à Montparnasse. La victime dépeint un jeune homme aux cheveux bruns, courts, vêtu d'un blouson de cuir gris clair et de baskets assorties, d'un jean bleu et d'une chemise blanche à rayures rouges, mais ne remarque pas de stigmates ou de cicatrices sur sa peau.

Anacrim se révèle impuissant à cerner le coupable tant son mode opératoire varie selon les crimes, espacés dans le temps et géographiquement éloignés. Mais Frédérique Balland établit des points de convergence entre ce viol et celui de Marianne, 14 ans, six mois plus tard dans le même quartier. Quant au meurtrier d'Irmgard Müller, il n'a pas agi de la même manière mais les deux victimes sont de même nationalité. Certes, le Grêlé parle français sans accent, mais peut-être a-t-il des attaches germaniques ou traîne-t-il dans des lieux fréquentés par des Allemandes. Les vérifications s'enchaînent. La psychologue souligne à son tour le fait que deux des victimes allaient à la piscine – la petite Bloch le vendredi soir et Irmgard Müller régulièrement. Les enquêteurs repartent en quête d'un maître-nageur ou d'un baigneur.

Il y a également la piste d'un policier, étayée par le goût prononcé du tueur pour l'attirail du flic – carte tricolore, arme de poing, talkie-walkie et paire de menottes – et par l'adresse donnée par Élie Lauringe, le pseudonyme probable du Grêlé, à Irmgard Müller. Il a dit vivre au 13 rue Rubens dans le XIIIe arrondissement de Paris, adresse qui a abrité un « ancien local où l'on photographiait les policiers, c'est troublant », souligne Frédérique Balland. « Est-ce un fils de flic ? » La profileuse l'imagine en effet plutôt enfant de policier ou candidat recalé au concours de gardien de la paix. « Il y a peu de chances qu'il ait pu être policier car ses collègues risquent d'aller vérifier s'il se présente comme tel », m'explique-t-elle. « J'ai le sentiment qu'il est hyper content de se faire passer pour un policier. Il cherche à afficher une certaine virilité. Il a besoin de jouer un rôle pour se sentir fort car il souffre d'un problème d'érection, d'après le carnet intime d'Irmgard et les témoignages de victimes. Au niveau de son ego, s'il avait réussi le concours d'entrée dans ce métier un peu viril, il n'aurait pas eu besoin de ça. » Par contre, elle se demande d'où lui vient cette « connaissance relative du métier » : « Fréquente-t-il des policiers dans les stands de tir de la région parisienne, puisqu'il possède une arme de poing, vraie ou fausse ? » Elle propose au groupe Fairise de présenter le portrait-robot du Grêlé dans les différents clubs de tir. Mais le temps a passé. « Ça va si on le montre à un gars qui travaille là depuis dix-quinze ans, mais si c'est un petit jeune, il ne peut pas le reconnaître. Ça tient à trois fois rien, mais il faut trouver le petit fil à tirer », poursuit Frédérique Balland, qui essaie de les aider à le découvrir pour dérouler la pelote.

Profiler sans don de télépathie ou flash hallucinatoire

De ses déductions sur le profil du tueur, elle juge « fort possible que son travail soit en rapport avec la sécurité et la surveillance » et probablement « la nuit et le week-end », ce qui expliquerait sa liberté en semaine. Car le Grêlé n'opère qu'aux heures de bureau et jamais les samedis et les dimanches. Ingrid, que la psychologue a vue « sept ans après les faits », lui a rappelé que la Volvo 340 de son ravisseur « sentait mauvais, comme une odeur de chien ». La psychologue se demande donc si « l'homme élève des chiens ou travaille comme agent de sécurité avec un chien ». Frédérique Balland n'a pas de don de télépathie ni de flashes hallucinatoires comme dans les séries télé. Elle se veut plus modeste : « Le profilage criminel n'apporte jamais à lui seul la résolution d'une énigme », rectifie-t-elle dans *Au plus près du mal*. Elle insiste auprès des Jours sur cette simple « aide à l'enquête » : « Le profil n'a pas pour but d'affirmer “Il est comme ci ou comme ça”, mais de suggérer qu'il a des chances d'exercer tel type de métier. Si, dans une liste de suspects, l'un est vigile, ça vaut le coup de prioriser. Et ça permet de questionner les milieux de la sécurité. » Mais là encore, des sociétés de sécurité ont disparu, ou n'ont pas toutes gardé les registres et les registres papier : « Certaines investigations, si longtemps après, sont impossibles », déplore-t-elle.

En revanche, la psychologue évacue l'hypothèse du Grêlé pédophile. « Il n'y a pas que les filles prépubères qui l'intéressent. Il a caressé les seins de Marianne qui, à 14 ans, a déjà la taille d'une femme et porte un soutien-gorge. » Pour elle, le tueur cherche juste des proies faciles, qui n'ont pas d'expérience sexuelle, à cause de sa relative impuissance : « Les femmes l'excitent, mais elles l'effraient. » Il a néanmoins réussi à passer la nuit avec Irmgard Müller la veille de sa mort : « Lui a-t-elle laissé voir ou a-t-il cru qu'une relation avec une femme allait être possible ? » s'interroge-t-elle à haute voix. Dans le double meurtre du Marais, Frédérique Balland décèle « de la rage et un sentiment d'humiliation. Il s'est senti comme un amant trahi en découvrant que la jeune fille au pair entretenait une liaison avec le père de famille », lit-on dans son ouvrage. Enfin, elle est « convaincue que l'homme ne souffre pas de maladie mentale » car, à ses yeux, « le tueur prépare avec soin ses attaques, il les planifie et les élabore ». La psychologue a déconseillé aux enquêteurs de perdre leur temps à le chercher dans les hôpitaux psychiatriques durant ses sept années d'absence entre 1987 et 1994, et depuis. Il paraît connaître les notions de bien et de mal. « J'observe que l'auteur éprouve quelques remords », à sa façon de « recouvrir certaines de ses victimes » d'une moquette ou d'une couette, ou de leur demander de se rhabiller, avance la psychocriminologue. Une constante de son mode opératoire est de les bâillonner ou de les étrangler, « afin de les empêcher de parler ». « Il leur a dit à plusieurs reprises combien leurs cris le paniquent [...]. Il les veut à sa merci », écrit-elle. Il épargne les victimes qui se soumettent ; il tue les rebelles. Le portrait psychologique du tueur s'affine, mais les multiples pistes ne débouchent sur rien de concret.

10
Les trouvailles de la victimologue belge

Début 2001, Jean-Pierre Bloch, réfugié dans le Lot, ignore que l'ADN de l'homme qui a tué en 1986 sa fille Cécile a également été identifié sur un double meurtre d'adultes, commis un an plus tard dans le Marais à Paris. Le profil du Grêlé n'est plus pour les enquêteurs de la Crim' celui d'un agresseur d'enfants. Mais lui persiste donc à croire à la culpabilité de pédocriminels qui seraient intouchables. Sur les conseils d'un fait-diversier de *L'Humanité* qui a publié un dossier sur l'existence de réseaux pédophiles internationaux, le père a consulté à la gendarmerie de Cajarc, près de chez lui, plus de 500 photos d'enfants apparues sur des sites pornographiques, sans y trouver sa fille.

Un père furieux et désespéré

Le 3 mars de la même année, Jean-Pierre Bloch participe à une marche blanche à Paris, organisée par des associations contre les « dysfonctionnements judiciaires et institutionnels » dans les affaires de pédophilie, sur le modèle de celle de Bruxelles en octobre 1996 après l'arrestation de Marc Dutroux. C'est là que Jean-Pierre Bloch rencontre la psychologue belge Carine Hutsebaut*, et qu'il la supplie de retrouver l'assassin de Cécile. Il a confiance en cette victimologue connue pour le profil de Dutroux, étonnant de précision, qu'elle a réalisé pour les familles de deux fillettes disparues, Julie et Mélissa, et publié dans un journal flamand quelques jours avant l'identification du pédophile. Formée à l'analyse des psychopathes à l'académie du FBI à Quantico, dans l'État américain de Virginie, et thérapeute d'agresseurs sexuels, elle jure au père de Cécile d'essayer de débusquer le Grêlé.

Carine Hutsebaut multiplie alors les allers-retours entre son cabinet de Vilvoorde, en Belgique, et les scènes de crimes à Paris. Indépendante, la profileuse mène son enquête en parallèle à celle des policiers et des magistrats, tant décriés par Jean-Pierre Bloch. Lassé qu'on le tienne à l'écart des investigations et de la procédure depuis seize ans, le père – pourtant partie civile – s'adjoint enfin les services d'un avocat, Jean-Claude Disses, un ancien copain de promotion à Assas, pour accéder au dossier d'instruction. Il remet des copies de certains documents confidentiels à Carine Hutsebaut pour qu'elle reparte sur les pistes explorées ou abandonnées par la PJ, ou en déniche de nouvelles. Il lance le 19 septembre 2001 un site personnel, cecilebloch.com, depuis désactivé. Il y divulgue des extraits de procès-verbaux et joint des lettres salées écrites aux juges et des commentaires personnels sur l'enquête.

Le Grêlé « sentait la nature »

À force d'épuiser sa cagnotte en déplacements à Paris, la profileuse belge finit par accepter la proposition des frères Jean-Xavier et Thierry de Lestrade de produire un documentaire pour France 2 sur son travail[1]. Pendant dix-huit mois, Carine Hutsebaut, qui est cette fois-ci défrayée, arpente les lieux des crimes du Grêlé sous l'œil de la caméra et enregistre les témoignages de trois survivantes. Elle refait même avec la dernière, Ingrid, l'itinéraire du prédateur entre Mitry-Mory en Seine-et-Marne, où elle a été enlevée le 29 juin 1994, et la ferme de Villeras à Saclay dans

1. *Qui a tué Cécile Bloch ?*, documentaire réalisé par Thierry de Lestrade et produit par Jean-Xavier de Lestrade, diffusé sur France 2 dans le magazine *Contre-courant* le 31 octobre 2003.

l'Essonne où elle a été violée. Et ne manque pas de s'étonner que les gendarmes et les policiers n'aient pas eu l'idée de suivre les traces du criminel avec la victime. Dans la voiture, avec le frère de Cécile, Luc Richard-Bloch, la psychologue fait répéter à Ingrid les moindres détails. Elle la pousse à définir l'odeur inhabituelle dans la Volvo blanche de son ravisseur, et la jeune fille, alors âgée de 19 ans, sort tout à trac : « comme de l'herbe », rapporte Carine Hutsebaut dans son livre *Il rôde encore parmi nous…*[2]. Luc Richard-Bloch, qui avait peiné à décrire le parfum du tueur de sa sœur croisé dans l'ascenseur de leur résidence – « Il ne sentait pas mauvais mais pas le propre[3] » –, sursaute alors et confirme : « Oui, c'est cela ! Il sentait l'herbe. Une odeur pas très raffinée, ça sentait la nature. » Et Ingrid poursuit : « Comme celle d'un jardinier. » Carine Hutsebaut part sur la piste d'élagueurs et de planteurs d'arbres, ou encore de bûcherons. En outre, les grosses mains du Grêlé – « rugueuses » ou « calleuses », selon certaines de ses victimes – et ses baskets sales collent bien à ce genre de « métier manuel ». La profileuse note par ailleurs qu'il fallait « en principe une clé pour accéder au chemin » de la cité désaffectée des cheminots de Mitry-Mory où Ingrid a été embarquée par ce faux policier équipé de menottes et d'une carte tricolore : « Seuls les fermiers, les forestiers, les pompiers, le personnel de la SNCF et les policiers y avaient accès », écrit-elle, avant de souligner la proximité de la ferme de Villeras avec « un terrain d'entraînement du Raid », l'unité d'intervention d'élite de la police basée dans un parc à Bièvres dans l'Essonne. Plus tard, la brigade criminelle explorera cette piste d'un déçu ou d'un recalé du Raid. Mais, pour l'instant, la profileuse cherche un jardinier. Qui mieux qu'un employé des espaces verts de la

2. Sauf mention contraire, les citations de ce chapitre sont extraites du livre de Carine Hutsebaut, *Il rôde encore parmi nous…* (Seuil, 2004).

3. C'est ce que Luc Richard-Bloch avait déclaré en 1986 après le meurtre de sa sœur, et qu'il m'a répété le 6 octobre 2016.

Ville de Paris a le loisir d'explorer divers quartiers de la capitale pour repérer d'éventuelles proies ?

La piste « Oblomov »

Mais Jean-Pierre Bloch l'aiguille aussi sur une autre piste qui, de son point de vue, n'a pas été assez creusée. Un an et demi après le meurtre de Cécile, l'inspecteur Annie Pradeau de la brigade des mineurs avait rapproché les crimes du Grêlé de sept autres affaires concernant des jeunes filles, dont Sophie et Marie qui avaient reçu « des lettres anonymes avec proposition de correspondance par message à la librairie Le Divan, place Saint-Germain-des-Prés », dans le VIe arrondissement de Paris, lit-on dans sa note de synthèse établie le 17 décembre 1987. À son tour, le 10 janvier 1989, le chef de groupe de la brigade criminelle Bernard Pasqualini, qui a initié l'enquête sur le Grêlé, avait « établi un lien », selon le mémoire de Jean-Pierre Bloch, entre ces sept cas et le meurtrier de Cécile, puis plus rien[4]. Mais Bernard Pasqualini et son adjoint, Jean-Louis Huesca, que j'ai questionnés, ne s'en souviennent pas. À la lecture du dossier, le père ne comprend pas que « les investigations n'aient pas été davantage poussées ». Par conséquent, Carine Hutsebaut les reprend, et retrouve deux destinataires de ces courriers.

Deux adolescentes de 13 ans ont été abordées le jeudi 26 novembre 1987 entre midi et 13 heures, rue Jacob, dans le VIe arrondissement de Paris, par un « policier » qui prétend enquêter sur des fugueuses. Il exige les papiers d'identité de la première, la suit dans son immeuble, interroge la concierge, prend des notes sur un calepin, l'accompagne chez elle mais tombe sur sa mère, psychologue, qui se montre méfiante. Il lui présente vite fait une carte tricolore avant de la ranger subrepticement dans la

4. Sur son site, cecilebloch.com et pour une conférence de presse qu'il avait organisée le 24 septembre 2002 à Montreuil en banlieue parisienne, Jean-Pierre Bloch a rédigé un mémoire sur l'enquête.

poche intérieure de son blouson. Il vérifie l'identité de la petite puis repart tranquillement. Carine Hutsebaut souligne dans son livre qu'il « joue avec sa carte de police, l'exhibe rapidement afin que son interlocuteur ne puisse pas la lire ». « Les histoires qu'il raconte aux témoins ("Je cherche des fugueuses", "J'enquête à la suite de plaintes pour du bruit", etc.) le valorisent, même lorsqu'il ne réussit pas à passer à l'acte. Le "bon flic" en lui côtoie le prédateur. » Le signalement de cet inconnu correspond au Grêlé, à l'exception de sa peau qui paraît moins abîmée : « 25 à 30 ans ; entre 1,75 et 1,80 mètre ; cheveux courts, raides et bruns ; une mèche qui tombe sur l'œil droit ; yeux de couleur sombre et cernés ; oreilles un peu décollées ; blouson vert kaki foncé ; droitier ; parapluie noir. » Après cet échec, l'homme ne désarme pas et retente sa chance aussitôt, dans le hall d'entrée du même bâtiment, avec une autre collégienne à qui il demande sa carte d'identité, mais, rebelle, elle le rembarre et tourne les talons.

Or, avant et après ces tentatives d'agression, les deux adolescentes ont reçu des lettres écrites à l'encre noire sur des feuilles d'écolier à grands carreaux par un pseudo-romantique. Pour Carine Hutsebaut, « sauf à imaginer qu'au même moment » ces collégiennes étaient « victimes de deux hommes, un prédateur et un maniaque anonyme, il est plausible de penser que le faux policier et le mystérieux auteur des lettres étaient le même individu ». Dans cette hypothèse, l'examen des courriers de cet inconnu lui paraît un bon moyen de décoder ce « borderline narcissique ». La profileuse s'attarde sur deux lettres, postées aux deux filles le 7 décembre 1987 à 18 heures dans le même quartier, onze jours après les avoir abordées. Dans ces correspondances à sens unique, l'auteur se prend pour un héros ou un poète et indique « une boîte aux lettres, telles qu'on peut les imaginer dans la Résistance », selon ses mots, pour dissimuler leurs réponses, l'une le mardi, l'autre le jeudi, à la librairie Le Divan.

« Tu descends l'escalier, tout de blanc maquillé, et tu mets ta réponse derrière un livre : *Oblomov*[5], de Gontcharov, en Folio, je crois », indique l'inconnu. Qui se montre sensible : « C'est un merveilleux livre. J'ai pleuré. » Ce roman est en effet un chef-d'œuvre de la littérature russe. À travers son double, Oblomov, propriétaire terrien de Saint-Pétersbourg oisif et mélancolique qui s'adonne à la procrastination, Gontcharov, lui-même en proie à un chagrin d'amour à cause d'une femme plus âgée, met en scène un héros désespéré qui passe ses journées sur son sofa. Comme un écho au nom de la librairie sélectionnée : Le Divan. Ce choix implique également, selon Carine Hutsebaut, une connaissance de l'endroit et même du rayon où sont rangés les romans russes. La profileuse s'interroge : « Y a-t-il travaillé un jour ? Comme étudiant ? Comme intérimaire ? »

Dans une autre lettre, cet homme, qui prétexte avoir « changé d'adresse » pour ne pas donner la sienne, adapte de réels échanges épistolaires d'Alfred de Musset avec George Sand, ou des courriers de Jean-Jacques Rousseau : « Me voilà parti. Me voilà à Vandre. C'est un petit village rangé sur la cime d'un coteau dont la Lizac arrose le pied. [...] Après-demain, Circé m'invite en sa puissance. » Or, Circé, une sorcière de la mythologie grecque, est aussi le nom d'une maison d'édition qui a publié le *Oblomov* de Gontcharov... Mais la psychologue a beau chercher, la commune de Vandre n'existe pas plus que la Lizac. En revanche, un village de Charente-Maritime s'appelle Vandré et un bourg du Tarn-et-Garonne se nomme Lizac. « Pour la deuxième fois, le prédateur s'approprie des noms qui ne correspondent pas à la réalité : Élie Louringe, Vandre, Lizac... », souligne Carine Hutsebaut. « Élie Lauringe » – qu'elle écrit « Louringe » –, c'est en effet le nom

5. Le romancier russe Ivan Gontcharov a écrit en 1859 cette satire, très populaire à l'époque, de la noblesse du XIXe siècle. *Oblomov*, du nom de son héros paresseux, a été publié dans sa version intégrale en 1988 par les Éditions L'Âge d'homme et repris en 1999 par Le Livre de poche. La version éditée par Gallimard, tronquée, est controversée.

qui a été donné à la jeune fille au pair allemande Irmgard Müller par un amant d'une nuit, en décembre 1986, et les enquêteurs sont persuadés qu'il s'agit du Grêlé.

Un détective privé

Mais d'autres sont allés plus loin dans l'analogie entre l'identité fictive d'Élie Lauringe et le roman de Gontcharov, notamment le détective privé Roger-Marc Moreau, qui a enquêté à son tour sur le Grêlé, quelques années plus tard, dans le cadre de la disparition d'une autre petite fille. Ce criminaliste m'expose sa théorie : « Élie est le prénom du héros du roman », Ilya Ilitch Oblomov. Ilya est bien la version russe d'Élie. De plus, la signature manuscrite en cyrillique de Gontcharov se lit par un Français « Lourages ». Pour le privé, Élie Lauringe – ou Louringe – sort tout droit de l'univers du romancier. Irmgard Müller a pu comprendre ce nom à sa façon et mal le retranscrire dans son répertoire. L'interprétation peut sembler sujette à caution, il n'empêche. « Ça peut paraître un hasard mais un hasard stupéfiant qu'un autre personnage que le Grêlé ait agi à la même époque en se présentant en policier, avec une carte tricolore et une arme dans un holster, pour aborder des collégiennes et s'inspire de la littérature russe pour leur écrire des lettres », explique aux Jours Roger-Marc Moreau.

Il poursuit : « Il ne me paraît pas raisonnable d'écarter le fait que le criminel, connu sous le sobriquet "le Grêlé", soit également l'auteur des pastiches de correspondance de Rousseau et de Musset à ces filles. » À ses yeux, cette hypothèse apporte des éléments qui permettent d'avancer : « Cet individu a pu être policier, car rarement d'autres personnes que les policiers portent un holster. Il a une certaine culture, il connaît la librairie Le Divan et fréquente Saint-Germain-des-Prés. Une destinataire de ses lettres l'avait revu entrer dans un bar de ce quartier. Était-il un habitué ? Élie Lauringe a eu une copine, Irmgard, qui prenait des cours à la Sorbonne. A-t-il étudié lui aussi à la Sorbonne ? L'a-t-il rencontrée à la fac ? » Les policiers s'étant aperçu, au bout de deux ans, de l'impossibilité d'identifier le trentième nom masculin inscrit sur le carnet où la victime tenait le compte de ses amants, le détective se demande « si les étudiantes en cours avec l'Allemande ont bien été questionnées en 1987 sur cet Élie Lauringe. Car, *a posteriori*, deux ans, cinq ans, voire quatorze ans après, quand ce crime a été relié à ceux du Grêlé, c'est mission impossible ».

La piste du jardinier

La diffusion du documentaire *Qui a tué Cécile Bloch ?*, le 31 octobre 2003, suscite des centaines de billets de spectateurs sur le forum de discussion de France 2 et des dizaines d'appels sur la ligne de Carine Hutsebaut. Parmi eux, un témoignage retient particulièrement son attention. Un homme croit reconnaître dans le portrait-robot et le signalement du Grêlé un collègue de travail, un jardinier habitant en banlieue, âgé de 43 ans (il aurait donc eu 24-25 ans à l'époque du meurtre de Cécile), célibataire, « une vraie catastrophe côté sexe », retourné vivre chez sa mère et dont le frère aîné, violent, travaille « dans le sud de Paris, pas loin de Saclay ». Tout colle, même l'odeur indéfinissable du gars en jean, blouson et baskets : « Il pue des pieds. » L'enquêtrice se renseigne, approche des personnes de son entourage et affine le portrait du suspect dans son livre : « Gérard a le visage grêlé, de grandes mains, mesure 1,85 mètre. Il s'habille en jean et porte une veste courte. Aux pieds, on lui voit toujours les mêmes baskets. Usées parce qu'il marche beaucoup […]. Il s'absente souvent de son travail. On ne lui connaît aucun ami. » Mieux, ce Grêlé potentiel habite chez sa vieille mère dans le XIXe arrondissement de Paris, juste à côté du 116 rue Petit où vivait la famille Bloch lorsque Cécile a été tuée.

Persuadée d'avoir débusqué l'assassin, Carine Hutsebaut récupère des photos sur lesquelles l'homme se tient en arrière-plan et agrandit le cliché pour le montrer à des témoins et des victimes,

« sans donner la moindre précision », assure-t-elle dans les dernières pages d'*Il rôde encore parmi nous*… « Toutes les réponses me sont revenues positives, malgré l'inévitable flou des agrandissements. J'ai transmis ces photos à la brigade criminelle. Bousculés et plutôt hostiles, les policiers ont fini par présenter à Ingrid, non pas ces clichés de 1988, mais une photo d'identité récente de Gérard au milieu d'autres portraits. Ingrid ne l'a pas reconnu. Les enquêteurs ont ainsi conclu qu'il s'agissait d'une fausse piste… », croit savoir Carine Hutsebaut. Elle ignore pourtant que ce nom n'est pas inconnu de la Crim' et a fait l'objet d'investigations plus poussées. Toutefois, les limiers de la PJ ne la mettent pas dans la confidence, car ils détestent les enquêteurs autoproclamés. Le documentaire sur la profileuse les a fortement énervés.

Comme elle n'est pas au courant des recherches de la police, la psychologue se met en planque dans la cabine téléphonique en face du domicile de la mère de Gérard pour « le prendre en photo sans qu'il s'en aperçoive ». Elle porte une perruque et des lunettes pour qu'il ne la reconnaisse pas. « Cet homme est dangereux », se dit-elle, persuadée par ailleurs que le Grêlé l'a vue à la télé et a peut-être même enregistré l'émission pour se la repasser. Elle ne parvient qu'à relever la plaque d'immatriculation de son break. Un « faux numéro », d'après la psychologue. Convaincue de tenir le coupable, Carine Hutsebaut s'adresse à un procureur qui la reçoit le 15 janvier 2004. Elle lui communique le nom, l'adresse, le numéro de téléphone et le lieu de travail du fameux Gérard, mais trois semaines plus tard, le magistrat est aux abonnés absents. Le 10 août 2004, un officier de la Crim' lui envoie un mail rageur, exigeant des « précisions » sur ses « allégations graves et diffamantes », s'étonnant que « le service enquêteur n'ait jamais reçu la moindre information de [sa] part ». La profileuse apprendra par hasard à la fin de l'été 2004 que l'empreinte génétique du Grêlé n'est pas identique à l'ADN de son jardinier *serial killer*.

11
Le dossier du Grêlé bouge encore

Près de vingt ans après le meurtre de Cécile Bloch, la brigade criminelle mise sur le fichier d'empreintes génétiques, qui s'enrichit chaque année de milliers de nouveaux noms, pour voir sortir un jour le nom de l'homme dont l'ADN a signé trois meurtres et cinq viols.

Les grands moyens

Mais en ce début d'année 2005, l'identité génétique du Grêlé ne correspond à aucun des 32 000 ADN de condamnés engrangés dans le FNAEG (fichier national automatisé des empreintes génétiques)[1]. Alors, Gérard Caddéo, le huitième juge qui instruit le dossier, et Christian Flaesch, le sous-directeur de la PJ de Paris chargé des brigades du 36, décident d'employer les grands moyens. Le commissaire Flaesch était chef de section à la Crim' en 1986, il s'était rendu sur les lieux du meurtre de la petite fille pour superviser les investigations du groupe Pasqualini. L'affaire Cécile Bloch lui tient énormément à cœur. En mars

1. Géré à Écully (Rhône) par la sous-direction de la police technique et scientifique de la PJ, le FNAEG est opérationnel depuis 2000 (voir note p. 309). Cinq ans plus tard, il englobait 32 000 ADN nominatifs et quelques centaines de traces non résolues (TNR) extraites de scellés – parmi lesquelles celles du Grêlé sur les culottes de ses victimes… À chaque enregistrement d'un nouveau code génétique d'un suspect ou d'un condamné, l'ordinateur mouline et compare celui-ci à l'ensemble de la base. Et parfois, ça « matche ». Ce qui permet d'élucider une affaire. Aujourd'hui, le FNAEG contient plus de 3 millions d'ADN nominatifs et plus de 260 000 TNR.

2005, juge et commissaire lancent une opération de la dernière chance. Il s'agit d'interpeller 135 suspects potentiels pour les interroger sur leur emploi du temps, leur adresse, leur véhicule, leur travail, au moment des faits et surtout de prélever leurs ADN, afin de les comparer au génotype du Grêlé. La Crim' en avait listé 250, mais a écarté tous ceux dotés d'un bon alibi : ils étaient soit en prison, soit à l'étranger… ou même au cimetière à l'époque des crimes. Toute la brigade se mobilise pour s'occuper en même temps des 80 individus dont les profils s'apparentent le plus à celui du Grêlé ; les services territoriaux de la PJ de Paris gèrent les autres. Hélas, aucun des ADN de ces gardés à vue ne « matche » avec l'empreinte génétique du tueur en série, qui reste insaisissable.

Les enquêteurs auront exploré toutes les pistes, même les plus curieuses. Ils connaissent dans les moindres détails tous les modes opératoires du tueur. Sa façon d'attacher ses jeunes victimes sans serrer et de les étrangler avec un double lien les a fait pencher tour à tour vers un amateur sado-maso de bondage, puis vers un ancien militaire d'une unité commando. Ils ont fait appel, « dès 1986, au ministère des Armées pour accéder aux fiches de renseignements de la sécurité militaire avec les groupes sanguins », se souvient le chef de groupe Bernard Pasqualini, du bureau 302. Lors du double meurtre dans le Marais, le 29 avril 1987, la façon de ligoter Gilles P. avec des cravates et des ceintures, puis de les entortiller autour d'un tisonnier pour le garrotter « à l'espagnole » a conduit le groupe Vasquez à explorer la piste « d'anciens paras ou légionnaires qui, avec les médecins légistes, apprennent à faire ou défaire ce genre de nœuds », explique aux Jours Alain Vasquez. Toutefois, « les nœuds du Grêlé sont assez fouillis, pas aussi élaborés que les nœuds tactiques des militaires ». Malgré tout, André P., le père de Gilles P., restera persuadé que son fils a pu être « facilement neutralisé pendant son sommeil par quelqu'un d'expérimenté sur ce plan-là », ainsi qu'il le déclarera en 2004 à l'émission *Complément d'enquête*. « La crucifixion pour la petite Müller aux montants du lit et le garrot espagnol pour mon fils, ça s'apprend où, ça ? » interrogeait le père sur France 2. Avant de livrer sa conviction : « Dans des commandos, dans des clubs de close-combat, dans des guerres sales. » Les limiers de la Crim' n'ont pas manqué d'examiner des listes de recalés de l'armée et de la police. Mais il n'est pas dit que la Légion, prompte à enrôler pour cinq ans des têtes brûlées, à effacer leur passé judiciaire et à leur attribuer une nouvelle identité, ait collaboré.

Pour sa part, Alain Laloy, inspecteur du bureau 415, qui a travaillé sur les meurtres du Marais entre 1987 et 1989, se rappelle avoir diffusé des télégrammes nationaux à tous les services de police et de gendarmerie sur la « manière d'attacher les personnes ayant une possible connotation sexuelle ou de garrotter plus typique de militaires ». Mais « dans ces années 1980 où rien n'était informatisé, tout le monde ne les lisait pas ». Il n'a eu aucun retour. En outre, les enquêteurs ont vérifié les pedigrees de centaines d'agresseurs sexuels, de détenus entre les périodes de crimes[2] et d'internés dans les hôpitaux psychiatriques de la région parisienne. Ils ont cherché parmi les SDF et les marginaux, les travailleurs agricoles et les agents de sécurité. Ils ont épluché la liste de plus de 10 000 propriétaires de Volvo 340 ou de Nissan immatriculées en Seine-et-Marne et dans l'Essonne, et interrogé des dizaines de suspects, en vain.

Ne jamais oublier, persévérer

Désespéré par l'échec de l'enquête criminelle sur l'assassinat de sa fille, et par la mort de sa femme, Jean-Pierre Bloch a noyé son chagrin dans les excès d'alcool et de tabac, puis a décidé, vingt

2. Le Grêlé a (au moins) frappé entre le 7 avril et le 5 mai 1986, entre le 29 avril et le 27 octobre 1987, et le 29 juin 1994.

ans plus tard, de se laisser mourir dans sa maison du Lot. Son beau-fils, Luc Richard-Bloch, l'a vu à la fin de l'été 2011 dans « un état physique alarmant », me dit-il, et l'a fait hospitaliser à Cahors. Les « dernières paroles, solennelles », que son beau-père lui a tenues ne lui ont guère laissé de doutes sur « le peu de temps qu'il s'était donné à vouloir demeurer en ce monde ». Luc Richard-Bloch espérait que « cette hospitalisation le rétablisse, ne serait-ce qu'un temps, celui de retrouver l'assassin… ». Mais Jean-Pierre Bloch est décédé le 11 septembre 2011, sans connaître le nom du tueur de Cécile. Sa disparition, tout comme celle de sa mère dans un accident de voiture, le 4 janvier 1989, suscite chez le biologiste « un sentiment d'injustice et de révolte ». Le meurtrier n'a pas été arrêté de leur vivant et il a fallu attendre dix ans pour pratiquer les expertises génétiques qu'il réclamait depuis 1986…

Aujourd'hui encore, il fait confiance au commandant Christian L., la mémoire du dossier, mais redoute que le retard ne puisse jamais être rattrapé. Monté en grade et devenu chef de groupe, spécialisé dans les *cold cases*, l'enquêteur breton garde le lien avec les victimes, à commencer par Ingrid, la plus à même de reconnaître son violeur, s'il tombe un jour. Au 36, Christian L. espère aussi un coup de fil miraculeux d'un collègue de la police scientifique qui lui annoncerait l'identification par l'ADN du Grêlé. Il continue inlassablement à exploiter les pistes qui se présentent, entre deux affaires plus récentes. Les quelques émissions télévisées sur l'affaire charrient leur lot de témoignages, souvent farfelus, parfois réalistes, qu'il s'emploie à trier[3]. Il vérifie ensuite les plus crédibles. Les suspects ayant le bon profil sont retrouvés, interrogés et prélevés.

À l'occasion des 100 ans de la brigade criminelle, en 2012,

3. L'affaire Cécile Bloch a été diffusée dans *Complément d'enquête* sur France 2 le 25 mai 2004. *Non élucidé*, sur France 2 également, a consacré une émission au dossier le 9 mai 2010.

Bernard Pasqualini, l'enquêteur de la première heure, a évoqué dans le JT de TF1 l'affaire la plus marquante de sa carrière : Cécile Bloch. Une femme l'a alors appelé sur la ligne de son domicile. « Cette dame avait reconnu son ex-ami qui habitait en province, dans la Drôme, mais avait un copain flic à Paris, et allait avec lui dans les commissariats », me confie-t-il. Il ajoute : « Cet individu roulait dans une grosse voiture blanche et cachait des choses – sa sœur elle-même le disait bizarre. Il avait déjà été arrêté, il prétendait avoir fait de la prison… Son âge, sa peau et son signalement collaient bien, tout allait dans le bon sens. » Le commissaire Pasqualini a alors rédigé un rapport détaillé pour Christian L., qui reçoit régulièrement ce genre de tuyaux. Quelques semaines plus tard, le type de la Drôme est interpellé et son ADN est prélevé. Négatif. « C'est bien d'avoir l'ADN, c'est lui ou c'est pas lui, alors qu'avant on devait se fier uniquement à notre intuition », me rappelle Pasqualini, très déçu par ce résultat. « J'étais quasiment sûr que c'était le Grêlé. »

De nouveaux moyens techniques

À défaut de voir apparaître un jour l'ADN nominatif du Grêlé à l'occasion d'une garde à vue pour un crime ou un délit, le juge Caddéo a fait pratiquer en juin 2012 une expertise génétique dite « recherche en parentèle », complexe et coûteuse. Car si le génotype du criminel lui-même n'est pas enregistré dans le FNAEG, un membre de sa famille peut l'être. Cette nouvelle technique, importée d'Angleterre, consiste à identifier dans le fichier – avec des pourcentages de probabilité – des génotypes qui ressemblent en partie à l'ADN incriminé, et qui sont susceptibles d'appartenir à un parent proche : père, mère, frère ou sœur, enfant. Mais à ce jour, ce recours à la science n'a pas permis de découvrir par ricochet le Grêlé. Ses parents proches n'ont donc sans doute jamais été condamnés. Luc Richard-Bloch se dit, lui, « presque partisan de prendre à la naissance les empreintes génétiques de l'ensemble de la population française », tout comme Bernard Pasqualini, convaincu que ce fichage systématique « permettrait d'élucider un maximum d'affaires et de réduire des deux tiers la base des traces non résolues ».

L'un des portraits-robots du Grêlé a même été vieilli par les gendarmes pour donner une idée de ce à quoi il peut ressembler trente ans plus tard. Mais c'est un autre logiciel, le Salvac (Système d'analyse des liens de la violence associée aux crimes[4]) qui, en 2014, a mis au jour des analogies entre le mode opératoire du Grêlé et celui de l'assassin de Karine Leroy, une lycéenne de 19 ans disparue le 9 juin 1994 sur le chemin du lycée à Meaux en Seine-et-Marne, et découverte le 12 juillet suivant, violée et étranglée dans un bois de Monceaux-lès-Meaux. L'avocate de la famille, Me Corinne Herrmann*, avait demandé l'inscription au Salvac des détails du dossier Leroy, la préservation des scellés, une copie de la procédure en novembre 2012, qu'elle n'obtient que deux ans plus tard, la Crim' enquêtant dessus. En juillet 2014, elle a obtenu sa réouverture au tribunal de Meaux. Car cette spécialiste des affaires non résolues avait fait un rapprochement avec un vieux dossier, parmi ceux entassés depuis vingt ans au cabinet de Didier Seban, dont elle est une collaboratrice – sans se douter le moins du monde que le cas Leroy allait concorder avec les crimes imputés au Grêlé. Mais le logiciel a bel et bien trouvé des similitudes : le double sillon de strangulation de Karine Leroy est identique à celui retrouvé sur le cou de Cécile Bloch ; la même technique du « garrot espagnol » a été employée – à l'aide d'un bout de bois pour Karine Leroy ; d'un tisonnier pour

4. Basé à l'Office central de répression des violences faites aux personnes de la PJ et inspiré du Vicap du FBI, ce logiciel cherche des liens entre des individus et des faits pour détecter des « séries ». Lancé en 2003, il a engrangé plus de 10 000 procédures, décortiquées en 152 items sur la victime, l'agresseur et les circonstances. C'est aux officiers de police judiciaire ayant traité l'affaire de répondre en détail à ces 152 questions : couleur des cheveux de la victime, habitudes, travail, loisirs, modes de transport, description fine du lieu de l'agression, scène de crime, mode opératoire du suspect, signalement, etc.

Gilles P., dans le Marais. Enfin, le Salvac a repéré une zone géographique commune et une même période d'action. Entre le rapt de Karine Leroy et celui d'Ingrid ne s'écoulent que vingt jours. Et Mitry-Mory, où a été enlevée la fillette, se trouve à seulement 25 kilomètres de Meaux, dans le même département. Avisée de ces rapprochements avant l'avocate, la brigade criminelle a demandé le dossier Leroy. À son tour, Me Herrmann réclame des analyses génétiques des vêtements de Karine Leroy, de ses liens et du bâton, puis des comparaisons avec l'ADN du Grêlé. Les premiers résultats ne sont pas concluants. Mais l'avocate persiste car, parfois, assure-t-elle, « c'est la dixième expertise ADN qui a parlé ». Si la science parvenait à prouver l'implication du Grêlé dans le meurtre de la lycéenne, la neuvième juge, Nathalie Turquey, qui instruit à Paris les dossiers du *serial killer*, récupérerait officiellement celui de Meaux.

En parallèle, Luc Richard-Bloch, qui a pris le relais de son beau-père, a également choisi comme conseil Corinne Herrmann en janvier 2016, pour défendre la mémoire de sa sœur et l'aider à débusquer le Grêlé. Elle suggère des pistes, pointe des failles, fait des rapprochements avec d'autres affaires, demande des actes sur des suspects croisés dans d'autres procédures : « Si j'ai une piste, je la donne au juge et aux enquêteurs. Avec Didier Seban, on n'a pas la prétention d'émettre des hypothèses alors que des pros se sont cassé le nez. On pose juste des questions. »

Aux yeux de l'avocate, le tueur en série évolue dans le grand Est parisien, commence son parcours criminel dans le XIIIe arrondissement de Paris et finit du côté de Meaux, sur « un territoire qu'il maîtrise ». Mais après, « poursuivi par la police ou par son travail, le Grêlé a pu bouger ». Probablement dans l'est ou le nord de la France, où elle croit entrevoir sa trace sur des cas non élucidés.

12
Regrets éternels

Découragés et culpabilisés, les enquêteurs du 36 quai des Orfèvres qui se sont succédé se rendent à l'évidence. Ils sont passés à côté. Ils l'ont raté. Ils sont pourtant au courant de ses problèmes de peau « grêlée » en 1986, sûrement à cause d'éruptions de boutons passagères, qui se sont estompés à partir de 1987. Ils connaissent approximativement son année de naissance (entre 1956 et 1962), sa taille (plus d'1,80 mètre), son groupe sanguin (A+), ses grosses mains rugueuses, son visage ovale, son menton allongé, ses yeux marron enfoncés et cernés, ses cigarettes de type Marlboro, son véhicule Volvo 340 utilisé en juin 1994, sa revue porno sado-maso préférée. Ils connaissent son goût pour les tenues sportives (blouson, jean, baskets), parfois paramilitaires (saharienne kaki, ceinture à poches) et sa propension à se prendre pour un policier, dont il possède tout l'attirail : carte barrée de tricolore, paire de menottes, talkie-walkie, arme – vraie ou factice – et même un holster. Ils connaissent son patronyme imaginaire, Élie Lauringe. Ils savent presque tout du Grêlé, sauf son véritable nom.

Qu'est devenu le Grêlé depuis 1994 ?

Conscients d'avoir loupé un indice ou une occasion de le serrer, peinés d'avoir manqué de chance, les policiers de la brigade criminelle, anciens et actuels, ne s'expliquent pas la disparition du tueur depuis 1994. Mais ressassent des hypothèses : il est quelque part en prison ; il est parti à l'étranger ; il est mort et enterré ; il opère différemment ; il a changé de vie et cessé de tuer.

Taraudé par le double meurtre du Marais, à Paris, Alain Vasquez bute toujours sur les mêmes questions : « Cette adresse du 13 rue Rubens donnée par Élie Lauringe, il a dû la connaître. Mais était-ce à l'époque du squat ou avant, lorsque c'était un local de la PP où les nouveaux policiers venaient se faire photographier ? » Il se demande aujourd'hui si « ce type n'a pas arrêté ou agi autrement à partir de 1994, quand ça a commencé à chauffer pour son matricule avec les débuts d'identification par ADN ». Il ne peut s'empêcher de penser qu'il peut s'agir d'un ancien collègue car, dit-il, « on a des anciens paras ou légionnaires [dans la police] ». « On a bien eu en France le gendarme de l'Oise tueur en série, on peut très bien imaginer un policier, ou un gendarme, au courant de nos techniques. » Luc Richard-Bloch partage ce sentiment et attribue au Grêlé « un métier d'autorité, vigile ou militaire, lié à des sports et des techniques commandos, car les nœuds, on ne les apprend pas à l'école. Il y a des violeurs dans nos armées ». À 54 ans, le frère de Cécile revoit, tel un fantôme, le visage de cet homme, de son âge à peu près, chaque matin en prenant l'ascenseur. Il le croit encore vivant, mais « protégé » par une mère, une sœur, une femme ou un supérieur n'osant pas le dénoncer. « On peut toujours le penser ramolli ou grabataire, mais je ne vois pas pourquoi il aurait vieilli plus que nous. J'ai demandé à mon père des photos de moi en 1986 et je me suis rendu compte qu'en trente ans on ne change pas tant que cela. En plus, si c'est quelqu'un qui s'entretient pour atteindre ses objectifs, il n'y a pas de raison. » Son avocate, Corinne Herrmann, lui a expliqué en ma présence que les *serial killers* « vivent longtemps, car quelque chose les tient ». « Parmi nos tueurs en série – Émile Louis, Michel Fourniret, Pascal Jardin, Jacques Rançon, etc. –, il n'y en a pas un qui soit mort avant son arrestation. » À croire qu'assouvir leurs pulsions les conserve. À ses yeux, le Grêlé a pu « être incarcéré pour des choses anodines, comme Émile Louis, ou se marier et arrêter pendant un temps. Il y en a qui font des rotations : rassasiés, ils ne violent pas et ne tuent pas pendant dix ans, puis recommencent ». Pour Corinne Herrmann, « il y a urgence à interpeller le Grêlé car à 55 ou 60 ans il est encore capable d'agir ».

SDF, policier ou bon père de famille ?

Pour sa part, Alain Laloy, l'enquêteur de terrain qui a ratissé les pistes des amants de la jeune fille au pair Irmgard Müller, notamment l'énigmatique Élie Lauringe, craint que le meurtrier ne soit mort. « Si c'était un marginal qui a tourné SDF, malheureusement, on ne le saura jamais. » Pour avoir mené des « enquêtes décès » en commissariat, ce policier sait que seuls « les cadavres d'indigents retrouvés sans papiers ont un prélèvement ADN versé au FNAEG ». « Mais, ajoute-t-il, il n'y a pas de recherches ni de prise d'ADN pour les clochards qui décèdent avec un document d'identité à leur nom sur eux. » Or, « seul le prélèvement ADN peut nous permettre de retrouver » le Grêlé. Cet ancien de la brigade criminelle, à la belle moustache blanche, habite également la résidence où vivait Cécile Bloch, rue Petit dans le XIXe arrondissement de Paris, et « forcément, ça reste en mémoire ». « Le temps passe et on se dit qu'il y a un criminel en liberté quelque part, que l'on n'a pas pu arrêter et renvoyer aux assises pour les familles de victimes. C'est une profonde insatisfaction. »

Après son départ de la Crim' en 1994, Jean-Louis Huesca a, lui, déménagé de la rue Petit pour le Sud-Ouest. Il appelait de temps en temps la chef Odile Fairise, qui avait repris le dossier, pour savoir si l'enquête se débloquait, frustré de n'avoir pu la résoudre. « Ça fait partie de mes grands manques », me confie l'ex-numéro 2 du groupe chargé de l'affaire Bloch. « C'était une pourriture, ce mec, un prédateur qui n'en est pas resté là. » Comment expliquer, selon lui, le trou dans son parcours criminel entre 1987 et 1994 ? « Soit il est en prison, soit à l'étranger pour une raison X. Si le Grêlé a été incarcéré, je ne crois pas que cela ait pu être pour vol ou deal, car ce n'est pas un voyou, mais plus sûrement pour agression sexuelle. » Quant à son profil, Jean-Louis Huesca ne l'imagine pas marginal ni SDF. Certes, Luc Richard-Bloch, le frère de Cécile, qui a pris l'ascenseur avec lui avant le crime, a décrit ses baskets sales, sa tenue « un peu négligée » et son côté « poussiéreux ». Mais ce dernier adjectif peut s'expliquer, selon le policier, « par le fait que le criminel avait préparé avant une moquette qu'il avait installée dans ce débarras au troisième sous-sol et a donc pris la poussière ». Avec le recul, Jean-Louis Huesca a plutôt le sentiment que le Grêlé était « inséré dans la société, avec un bon métier ». « Il est peut-être même aujourd'hui un gentil père de famille avec des enfants. »

Cauchemars

Tous ceux qui approchent l'affaire du Grêlé en restent marqués, obsédés. Moi comprise, qui ai tendance à reluquer tous les hommes de haute taille à la peau irrégulière, qui me surprend à évaluer leur âge. À guetter l'image du portrait-robot derrière les traits d'un visage. Parfois, le Grêlé surgit dans un cauchemar nocturne ou dans une rue de Paris. Ainsi, je me suis réveillée une nuit, fébrile, avec l'image d'un professeur, très grand, domicilié non loin de chez Cécile Bloch. Une autre fois, lors d'une enquête sur un trafic de stupéfiants, je suis tombée en arrêt devant la copie du passeport d'un agent de sécurité d'une boîte de location de véhicules, né en 1954, sosie du portrait-robot…

Le commissaire André Bizeul, qui fut chef adjoint de la Crim', croit, lui, reconnaître le Grêlé dans un grand reporter d'une grande chaîne de télé française : « Pour moi, un grêlé, c'est ça. » Il me précise par e-mail l'année de naissance de ce journaliste – 1962 – et se souvient de l'avis d'un spécialiste jugeant « possible que l'auteur ait pu perdre subitement ses pulsions et vivre depuis une vie normale ». « Quand on évoque le Grêlé, je me souviens de passages à l'antenne, il y a une dizaine d'années, sans maquillage, de cet envoyé spécial. Et à chaque fois, je faisais le rapprochement avec le portrait-robot à cause de l'aspect général et de la peau du visage, qui apparaissait vraiment très abîmée, déformée même. » Alors, le commissaire Bizeul lançait à la cantonade devant l'écran : « Tiens, v'là l'Grêlé ! »

Rongé par le doute, l'ancien chef de groupe Bernard Pasqualini aimerait comprendre à quel moment de l'enquête, pourtant sérieuse, ils sont passés à côté. Nos rendez-vous le replongent avec tristesse dans la quête inachevée du violeur de la petite Bloch et des autres fillettes : « Je ne pense pas aux affaires réussies, mais à celles restées sans solution », m'avoue-t-il d'un air contrit. « Parfois, quand le téléphone sonne, je me dis que c'est peut-être Christian L. de la Crim' qui m'appelle pour m'annoncer une bonne nouvelle – "Ça y est, le FNAEG a matché" – et me donner le nom du Grêlé. Ce qui m'intrigue le plus chez l'auteur, c'est qu'il n'ait pas ressurgi. Je penserais plutôt qu'il n'est plus de ce monde. Je ne crois pas qu'il soit en détention car ils l'ont tellement cherché dans les prisons. Mais même s'il n'est pas arrêté, j'aimerais savoir qui c'est. » La question que Bernard Pasqualini s'est le plus posée dans ce dossier ? « Ça va paraître futile, mais je me demande encore pourquoi un lundi matin si tôt ce type décide d'aller violer une gamine. » L'image du Grêlé n'a jamais quitté son esprit, « même si l'homme a vieilli ». À 67 ans, le chef de groupe prédit déjà la dernière vision qu'il emportera dans la tombe : « Je mourrai avec ce portrait-robot du Grêlé dans la tête et avec la photo de la petite Cécile Bloch. »

Annexes

Les personnages

Lucien Aimé-Blanc, le Marseillais

À 81 ans, Lucien Aimé-Blanc porte encore son Perfecto sous un imper noir, son jean et ses santiags, et s'enfile autant de pastis et de cigarettes qu'au bon vieux temps. Né en 1935, le petit Marseillais a perdu, à l'âge de 9 ans, son père pianiste et trotskiste, déporté à Dachau, puis a grandi sur le Vieux-Port avec sa grand-mère. Il devient commissaire de police par hasard en 1962 et rejoint la PJ de Paris, comme numéro 2 de la Mondaine, en 1964. Viré de la brigade, comme tout le monde, après l'affaire Ben Barka, il atterrit à l'Antigang en 1966. Il retourne en 1974 sur ses terres marseillaises s'occuper de la brigade des stups, en pleine French Connection. En 1977, le voilà patron de l'Office central de répression du banditisme (OCRB). Il répond alors au surnom de « commissaire Griffon », du nom du bistrot du faubourg Saint-Honoré à Paris où il a ses habitudes. Car c'est dans les rades que « Lulu » le gouailleur exerce son métier et s'encanaille avec une ribambelle de filles, de voyous et d'indics. Mais ses rendez-vous discrets avec son tonton Jean-Pierre Maïone-Libaude – partisan de l'Algérie française qui a œuvré pour l'OAS (Organisation armée secrète) avant de virer dans le banditisme –, alors recherché par un juge pour détention d'armes, lui valent une mutation-sanction à la police judiciaire de Lille en 1981. Il a représenté le service de coopération internationale de la police française à Bangui en Centrafrique de 1990 à 1993, jusqu'à sa retraite, puis est resté assurer la sécurité du président Ange-Félix Patassé. Il a raconté ses démêlés avec Robert Broussard de l'Antigang dans *La Chasse à l'homme*. La vérité sur la mort de Mesrine, puis dévoilé dans *L'Indic et le Commissaire* des secrets de la Ve République.

Frédérique Balland, dite « Loana », psychologue à la Crim'

Fille d'une institutrice, c'est au côté d'un beau-père médecin que Frédérique Balland a découvert « très tôt, la banalité du mal, la proximité de la folie », qui l'ont menée vers la psychocriminologie, comme elle l'explique dans son livre *Au plus près du mal*. À 22 ans, un stage à l'unité pour malades difficiles (UMD) de l'hôpital psychiatrique de Rennes la convainc de la nécessité de « pénétrer dans la tête des criminels sexuels pour les comprendre » selon ses écrits. À la prison de Rennes, elle continue à s'occuper de criminels sexuels. Cooptée comme psychologue dans la police nationale, elle y restera onze ans. Frédérique Balland intègre la PJ de Paris en 2001. Elle a été initiée au profilage et à l'analyse criminelle en Belgique. À la Crim', les poulets sont méfiants envers les profileuses et ont du mal à accepter la blonde, surnommée « Loana », comme l'héroïne de télé-réalité. Mais Frédérique Balland s'impose sur les scènes de crime et travaille sur les meurtres et les viols attribués au Grêlé. Elle saisit dans le logiciel d'analyse criminelle les milliers de données contenues dans sept dossiers imputés au Grêlé, puis suggère des pistes aux enquêteurs et leur fournit des éléments de profil.

Durant les trois semaines de séquestration d'Ilan Halimi en 2006, Frédérique Balland épaule le négociateur de la BRI pour réconforter et guider le père de la victime dans ses réponses au chef des ravisseurs. « La fin tragique » de l'otage l'a bouleversée : « Nous avons tout tenté, tout essayé. Il est des diables qui échappent à la psychologie criminelle. Et c'est terrible », écrit Frédérique Balland qui, depuis, exerce en libéral en région parisienne.

Alphonse Bertillon, le père de la police technique française (1853-1914)

Rejeton du directeur de la Statistique de la Seine et cofondateur de l'École d'anthropologie, Alphonse Bertillon était le raté de cette famille de savants : peu doué pour les études de médecine, fâché avec l'orthographe, mais doté d'un sens aigu de la classification. Grâce au piston paternel, en 1879 le voilà commis auxiliaire aux écritures à la préfecture de police de Paris à recopier des fiches de signalement de malfrats. Pour confondre les récidivistes, Bertillon met au point un système de mensurations osseuses (la taille, l'envergure, le buste, le crâne, l'oreille, la coudée, le pied, le médius, l'auriculaire, le nez) qu'il note sur des fiches classées à sa façon. Il invente également la « photographie anthropométrique » de face et de profil des suspects, assis sur une chaise pivotante de sa conception. Même les policiers intronisés à la PP étaient obligés d'y passer pour un portrait appelé « bertillonne ». Ce père de la police technique et scientifique française, réputé dans le monde entier, devint chef en 1893 du service de l'identité judiciaire qui existe toujours, puis ajouta sur ses fiches les empreintes digitales des détenus qui permettent encore aujourd'hui d'identifier les criminels.

Michel Bouchet, l'anti-stups « Force 9 »
Fils d'un fonctionnaire de police venu à Paris après la destruction de sa maison à côté de Verdun pendant la Seconde Guerre mondiale, Michel Bouchet, né en 1945, rêvait dès son adolescence « d'aventures », « pas encore de servir l'État, mais d'altruisme », nous a-t-il dit. Après son bac au lycée Hector-Berlioz à Vincennes, tout comme son futur collègue Patrick Riou, Michel Bouchet fit ses études de droit et devint commissaire en 1973, affecté tout de suite à la police judiciaire à Paris. En 1981, c'est en chef adjoint de la brigade des stupéfiants et du proxénétisme qu'il arrive au 36 et s'occupe surtout du côté « mondaine » jusqu'en 1987. Après un poste en Corse, il revient au Quai des Orfèvres fin 1989 comme patron de la brigade des stups. Il rencontre ès qualités Serge Gainsbourg qui devient son ami et qu'il voit souvent au fil de l'année 1990. Ce gaillard au teint rubicond et à la voix de stentor, appelé « Force 9 », ne fait preuve d'aucune tolérance vis-à-vis de la drogue. Dans les années 1990, son service « prend tout le monde, du plus petit au plus gros », des toxicos ramassés sur la voie publique jusqu'aux dealers et grossistes, parce que tout cela se tient, et il gère 12 000 gardes à vue par an. Parti de la PJ en 1997, le commissaire divisionnaire Bouchet dirige la Mission de lutte antidrogue (Milad) au cabinet du directeur général de la police nationale. Depuis sa retraite, en 2011, Michel Bouchet juge les contraventions au tribunal de police et se retrouve parfois assesseur en correctionnelle pour les petits délits.

Robert Broussard, la légende au collier de barbe
Fils de cheminot charentais, élevé dans « la rigueur garde-champêtre », comme il le dit, Robert Broussard, né en 1936, a eu la vocation accidentelle. En sauvant un bougre des eaux glacées du canal Saint-Martin, il a fait la connaissance d'un brigadier et de la police parisienne. Porté sur le clairon, le rugby et l'ébénisterie, Broussard

est devenu « commis stagiaire aux écritures » au commissariat d'Argenteuil. À force de potasser le droit, le voilà commissaire en 1972 dans le saint des saints, au 36, numéro 2 de la brigade de recherches et d'intervention. Séduit par le « côté commando » de la BRI, mais pas par les enquêtes, « le Barbu », « le Bubar » ou « Bob » endosse le blouson de cuir du baroudeur, mais, en vieux renard, cultive l'art de parlementer avec les preneurs d'otages, bandits ou forcenés, dans des « corps-à-corps psychologiques ». Il tente de les arrêter « à la régulière », comme le Grand, Jacques Mesrine, en 1973, avec champagne et cigares. Mais six ans plus tard, ses hommes de l'Antigang tuent Mesrine, à l'issue de ce qu'il nomme un « combat à la loyale ». À la BRI jusqu'en 1982, ce paternaliste appelle ses gars « mes enfants » et les coache comme « un pack d'avants de rugby ». Commissaire de la République en Corse, puis directeur national des polices urbaines, le préfet Broussard monte le Raid en 1985, prend la tête de la police de l'air et des frontières. Depuis sa retraite, en 1997, Bob continue à voir les anciens de ses équipes du 36 et s'occupe de la sécurité des matchs à la Fédération française de rugby.

Claude Cancès, le mémorialiste du 36

Né à Montpellier, Claude Cancès entre en 1963 à la PJ de Paris et intègre la brigade mondaine. Il passe quasiment dix ans au groupe « galanterie » qui surveille les réseaux de prostitution de luxe. En 1968, il enquête sur l'assassinat de Stevan Marković, le factotum d'Alain Delon. Devenu commissaire, le voilà chef de section à la Crim', puis adjoint, en 1982, en pleine traque d'Action directe. Chef de la BRI en 1983, Cancès se retrouve responsable du dispositif monté contre le gang des Postiches, le 14 janvier 1986, rue du Docteur-Blanche. Ce jour-là, son alter ego de la BRB déclenche une fusillade mortelle, à son grand dam. Promu sous-directeur de la PJ parisienne en 1989, il devient patron du 36 en 1993. Mais la guerre des polices, qui fait rage durant les attentats de l'été 1995, provoque sa mutation à l'IGPN, la police des polices. À la retraite en 1998, il travaille quatre ans comme conseiller à la sécurité du groupe Bolloré. Depuis, Claude Cancès raconte ses souvenirs et adore courir les festivals pour dédicacer ses multiples ouvrages, notamment son volumineux best-seller *Histoire du 36*, mais aussi sa remarquable *Histoire du 36 illustrée*, écrite avec le contrôleur de police Charles Diaz, historien de la PJ, ou encore, *La Brigade mondaine*.

Anne-Laure Compoint, l'avocate du 36
Depuis 2004, Anne-Laure Compoint, avocate aux longs cheveux blonds et au physique de bimbo, et qui déteste le mot « ripoux », défend bec et ongles les poulets du 36 « dans la tourmente », selon ses mots, et leur trouve toujours des excuses. Ayant dans sa jeunesse fréquenté un fils de superflic, l'avocate du 36 les connaît par cœur, jargonne comme eux et, avec son profil de tueuse, leur sauve souvent la mise. À 37 ans, Me Compoint a conseillé le policier « Ballon » de la BAC, suspecté un temps de complicité avec le brigadier John de la brigade des stups concernant le vol de 52 kilos de cocaïne dans les locaux du 36 et un capitaine de la BRI, poursuivi pour avoir abusé d'une touriste canadienne dans les locaux avant de décrocher un non-lieu pour les deux. Elle défend aussi un commandant de la PJ de Grenoble, renvoyé devant la cour d'appel au côté du commissaire Neyret pour des ponctions de drogue supposées afin de rémunérer des tontons – des indics. Elle compte également parmi ses clients l'éminent Bernard Petit, l'ex-directeur du 36, mis en examen pour des « fuites » dans un dossier, et désormais à la retraite.

Charles Diaz, conteur et historien de la PJ
Grand flic et historien de la PJ, Charles Diaz a commencé sa carrière comme inspecteur au 36 quai des Orfèvres, à la brigade criminelle (1980-1984), puis a suivi l'école des commissaires (1984-1986). Homme de gauche, cultivé et conteur hors pair, il fut un artisan de la modernisation de la police technique et scientifique sous le ministre de l'Intérieur Pierre Joxe (1988-1991). Il signe le premier « Que sais-je ? » sur le sujet en 2000. Chef d'état-major de la PJ (1991-1994), le commissaire Diaz fut ensuite numéro 2 de la division nationale antiterroriste (1994-1995), puis sous-directeur au service de coopération technique internationale de police (1998-2001). À 60 ans, le voilà contrôleur général en poste à l'IGPN. Charles Diaz est également membre du Centre de recherches sociologiques sur le droit et les institutions pénales et de la Société d'études jaurésiennes. Sa thèse est consacrée à « La surveillance de Jean Jaurès par la police politique républicaine (1885-1914) ». Il a coécrit *L'Histoire du 36 illustrée* avec Claude Cancès. Il passe ses nuits – hormis cinq ou six heures de sommeil – à plancher sur ses ancêtres les « mobilards » [les brigades mobiles], racontés dans *L'Épopée des brigades du Tigre*, mais également sur les parcours des personnages produits par l'institution ou la fiction, devenus *La Fabuleuse Histoire des grands flics de légende*.

Pierre Dieppois, la fringale dans l'action

Grand échalas un brin timide, l'inspecteur Pierre Dieppois était le cinquième du groupe Pasqualini à la Crim' au milieu des années 1980. Fan de bagnoles, ce ripeur avait « toujours la dalle, en opération », m'a-t-il confié pour le livre *Les Postiches, un gang des années 80* – « Ça doit être le stress ou l'angoisse » – et il se gavait de barres chocolatées. Le 7 février 1986, la perquisition de la planque des Postiches rue de Belleville s'éternise. Il trouve dans le frigo « du confit de canard et un paquet de riz » que le commissaire Flaesch a mis de côté pour l'équipe. Mais il a « encore faim ». Il retourne en douce à la cuisine et découvre dans le freezer « un paquet de Pailles d'or à la framboise ». « Je me prépare à bouffer les gâteaux dans mon coin. J'attrape le paquet tout froid, congelé. Je l'ouvre discrètement. Et qu'est-ce que je trouve à la place des Pailles d'or ? Une épaisse liasse de billets de banque ! » Pierre Dieppois sort 95 billets de 100 francs du paquet caché là par les Postiches. Lors de la découverte du cadavre de Nelly B. dans un immeuble du XIIe arrondissement en 1996, ce procédurier scrupuleux et intuitif remarque un crachat dans l'ascenseur. Son ADN a permis de confondre le violeur et tueur en série Mamadou Traoré. Devenu chef de groupe, le commandant Dieppois élucide le meurtre de Brahim Déby, fils du président tchadien Idriss Déby, le 2 juillet 2007, à Courbevoie. Il a récemment pris sa retraite dans le Sud-Ouest.

Odile Fairise, la première « inspecteur » du 36

Arrivée au 36 dans les années 1970, l'« inspecteur » Odile Fairise fut la première femme à la brigade des stups, puis à l'Antigang. À force de persévérance et de résistance dans ce milieu très masculin, cette enquêtrice, de petite taille et très réservée, parvient à intégrer la Crim' en juin 1982. « Pour nous, les filles, elle a été notre brise-glace, car elle nous a ouvert la voie partout », reconnaît Catherine Driguet, qui arrive à la Crim' six mois après elle. Les filles ont alors préféré s'appeler comme les hommes : « inspecteurs » plutôt qu'« inspectrices ». Devenue numéro 2 du groupe Bustamante (du nom de son chef, Michel Bustamante), l'inspecteur principal Fairise enquête sur le crime originel du tueur en série Guy Georges, l'assassinat de Pascale Escarfail, le 26 janvier 1991 à Paris. La même année, Bernard Pasqualini, le chef du groupe en charge de l'affaire Cécile Bloch, la choisit pour le remplacer. Il la surnomme « Petit Bolide ». Elle devient alors la première femme chef de groupe à la Crim'. La « battante », « très honnête et droite » selon son mentor, reprend l'épaisse affaire inachevée de l'assassinat de la fillette de 11 ans, le 5 mai 1986 à Paris, par un homme au visage grêlé. Sous sa carapace de taiseuse, elle est d'une grande gentillesse avec ses gars, qu'elle appelle « mes petits loups ». Sur les photos annuelles de la brigade, elle pose rarement et n'a jamais accordé d'interview à des journalistes. Cheveux tirés en queue-de-cheval ou coupe au carré, lunettes aux verres fumés et tenue classique, Odile Fairise termine sa carrière comme commandant fonctionnel au bureau 305 de la brigade criminelle qui dispatche les tâches et le matériel. Elle a pris sa retraite en 2010.

Max Fernet, le manœuvrier des années 1960
Né en 1910 à Paris d'un imprimeur et d'une enseignante, ce licencié en droit entre dans la police en 1940, comme commissaire de la Ville de Paris. Chef d'un cabinet à la PJ de Paris en 1944, Max Fernet dirige la Mondaine en 1948, puis la brigade criminelle de 1952 à 1955. « Max Fernet a 45 ans. C'est le technicien et le théoricien de la police judiciaire. Yeux perçants, calvitie précoce, d'allure élégante et sportive autant que réservée », le décrit Pierre Ottavioli, qui poursuit, dans *Échec au crime* : « Fin, rusé, vif, passionné de grande musique et nourri de belles lettres, l'esprit caustique, Max Fernet a des nerfs d'acier et chacun veut voir en lui un diplomate. Non, il fait de la police judiciaire, mais la fait avec maestria ». Devenu numéro 2 du 36, Max Fernet prend en 1956 la tête de la police judiciaire à la préfecture de police et y reste quatorze ans, le record de longévité. Dans *Brigade mondaine*, Claude Cancès attribue à ce « fin manœuvrier, aussi bon politique que policier », le surnom de « Max le Menteur », parce qu'il « bluffait tout le monde avec un incroyable aplomb, en particulier les voyous lors des interrogatoires ». Max Fernet expliquait à Jean-Pierre Van Geirt, dans *La Crim'*, cette époque où le ministère de l'Intérieur ne dirigeait pas la préfecture de police : « Je n'avais pour seul interlocuteur que le préfet. L'affaire Ben Barka a sonné le glas de cette indépendance. [...] Lorsque le 1er janvier 1968, la préfecture de police a fusionné avec l'Intérieur, j'en fus le principal bénéficiaire puisque je suis devenu le premier directeur central de la police judiciaire » en 1970. Retraité l'année suivante, Max Fernet est décédé en 1997.

Philippe Féval, « Crin blanc » sur le terrain
Fils d'un colonel, et benjamin de quatre garçons, Philippe Féval, né en 1947, était un peu le dilettante de la famille, resté à la fac jusqu'à 29 ans. Cet arrière-petit-neveu du romancier de cape et d'épée Paul Féval, auteur du *Bossu* et des *Habits noirs*, a préféré la police à la plume en 1979, « pour ne pas rester assis dans un bureau, mais aller sur le terrain », nous dit-il. En effet, le commissaire Féval, *alias* « Crin blanc », en raison de la couleur de ses cheveux, a arpenté les nuits parisiennes et les cafés de banlieue, avec ses santiags et ses costumes, pour glaner des tuyaux en or sur le banditisme. De la 4e brigade territoriale de la PJ de Paris, le commissaire est passé numéro 2 de l'Antigang en 1987. Cette année-là, ses renseignements ont servi à déjouer le projet d'enlèvement de Charlotte Gainsbourg et à résoudre le kidnapping de la petite Nakachian à Marbella, en Espagne. Puis, le 23 juillet 1992, Philippe Féval a chuté pour avoir affranchi son tonton Plégat, tenancier du restaurant Les Muses, à propos d'un piège que lui tendait l'Office des stups *via* deux indics, faux vendeurs sud-américains de cocaïne. Du coup, Crin blanc a été condamné à trois ans et demi de prison pour « complicité de trafic de stups » et a passé dix-huit mois enfermé avec des voyous qu'il avait arrêtés. Reconverti à la sortie dans le conseil et la formation, Philippe Féval a travaillé pour Veolia, Eiffage et EDF avant de prendre sa retraite.

Jean-Louis Fiamenghi, ancien de l'Antigang, dit « Boucle d'or » ou « Bébel »
Fils d'un adjudant-chef, Jean-Louis Fiamenghi a passé sa petite enfance entre le Maroc et la Corse, son adolescence à l'école militaire, puis a tout plaqué en 1968. Avec son bac +2 en droit, le surnommé Bébel, pour sa ressemblance à l'époque avec l'acteur, entre dans la police sans passion, en 1972, comme enquêteur de base à la BRB. Il se laisse pousser les cheveux et la barbe, d'où son second *alias*, « Boucle d'or », et fait les 400 coups à la brigade antigang, la BRI, de 1974 à 1984. Il se retrouve en première ligne, dans une camionnette bâchée, parmi les tireurs qui tuent Mesrine porte de Clignancourt, le 2 novembre 1979. Le voilà commissaire en 1994, affecté à la section opérationnelle des renseignements généraux, chargé des islamistes radicaux, des séparatistes basques et corses. Devenu grand patron du Raid en 2001, c'est lui qui va dégoter, dans l'île de Beauté, en juillet 2003, le bon tuyau pour localiser Yvan Colonna dans une bergerie, qui sera aussitôt arrêté. Promu

en 2007 à la tête du service de protection des hautes personnalités, il assure la sécurité de Nicolas Sarkozy jusqu'en 2010. Bombardé préfet, Fiamenghi dirige le cabinet du préfet de police de Paris, puis part dans le privé en 2012 comme directeur de la sûreté de Veolia.

Christian Flaesch, dit « Fléchette »
Fils d'un policier et d'une mère au foyer, né en 1957 dans le XVIIe arrondissement de Paris, Christian Flaesch fut lycéen à Fénelon et étudiant en droit à Panthéon-Sorbonne. Dès ses débuts, en 1983, le commissaire Flaesch exerce à la PJ de Paris comme chef de section à la brigade criminelle, où il supervise notamment l'arrestation, à la Noël 1984, de « l'appât » Valérie Subra, qui piégeait de riches messieurs, ensuite trucidés par ses copains, et l'enquête, en mai 1986, sur l'assassinat de Cécile Bloch, 11 ans, par le Grêlé. Des collègues le surnomment « le Loulou de Poméranie » en raison de sa brosse « soyeuse ». Après une infidélité au 36 pour le service de protection des hautes personnalités de 1996 à 2000, Flaesch y revient comme chef de la PJ de Bobigny, de la BRI, puis sous-directeur. Devenu patron du 36 en 2007, Christian Flaesch chapeaute pendant six ans de nombreuses affaires, organise les 100 ans de la PJ, et la dirige « d'une main de fer », selon ses hommes, jusqu'à la fin 2013. Il est alors évincé pour avoir averti Brice Hortefeux, par téléphone, de sa convocation dans un dossier où Nicolas Sarkozy était partie civile. Depuis, Christian Flaesch s'occupe de la sécurité du groupe Accor. Il a été mis en examen en octobre 2016 pour « entrave aux investigations » et « violation du secret de l'enquête », suspecté d'avoir fourni en mai 2013 à son ami Bernard Squarcini, *alias* « Le Squale », ex-patron du renseignement reconverti dans le privé, des tuyaux confidentiels sur un dossier financier en cours.

Corinne Herrmann, l'avocate des *cold cases*
Depuis vingt ans, l'avocate aux longs cheveux roux soutient des familles de victimes de crimes non élucidés. Dernier espoir pour ceux qui n'ont pas eu droit à la vérité, la criminaliste exhume ces *cold cases*, cherche des éléments nouveaux, pousse la justice à rouvrir ces vieux dossiers ou à ne jamais les refermer : « Il faut les faire vivre », me dit-elle, pour empêcher la prescription au bout de dix ans. La plupart sont l'œuvre de tueurs en série, les plus compliqués à résoudre car souvent sans lien avec leurs victimes. En 1995, alors simple juriste au cabinet de son oncle, Pierre Gonzalez

de Gaspard, avocat pénaliste à Paris, Corinne Herrmann croise le militaire Pierre Chanal, qui a abusé des bidasses disparus de Mourmelon, et Francis Heaulme, le « routard du crime », qui en a perpétré neuf lors de ses pérégrinations. En avril 1996, elle accepte de travailler gratuitement pour l'association des disparues de l'Yonne et rédige sa première plainte au pénal, du côté des victimes. Elle est persuadée qu'Émile Louis est un tueur en série qui a enlevé sept filles de la DDASS, mais on lui rit au nez. L'homme sera arrêté à la fin de l'année 2000. Son oncle entend alors confier cette affaire médiatique à son fils. Écœurée et virée, elle emporte avec elle le président de l'association et la plupart des familles au très chic cabinet de Me Didier Seban, qui compte soixante-dix avocats. Le tandem attire les familles désespérées : celles des victimes du tueur en série des Ardennes Michel Fourniret, le père de la petite Estelle Mouzin, volatilisée à Guermantes, la mère de Christelle Blétry, l'une des quatorze « disparues de l'A6 », la mère de Karine Leroy tuée en 1994 à Meaux et, plus récemment, Luc-Richard Bloch, le frère de Cécile, assassinée en 1986 par le Grêlé. Avec Didier Seban, Me Herrmann gère cinquante-quatre dossiers et peut s'enorgueillir d'avoir contribué à l'élucidation de quinze crimes. Dans un numéro de duettiste rôdé, les deux avocats pilonnent les accusés lors des procès d'assises. En 2008, Corinne Herrmann a écrit *Un tueur peut en cacher un autre*.

Jean-Louis Huesca, le confident à la Crim' du père de Cécile Bloch

Jean-Louis Huesca a été baptisé par ses plus proches collègues « Fêt Nat », bien qu'il ne soit absolument pas né un 14 juillet, mais un 19 mars, en 1951. C'est l'un des secrets de la PJ d'attribuer à ses représentants des sobriquets sortis d'on ne sait où. L'inspecteur Huesca a fait ses classes dans un commissariat de quartier à Paris, puis à la 2e brigade territoriale, où le commissaire Ange Mancini l'a repéré avant de partir à la Crim'. Il l'a donc appelé à l'été 1978. Devenu numéro 2 du groupe Pasqualini, Jean-Louis Huesca habitait la même résidence de la rue Petit dans le XIXe arrondissement de Paris que la petite Cécile Bloch, tuée en mai 1986. Il a tissé une relation particulière avec Jean-Pierre Bloch, ému par ce père en colère et meurtri, qui lui livrait parfois ses confidences la nuit au téléphone. Parti en 1994 à l'école des commissaires de Saint-Cyr-au-Mont-d'Or, dans le Rhône, Jean-Louis Huesca a ensuite été affecté au commissariat de sécurité publique de Villeneuve-sur-Lot, où il a côtoyé deux personnages politiques : le juge antiterroriste Jean-Louis Bruguière, lancé en campagne pour le RPR, et le député-maire socialiste Jérôme Cahuzac. Le commissaire Huesca a continué à servir de lien entre ses ex-collègues de la Crim' et Jean-Pierre Bloch, qui a emménagé dans le Sud-Ouest. Taraudé par cette affaire et les tourments du père, il a continué à suivre à distance les évolutions de l'enquête, au gré de ses nominations à Bordeaux puis à Arcachon. Retraité de la police en 2008, il a été recruté par le rectorat de Bordeaux comme conseiller technique en sécurité et, depuis 2014, il se consacre à sa maison, sur le bassin d'Arcachon.

Carine Hutsebaut, la profileuse belge
Née en 1956 à Vilvoorde à côté de Bruxelles, d'un père officier et d'une mère au foyer, Carine Hutsebaut, mariée à 20 ans et mère de trois enfants, fait des études de psychologie puis, lasse de seconder son époux, prend des cours de psychopathologie criminelle puis de victimologie à Paris en 1993, se forme à l'université de Washington et fait des stages en 1996 au FBI à Quantico en Virginie. Malgré ce bagage, Carine Hutsebaut écrit dans *Profession profileuse* : « Cependant, je crois que l'on naît profileur, c'est par la suite, sur le terrain, que l'on développe ses compétences. » En Belgique, la psychocriminologue reçoit, dans son cabinet à Vilvoorde, aussi bien des victimes que des agresseurs sexuels. Pour « comprendre les psychopathes », elle a rencontré en France, à plusieurs reprises, le criminel d'enfants de Perpignan, Christian Van Geloven, condamné à perpétuité en 1994. Elle a signé dès 1995 un profil, qui se révélera plutôt fidèle, du meurtrier de deux petites filles de 8 ans, Julie et Mélissa, en Belgique, avant l'arrestation du célèbre Marc Dutroux. Elle détaille ce profil élaboré à l'avance dans son livre *Les enfants n'aiment pas les crocodiles*. Sollicitée par le père de Cécile Bloch, assassinée à Paris en 1986, et par le réalisateur Thierry de Lestrade, Carine Hutsebaut a enquêté et analysé ce tueur à la peau grêlée pour le documentaire *Qui a tué Cécile Bloch ?*, diffusé sur France 2 le 31 octobre 2003. Puis elle en a tiré un livre *Il rôde encore parmi nous…*, coécrit avec Serge Garde, ex-journaliste de *L'Humanité* qui a suivi cette affaire.

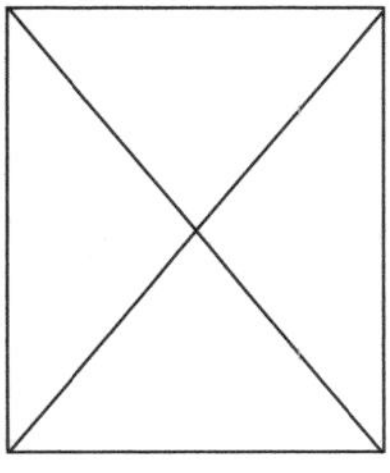

John, *alias* **« le Gitan »**, le flic qui aimait trop les stups
Né le 18 décembre 1980, John, dit « le Gitan », soupçonné d'être à la tête du vol de 52 kilos de cocaïne au 36 en 2014, a grandi dans le quartier chaud de Vernet-Salanque à Perpignan, « fréquenté par des voyous », selon son copain d'enfance Hamed, qui dépeint, dans le dossier, une « jeunesse difficile avec six ou sept frères et sœurs ». John

bosse pour « donner de l'argent à sa mère ». « Élevé à la dure », le Gitan en conserve « un goût prononcé pour les épreuves difficiles », comme l'escalade du mont Canigou dans les Pyrénées. À en croire Hamed, John se tient pourtant, dans leur jeunesse, à l'écart « des mauvaises fréquentations », et opte d'ailleurs pour la police. Après son bac en sciences et technologies tertiaires (STT), le Gitan entre à 24 ans à l'école des gardiens de la paix de Perpignan et part en 2006 en poste à Paris, au commissariat du XIIe arrondissement, puis à la BAC du XIXe, avant de se hisser à la brigade des stups en janvier 2010. Il épouse la même année Sophie, une blonde aux yeux bleus. Devient brigadier puis décroche sa qualification d'officier de police judiciaire en 2011. À l'image du Picsou accroché derrière son bureau, il trouve toutes sortes de combines pour gagner des thunes. Il loue un logement social de la préfecture de police pour 630 euros par mois, « comme ça, je fais des économies », dit-il. Obnubilé par ce désir de « gagner plus d'argent », le brigadier, qui plafonne à 2 000 euros de salaire, multiplie les combines et les voyages. Son train de vie monte en flèche entre l'automne 2013 et l'été 2014. Il part au mois d'avril avec son ami d'enfance Touati et son frère Donovan, tous deux flics, à New York, Miami et aux Bahamas. Il fait plus de 35 000 euros de mises sur des sites de paris en ligne. Mais quand le juge y voit le fruit d'un trafic de cannabis organisé, le brigadier des Stups rétorque qu'il s'agit de dégager de l'argent « pour rémunérer [ses] informateurs ». Les 8 800 euros planqués chez lui dans un album photo, une boîte en carton et sous le pied de la télé, correspondent en partie aux « dons des invités » de son mariage, mais il ne se souvient pas du reste. Pas plus d'explications sur les 16 000 euros trouvés dans son sac à dos. Quant au vol des 52 kilos de cocaïne au 36, John n'y est « pour rien », c'est sûrement un coup monté par un service concurrent.

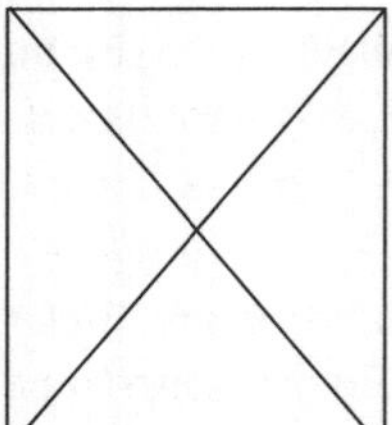

Christian L., pisteur de *cold cases* à la Crim'
Arrivé en 1992 au 36, ce « jeune inspecteur en culottes courtes, de la lignée des seigneurs de la Crim' », selon l'ancien chef de groupe Bernard Pasqualini, a intégré l'équipe d'Odile Fairise, chargée, entre autres, des enquêtes sur les meurtres attribués au Grêlé. Après la clôture de ces dossiers en 1993 par un magistrat, Christian L. les a « ressuscités » trois ans plus tard en ressortant les pièces à conviction pour en extraire l'ADN. Et ça a « matché ! » – l'ADN prélevé correspondait bien à un autre ADN figurant déjà dans les dossiers d'un laboratoire. Devenu procédurier du groupe Fairise en 2000, il a repris les affaires signées de la même empreinte

génétique, exploré à nouveau toutes les pistes, et d'autres encore. Ce « Breton solitaire et un peu taciturne », comme le dépeint l'ex-commandant Vasquez, est « un bosseur consciencieux, tenace et persévérant » : « Si on lui donne un os à ronger, Christian ne le lâche jamais. » Il a participé aux enquêtes sur la tentative de meurtre en 2007 de l'avocat Karim Achoui et sur l'homicide de la policière municipale de Villiers-sur-Marne, Aurélie Fouquet, en 2010. En contact avec les victimes rescapées et les familles, le commandant dirige un petit groupe spécialisé dans les *cold cases*, les vieux dossiers non résolus, et a affiché la photo de Cécile Bloch dans son bureau. Extrêmement réservé, Christian L. se tient à l'écart des journalistes. Sa maîtrise du logiciel d'analyse criminelle Anacrim le conduit à apporter son concours à la section antiterroriste de la brigade pour entrer des données sur les filières, effectuer des recoupements et en tirer des arborescences utiles.

Alain Laloy, laboureur de terrain

Ce fils d'agriculteur lorrain, devenu inspecteur « par vocation », a conservé de ses origines une façon de collecter les indices en labourant le terrain. Mais si la brigade criminelle du 36 l'a adoubé en janvier 1980, c'est en raison de son orthographe impeccable, déjà remarquée lors de ses enquêtes pour escroquerie au cinquième cabinet de délégation judiciaire : « L'un des critères pour entrer à la Crim', c'était de taper un PV sans trop de fautes », m'explique-t-il. Ce Gaulois en blue-jeans de la classe 1953 arbore toujours des moustaches en guidon de vélo et reste un amateur de bon vin. « Ce gars du terroir », dont le père était bouilleur de cru, apportait parfois « des bouteilles scellées à la cire » pour les festivités de la brigade, se souvient son chef, Alain Vasquez, qui le dépeint comme « besogneux, sérieux, carré » en procédure. Numéro 4 du groupe du bureau 415 en 1987, l'inspecteur Laloy a multiplié tous azimuts les vérif' sur les meurtres du Marais de Gilles P. et Irmgard Müller. En vain. Il a quitté la Crim' pour diriger le commissariat de PJ du XIXe arrondissement de Paris afin de mieux s'occuper de son second enfant, ce que les perm' – permanences de nuit ou de week-end – au 36 ne permettaient pas. À la retraite, il habite la même résidence fermée de la rue Petit, celle où la petite Cécile Bloch a été violée et tuée le 5 mai 1986. « Forcément, ça reste en mémoire », dit-il, et ça nourrit un sentiment d'insatisfaction.

Christian Lambert, dit « le Panda »
Cet ancien pompier devenu gardien de la paix a passé le concours des inspecteurs dans les années 1970 et officié à la brigade antigang. Passé commissaire, patron du Raid de 2002 à 2004, ayant piloté l'arrestation d'Yvan Colonna en Corse, Christian Lambert a ensuite dirigé les compagnies républicaines de sécurité (CRS), puis occupé le poste de directeur de cabinet du préfet de police de Paris, Michel Gaudin, de 2007 à 2010. Homme de confiance et intime de Nicolas Sarkozy, qui l'embrasse et l'appelle « Panda » à cause de ses cernes marqués, Lambert a ensuite été dépêché comme préfet en Seine-Saint-Denis jusqu'à sa retraite en 2013, à 67 ans. Récupéré un temps par Manuel Valls comme chargé de mission au ministère de l'Intérieur, il est désormais « monsieur Sécurité » à la SNCF.

Élie Lauringe, dit « le Grêlé »
Né entre 1956 et 1962, Élie Lauringe a « une peau irrégulière » à cause de boutons d'acné dans sa jeunesse. Il s'exprime bien en français sans accent et se montre poli, voire obséquieux. Il mesure plus d'1,80 mètre et paraît musclé des épaules. Droitier, il a de « grosses mains » comme celles « d'un travailleur », selon une victime. Il a des cheveux courts ou mi-longs, châtains ou noirs, des yeux marron cernés et enfoncés, des joues plates ou creuses. Il a les oreilles légèrement décollées. Il a un visage allongé avec un menton assez prononcé. Il s'habille souvent en blouson de cuir ou en saharienne kaki et se chausse de baskets de marque Nike ou Adidas. Il fume des cigarettes blondes de type Marlboro et boit parfois de l'eau minérale La Vittelloise. Son groupe sanguin est A rhésus positif.

Beau garçon, Élie Lauringe a séduit la jolie Allemande de 20 ans, Irmgard Müller, qui a passé une nuit avec lui en décembre 1986. Il souffre de problèmes sexuels. Il l'a étranglée et crucifiée cinq mois plus tard. Il lit des revues pornographiques et des BD sadomasos. Adepte du bondage ou de techniques militaires, Élie Lauringe attache ses victimes avec des liens qu'il apporte ou trouve sur place. Il aime se faire passer pour un policier et en possède l'attirail, carte tricolore, menottes, arme et talkie-walkie. Il vole des objets, appareils photo, platine et disques ou carte bancaire sur les lieux des crimes. Il viole ou tue des filles de tous âges dans des endroits clos, locaux au sous-sol d'immeuble, au domicile des victimes ou dans une ferme abandonnée, jamais à l'extérieur, en plein air. Il a donné cette identité fictive à sa copine allemande et une adresse, 13 rue

Rubens, Paris XIIIe, un ancien local photo de la police devenu un squat. Il a pu habiter dans le XIIIe arrondissement de Paris où se situe sa première agression contre Sarah, 8 ans, place de Vénétie, ou dans le XIVe. Il connaît l'Essonne et la Seine-et-Marne. Il roule à bord d'une Volvo 340 blanche en juin 1994. Il ne sent pas mauvais mais exhale une « drôle d'odeur comme le chien ou l'herbe ». Il travaille peut-être dans le domaine de la sécurité. La PJ ne retrouve plus sa trace sur des scènes de crimes depuis vingt-trois ans. Élie Lauringe a disparu.

Jules Maigret, commissaire de roman
Fils unique et orphelin, ce garçon du terroir né dans l'Allier fit ses classes au Quai des Orfèvres comme inspecteur de voie publique, puis au service des garnis, avant de devenir commissaire à la brigade spéciale, qui deviendra la Criminelle en 1944. Sous ses airs bourrus, Jules Maigret, qui trimballe sa grande carcasse et sa bouffarde sur toutes les scènes de crimes imaginables et dans tous les milieux sociaux, est un enquêteur profondément humain, « un raccommodeur de destins », selon *La Fabuleuse Histoire des grands flics de légende* de Charles Diaz. Submergé de boulot au 36, le commissaire se nourrit de « sandwiches jambon-beurre » arrosés de bière, au café de la place Dauphine ou au zinc des bistrots. Son mentor, Georges Simenon, l'a mis en scène dans soixante-quinze romans.

Richard Marlet, commissaire, rénovateur de la police scientifique
Diplômé d'une licence de lettres classiques et d'une maîtrise d'archéologie portant sur la civilisation étrusque, ce fils d'un gardien de la paix et frère de feu Gérard, un cador de l'Antigang, a eu, avoue-t-il, « du mal à se faire un prénom » dans la police. Devenu commissaire à la PJ de Paris, Richard Marlet a modernisé le service de l'identité judiciaire, qu'il a tenu de 1995 à 2005, puis a œuvré à la documentation criminelle jusqu'à sa retraite récente. Il est l'auteur de *Les Experts, mode d'emploi* et de *Profession : chien policier*. Adepte des sciences forensiques, rénovateur de la police technique, fan de Conan Doyle et de Georges Simenon, ce fumeur de pipe au chapeau noir collectionne les bouffardes et les objets de Sherlock Holmes.

Jean-Paul Mégret, l'homonyme de la Mondaine
Patron de la brigade de répression du proxénétisme (BRP) depuis mars 2016, Jean-Paul Mégret, 43 ans, porte un patronyme qui l'oblige à inverser la présentation de son titre pour être pris au sérieux par ses interlocuteurs. « Au téléphone, j'évite d'annoncer "Commissaire Mégret" de peur que les gens croient à un canular. Je préfère dire : "Jean-Paul Mégret, commissaire de police" », nous lance-t-il. Il avait lu toute la collection – appartenant à son père – des romans de Georges Simenon sur son presque homonyme, le commissaire Jules Maigret, bien avant d'entrer dans la police en 1999. Il rigole des blagues quotidiennes sur son nom, du genre : « Ce serait marrant de mettre Mégret à la Crim'. » Il a d'abord travaillé au commissariat du Xe arrondissement de Paris, puis a « attrapé le virus de la PJ lors d'un stage à la Crim' en 2001, sous Péchenard ». Il a eu le temps d'assister aux constatations sur des scènes de crimes à Saint-Denis et à l'arrestation d'un meurtrier de personnes âgées. Il a atterri au 1er district de police judiciaire avant d'intégrer le saint des saints, le 36. Numéro 2 de la brigade des stups à partir de 2012, le commissaire Mégret a participé au démantèlement de moult filières de drogue, mais a eu « le malheur » de vivre de l'intérieur le vol de 52 kilos de coke dans la salle des scellés à l'été 2014 par le brigadier « John », et nous confie sa colère. « Je fais partie des quatre policiers l'ayant reconnu sur les vidéos de l'entrée du 36 et j'attends avec impatience son procès pour réitérer mes déclarations. » Jean-Paul Mégret est également le leader du Syndicat indépendant des commissaires de police.

Martine Monteil, la dame du 36
Fille d'un inspecteur de l'Antigang et petite-fille d'un gardien de la paix, Martine Feugas, née en 1950, a attrapé tôt le virus de la police. En 1976, elle a épousé Jocelyn Monteil, rencontré à l'école des commissaires. Flic à 100 %, pur jus du 36, elle a imposé à ses hommes l'appellation de « patron » ou de « madame » et a intégré moult « inspecteurs » (inspectrices) dans les services qu'elle a dirigés. Car la pionnière fut la première cheffe d'un commissariat de PJ à Paris, le premier patron en tailleur ou jean baskets de la brigade des stups, puis la cheffe à poigne de la Mondaine en 1989. Élue « femme de l'année » par le magazine *Biba* en 1990, la commissaire décroche le grade de divisionnaire l'année suivante, croise le fer avec la proxénète Madame Claude en 1992, chapeaute la très masculine brigade de répression du banditisme (BRB)

en 1994, et atteint le *nec plus ultra*, la Crim', en 1996. De l'accident mortel de la princesse Lady Di – qui lui attire le surnom de « Mlle Maigret » dans le *Times* – à la traque du tueur en série Guy Georges, Martine Monteil s'impose au 36 grâce à sa ténacité, son franc-parler, sa rigueur et son autorité naturelle, au point de devenir patron du Quai des Orfèvres en 2002. Et la voilà bientôt directrice centrale de toute la PJ. Martine Monteil a fini sa carrière comme préfet de la zone de défense de Paris jusqu'à sa retraite en 2013. Son livre, *Flic tout simplement*, a été adapté par Yves Rénier dans un téléfilm qui fit un carton sur France 2 en 2016, avec Mathilde Seigner comme héroïne.

Jean-Claude Moreau, des bandits aux cabarets
Fils de viticulteur de Gevrey-Chambertin, Jean-Claude Moreau, né à Dijon en 1943, fit l'école des officiers de réserve à Saumur, avant de bifurquer sur la police en 1965. Intégré au 36 quai des Orfèvres, l'inspecteur Moreau a pisté les voyous jusqu'en 1985 puis a changé de service, préférant rejoindre la Mondaine. Bien lui en a pris, comme il nous le raconte : « Du coup, j'ai échappé à la fusillade du Docteur-Blanche contre les Postiches », le 14 janvier 1986, où la BRB se trouvait en première ligne et a perdu un homme. Et puis, « j'ai échappé à l'attentat, en juillet 1986, contre les locaux de la BRB », commis par Max Frérot de la branche lyonnaise d'Action directe, qui a tué un inspecteur. Chef du groupe « cabarets » de la Mondaine de 1985 à 1998, Jean-Claude Moreau considère au départ que « ce n'est pas vraiment de la police », puis a adoré ce job si particulier qui s'exerce la nuit en costume-cravate et « permet d'aller dans plein de milieux différents ». À la retraite depuis dix-huit ans, ce sportif golfeur et fine gueule continue à faire des virées avec les copains.

Michel Neyret, chasseur de voyous
Fils d'un mineur alsacien, né en 1956, le commissaire Michel Neyret, chef de la brigade antigang de Lyon de 1983 à 2004, passait pour l'un des meilleurs flics de PJ de sa génération. Doté d'un flair de chasseur, d'une culture du flag' parfois décriée et d'un carnet d'adresses hors pair, il cultivait un look et des manières de cow-boy. Ses contacts dans le milieu et ses multiples indics lui ont longtemps permis de dégoter les bons tuyaux pour démanteler des réseaux de braqueurs de banques, casseurs de bijouteries ou trafiquants de drogue. Mais au retour de trois ans d'exil à la PJ

de Nice, à compter de 2007, le numéro 2 de la PJ de Lyon paraît glisser. Entre son rôle de conseiller technique sur le film *Les Lyonnais* d'Olivier Marchal et sa reconnaissance de personnage public en 22e place dans *Lyon People*, « l'oiseau de nuit » perd un peu le sens commun et se grille les ailes avec des escrocs, qu'il considère comme ses « amigos ». Jusqu'à sa chute, fin septembre 2011. Au bout de huit mois de prison à la Santé, Michel Neyret a comparu devant le conseil de discipline de la police qui l'a mis à la retraite d'office. Il a été jugé en mai 2016 pour détournement de stupéfiants, corruption passive, association de malfaiteurs, trafic d'influence, violation du secret professionnel et recel de vol.

Pierre Ottavioli, le flamboyant du 36, surnommé « Papa Oscar » ou « Otta »
Monté de Marseille à Paris en 1949, le commissaire Pierre Ottavioli a fait carrière au 36 quai des Orfèvres. Adjoint à la brigade criminelle de 1955 à 1964, ce patron respecté et vénéré par ses hommes a participé aux enquêtes sur l'attentat du Petit-Clamart contre le général de Gaulle en 1962 et aux interrogatoires des conjurés. Taulier de la Mondaine, « PO » – code radio « Papa Oscar » – se tient à l'écart de l'affaire Ben Barka en 1965, car l'opposant marocain a été enlevé par deux flics de son nouveau service. Il se renseigne de près en revanche sur l'assassinat en 1968 de Stevan Marković, factotum de l'acteur Alain Delon. Chef de la brigade de voie publique (ancêtre de la brigade de répression du banditisme) de 1970 à 1974, le commissaire Ottavioli chapeaute ensuite la Crim' jusqu'en 1979. Durant ces années plombées par les enlèvements et les meurtres de personnalités, l'élégant commissaire à la crinière blanche et au parler vif dirige les enquêtes sur l'assassinat du prince Jean de Broglie (décembre 1976) et le kidnapping du baron Empain (janvier 1978). Accusé d'avoir « laissé tuer le prince », Pierre Ottavioli est muté en 1979 au « cimetière des éléphants », la police des polices, puis prend sa retraite en 1982. Il a publié ses mémoires, *Échec au crime*, et partage son temps entre La Défense et la Corse.

Olivier Pascal, le pionnier de l'ADN
Expert judiciaire depuis 1991, le Dr Olivier Pascal fut un pionnier, en France, de l'identification par les empreintes génétiques, avec feu le chef du laboratoire de biologie moléculaire du CHU de Nantes, Jean-Paul Moisan. Au début des années 1990, les deux généticiens extraient à la demande de magistrats – dans les affaires les plus

graves – l'acide désoxyribonucléique (ADN) du sperme ou du sang laissé par un auteur de crime sur les lieux ou sur la victime. Ils le comparent ensuite, au cas par cas, à celui d'un suspect. Olivier Pascal devient même l'expert attitré de la brigade criminelle de la PJ de Paris où il se lie d'amitié avec plusieurs chefs de groupe et des commissaires. Une fois par semaine, le généticien, blouse blanche et lunettes cerclées, prend le TGV pour récupérer au 36 quai des Orfèvres des « matériaux biologiques » placés sous scellés. Puis il les transporte à Nantes, afin de les analyser. À cette époque, le fichier national des empreintes génétiques n'existe pas, et le scientifique se montre arrangeant avec les enquêteurs. Il se constitue une base de données clandestine qui permet de faire des rapprochements entre plusieurs dossiers. Pour les officiers de la Crim', ce savant convivial et accommodant fait des miracles. On le voit dans tous les grands procès d'assises disserter sur la constitution de l'ADN en utilisant la métaphore des « wagons d'un train » et détailler ses expertises. Cependant, sa cote baisse dans les années 2010 avec la concurrence entre experts. Le très médiatique Olivier Pascal ne veut désormais plus exposer sa science : « Je fais un rejet des journalistes », me dit-il.

Bernard Pasqualini, dit « Cristal 16 », à la Crim'
Né à Nice en 1949, l'inspecteur Pasqualini commence sa carrière en 1974 au commissariat de Saint-Germain-des-Prés à Paris, puis il entre au 36 quai des Orfèvres en 1976, à la brigade criminelle. Promu inspecteur divisionnaire et chef de groupe en 1983, Cristal 16 – son indicatif radio – occupera le bureau 302 avec ses hommes pendant huit ans. En 1986, l'année « faste » du groupe Pasqualini, il enquête sur la fusillade de la rue du Docteur-Blanche entre les flics de PJ et le gang des Postiches, sur les suites des attentats d'Action directe ou encore sur l'assassinat, par un tueur en série, de la petite Cécile Bloch, 11 ans, qui l'a particulièrement marqué. Réputé « carré » et excellent procédurier, il est surnommé « Bubar » (barbu en verlan). Il a sur le mur de son bureau la photo encadrée et dédicacée de Clint Eastwood « *Best to Bernard* » qu'il a rapportée d'une mission à Hollywood en 1989. Il crée la médaille de la Crim', en bronze, gravée du bâtiment du Quai des Orfèvres et de sa tour pointue. Il joue au foot dans l'équipe de la brigade. Puis il quitte le 36 en 1991 pour aller plancher à l'école des commissaires à Saint-Cyr-au-Mont-d'Or. Nommé en 1994 à la division nationale antiterroriste, Pasqualini piste les islamistes algériens ayant posé des bombes en France en 1995, puis devient chef, en 1998, de l'antenne PJ du Val-d'Oise, enfin patron de la Sûreté

départementale de Seine-Saint-Denis en 2001, où il est confronté aux vingt et une nuits d'émeutes à l'automne 2005. Il a pris sa retraite en 2007, à 58 ans. Après un passage à l'Institut génétique Nantes-Atlantique, il œuvre depuis 2014 comme délégué du procureur de la République de Paris (citoyen mandaté par la justice pour appliquer les mesures alternatives aux poursuites pénales). Il a publié en 2013 ses mémoires, *Si ma police vous était contée*.

Frédéric Péchenard, du 36 au sarkozisme
Fils unique d'un grand avocat d'affaires parisien biographe de Proust, Frédéric Péchenard, né en 1957, quant à lui n'a « pas dépassé la 40e page d'*À la recherche du temps perdu* ». Il a grandi dans un hôtel particulier de la rue Fortuny dans le XVIIe arrondissement de Paris. À côté de chez Mme Sarkozy, juriste comme sa mère. Du coup, Nicolas, qui a deux ans de plus que lui, est son voisin de jeunesse. Ils n'ont cependant « jamais joué au train électrique en culottes courtes ensemble », rectifie Péchenard. Commissaire de police à 24 ans, « la Pêche » perd de vue « Nicolas ». Devenu numéro 2 de l'Antigang en 1993, il renoue avec lui lors de la prise d'otages à la maternelle de Neuilly. Patron de la brigade criminelle en 2002, Péchenard reçoit le nouveau ministre de l'Intérieur Sarkozy, qui le tutoie et lui demande des nouvelles de sa mère « Chantal ». De quoi alimenter la légende du 36 sur une complicité entre ces deux-là depuis l'enfance. Les enquêteurs charrient Frédéric : « Toi, tu vas être promu. » Pas manqué. Le voilà nommé sous-directeur des affaires économiques et financières puis, en 2005, patron du Quai des Orfèvres. Enfin, en juin 2007, Péchenard est bombardé directeur général de la police nationale et publie l'automne suivant *Gardien de la paix*. Il est nommé préfet de la République. Relégué à la sécurité routière en mai 2012, il se lance en politique à la demande de Sarkozy. Frédéric Péchenard est aujourd'hui conseiller de Paris, directeur général des Républicains et vice-président de la région en charge de la sécurité.

Luc Richard-Bloch, le frère biologiste
Né en 1962, Luc Richard-Bloch a perdu sa petite sœur de 11 ans, Cécile, assassinée le 5 mai 1986 dans le sous-sol de leur résidence, au 116 rue Petit dans le XIXe arrondissement de Paris. Il avait 24 ans. Il habitait avec Cécile chez sa mère et son beau-père, Jean-Pierre Bloch. Il a pris l'ascenseur le matin avec le tueur et a fourni des détails qui ont permis

d'établir un portrait-robot de cet homme à la peau tavelée. En 1987, étudiant en DEA de physiologie cellulaire et moléculaire des plantes, il fait un stage dans un laboratoire du CNRS à Gif-sur-Yvette dans l'Essonne et pratique la manipulation de l'ADN. Il se rend compte alors qu'en Belgique et en Angleterre existent déjà des méthodes d'identification criminelle par les empreintes génétiques. Il s'en ouvre aux enquêteurs de la Crim' et demande à la juge l'autorisation de faire pratiquer, dans un labo privé belge, l'analyse ADN des scellés prélevés sur sa sœur. La magistrate n'a jamais répondu. Sa mère a été tuée dans un accident de la route en 1989. C'est son beau-père, Jean-Pierre, qui menait le combat pour retrouver le criminel. Mais après le décès de celui-ci, Luc s'est rapproché d'un centre de psychotraumatologie. Il a « repris les choses en main » et changé d'avocat. Il se replonge douloureusement dans ce dossier. Maître de conférences en biologie à Jussieu, le frère de Cécile Bloch y « pense tous les jours en prenant l'ascenseur » et revoit le visage de ce meurtrier à peu près de son âge qui affichait « une détermination impressionnante » juste avant de commettre son crime.

Patrick Riou, le gentleman de la Crim'
Fils d'un jeune chef de la Résistance en Bretagne, Patrick Riou, né en 1946, est l'aîné de huit enfants, élevés à la dure. Après le lycée Hector-Berlioz de Vincennes, il travaille comme pion pour financer ses études de droit. À la fois « rigoriste et souple », Patrick Riou hésite entre deux « métiers d'autorité » pour surmonter sa timidité : magistrat ou policier. Ce sera commissaire de PJ à Paris. Rapidement intronisé au 36, Patrick Riou officie comme adjoint à la Mondaine en 1980, chef de la section antiterroriste de la Crim' en 1983, puis numéro 1 de la brigade des stupéfiants en 1987. Enfin patron de la brigade criminelle en 1989, ce pince-sans-rire au look british rencontre Gainsbourg qu'il accueille dans le mythique bureau 315. Sous-directeur des affaires économiques et financières de la PJ de Paris en 1993, Patrick Riou, qui entretient des relations de confiance avec les magistrats, n'est pas toujours dans les petits papiers du préfet de police. Pour n'avoir pas prévenu sa hiérarchie de la perquisition avec un juge chez le ministre de la Coopération Michel Roussin dans l'affaire des HLM de Paris, le voilà expédié en 1995 par son ministre Charles Pasqua dans un placard à la direction de la police nationale. Il en ressort en 1997 pour diriger le 36 quai des Orfèvres puis, deux ans plus tard, toute la PJ en France. Jusqu'à l'arrivée de Nicolas Sarkozy au ministère de

l'Intérieur qui l'expédie en 2002 à l'IGPN, la police des polices. Retraité depuis 2009, Patrick Riou a publié un livre, *Ma vie à la Crim'*, et s'occupe de ses petits-enfants.

Katia la Rouquine, maquerelle et indic
Née le 30 octobre 1924 à Radom en Pologne, Kajla Lucienne Goldfarb débarque en 1931 rue des Immeubles-Industriels dans le XIe arrondissement de Paris avec ses parents et son frère, qui seront déportés pendant la guerre. En 1942, Lucienne obtient des rendez-vous avec des résistants juifs des FTP-MOI de son quartier – dont Henri Krasucki, futur leader de la CGT – qui l'accuseront de les avoir dénoncés. Dans ses mémoires, publiés par Alphonse Boudard aux éditions Balland, la prostituée, devenue tenancière d'un bordel de luxe au 10 *bis* rue du Débarcadère dans le XVIIe arrondissement, élude ce sombre épisode. Elle fait remonter sa collaboration avec la Mondaine à 1947, en échange d'un condé – une permission d'exercer. Méprisant le terme d'indicatrice, la Rouquine se définit comme une auxiliaire de police, ce que les différents services du 36 admettent volontiers. Très douée pour l'infiltration, la Rouquine fit tomber quantité de trafiquants de stups, de braqueurs et de voleurs de tableaux. Lorsque le ministre de l'Intérieur Michel Poniatowski décida d'en finir avec la « tolérance » en 1974 et que la Rouquine fut inculpée pour proxénétisme hôtelier, elle déballa tout ce qu'elle savait sur les mœurs de certains flics. La procédure n'aboutit pas, mais la Mondaine fut supprimée et rebaptisée « brigade de répression des stupéfiants et du proxénétisme ». Passionnée d'opéra et grande amie de Roland Dumas, la taulière a accompagné le ministre à la Scala de Milan et dans les concerts du monde entier. Elle a aussi monté avec lui l'association Opéralia en 1994. Citée dans l'affaire Elf, Lucienne Goldfarb a continué à superviser son club de rencontres échangistes et à vivre au 10 *bis* jusqu'à une mauvaise chute en 2014 qui l'a conduite en maison de retraite.

Christian Sainte, patron de la PJ parisienne
Le grand patron de la PJ parisienne a été dépêché en urgence fin février 2015 pour remplacer son prédécesseur, limogé. C'est à l'évêché de Marseille que le commissaire Sainte fit l'essentiel de sa carrière, chef de la brigade criminelle, puis numéro 2 jusqu'au sommet. En Corse aussi, où il a dirigé la PJ d'Ajaccio. Le grand banditisme, le trafic de drogues,

les crimes de sang ou de terrorisme n'ont pas de secrets pour cet homme de 56 ans, carré de la tête aux épaules, qui supervise les enquêtes sur les attentats jihadistes et les affaires de droit commun, réalisées par ses 1 700 poulets, sans compter le chantier du déménagement du quai des Orfèvres.

Jean-Marie Schmeltz, de la Mondaine aux casseroles
Natif de Strasbourg, d'un père clerc de notaire et d'une mère au foyer, Jean-Marie Schmeltz glandait à la fac de droit de Strasbourg, lorsqu'un flic du service régional de PJ l'a « fortement incité à passer le concours d'inspecteur de police », réussi en 1977. Il a fait ses classes au commissariat de Belleville à Paris, puis a été adoubé en 1981 à la brigade des stups du 36 quai des Orfèvres par le commissaire Bouchet, *alias* Force 9. Flic de gauche et lecteur de *Libé* dans les années 1980, Jean-Marie Schmeltz a vu son journal brûlé par des collègues devant son bureau rue de Lutèce : « Ça m'obligeait à racheter un autre *Libé*, ce qui était contre-productif pour les opposants. » Il a officié au groupe « cabarets » de la Mondaine de 1985 à 1998, sous l'autorité du commandant Jean-Claude Moreau qu'il appelle « Papa ». Il a ensuite exercé dans les brigades de répression des atteintes aux personnes puis de la délinquance économique. Il a pris sa retraite en 2014 et, à 60 ans, se reconvertit dans la « vente de casseroles ».

Alain Vasquez, guitariste et limier
Bel hidalgo à moustache et aux yeux verts, Alain Vasquez, né en 1950, d'origine espagnole, était bijoutier à Angoulême. Mais il a suivi les conseils de son père et d'un oncle qui travaillait à l'état-major de la PJ de Paris : « Passe le concours d'inspecteur. » Il se met donc au droit en 1977, suit l'école de Cannes-Écluse en Seine-et-Marne, intègre la 2e brigade territoriale de Paris, puis la brigade de répression du banditisme. En 1981, le voilà coopté à la brigade criminelle. Il commence sixième de groupe, grimpe les échelons et occupe la place de numéro 2 en avril 1987 lors des meurtres d'Irmgard Müller et de Gilles P., dans le Marais. Au fil des années, il se rend compte que l'affaire est « bien plus compliquée que prévu ». Devenu chef de groupe et « doté d'une bonne vista », selon ses collègues, Alain Vasquez a notamment été chargé de la tuerie du conseil municipal de Nanterre, dans les Hauts-de-Seine, qui fit huit morts en mars 2003. Il occupait le bureau 415 de la Crim' d'où le meurtrier, Richard Durn, a sauté par le vasistas. Marié à une

Bretonne, bon vivant, longtemps musicien dans le groupe de flics 36 quai des Orchestres, il a pris sa retraite en 2006. Depuis, Alain Vasquez partage son temps entre Paris et la Bretagne. Il a travaillé dans la sécurité des entreprises en Amérique du Sud et en Afrique. Il forme aujourd'hui de jeunes policiers en France et à l'étranger.

Glossaire

(professionnel et argotique de la police)

Baveux : avocat qui porte sur sa robe noire une bavette blanche et qui parle, plaide ou baratine souvent longtemps, comme le veut le métier.
Bic ou bicot : à l'origine un tirailleur algérien ou un indigène des colonies, puis un Maghrébin, Nord-Africain, Arabe ou Berbère. Ce terme profondément raciste a eu cours très longtemps dans la police. À l'époque de l'affaire Ben Barka, on le retrouve même écrit dans les PV des policiers.
Biturin : poivrot.
Blanc ou note blanche : document émanant des services de renseignement intérieurs, dépourvu de signature et d'en-tête. Il est censé avoir disparu depuis 2002, mais est en réalité toujours utilisé. Plusieurs sont apparus récemment, notamment pour justifier les assignations à résidence.
Bœuf-carottes : enquêteurs de l'inspection générale de la police nationale (IGPN). Appelés ainsi, selon l'interprétation servie dans le film *Les Ripoux* de Claude Zidi en 1984, à cause de leur réputation de cuisiner à petit feu les poulets ou de les faire mijoter pour qu'ils se mettent à table. Ou bien parce que ces redresseurs de torts font mettre à pied des poulets, alors réduits à manger du bœuf accompagné de carottes, plat réputé peu cher. Ou encore, selon Claude Cancès en référence au plat du jour de Chez Gaston, un petit bar-restaurant où les gars de l'inspection générale des services (IGS), désormais intégrée à l'IGPN, déjeunaient.
Bordel : Selon une étymologie populaire, mot datant du XIIIe siècle, temps où Saint Louis avait relégué au bord de la Seine, dans des maisons appelées « bordeaux » (bord d'eau), les « femmes de petite vertu », de ce fait surnommées les « bordelières ».
Bouchonneuse : entraîneuse de bar payée au bouchon, c'est-à-dire par un pourcentage de la bouteille et des verres consommés et offerts par le client. On l'appelle aussi hôtesse ou dame de compagnie.

Brême : carte de police ou de réquisition, barrée de tricolore. Cette appellation vient soit de la carte à jouer, soit de la brème, poisson d'eau douce de la famille de la carpe qui, selon le dictionnaire Larousse, « vit en groupe dans les eaux calmes et se nourrit en fouillant la vase ».
Bretelles : écoutes téléphoniques, dites aussi « zonzons ».

Cage : cellule.
Camarde : terme, souvent utilisé par les policiers, dérivé de « camard » qui qualifie un nez plat et écrasé. Or, la mort est classiquement représentée comme un squelette et donc sans nez.
Chauffeur ou inspecteur-chauffeur : emploi particulier créé en 1912 après l'affaire de la bande à Bonnot, lorsque les brigades régionales de police mobiles, dites du Tigre, ont touché leurs premières De Dion Bouton et Panhard & Levassor. Ces voitures tombaient si souvent en panne qu'il a fallu recruter des policiers à la fois mécaniciens et enquêteurs.
Chnouf : drogue. Le plus souvent l'héroïne ou la cocaïne.
Clandé : pour « clandestin », établissement de prostitution que l'on appelle aussi lupanar, bobinard, maison close ou claque.
Claque : établissement de prostitution que l'on appelle aussi lupanar, bobinard, maison close ou encore clandé.
Clignoter : lorsqu'un indicateur officiel, immatriculé au fichier central des sources, apparaît dans un trafic de drogue ou une autre affaire, l'enquêteur ayant recherché son identité le voit clignoter comme tonton et doit appeler son officier traitant, dont le nom et le service sont répertoriés.
Condé : laissez-passer délivré à une tapineuse par la direction de la PJ de Paris sur demande d'un officier ou d'un commissaire de la Mondaine. Par extension, le flic qui a accordé cette tolérance. À l'origine, autorisation officieuse de se livrer à la prostitution sur un arrondissement précis, assortie d'une sorte de protection en échange d'informations. Renouvelé chaque trimestre, le condé nominatif était adressé aux « bourgeois » – les sergents de ville en civil – des commissariats de quartier, sous forme d'une note intitulée « Fille soumise à tolérer ».
Crâne : arrestation ; un beau crâne est une belle prise, un gros voyou. Faire du crâne ou du bâton, c'est faire du chiffre.

Décrocher un tonton : mettre hors de cause un indicateur mouillé ou accroché dans une affaire.
Défourailler : dégainer ; sortir une arme de son fourreau ; tirer.
Demi-sel : truand à temps partiel ou intermittent de la malhonnêteté, individu à

moitié dessalé (de dessaler : rendre moins niais, plus dégourdi). Méprisé dans le milieu, le demi-sel passe pour un type dangereux aux yeux des vrais bandits, en raison des indiscrétions, volontaires ou inconscientes, qu'il peut commettre en rapportant à des flics des propos qu'il a entendus. Nul ne peut préjuger de son comportement au cours d'un interrogatoire policier.

Dérouiller : être appelé sur les lieux d'un meurtre et, par conséquent, « prendre une affaire » quand on est de permanence à la brigade criminelle. Chez les prostituées, cela veut dire « monter le premier client de la soirée ». L'expression ne s'emploie que « chez les flics et les putes [...] deux professions rejetées », selon François Goffinon, ex-inspecteur du 36.

Divisionnaire : le plus haut grade du commissaire de police qui commence simple, devient principal puis divisionnaire. Ce galon permet de diriger un service ou un commissariat.

Filoche : filature.

Garrot espagnol : méthode également appelée « lacet étrangleur », utilisée depuis l'Antiquité pour tuer par strangulation. Jusqu'en 1974, on exécutait ainsi certains condamnés à mort dans l'Espagne franquiste. On utilisait alors généralement un lien de cuir, une corde de piano ou de soie. Dans une version plus moderne, il s'agit d'un collier métallique actionné par une vis à travers un poteau auquel est attaché le condamné, assis sur une chaise ou un tabouret, pour écraser plus ou moins lentement le larynx. L'Espagne a aboli ce supplice après la mort du dictateur Franco. Par la suite, le « garrot espagnol » a été utilisé par la mafia sicilienne pour châtier les traîtres.

Gnouf : prison, ou aussi cellule d'un poste de police.

Hirondelles : outre les oiseaux migrateurs qui reviennent au printemps, désignent jusque dans les années 1970, en argot policier, les gardiens de la paix en pèlerines noires qui circulent par paires sur des vélos de marque Hirondelle, fabriqués par Manufrance.

Inspecteur : policier en civil qui, jusqu'en 1995, menait les enquêtes judiciaires. Il existait trois grades, inspecteur simple, principal, puis divisionnaire. Depuis la réforme du corps des officiers, les grades ont été remplacés par lieutenant, capitaine et commandant.

Julot : petit proxénète.

Panier à salade : au XIXe siècle, fourgon cellulaire partagé en cases individuelles, sept de chaque côté, où les condamnés s'entassent comme des salades dans un cageot. Par la suite, ce terme s'est étendu aux fourgons Citroën de la police qui ramassaient toxicos, prostituées et voleurs sur la voie publique, puis à tous les véhicules de flics.
Papys crayons : dans chaque service de PJ, inspecteurs divisionnaires ou commandants en fin de carrière, chargés de la gestion des tours de permanence, des congés, des récupérations, des attributions de dossiers, des véhicules de service, du matériel… bref des gommes et des crayons.
Pastiller ou coller une pastille sous un véhicule : placer une balise GPS pour surveiller ses déplacements.
Poulet : sobriquet qui qualifie les policiers parisiens depuis leur installation en 1881, après l'incendie de leurs locaux durant la Commune de Paris, dans la caserne de la Cité construite sur l'emplacement d'un ancien marché aux volailles.
Procédurier : policier qui effectue les constatations sur les scènes de crime et met en forme les procès-verbaux du dossier pour les magistrats.

Relever les compteurs : récupérer auprès des prostituées l'argent des passes. Le souteneur, le maquereau ou la maquerelle viennent chercher la recette des « gagneuses » ainsi rançonnées.
Ripeur : un des derniers policiers arrivés dans le groupe, des moins gradés – les numéros 5 et 6 –, qui réalisent les tâches les plus ingrates de vérification. On appelle aussi ripeurs les ouvriers qui déchargent les camions, les éboueurs qui travaillent à l'arrière de la benne ou les déménageurs de décors de tournage.

Soum : pour « sous-marin » ; véhicule banalisé, genre estafette, équipé pour la surveillance, souvent avec des vitres sans tain qui permettent aux policiers en planque de voir sans être vus et de photographier les suspects.

Toc : faux nom ou faux papiers d'identité.
Tonton : indicateur.
Tricard : voyou interdit de séjour à Paris.

Zonzons : écoutes téléphoniques, dites aussi « bretelles ».

Les services de la police, autour du 36

1. Les adresses du 36

Au 36 quai des Orfèvres se trouvent la direction de la police judiciaire de Paris, la brigade criminelle, la brigade des stups et la brigade de recherches et d'intervention (BRI).
Le 3 rue de Lutèce, collé à la préfecture, abrite les deux brigades de répression du banditisme (BRB) et du proxénétisme (BRP).
Au 7 quai de l'Horloge officient les experts du service de l'identité judiciaire (IJ).
Au 12 quai de Gesvres travaille la brigade de protection des mineurs.
Au 122-126 rue du Château-des-Rentiers, un immeuble entier est occupé par les dix brigades dévolues aux affaires économiques et financières.

2. Les services

La brigade criminelle, la Crim', autrefois la « brigade spéciale », s'occupait des assassinats, de la fausse monnaie, des escroqueries d'importance et des vols qualifiés, de la surveillance des maisons closes, du trafic de stupéfiants. La brigade de voie publique, dite « la volante », se chargeait des flagrants délits mais aussi de la police des mœurs : souteneurs, racolage, prostituées, traite des blanches, commerce de photographies obscènes, etc. Le « service des garnis » contrôlait alors la population « flottante » des 26 000 meublés et garnis du département de la Seine. « La brigade du centre » exécute les pièces de justice : mandats, jugements par défaut, déserteurs insoumis, expulsés, interdits de séjour. « La brigade des notes », sorte d'état-major, traite les informations.
En 2016, la Crim' indicatif radio « Cristal » comprend une centaine d'enquêteurs qui se répartissent entre la documentation, le staff et douze groupes de

six fonctionnaires dont la moitié s'occupent des crimes de droit commun et l'autre des attentats et réseaux jihadistes à la section antiterroriste (SAT).

La brigade de répression du banditisme, la BRB, baptisée « brigade mobile » à la naissance de la police judiciaire parisienne en 1913, puis « voie publique » (VP), elle renaît en BRB le 27 janvier 1975 par un arrêté, avant de démarrer véritablement le 3 février 1975. Elle est chargée de traquer les bandits qui multiplient alors les braquages de banques, de bijouteries et de transports de fonds. Installée au 3 rue de Lutèce, la BRB compte aujourd'hui 90 flics (dont 10 femmes) répartis en neuf équipes : 2 groupes VMA (vols à main armée) ; 1 « brocs » qui traite des œuvres d'art ; 1 « jeux », chargés des tripots clandestins ; 3 « flag » (flagrant délit) contre les cambriolages, les vols à la fausse qualité (VFQ) et la délinquance itinérante ; 1 groupe « tire » (pickpockets et « rats d'hôtels ») ; et enfin 2 des « enquêtes générales », axées sur les attaques de bijouteries et les vols de pierres précieuses.

La brigade de recherches et d'intervention, la BRI, dite « Antigang », a été créée en 1964 par François Le Mouël, ponte de la PJ de Paris, avec l'idée de faire les choses à l'envers. D'habitude, les policiers partent du crime pour remonter vers ceux qui l'ont commis. La BRI, elle, suit les bandits jusqu'au crime et essaie d'intervenir avant, d'interpeller les voyous en flagrant délit. Jusqu'à fin 2014, les 48 « Topaze » – leur nom de code – avaient trois types de missions : les interventions commandos sur « des forcenés, prises d'otages, mutineries dans les prisons et le contre-terrorisme » ; les « assistances à domicile » consistant à casser les portes d'appartements afin d'interpeller des suspects pour le compte d'autres brigades ; enfin les affaires dites d'initiative, filatures et surveillances d'individus et de véhicules, pour rapporter les renseignements aux collègues de la PJ. Mais depuis les attentats de janvier 2015, la BRI, qui a doublé ses effectifs, se recentre sur les opérations commando.

La brigade de répression du proxénétisme, la BRP, dite la Mondaine, issue de la police des mœurs du XVIIIe siècle dissoute en 1881 après plusieurs scandales, la brigade mondaine née en 1901 fut d'abord une section du service des garnis puis a été rattachée en 1914 à la police judiciaire de Paris et rebaptisée brigade des mœurs. En 1930, la Mondaine reprend son nom, se charge du contrôle des maisons closes, « traite des blanches », répression du racolage, de la « pédérastie » et du trafic de stupéfiants. Après la guerre et la disparition des bordels officiels, avec la loi de Marthe Richard en 1946, la brigade mondaine se recentre sur les arrestations de « maquereaux » et la surveillance des lupanars clandestins, les « clandés ». Dans les années 1960, un groupe de la « galanterie » fiche les prostituées et surveille leurs lieux de travail, un autre piste les « adultères », un autre traque les OBM, les outrages aux bonnes mœurs, et un groupe « cabarets » s'occupe des boîtes de nuit. Devenue brigade des stupéfiants et du proxénétisme en 1975, elle a été scindée en deux en 1989. On continue à appeler la brigade de répression du proxénétisme, sise au 3 rue de Lutèce, la Mondaine.

La BRP actuelle comporte cinq groupes judiciaires de huit policiers : trois dits de « voie publique » s'occupent du proxénétisme lié à la prostitution, du contrôle de la pornographie, et des réseaux clandestins et deux autres groupes de la répression du proxénétisme immobilier (GRPI). Un sixième, le groupe « cabarets », surveille 505 établissements de nuit ou « à connotation sexuelle » à Paris.

3. Les autorités

La préfecture de police de Paris, la PP, installée dans l'île de la Cité, chapeaute notamment la police judiciaire de la préfecture de police (PJPP), le 36 et ses ramifications. Elle est placée sous l'autorité du ministre de l'Intérieur et du directeur général de la police nationale (DGPN).

La direction générale de la police nationale, la DGPN, sise au 11 rue des Saussaies dans le VIIIe arrondissement de Paris, dépend du ministère de l'Intérieur. Censée coiffer également la préfecture de police de Paris. Mais cet État dans l'État, échappe dans les faits à sa tutelle. Lors des réunions quotidiennes place Beauvau, le ministre de l'Intérieur continue à recevoir les directeurs de la police et de la gendarmerie, mais aussi le préfet de police de Paris.

La direction centrale de la police judiciaire, la DCPJ, une des branches importantes de la DGPN, coiffe tous les services régionaux de PJ de France et les offices spécialisés de PJ. Logiquement, elle devrait chaperonner également la PJPP sise au 36, mais, dans les faits, le patron du 36 quai des Orfèvres se retrouve sous la double tutelle du préfet de police et de sa direction nationale.

4. Les sigles

AEF	Affaires économiques et financières
BAC	Brigade anti-criminalité
BRI	Brigade de recherches et d'intervention, dite « Antigang »
BRB	Brigade de répression du banditisme
BRP	Brigade de répression du proxénétisme
BS	Brigade des stupéfiants, les Stups
BT	Brigade territoriale
Crim' (la)	Brigade criminelle
DCPJ	Direction centrale de la police judiciaire
DGPN	Direction générale de la police nationale
IGPN	Inspection générale de la police nationale
IGS	Inspection générale des services
IJ	Identité judiciaire
OCLCO	Office central de lutte contre la criminalité organisée
OCRB	Office central pour la répression du banditisme
OCRTIS	Office central pour la répression du trafic illicite de stupéfiants
PJ	Police judiciaire
QHS	Quartier de haute sécurité
SAT	Section antiterroriste (de la Crim')
VMA	Vols à main armée
VP	Brigade de voie publique (devient en 1973 la BRB).
VFQ	Vol à la fausse qualité

Bibliographie

Lucien Aimé-Blanc, *La Chasse à l'homme. La vérité sur la mort de Mesrine*, Plon, 2002.

– , *L'Indic et le Commissaire*, avec Jean-Michel Caradec'h, Plon, 2006.

Jacques Arnal, *Archives secrètes de la Mondaine*, Pierre Saurat, 1986.

Frédérique Balland, *Au plus près du mal. Une psychologue à la brigade criminelle*, Grasset, 2015.

Christophe Baroche et Danielle Thiéry, *Le Souffleur. Dans l'ombre des négociateurs du RAID*, Éditions Mareuil, 2016.

Alphonse Boudard, *La Fermeture*, Robert Laffont, 1986.

Alphonse Boudard, avec Martin Rolland, *La Rouquine*, Balland, 1976.

Robert Broussard, avec Philippe Broussard, *Commissaire Broussard. Mémoires*, Stock, 2005.

Claude Cancès, avec Charles Diaz, *Histoire du 36 illustrée*, Jacob-Duvernet, 2011.

– , *La Brigade mondaine*, Pygmalion, 2014.

– , *Histoire du 36*, rééd. Mareuil, 2015.

Charles Diaz, *L'Épopée des brigades du Tigre*, Calmann-Lévy, 1995.

– , *La Police scientifique et technique*, PUF, « Que sais-je ? », 2000.

– , *La Fabuleuse Histoire des grands flics de légende*, Jacob-Duvernet, 2010.

– , *L'Histoire du 36 illustrée*, avec Claude Cancès, Jacob-Duvernet, 2011.

Redoine Faïd, *Braqueur, des cités au grand banditisme*, entretiens avec Jérôme Pierrat, 2010, La Manufacture de livres, rééd. Mazarine, 2016.

Jean-Louis Fiamenghi, *Dans le secret de l'action*, avec la collaboration de Franck Hériot, Éditions Mareuil, 2016.

Max Fernet, *Échec au crime*, Grasset, 1985.

Gilles Guillotin, *33 Ans flic pour rien ? De Neyret au 36, la PJ malmenée*, avec la collaboration d'Éric Merlen, Temporis, 2016.

Corinne Herrmann, *Un tueur peut en cacher un autre*, Stock, 2008.

Carine Hutsebaut, *Les enfants n'aiment pas les crocodiles*, EPO Bruxelles, 1997.
– , *Profession profileuse*, Cherche-Midi, 2000.
– , *Il rôde encore parmi nous.* Une profileuse sur les traces d'un tireur en série, avec Serge Garde, Seuil, 2004.
Fabienne Jamet, *One Two Two, 122 rue de Provence*, Olivier Orban, 1975.
Edmond Locard, *Traité de criminalistique*, 7 vol., 1931.
François Marcantoni, *La Conjuration*, Olivier Orban, 1976.
Richard Marlet, *Les Experts, mode d'emploi*, Favre, 2007.
– , *Profession : chien policier*, Favre, 2011.
Jacques Mesrine, *L'Instinct de mort*, Jean-Claude Lattès, 1977, rééd. Champ Libre, 1984.
Pierre Mikaïloff, *Gainsbourg confidentiel*, Prisma, 2016.
Martine Monteil, *Flic, tout simplement*, Michel Lafon, 2008, rééd. 2016.
Michel Neyret, *Flic*, Plon, 2016.
Pierre Ottavioli, *Échec au crime. 30 ans quai des Orfèvres*, Grasset, 1985.
Bernard Pasqualini, *Si ma police vous était contée*, Pygmalion, 2013.
Frédéric Péchenard, *Gardien de la paix*, Michel Lafon, 2007.
Raynal Pellicer et Titwane, *Enquêtes générales*, La Martinière, 2012.
Georges Pompidou, *Lettres, Notes et Portraits 1928-1974*, Robert Laffont, 2012.
Patrick Riou, *Ma vie à la Crim'*, Jacob-Duvernet, 2011.
Richard Schittly, *Commissaire Neyret*, Tallandier, 2016.
Georges Simenon, *Cécile est morte,* Gallimard, 1942.
– , *L'Amie de madame Maigret*, Presses de la Cité, 1950.
Patricia Tourancheau, *Les Postiches, un gang des années 80*, Fayard, 2004.
Jean-Pierre Van Geirt, *La Crim'*, Éditions N°1, 2001.
Véronique Willemin, *La Mondaine. Histoire et archives de la police des mœurs*, 325 pages de documents et de photos pour la plupart inédits, Hoëbeke, 2009.

Table

DEUXIÈME PARTIE

La Mondaine

TROISIÈME PARTIE
Le Grêlé

Crédits photographiques

Cahiers hors-texte

1, 2, 3. © Coll. Jean-Louis Fiamenghi.
4. © DR.
5. © REA.
6. © Patricia Tourancheau.
7. © Coll. Anne-Laure Compoint.
8. © DR.
9. © Julien Jaulin/Hans Lucas.
10, 11. © DR.
12. © Coll. Patrick Riou.
13. © Coll. Philippe Féval.
14, 15, 16. © Coll. Patrick Riou.
17. © Coll. Martine Monteil.
18, 19, 20. © DR.
21, 22, 24. © Sébastien Calvet/Les Jours.
23. © Rue des Archives/Agip.
25. © DR.
26. © Coll. Pierre Ottavioli.
27. © Coll. Bernard Pasqualini.
28. © Coll. Alain Vasquez.
29. © Coll. Bernard Pasqualini.
30. © Patricia Tourancheau/Les Jours.
31. © DR.
32, 33, 34. © Patricia Tourancheau.
35, 36. © Coll. Luc Richard-Bloch.

Les personnages

Lucien Aimé-Blanc : © REA.
Frédérique Balland : © Patricia Tourancheau.
Alphonse Bertillon : © DR.
Michel Bouchet : © Sébastien Calvet.
Robert Broussard, Claude Cancès : © DR.
Anne-Laure Compoint : © Sébastien Calvet.
Charles Diaz : © Jacques Graf/Divergences images.
Pierre Dieppois, Odile Fairise, Max Fernet : © DR.
Jean-Louis Fiamenghi, Christian Flaesch : © Sébastien Calvet.
Corinne Herrmann : © Patricia Tourancheau.
Jean-Louis Huesca : © DR.
Carine Hutsebaut : © Philippe Matsas/Leemage.
Alain Laloy : © Patricia Tourancheau.
Christian Lambert, Élie Lauringe, Jules Maigret : © DR.
Richard Marlet, Jean-Paul Mégret, Martine Monteil : © Sébastien Calvet.
Jean-Claude Moreau : © Patricia Tourancheau.
Michel Neyret : © IP3-press.
Pierre Ottavioli : © DR.
Olivier Pascal : © ANDIA.
Bernard Pasqualini : © DR.
Frédéric Péchenard : © Sébastien Calvet.
Luc Richard-Bloch : © Patricia Tourancheau.
Patrick Riou : © Coll. Patrick Riou.
Katia la Rouquine : © DR.
Christian Sainte : © Sébastien Calvet.
Jean-Marie Schmeltz, Alain Vasquez : © Patricia Tourancheau.

RÉALISATION : NORD COMPO À VILLENEUVE-D'ASCQ
IMPRESSION : NORMANDIE ROTO IMPRESSION S.A.S À LONRAI
DÉPÔT LÉGAL : MARS 2017. N° 135653 (1700181)
IMPRIMÉ EN FRANCE